Library of
Davidson College

Hispanic Studies in Honor of Joseph H. Silverman

Special Memorial Edition

Edited by Joseph V. Ricapito

Hispanic Studies
in Honor of
JOSEPH H. SILVERMAN

Juan de la Cuesta
Hispanic Monographs

Series: *Homenajes* Nº 5

EDITOR

Thomas A. Lathrop
University of Delaware

EDITORIAL BOARD

Samuel G. Armistead
University of California, Davis

William C. Bryant
Oakland University

Alan Deyermond
Westfield College of the University of London

Manuel Durán
Yale University

Daniel Eisenberg
Florida State University

John E. Keller
University of Kentucky

Robert Lott
University of Illinois

José A. Madrigal
Auburn University

James A. Parr
University of Southern California

Julio Rodríguez-Puértolas
Universidad Autónoma de Madrid

Ángel Valbuena Briones
University of Delaware

ASSOCIATE EDITOR

James K. Saddler

Hispanic Studies in Honor of
JOSEPH H. SILVERMAN

Edited by

JOSEPH V. RICAPITO

Lousiana State University, Baton Rouge

Juan de la Cuesta
Newark, Delaware

Copyright © 1988 by Juan de la Cuesta—
  Hispanic Monographs
270 Indian Road
Newark, Delware 19711-5206

MANUFACTURED IN THE UNITED STATES OF AMERICA

The pH of the paper this book is printed on is 7.0.

ISBN: 0-936388-46-3

Contents

Prologue
  JOSEPH V. RICAPITO ix
List of Publications
  of JOSEPH H. SILVERMAN xiii

ARTICLES ON MEDIEVAL TOPICS

El Clerc de John Gower
y su polivalencia en Juan de Cuenca
  MANUEL ALVAR 1
The Plot Against Amadís
  J. RICHARD ANDREWS 15
The Idea of *limpieza* in *La Celestina*
  MANUEL DA COSTA FONTES 23
"Enxiemplo de un cavallero que fue
ocasionado et mató a su señor y a su padre":
Don Juan Manuel's 54th *ejemplo*
  JOHN E. KELLER 37
Ibn Quzmān on Iʿrāb:
A *zéjel de juglaría* in Arab Spain?
  JAMES T. MONROE 45

**ARTICLES ON HISPANIC POETRY,
PARTICULARLY THE "ROMANCERO"**

The 'Paragogic' -d- in Judeo-Spanish *Romances*
  SAMUEL G. ARMISTEAD 57
Romancero castellano y romancero francés
  PAUL BÉNICHOU 77
Don Alvaro de Luna y su paje Moralicos (1453)
en el romancero sefardí
  DIEGO CATALÁN 109

Descubrimiento de la poesía
RICARDO GULLÓN 137

La copla de *La misión de Moisés*
en la tradición sefardí de la zona del Estrecho
IACOB HASSÁN 151

Contrafact Melodies in the
Judeo-Spanish Ballad Tradition
ISRAEL J. KATZ 169

Algo más sobre la poesía
de Hayim Yom-Tob Magula
ELENA ROMERO 189

Correspondencia poética (versos cruzados
entre Rubén Darío y Juan Ramón Jiménez)
(1900-1916)
ANTONIO SÁNCHEZ ROMERALO 195

Una aproximación al romance de
"En las almenas de Toro"
MARSHA SWISLOCKI 227

ARTICLES ON THE HISPANIC THEATER

*El rey don Pedro en Madrid
y el infanzón de Illescas* as a Tragic Poem
STEPHEN GILMAN 235

Pan 'pudendum muliebris'
y *Los españoles en Flandes*
FRANCISCO MÁRQUEZ VILLANUEVA 247

Segismundo—a Spanish Hero
in the Mold of Don Quixote
DONALD BLEZNICK 271

La mujer cubana en el
teatro revolucionario de Freddy Artiles
SEYMOUR MENTON 277

ARTICLES ON CERVANTINE THEMES

Ortodoxia y anticapitalismo en el siglo XVII:
el caso del morisco Ricote, *Don Quijote*, II, 54
CARROLL B. JOHNSON 285

Who is the Narrator in *Don Quixote*?
THOMAS A. LATHROP 297

Time and Narrative Structure in *La Galatea*
  Luis A. Murillo 305
Cervantes and the Picaresque: Redivivo
  Joseph V. Ricapito 319
The Demise of Exemplarity in the *Novelas ejemplares*
  Albert Sicroff 345

Other Studies

One Each in English and Spanish
  Dwight Bolinger 361
Américo Castro and Michel Foucault's
  Filosofia del sospetto.
  Benito Brancaforte 371
Tabula Gratulatoria 381

Joseph H. Silverman

Prologue

After one of Professor Silverman's lecture tours, he told me an anecdote that gives a good view of his multi-dimensional life. After delivering a paper at the Hebrew Seminary in Cincinnati, people gathered to speak with him about the subject. One person waited for the crowd to abate and then with some hesitation went up to him and asked: "Are you that Yussie, the punchball player from Brooklyn?" Indeed, he was. (Punchball being a New York variant of baseball where the fist is used instead of a bat.) Perhaps some might think that to associate this scholar with something as pedestrian as punchball is incongruent. I do not think so. In many ways I understand Professor Silverman better because I know something about the ambience that formed him.

Joseph Silverman was born in the Bronx on October 15, 1924. His family later moved to Brooklyn where he was educated in its public schools, at James Madison High School, and at the City College of New York. The city colleges of the time were hotbeds of dynamic intellectuality. The best word to describe the intellectual environment in which Professor Silverman was trained is "dynamic," and it was in the midst of this dynamism that he began his intellectual journey, first as a student of economics, then as a student of Spanish. A scholarship to Mexico introduced Hispanic life to him firsthand, and he soon succumbed to the tremendous cultural and literary wealth of the field of Hispanism.

He took the M.A. and Ph.D. degrees at the University of Southern California, working under Dwight Bolinger and Marcos Morínigo. He also spent a period of advanced study at the University of California, Berkeley, where he served as an assistant to José F. Montesinos, who was to further his knowledge and critical sensibilities. He also became one of the most devoted students and followers of Américo Castro, with whom he had an important professional and affectionate personal relationship. At Berkeley, he also worked for *Romance Philology*, edited by Yakov Malkiel.

Professor Silverman has directed a number of dissertations and theses, most of which were published and bear the solid imprint that the director made on the student. As a part of his contribution to the profession he has served on several editorial and advisory boards.

In the course of his career he has received a host of honors: Phi Beta Kappa, grants from the Del Amo Foundation, American Council of Learned Societies, National Endowment of the Humanities, and a Simon Guggenheim Memorial Foundation Fellowship. Most recently he has been honored by being admitted as a corresponding member to the Real Academia Española, surely the greatest honor which could be bestowed upon him.

He has written books, edited others, prepared *Festschriften*. His articles and reviews have appeared in many distinguished journals. What is most striking about his scholarship is the sheer range of subject matter: Judaica, Sephardica, the Spanish *comedia*, Spanish and Sephardic balladry, Baroja, Valle Inclán, Ciro Bayo, Alfonso Reyes, *converso* life in Spain and elsewhere, the Spanish epic, Miguel de Unamuno, the picaresque, *jarchas*, folk literature, Pedro Antonio de Alarcón, Galdós, *Celestina*, Jorge Manrique, Spanish cultural history, theater, satire, Cervantes, the "edad conflictiva," and Madariaga.

His published work is meticulously detailed and is always written in an impeccable style. But it is the authority which he brings to the studies that will determine their durability in the years to come. The work which he has published has brought him into contact with colleagues of the foremost prestige in international Hispanism, and has, moreover, earned for him their respect. The acceptance of his work in the highest levels of the profession is a sure sign of the worth of his intellectual production.

Lest anyone think of Professor Silverman exclusively as a scholar cloistered within the walls of a library, I must speak of his career as teacher. Whenever I do so, I picture him arriving to class with many books for the references that he will make during a class, some to strengthen a point, and some with which to polemicize. His classes are a masterpiece of completeness, orderly and well structured, with no no point or theory left untouched or untreated. To take a course with Professor Silverman is to witness a panorama of knowledge. His presentations are accented by examples of his fine wit, occasional asides, relevant digressions, and occasional irreverences toward accepted authorities. At the source of his magisterial personality is his authority as a scholar and his humanity as a person. Professor Silverman is never so immersed in intellectual affairs that he neglects the human element in the undertakings of his students. He has guided his students in their lives through their successes and achievements, and has comforted them in their disappointments and even their tragedies. Indeed, at the core of this learned man is a sensitive and remarkable humanity.

In his career as a professor, he has taught at the University of California at Santa Cruz, UCLA, and the University of Southern California. He has held visiting professorships at the California State University, San Diego; the University of Arizona; California State University, Los Angeles; the University of California, Berkeley; in the Instituto de Cooperación Iberoamericana (Madrid); and the Curso Superior de Filología Española (Málaga). He has lectured in America and in Mexico, in Europe, and Israel. From 1983 to 1985 he directed the University of California's Education Abroad Program in Madrid.

From 1974 to 1981 Professor Silverman served as Provost of Adlai E. Stevenson College of the University of California at Santa Cruz. His tenure in that position was marked by good management and sound decisions; so that to his career of scholar and teacher, we can add that of a successful administrator.

Professor Montesinos once divided professors into two categories: centrifugal (those that pushed students away) and centripetal (those who attracted them). Professor Silverman is eminently of the latter group, and I am honored and proud to say that I am one of his students. I stress the present tense, because his role as my teacher continues on to this day.

Throughout the years at his side is his wife June Chávez Silverman who has given him constant encouragement, understanding, and love. His achievements are enriched by her intelligence and presence. Always with him in his life and involvements are his three daughters (Américo Castro referred affectionately to the four Silverman females as "el mujerío").

While the direction of this project and the editing of these essays have been a distinct pleasure for me, the project was not without its sadness. In November, 1986, Professor Stephen Gilman of Harvard University, died, shortly after sending us his essay. The volume is enriched by the intellectual vitality of this scholar, whose research and writing coincides so strongly in subject matter with that of Professor Silverman. The following month, Professor Mitchell Triwedi of Rutgers University, who had agreed to participate in this project, also died.

Guido Mancini was also invited to participate in this *Festschrift* as well, but pressing obligations prevented him from contributing.

This volume, which I have edited with the generous assistance of Samuel G. Armistead, Professor Silverman's longstanding friend and collaborator, and of Thomas Lathrop, himself a student of Professor Silverman, and editor of the Juan de la Cuesta—Hispanic Monograph series, brings together the work of some of Professor Silverman's colleagues, students, and admirers. Each essay embodies their unstated praise and admiration of his person and of his work, and all of it a tribute to this brilliant scholar, sensitive critic, outstanding teacher, and friend.

JOSEPH V. RICAPITO
Louisiana State University, Baton Rouge

JOSEPH H. SILVERMAN

DEGREES:

B.S.S.—City College of New York (1946)
M.A.—University of Southern California (1950)
PH.D.—University of Southern California (1955)

ADVANCED STUDY:

University of Mexico (1944: exchange scholarship)
University of California (1951-1952), Berkeley
University of Madrid (Summer, 1949; Del Amo Foundation Scholarship)

HONORS:

Phi Beta Kappa
Faculty Fellowship at UCLA (1958)
Del Amo Foundation grant (1961) for research in Spain
American Council of Learned Societies grant-in-aid (1962) for research in Morocco
Ford Foundation grant (1966-67) for research on the Traditional Folk Literature of the Sephardic Jews
Lucius N. Littauer Foundation publication grant (1968)
Faculty Research Lecturer (1971) (the highest honor the faculty can award its members)
National Endowment for the Humanities Senior Fellowship (1971-72)
University of Chicago Folklore First Prize (1973)
Humanities Institute Award, UCSC (Summer 1974)
American Council of Learned Societies Travel Grant (Summer 1976)
American Academy for Jewish Research publication grant (1977)
Del Amo Foundation travel grant (1977)
Guggenheim Foundation Fellowship (1977-78)
Guggenheim Foundation publication grant (1978)
Memorial Foundation for Jewish Culture publication grant (1978-79)
National Endowment for the Humanities research grant (1981-83)
American Academy for Jewish Research publication grant (1982)
National Endowment for the Humanities research grant (1984-86)
National Endowment for the Humanities research grant (1986-88)

PROFESSIONAL EMPLOYMENT:

1952-1954—University of Southern California
1954-1968—University of California, Los Angeles
1968 —University of California, Santa Cruz

VISITING PROFESSORSHIPS

California State College, San Diego, Summer 1956
University of Southern California, Summer 1960
University of Arizona NDEA Second-level Spanish Institute in Guadalajara, Mexico, Summer, 1962, 1963, 1964
University of Arizona—Guadalajara Summer School, 1967, 1973
California State College, Los Angeles, Summer 1968
University of California, Berkeley, Summer 1970
University of California, Berkeley, Spring 1981
Escuela de Investigación Lingüística y Literaria, Instituto de Cooperación Iberoamericana, Madrid, Spring, 1984, 1985
Curso Superior de Filología Española, Málaga, Spain, Summer, 1984

MEMBERSHIP ON EDITORIAL BOARDS

Member of Editorial Board: *Romance Philology* (Berkeley), 1952-1962; Advisory Committee, 1983-
Member of Editorial Board: *Segismundo* (Madrid), 1973-
Member of Editorial Board: *Folio* (New York), 1978-
Member of Editorial Board: *Journal of Hispanic Philology*, Tallahassee, Florida, 1979-1983
Member of Editorial Board: *La Rassegna Mensile di Israel* (Rome), 1984-
Member of Advisory Board: Studia Humanitatis (Madrid), 1975-1984
Co-editor: *Fuentes para el Estudio del Romancero Sefardi* (Madrid), 1976-
Member of Advisory Board: Scripta Humanistica (Washington, D.C.), 1983-

THESES AND DISSERTATIONS DIRECTOR-ADVISOR

Hugh W. Kennedy, *Lope de Vega's "La desdichada Estefanía": A Critical, Annotated Edition of the Autograph Manuscript*, UCLA, 1964. Published as *Lope de Vega's "La desdichada Estefanía": A Critical, Annotated Edition of the Autograph Manuscript* (University, Mississippi: Romance Monographs, 1975).

Joseph V. Ricapito, *Toward a Definition of the Picaresque*, UCLA, 1966. Published as *Bibliografía razonada y anotada de las obras maestras de la picaresca española* (Madrid: Editorial Castalia, 1980).

Ven Serna, *A Critical Edition of Alonso Remón's "Las tres mujeres en una,"* UCLA, 1966. Published as *El teatro de Alonso Remón: Tres mujeres en una* (Madrid: Pliegos, 1983).

Joanne B. Purcell, *Portuguese Traditional Ballads from California*, UCLA, 1968.

Joel I. Feldman, *The Apocryphal "Guzmán": A Critical Evaluation and Structural Analysis*, UCLA, 1969

Adrienne S. Mandel, *A Thematic Survey of "La Celestina" Studies 1824-1968*, UCLA, 1970. Published as *"La Celestina" Studies: A Thematic Survey and Bibliography* (Metuchen, N.J.: The Scarecrow Press, 1971).

Hazel G. Carrasco, *A Critical and Annotated Edition of "El Guitón Honofre": An Unpublished Picaresque Novel of the Early Seventeenth Century*, UCLA, 1971. Published as *"El Guitón Honofre" (1604), Edited with Introduction and Notes* (Madrid: Estudios de Hispanófila, 1973).

Frances H. Lauerhass, *"Toda cosa engaña y todos engañamos:" Mateo Alemán's World-view through Picaresque Fiction*, UCLA, 1972.

Joan Arias, *Point of View and the Unrepentant Narrator in the "Guzmán de Alfarache" by Mateo Alemán*, UCLA, 1975. Published as *"Guzmán de Alfarache:" The Unrepentant Narrator* (London: Tamesis Books, 1977).

Miriam Ellis, *Lope de Vega's "La Francesilla:" A Critical Annotated Edition, Together with a Metric Translation of the Gálvez Manuscript*, UCSC, 1979.

PUBLICATIONS

(1) Article: "La juventud norteamericana ante la América Latina," *Mundo Libre* (Mexico City), III, 1944, 61-63. (Delivered as a lecture at the Palace of Fine Arts in Mexico City on July 4, 1944).
(2) Article: "Luna en la playa," *Mapa* (Mexico City), XI, 1944, 14-15.
(3) Article: "La juventud y el panamericanismo," *Entre Nosotros*, X, 1947, 4-7.
(4) Poem: "A Quixotic Man," *The American Bard*, X, 1948, 34.
(5) Review: *A lápiz* (Mexico City, 1947), by Alfonso Reyes. *Hispania*, XXXI, 1948, 123-26.
(6) Records; Eight pronunciation and conversation records prepared and recorded in conjunction with Dwight L. Bolinger's *Intensive Spanish* (Philadelphia, 1948).
(7) Article: "Jornada (*La casa de los celos*, II)," *Nueva Revista de Filología Hispánica*, III, 1949, 274-75.
(8) Article: "The Jews in Franco Spain," *B'Nai B'Rith Messenger*, April 20, 1951, 20 and 50.

(9) Article: "Oí... astrología," *Nueva Revista de Filología Hispánica*, V, 1951, 417-18.

(10) Article: "El gracioso de Juan Ruiz de Alarcón y el concepto de la figura del donaire tradicional," *Hispania*, XXXV, 1952, 64-69.

(11) Review: *Estudios sobre Lope* (Mexico City, 1951), by José F. Montesinos. *Hispania*, XXXV, 1952, 256.

(12) Review: *Juan Ruiz de Alarcón: Classical and Spanish Influences* (Ann Arbor, Michigan, 1942), by Miriam Virginia Melvin. *Revista Iberoamericana*, XVII, 1952, 357-60.

(13) Article: "Peribáñez y Vellido Dolfos," *Bulletin Hispanique*, LV, 1953, 378-80.

(14) Review: *Romance Philology*, VI, 4, 1952 and VII, 1, 1953. S. Griswold Morley Testimonial. *Hispania*, XXXVI, 1953, 486-87.

(15) Review: *El sombrero de tres picos* (New York, 1952), by P. A. de Alarcón, ed. E. De Chasca. *Hispania*, XXXVI, 1953, 122.

(16) Review: *The Heart of Spain* (New York, 1952), ed. Alvah Bessie. *Hispania*, XXXVI, 1953, 127.

(17) Review: *Vacilaciones de género en los monosílabos* by Angel Rosenblat. *Romance Philology*, VII, 1953-1954, 205-09.

(18) Article: "Julián Marías en California," *Insula*, X, no. 119, 1955, 13.

(19) Review: *Antología general de la literatura española* (New York, 1954), ed. A. Del Río and A. A. Del Río. *Modern Language Forum*, XL, 1955, 64-68.

(20) Review Article: "A New Anthology of Spanish Poetry," *Modern Language Forum*, XLI, 1956, 99-107 (with J. Richard Andrews).

(21) Article: "Ortega y Gasset y los judíos," *Tribuna Israelita* (Mexico City), XII, no. 138, 1956, 28.

(22) Review: *Espressioni letterarie dell'insegnamento di SantaTeresa de Avila* (Rome, 1955), by Guido Mancini Giancarlo. *Hispania*, XXXIX, 1956, 118-19.

(23) Review: *Men in Battle* (New York, 1954), by Alvah Bessie; *The Lincoln Battalion* (New York, 1954), by Edwin Rolfe. *Hispania*, XXXIV, 1956, 119.

(24) Review: *Pedro Antonio de Alarcón* (Zaragoza, 1955), by José F. Montesinos. *Hispania*, XXXIX, 1956, 244-45.

(25) Review: *Spanish Review Grammar* (New York, 1956), by Dwight L. Bolinger. *Modern Language Forum*, XLI, 1956, 55-56.

(26) Review: *Teatro* (Barcelona, 1954), by Miguel de Unamuno, ed. García Blanco. *Books Abroad*, XXX, 1956, 407.

(27) Review: *Canto desesperado a la ceniza* (Puerto Rico, 1955), by Francisco Lluch Mora. *Books Abroad*, XXX, 1956, 436.

(28) Article: "La cronología del teatro de Lope," *Insula*, XII, no. 126, 1957, 5.
(29) Article: "On 'Destructive Criticism': A Rejoinder to Mr. Leo Spitzer," *Modern Language Forum*, XLII, 1957, 3-24 (with J. Richard Andrews).
(30) Review Article: "Three Windows on Spain," *The Nation*, vol. 185, no. 6, 1957, 113-16.
(31) Review: *Despojamiento* (Cuenca, Ecuador, 1956), by Jacinto Cordero Espinosa. *Books Abroad*, XXXI, 1957, 186-87.
(32) Review: *José María Heredia* (Mexico City, 1955), by Manuel Pedro González. *Books Abroad*, XXXI, 1957, 295.
(33) Review: *Vida y sentido de la poesía actual* (Madrid, 1956), by Leopoldo Rodríguez Alcalde. *Books Abroad*, XXXI, 1957, 296.
(34) Review: *La nascita del comico nella vita e nell'arte degli antichi Greci* (Bari, 1956), by Armando Plebe. *Books Abroad*, XXXI, 1957, 303.
(35) Review: *La dicha lenta* (Mexico City, 1956), by Vicente Echeverría del Prado. *Books Abroad*, XXXI, 1957, 410.
(36) Review: *Romance Philology*, Vol. 1 (1947-1948). *Nueva Revista de Filología Hispánica*, XII, 1958, 92-93.
(37) Review: *Los Sefardíes* (Havana, 1958), by José M. Estrugo. *Revista Israelita de México*, XXII, no. 258, 1958, 18 (with S. G. Armistead).
(38) Review: *Don Quixote's Profession* (New York, 1958), by Mark Van Doren. *Books Abroad*, XXXII, 1958, 326.
(39) Book: *Ensayos y estudios de literatura española* by José F. Montesinos. Edición, prólogo y bibliografía de Joseph H. Silverman. Colección Studium, 23, Mexico, 1959, 215 pp.
(40) Article: "Dos romances fronterizos en la tradición sefardí oriental," *Nueva Revista de Filología Hispánica*, XIII, 1959, 88-98 (with S. G. Armistead).
(41) Review: *Bosquejos musicales* (Mexico City, 1957), by Salomón Kahan. *Revista Israelita de México*, XXIII, no. 265, 1959, 13 (with S. G. Armistead).
(42) Review: *La elaboración artística en Tirano Banderas* (Mexico City, 1957), by E. S. Speratti Piñero. *Romanic Review*, L, 1959, 307-08.
(43) Review: *The Dramatic Craftsmanship of Calderón* (Oxford, England, 1958), by Albert E. Sloman. *Books Abroad*, XXXIII, 1959, 354.
(44) Review: *Romance Philology*, Vols. 2-3 (1948-1950). *Nueva Revista de Filología Hispánica*, XIII, 1959, 149-51.
(45) Article: "Hispanic Balladry Among the Sephardic Jews of the West Coast," *Western Folklore*, XIX, 1960, 229-44 (With S. G. Armistead).

(46) Article: "Valle-Inclán y Ciro Bayo: Una fuente desconocida de *Tirano Banderas*," *Nueva Revista de Filología Hispánica*, XIV, 1960, 73-88.
(47) Review: *Programa de filología hispánica* (Buenos Aires, 1959), by Marcos A. Morínigo. *Insula*, XV, no. 162, 1960, 8.
(48) Review: *España como preocupación* (Madrid, 1960), by Dolores Franco. *Hispania*, XLIII, 1960, 457.
(49) Review: *La romanza del Conde Alarcos* (Pisa, 1959), by Guido Mancini. *Hispania*, XLIII, 1960, 457.
(50) Review: *Chants Judéo-Espagnols* (London, 1959), by Isaac Levy. *Nueva Revista de Filología Hispánica*, XIV, 1960, 345-49 (with S. G. Armistead).
(51) Article: "Una nota sobre Baroja y Valle-Inclán," *Insula*, XVI, nos. 176-77, 1961, 10.
(52) Article: "Esas universidades donde no se enseña nada," *ABC* (Madrid), July 18, 1961, 68.
(53) Article: "Judíos y conversos en el *Libro de chistes* de Luis de Pinedo," *Papeles de Son Armadans*, no. LXIX, 1961, 289-301.
(54) Article: "Borobó cayó en la trampa tendida por Valle-Inclán," *La Noche* (Santiago de Compostela), December 22, 1961.
(55) Article: "Dos romances fronterizos en la tradición sefardí oriental," no. 40, reprinted in *Davar* (Buenos Aires), no. 88, 1961, 74-80 (with S. G. Armistead).
(56) Review: *La vie de Lazarillo de Tormès* (Paris, 1958), ed. Marcel Bataillon. *Romance Philology*, XV, 1961, 88-94.
(57) Review: *A Bibliography and Iconography of Valle-Inclán* (Berkeley and Los Angeles, 1960), by J. Rubia Barcia. *Insula*, XVI, no. 178, 1961, 8.
(58) Review: *Les controverses des statuts de "pureté de sang" en Espagne* (Paris, 1960), by A. Sicroff. *Insula*, XVI, no. 179, 1961, 9.
(59) Monograph: *Diez romances hispánicos en un manuscrito sefardí de la Isla de Rodas* (with a preface by R. Menéndez Pidal, Pisa, Istituto di Letteratura Spagnola e Ispano-americana dell' Università di Pisa, 1962, 91 pp. (with S. G. Armistead).
(60) Article: "Impresiones sobre Larache," *Larache* (Larache, Morocco), August 29, 1962 (with S. G. Armistead and I. J. Katz).
(61) Article: "A New Sephardic *Romancero* from Salonika," *Romance Philology*, XVI, 1962, 59-82 (with S. G. Armistead).
(62) Article: "Sobre unos romances del Cid recogidos en Tetuán," *Sefarad*, XXII, 1962, 385-96 (with S. G. Armistead).
(63) Article: "El romance de *Celinos y la adúltera* entre los sefardíes de Oriente," *Anuario de Letras* (UNAM), II, 1962, 5-14 (with S. G. Armistead).

(64) Review: *The Surgeon of His Honour* (Madison, 1960), by P. Calderón de la Barca, trans. R. Campbell. *Books Abroad*, XXXVI, 1962, 87.

(65) Review: *Storia della letteratura spagnola* (Milan, 1961), by Guido Mancini. *Insula*, XVII, no. 182, 1962, 9.

(66) Review: *Filosofía de los valores* (Buenos Aires, 1960), by Alfred Stern. *Insula*, XVII, nos. 188-89, 1962, 14.

(67) Review: *This Is Spain* (Philadelphia, 1960), by Ignacio Olagüe. *Hispania*, XLV, 1962, 786-87.

(68) Article: "A Judeo-Spanish Derivative of the Ballad of *The Bridge of Arta*," *Journal of American Folklore*, LXXVI, 1963, 16-20 (with S. G. Armistead).

(69) Article: "Lope de Vega's Last Years and His Final Play: *The Greatest Virtue of a King*," *The Texas Quarterly*, VI, 1963, 174-87.

(70) Article: "*La mayor virtud de un rey*: Ultima comedia de Lope de Vega," *Insula*, XVIII, nos. 200-01, 1963, 10 and 23 (with Fr. Alfonso Andrés, O. S. B.).

(71) Necrology: "María Rosa Lida de Malkiel (1910-1962)," *Tribuna Israelita*, XIX, no. 228, 1963, 40-41 (with J. R. Andrews and S. G. Armistead).

(72) Article: "An NDEA Summer Institute in Guadalajara," *El Occidental* (Guadalajara, Mexico), July 26, 1963.

(73) Article: "El apasionante tema del desarraigo humano," *El Occidental* (Guadalajara, Mexico), August 3, 1963.

(74) Film: *Cross Over*, Narration in Spanish prepared and recorded for the USAF film, completed on October 6, 1963.

(75) Review: *Estudios sobre el teatro español* (Madrid, 1962), by Joaquín Casalduero. *Books Abroad*, XXXVII, 1963, 322.

(76) Review: *Qué es la novela picaresca* (Buenos Aires, 1962), by Alonso Zamora Vicente. *Books Abroad*, XXXVII, 1963, 432-33.

(77) Article: "Hispanic Balladry among the Sephardic Jews of the West Coast," no. 45, reprinted in *Spheres*, Spring, 1964, pp. 21-29 (with S. G. Armistead).

(78) Necrology: "María Rosa Lida de Malkiel (1910-1962)," no. 71, reprinted in *Hispania*, XLVII, 1964, 408-09 (with J. R. Andrews and S. G. Armistead).

(79) Film: *Los Principios Básicos de los Reactores de Potencia*. Narration in Spanish prepared and recorded for U. S. Atomic Energy Commission film, completed on October 7, 1964.

(80) Article: "El romancero hispánico entre los sefardíes estadounidenses," *Davar*, no. 102, 1964, 17-31 (with S. G. Armistead) (a translation of no. 45).

(81) Article: "A Judeo-Spanish *Kompla* and its Greek Counterpart," *Western Folklore*, XXIII, 1964, 262-64 (with S. G. Armistead).

(82) Article: "Sobre unos versos del *Cantar de gesta de las Mocedades de Rodrigo* conservados tradicionalmente en Marruecos," *Anuario de Letras*, IV, 1964, 95-107 (with S. G. Armistead).

(83) Review: F. de Quevedo, *Obras completas. Poesía original* (Barcelona, 1963), by J. M. Blecua. *Books Abroad*, XXXVIII, 1964, 412.

(84) Review: *A Paleographic Edition of Lope de Vega's Autograph Play La nueva victoria de D. Gonzalo de Córdova* (New York, 1962), by H. Ziomek. *Books Abroad*, XXXVIII, 1964, 468.

(85) Article: "Miguel de Unamuno y los sefardíes," *Tribuna Israelita*, XX, no. 242, 1965, 20-21 (with S. G. Armistead).

(86) Article: "Two Notes for Lope de Vega's *El castigo sin venganza*," *Bulletin of the Comediantes*, XVII, no. 1, 1965, 1-3 (with J. R. Andrews).

(87) Article: "Christian Elements and De-Christianization in the Sephardic *Romancero*," *Collected Studies in honour of Américo Castro's Eightieth Year*, ed. M. P. Hornick (Oxford, England, 1965), 21-38 (with S. G. Armistead).

(88) Article: "Influencias griegas en el folklore sefardí: La balada del *Puente de Arta*," *Davar*, no. 107, 1965, 97-104 (with S. G. Armistead) (a translation of no. 68).

(89) Article: "Judeo-Spanish Ballads in a MS by Salomon Cherezli," *Studies in Honor of M. J. Benardete*, ed. I. A. Langnas and B. Sholod (New York, 1965), 367-87 (with S. G. Armistead).

(90) Review: *Prosa novelística y academias literarias en el siglo XVII* (Madrid, 1963), by W. F. King. *Books Abroad*, XXXIX, 1965, 195.

(91) Review: *Estudios sobre el amor* (Madrid, 1964), by J. Ortega y Gasset. *Books Abroad*, XXXIX, 1965, 201.

(92) Review: *A Bibliography of the Romance and Related Forms in Spanish America* (Bloomington, 1963), by M. E. Simmons. *Western Folklore*, XXIV, 1965, 136-40 (with S. G. Armistead).

(93) Review: *Rogue's Progress: Studies in the Picaresque Novel* (Cambridge, Mass., 1964), by R. Alter. *Books Abroad*, XXXIX, 1965, 341.

(94) Review: *The Golden Tapestry* (Durham, N. C., 1963), by D. B. J. Randall. *Books Abroad*, XXXIX, 1965, 467.

(95) Review Article: "A New Collection of Judeo-Spanish Ballads," *Journal of the Folklore Institute*, III, 1966, 133-54 (with S. G. Armistead).

(96) Article: "Two Notes for Lope de Vega's *El villano en su rincón*," *Bulletin of the Comediantes*, XVIII, no. 2, 1966, 33-35 (with J. R. Andrews and S. G. Armistead).

(97) Article: "Un romancerillo de Yacob Abraham Yoná," *Homenaje a Rodríguez-Moñino*, 2 vols. (Madrid, 1966), I, 9-16 (with S. G. Armistead).

(98) Review: *Narratori picareschi spagnoli del Cinque e Seicento* (Milan, 1965), by A. Del Monte. *Insula*, XXI, no. 239, 1966, 8.

(99) Review: *Románica et Occidentalia. Etudes dédiées à la mémoire de Hirma Peri* (Pflaum), ed. M. Lazar (Jerusalem, 1963). *Hispanic Review*, XXXIV, 1966, 268-69 (with S. G. Armistead).

(100) Article: "Algo más para la bibliografía de Yacob Abraham Yoná," *Nueva Revista de Filología Hispánica*, XVII, 1963-1964 (1967), 315-37 (with S. G. Armistead).

(101) Article: "La dama de Aragón: Its Greek and Romance Congeners," *Kentucky Romance Quarterly*, XIV, 1967, 227-38 (with S. G. Armistead).

(102) Film: *Puerto Vallarta*. Narration in English prepared and recorded for the State of Jalisco's Department of Tourism film, completed on August 7, 1967.

(103) Article: "Influencias griegas en la poesía tradicional sefardí: Un dístico neohelénico y su traducción judeo-española," *Davar*, no. 112, 1967, 120-22 (with S. G. Armistead) (a translation of no. 81).

(104) Article: "Miguel de Unamuno y los sefardíes," no. 85, reprinted in *Kol-Sepharad* (London), III, nos. 5-6, 1967, 9-10 (with S. G. Armistead).

(105) Article: "Miguel de Unamuno y los sefardíes," No. 85 reprinted in *Ha-Kesher* (Madrid), 28, 1967, 5-6 (with S. G. Armistead).

(106) Textbook: *Siglo Veinte*. New York, Holt, Rinehart and Winston, 1968 (with Luis Leal), 429 pp.

(107) Article: "Influencias griegas en la poesía tradicional sefardí: Un dístico neohelénico y su traducción judeo-española," reprinted in *Voz Sefaradí* (Mexico City), II, no. 24, 1968, 26 (with S. G. Armistead) (a translation of no. 81).

(108) Article: "Génesis de *Tirano Banderas*," no. 46, reprinted in part in *Ramón del Valle-Inclán: An Appraisal of His Life and Works* (New York, 1968), 711-22.

(109) Article: "*Las Complas de las flores* y la poesía popular de los Balcanes," *Sefarad*, XXVIII, 1968, 395-98 (with S. G. Armistead).

(110) Article: "Jud.-Sp. *alazare*: An Unnoticed Congener of Cast. *alazán*," *Romance Philology*, XXI, 1968, 510-12 (with S. G. Armistead).

(111) Article: "*Selví*: Una metáfora oriental en el Romancero sefardí," *Sefarad*, XXVIII, 1968, 213-19 (with S. G. Armistead).

(112) Review: *Romances de ciego* (Madrid, 1966), by Julio Caro Baroja. *Books Abroad*, XLII, 1968, 77.

(113) Review: *Poesía tradicional de los judíos españoles* (Mexico City, 1966), by Manuel Alvar. *Romance Philology*, XXII, 1968, 235-42 (with S. G. Armistead).

(114) Review: *El escudo de armas de Juan Luis Vives* (London, 1967), by Abdon M. Salazar. *Insula*, XXIII, no. 264, 1968, 9.

(115) Article: "Plinio, Pedro Mejía y Mateo Alemán: La enemistad entre las especies hecha símbolo visual," *Papeles de Son Armadans*, no. CLIV, 1969, 30-38.

(116) Article: "Plinio, Pedro Mejía y Mateo Alemán: La enemistad entre las especies hecha símbolo visual," no. 115, reprinted (with additions) in *Et Caetera* (Guadalajara, Mexico), no. 14, 1969, 23-31.

(117) Article; "Avengalvón in Luis de Pinedo's *Liber Facetiarum,"* *Romance Philology*, XXIII, 1969, 56-57 (with S. G. Armistead).

(118) Article: "Three 18th-Century Ballads from Bosnia," *American Society of Sephardic Studies*, Series I, 1968-1969 (New York, 1969), 7-11.

(119) Review: *Estilo barroco y personalidad creadora* (Madrid, 1966), by Fernando Lázaro. *Hispania*, LII, 1969, 156-57.

(120) Review: *Romancero judeo-español de Marruecos* (Madrid, 1966), by Paul Bénichou. *Books Abroad*, XLIII, 1969, 230 (with S. G. Armistead).

(121) Review: *Spanish Ballads*, (Oxford, England, 1964), edited by C. Colin Smith, *Hispanic Review*, XXXVII, 1969, 407-12 (with S. G. Armistead).

(122) Book: *Ensayos y estudios de literatura española* by José F. Montesinos. Edición, prólogo y bibliografía de Joseph H. Silverman, 2nd ed., Revista de Occidente, Madrid, 1970, 303 pp. (a revised and enlarged version of no. 39).

(123) Article: "Las *Coplas de la muerte como llama a vn poderoso Cauallero* y una endecha judeo-española de Esmirna," *Anuario de Letras*, VII, 1968-1969 (1970), 171-80 (with S. G. Armistead).

(124) Article; "Plinio, Pedro Mejía y Mateo Alemán: La enemistad entre las especies hecha símbolo visual," no. 115, reprinted in *Davar*, no. 123, 1970, 118-22.

(125) Article: "Exclamaciones turcas y otros rasgos orientales en el Romancero judeo-español," *Sefarad*, XXX, 1970, 177-93 (with S. G. Armistead).

(126) Article: "La sanjuanada: ¿Huellas de una ḫarǧa mozárabe en la tradición actual?," *Nueva Revista de Filología Hispánica*, XVIII, 1965-1966 (1970), 436-43 (with S. G. Armistead).

(127) Article: "The Judeo-Spanish Ballad Chapbook 'Endegas de Θis'ah be-Ab,'" *Hispanic Review*, XXXVIII, 1970, 47-55 (with S. G. Armistead).
(128) Article: "Para un gran romancero sefardí," *Actas del Primer Simposio de Estudios Sefardíes, 1964* (Madrid, 1970), 281-94 (with S. G. Armistead).
(129) Article: "Arabic Refrains in a Judeo-Spanish *Romance,"* *Iberoromania* II, 1970, 91-95 (with S. G. Armistead).
(130) Review: *Actas del Primer Congreso Internacional de Hispanistas Celebrado en Oxford del 6 al 11 de Septiembre de 1962* (Oxford, England, 1964), ed. F. Pierce and C. A. Jones. *Romance Philology*, XXIV, 1970, 138-47 (with S. G. Armistead).
(131) Book: *Judeo-Spanish Ballads from Bosnia*. Philadelphia, University of Pennsylvania Press, 1971, x + 129 pp. (with S. G. Armistead).
(132) Book: *Folk Literature of the Sephardic Jews, I: The Judeo-Spanish Ballad Chapbooks of Yacob Abraham Yoná*. Berkeley, Los Angeles, London, University of California Press, 1971, xliii + 640 pp. (with S. G. Armistead).
(133) Book: *Estudios de literatura española ofrecidos a Marcos A. Morínigo*. Edited by Isaías Lerner and Joseph H. Silverman, Madrid, *Insula*, 1971, 185 pp.
(134) Article: "Un aspecto desatendido de la obra de Américo Castro," *Estudios sobre la obra de Américo Castro*, ed. P. Laín Entralgo, et al. (Madrid, 1971), 181-90 (with S. G. Armistead).
(135) Article: "Los *hidalgos cansados* de Lope de Vega," *Homenaje a William L. Fichter. Estudios sobre el teatro antiguo hispánico y otros ensayos*, ed. J. Amor y Vázquez and D. Kossoff (Madrid, 1971), 693-711.
(136) Article: "Some Aspects of Literature and Life in the Golden Age of Spain," *Estudios de literatura española ofrecidos a Marcos A. Morínigo*, ed. I. Lerner and J. H. Silverman (Madrid, 1971), 131-70.
(137) Article: "Sobre el romance *En vna villa pequeña* (Xácaras y romances varios, Málaga, 1668)," *Sefarad*, XXXI, 1971, 184-86 (with S. G. Armistead).
(138) Article: "Salonika's Yacob Yoná," *European Judaism* (London), V, no. 2, 1971, 34-37 (with S. G. Armistead).
(139) Article: "Amado Nervo y los sefardim," *Voz Sefaradí*, V, nos. 55-56, 1971, 21-22 (with S. G. Armistead).
(140) Article: "Sobre algunas fuentes romancísticas de Michael Molho," *Sefarad*, XXXI, 1971, 457-61 (with S. G. Armistead).
(141) Note: "Coloquio sobre el Romancero tradicional," *Sefarad*, XXXI, 1971, 468-69 (with S. G. Armistead and I. M. Hassán).

(142) Review: *The Scholar's Guide: A Translation of the Twelfth-Century "Disciplina Clericalis" of Pedro Alfonso* (Toronto, 1969), by J. R. Jones and J. E. Keller. *Southern Folklore Quarterly*, XXXV, 1971, 93-94 (with S. G. Armistead).
(143) Review: *Chants judéo-espagnols, ts. II-III* (Jerusalem, 1970-71), by I. Levy. *Sefarad*, XXXI, 1971, 462-64 (with S. G. Armistead).
(144) Review: *Siete siglos de Romancero (historia y poesía)* Madrid, 1969), by D. Catalán. *Hispania*, LIV, 1971, 195 (with S. G. Armistead).
(145) Review: *Romancero judeo-español de Marruecos* (Madrid, 1968), by P. Bénichou. *MLN*, 86, 1971, 295-97 (with S. G. Armistead).
(146) Article: "*El corregidor y la molinera:* Some Unnoticed Germanic Antecedents," *Hispanic Studies in Honor of Edmund de Chasca. Philological Quarterly*, 51, 1972, 279-91 (with S. G. Armistead).
(147) Article: "El gracioso de Juan Ruiz de Alarcón y el concepto de la figura del donaire tradicional," no. 10, reprinted in *Critical Essays on the Life and Work of Ruiz de Alarcón*, ed. J. Parr (Madrid, 1972), 187-95, 304-06.
(148) Article: "*Complas nuevas*: Un romancerillo desconocido de Yacob A. Yoná," *Sefarad*, XXXII, 1972, 225-29 (with S. G. Armistead).
(149) Article: "*El corregidor y la molinera* and its German ancestor: Schuhmacher und Edelmann," *Jahrbuch für Volksliedforschung*, 17, 1972, 49-69 (with S. G. Armistead) (an expanded version of no. 147).
(150) Article: "A new Semantic Calque in Judeo-Spanish: *Reinado* 'Belonings, Property,'" *Romance Philology*, XXXVI, 1972, 55-57 (with S. G. Armistead).
(151) Article: "Unos judíos admiradores de Galdos," *Amistad Judeo-cristiana*, (Madrid), no. 42, 1972, 3.
(152) Article: "Dos consejas sefardíes," *Narraciones hispano-americanas de tradición oral* (Madrid, 1972), 95-101 (with S. G. Armistead).
(153) Article: "La literatura oral del ladino de Damián Alonso García: Sobre una reciente chapucería romancística," *Sefarad*, XXXII, 1972, 451-74 (with S. G. Armistead and I. M. Hassán).
(154) Article: "Hacia un gran Romancero sefardí," *El Romancero en la tradición oral moderna* (Madrid, 1972), 31-38.
(155) Article: "Un último eco del Romancero sefardí de Bucarest," *Anuario de Letras*, X, 1972, 233-36 (with S. G. Armistead and M. Sala).
(156) Prologue: *Judeo-Spanish Traditional Ballads from Jerusalem: An Ethnomusicological Study*, by I. J. Katz, New York, The Institute of Mediaeval Music, 1972, pp. V-VI (with S. G. Armistead).

(157) Necrology: "Antonio Rodríguez-Moñino (1910-1970)," *Hispanic Review*, 40, 1972, 360-62 (with S. G. Armistead).
(158) Review: *Islam and the Arabs in Spanish Scholarship* (Leiden, 1970), by J. T. Monroe, *Insula*, XXVII, no. 306, 1972, 8-9 (with S. G. Armistead).
(159) Review: *La voluntad de estilo: teoría e historia del ensayismo hispánico* (Madrid, 1971), by J. Marichal, *Insula*, XXVII, no 307, 1972, 9.
(160) Review: *Literatura oral del ladino entre los sefardíes de Oriente a través del Romancero* (Madrid, 1970), by D. Alonso García. *Hispanic Review*, 40, 1972, 224-25 (with S. G. Armistead).
(161) Review: *Actas del Primer Simposio de Estudios Sefardíes* (Madrid, 1970), ed. I. M. Hassán. *Sefarad*, XXXII, 1972, 230-31 (with S. G. Armistead).
(162) Review: *Juan Luis Vives* (The Hague, 1970), by C. G. Noreña. *Insula*, XXVII, no. 306, 1972, 15.
(163) Review: *The Sephardi Heritage* (New York, 1972), ed. R. D. Barnett. *Jewish Bookland*, December 1972, 1-2 (with S. G. Armistead).
(164) Article: "Algo más sobre 'Lo de tu abuela con el ximio' (*La Celestina*, I): Antonio de Torquemada y Lope de Vega," *Papeles de Son Armadans*, no. CCV, 1973, 11-18 (with S. G. Armistead).
(165) Article: "Judíos admiradores de Benito Pérez Galdós," no. 151, reprinted in *Tribuna Israelita*, XXIX, no. 306, 1973, 18-19.
(166) Article: "El Cancionero judeo-español de Marruecos en el siglo XVIII (Incipits de los BenÇûr)," *Nueva Revista de Filología Hispánica*, XXII, 1973 (1975), 280-90 (with S. G. Armistead).
(167) Foreword: *El Guitón Honofre* by Gregorio González, ed. Hazel G. Carrasco. Estudios de Hispanófila, 25 (Madrid, 1973), 13-17.
(168) Review: *The Chuetas of Majorca* (New York, 1973), by B. Braunstein and *History of the Origin and Establishment of the Inquisition in Portugal* (New York, 1973), by A. Herculano. *Jewish Bookland*, November 1973, 3 (with S. G. Armistead).
(169) Article: "Four Moroccan Judeo-Spanish Folksong *Incipits* (1824-1825)," *Hispanic Review*, 42, 1974, 83-87 (with S. G. Armistead and I. M. Hassán).
(170) Article: "Sobre el arte de no renunciar a nada," *Papeles de Son Armadans*, no. CCXXI-II, 1974, 129-42.
(171) Article: "Romancero antiguo y moderno: Dos notas documentales: *Annali* (Istituto Universitario Orientale), XVI, 1974, 245-59 (with S. G. Armistead).
(172) Article: "A New Collection of Judeo-Spanish Wedding Songs," *Jahrbuch für Volksliedforshung*, 19, 1974, 154-66 (with S. G. Armistead).

(173) Article: "Siete vueltas dio al castillo...," *Revista de Dialectología y Tradiciones Populares*, XXX, 1974, 323-26 (with S. G. Armistead).
(174) Review: *Unknown Jews in Unknown Lands: The Travels of Rabbi David D'Beth Hillel (1824-1832)* (New York, 1973), ed. W. J. Fischel. *Jewish Bookland*, February 1974, 4.
(175) Article: "Sancho Panza y su secretario," *Tribuna Israelita*, XXXI, no. 319, 1975, 38-42.
(176) Article: "Rare Judeo-Spanish Ballads from Monastir (Yugoslavia) Collected by Max A. Luria," *The American Sephardi*, VII-VIII, 1975, 51-61 (with S. G. Armistead).
(177) Preface: Lope de Vega's *La desdichada Estefanía*, ed. Hugh W. Kennedy. University, Mississippi, 1975, 7-10.
(178) Review: *La judería de Tetuán (1489-1860) y otros ensayos* (Murcia, 1969), by J. Vilar Ramírez. *Romance Philology*, XXIX, 1975, 273-76 (with S. G. Armistead).
(179) Review: *Pablo Neruda: A Basic Anthology* (Oxford, England, 1975), by R. Pring-Mill. *Insula*, XXX, no. 349, 1975, 8.
(180) Article: "El romance de *Celinos*: Un testimonio del siglo XVI," *Nueva Revista de Filología Hispánica*, XXV, 1976, 86-94 (with S. G. Armistead).
(181) Article: "La colección Nahón de romances judeo-españoles de Tánger; *La Corónica*, V, 1, 1976, 7-16 (with S. G. Armistead).
(182) Article: "El romancero judeo-español de Marruecos: Breve historia de las encuestas de campo," *Poesía: Reunión de Málaga de 1974* (Málaga, 1976), I, 245-56 (with S. G. Armistead).
(183) Article: "Sancho Panza y su secretario," no. 175, reprinted in *Insula*, XXX. no. 351, 1976, 5.
(184) Article: "The Spanish Jews: Early References and Later Effects," *Américo Castro and the Meaning of Spanish Civilization* ed. J. Rubia Barcia (Berkeley, Los Angeles, London), 1976, 137-65.
(185) Review: *Estudios sobre el judeo-español de Bucarest* (Mexico City, 1970), by Marius Sala. *Romance Philology*, XXX, 1976, 258-62 (with S. G. Armistead).
(186) Records: *Weltliche Musik im Christlichen und Jüdischen Spanien*, EMI Electrola LC 0233 (163-30 125/26), Berlin, 1976. Commentary (with S. G. Armistead and I. J. Katz).
(187) Book: *Romances judeo-españoles de Tánger*. Madrid, Cátedra-Seminario Menéndez Pidal, 1977, 255 pp. (with S. G. Armistead).
(188) Preface: *Guzmán de Alfarache: The Unrepentant Narrator* by Joan Arias. London, Tamesis Books, 1977, pp. IX-XVI.

(189) Note: "Another Ballad Publication of Yacob Abraham Yoná," *La Corónica*, V, 2, 1977, 110-12 (with S. G. Armistead).

(190) Article: "Anti-Semitism in Tirso de Molina's *Burlador de Sevilla*," *The Sephardic Scholar*, Series 3, 1977-1978, 24-30.

(191) Article: "Anti-Semitism in Tirso de Molina's *Burlador de Sevilla*," *Folio*, Papers on Foreign Languages and Literatures, no. 10, 1977, 83-92 (a revised version of no. 190).

(192) Article: "Los romancerillos de cordel sefardíes del Archivo Menéndez Pidal," *Anuario de Letras*, XV, 1977, 295-98 (with S. G. Armistead).

(193) Note: "Guido Mancini y el Instituto de Literatura Española e Hispanoamericana de Pisa," *Insula*, XXXII, no. 365, 1977, 14.

(194) Article: "Cultural Backgrounds of Spanish Imperialism as Presented in Lope de Vega's Play *San Diego de Alcalá*," *The Journal of San Diego History*, XXIV, 1978, 7-23.

(195) Article: "A Neglected Source of the Prolog to *La Celestina*," *Modern Language Notes*, 93, 1978, 310-12 (with S. G. Armistead).

(196) Article: "Un poema celestinesco en la tradición sefardí moderna," *Celestinesca*, II, 1, 1978, 3-6 (with S. G. Armistead).

(197) Article: "Saber vidas ajenas: Un tema de vida y literatura y sus variantes cervantinas," *Papeles de Son Armadans*, no. 267, 1978, 197-212.

(198) Article: "Canciones narrativas italianas entre los sefardíes de Oriente," *Homenaje a Julio Caro Baroja*, ed. A. Carreira et al., (Madrid, 1978), 101-08 (with S. G. Armistead).

(199) Article: "Una variación antigua del romance de *Tarquino y Lucrecia*," *Thesaurus, Boletín del Instituto Caro y Cuervo*, XXXIII, 1978, 122-26 (with S. G. Armistead).

(200) Article: "*El buceador*: Una canción popular francesa en la tradición sefardí," *Estudios Sefardíes*, 1, 1978, 59-64 (with S. G. Armistead).

(201) Article: "Otro calco semántico en el judeo-español marroquí: *Libre* 'virgen'," *Estudios Sefardíes*, 1, 1978, 133-38 (with S. G. Armistead).

(202) Article: "J.-esp. *algüeca* 'trompetilla'." *Estudios Sefardíes*, 1, 1978, 143-45 (with S. G. Armistead).

(203) Article: "Sobre el cuento tradicional del *Kismet de la hija del rey*," *Estudios Sefardíes*, 1, 1978, 197-212 (with S. G. Armistead).

(204) Article: "Un nuevo testimonio del romancero judeo-español en el siglo XVIII," *Estudios Sefardíes*, 1, 1978, 197-212 (with S. G. Armistead and I. M. Hassán).

(205) Article: "Un poema autógrafo e inédito de José María Quiroga Pla," *Insula*, XXXIII, No. 383, 1978, 5.

(206) Article: "A Judeo-Spanish Cumulative Song and Its Greek Counterpart," *Revue des Etudes Juives*, CXXXVII, 1978, 375-81 (with S. G. Armistead).
(207) Article: "Una *chanson populaire* en la tradición brasileña: *A Filha do Rei da Espanha,*" *Ciência & Trópico*, 6, 1978, 322-36 (with S. G. Armistead).
(208) Note: "Un poema celestinesco en la tradición sefardí moderna (Nota adicional)," *Celestinesca*, II, 2, 1978, 29 (with S. G. Armistead).
(209) Note: "Temas sefardíes en tres congresos norteamericanos," *Estudios Sefardíes*, 1, 1978, 340-42 (with S. G. Armistead and I. J. Katz).
(210) Review: *O Folclore em Sergipe, I: Romanceiro* (Rio de Janeiro-Brasilia, 1977), by J. da Silva Lima, *Hispanic Review*, 46, 1978, 509-11 (with S. G. Armistead).
(211) Review: "A New Anthology of Jewish-Spanish Traditional Poetry," review of *Sefardische Lieder in Balladen (romanzas)*, ed. C. Milner and P. Storm (The Hague, 1974), *Musica Judaica*, II, 1977-78, 95-99 (with S. G. Armistead and I. J. Katz).
(212) Review: *Chants judéo-espagnols* (Jerusalem, 1974), by I. Levy. *Estudios Sefardíes*, 1, 1978, 247-48 (with S. G. Armistead).
(213) Review: *Coplas Sefardíes, (Chansons judéo-espagnols pour chant et piano)* (Paris, 1969-73), by A. Hemsi. *Estudios Sefardíes*, 1, 1978, 264-65 (with S. G. Armistead).
(214) Review: *Romancero judéo-espagnol* (Paris, 1971), by G. Levis Mano. *Estudios Sefardíes*, 1, 1978, 290-92 (with S. G. Armistead).
(215) Review: *The Sephardic Tradition: Ladino and Spanish-Jewish Literature* (New York, 1972), by M. Lazar. *Estudios Sefardíes*, 1, 1978, 297-300 (with S. G. Armistead, L. Carracedo, and I. M. Hassán).
(216) Review: *Cancionero Judeo-español* (Jerusalem, 1972), by M. Attias. *Sefarad*, XXXVIII, 1978, 175-76 (with S. G. Armistead).
(217) Review: *Judeo-Spanish Traditional Ballads from Jerusalem, An Ethnomusicological Study*, 2 vols, (New York, 1972-75), by I. J. Katz. *Sefarad*, XXXVIII, 1978, 176-77 (with S. G. Armistead).
(218) Review: "The Classical Ballads of the Sephardic Jews: A Study in Literary Recomposition," *Hispania*, 55, 1972, 832-39, by R. W. Miller. *Sefarad*, XXXVIII, 1978, 177 (with S. G. Armistead).
(219) Review: "El ladino: Tradición e invención," *Tribuna Israelita*, XXIX, no. 304, 25-37, by H. Behar. *Sefarad*, XXXVIII, 1978, 177 (with S. G. Armistead).

(220) Book: *Tres calas en el romancero sefardí (Rodas, Jerusalén, Estados Unidos).* Madrid, Editorial Castalia, 1979, 198 pp. (with S. G. Armistead). Updated and greatly expanded versions of nos. 45, 59, 89.

(221) Article: "Judeo-Spanish Ballads from Bosnia: Nine Additional Texts from the *Jevrejski Glas*," *Kentucky Romance Quarterly*, XXVI, 1979, 3-13 (with S. G. Armistead and K. Vidaković).

(222) Preface: *Romanceiro português do Canadá* by Manuel da Costa Fontes. Coimbra, University of Coimbra, 1979, pp. ix-xi (with S. G. Armistead).

(223) Article: "The Judeo-Spanish *Romancero* in Israel," *La Corónica*, VII, 2, 1979, 105-06 (with S. G. Armistead).

(224) Article: "The Judeo-Spanish *Romancero* in Israel," no. 223, reprinted in *Echoes* (Jerusalem), no. 9, October 1979, 12-14 (with S. G. Armistead).

(225) Article: "La contaminación como arte en un romance sefardí de Tánger," *El Romancero hoy: Poética, The Hispanic Ballad Today: Poetics* (Madrid, 1979), 29-37.

(226) Article: "La niña de Gómez Arias en la tradición moderna," *Anuario de Letras*, XVII, 1979, 309-17 (with S. G. Armistead).

(227) Article: "Judeo-Spanish Folk Poetry from Morocco (The Boas-Nahón Collection)," *Yearbook of the International Folk Music Council*, 11, 1979, 59-75 (with S. G. Armistead and I. J. Katz).

(228) Book: *Hispania Judaica: Studies on the History, Language and Literature of the Jews in the Hispanic World*, I: *History*. Barcelona, Puvill, 1980, 127 pp. (with S. G. Armistead and J. M. Solà-Solé).

(229) Article: "Three Hispano-Jewish *romances* from Amsterdam," *Medieval, Renaissance and Folklore Studies in Honor of John Esten Keller*, ed. J. R. Jones (Newark, Delaware, 1980), 243-54 (with S. G. Armistead).

(230) Article: "El Romancero entre los sefardíes de Holanda," *Etudes de Philologie Romane et d'Histoire Littéraire offertes à Jules Horrent* ed. J. M. d'Heur and N. Cherubini (Liège, 1980), 535-41 (with S. G. Armistead).

(231) Article: "The Judeo-Spanish *Romancero* in Israel," no. 223 reprinted in *Newsletter* of the World Union of Jewish Studies, no. 16, 1980, 24-26 (with S. G. Armistead).

(232) Article: "Judeo-Spanish Ballad Collecting in the United States: *La Corónica*, VIII, 2, 1980, 156-63 (with S. G. Armistead).

(233) Prologue: *Bibliografía razonada y anotada de las obras maestras de la picaresca española*, by Joseph V. Ricapito. Madrid, Editorial Castalia, 1980, pp. 7-16.

(234) Preface: *Romanceiro português dos Estados Unidos*, I: *Nova Inglaterra* by Manuel da Costa Fontes. Coimbra, University of Coimbra, 1980, pp. ix-xii (with S. G. Armistead).

(235) Article: "Field Notes on a Ballad Expedition to Israel," *Shevet Va'Am*, Second Series, IV (IX), 1980, 7-27 (with S. G. Armistead).

(236) Note: "Concerning the Gender of *Vislumbre*: A Query," *Hispania*, 63, 1980, 723-24.

(237) Book: *Judeo-Spanish Ballads from New York*. Berkeley, Los Angeles, London, University of California Press, 1981, viii + 149 pp.

(238) Book: *Seis romancerillos de cordel sefardíes*. Madrid, Editorial Castalia, 1981, 89 pp. + 22 plates (with S. G. Armistead and I. M. Hassán) New and revised versions of nos. 127, 148, 192, plus two previously unpublished chapters.

(239) Article: "Concerning the *Arrabal de senectud* in Manrique's *Coplas por la muerte de su padre*," *Studies in Honor of Everett W. Hesse* (Lincoln, Nebraska, 1981), 135-42.

(240) Article: "Sobre la antigua discografía sefardí y el romancero," *La Corónica*, IX, 2, 1981, 138-44 (with S. G. Armistead and I. J. Katz).

(241) Article: "Sovre romansas djudeo-espanyolas en diskos fonografikos antiguos," *Aki Yerushalayim*, 3, no. 9, 1981, 13-16 (with S. G. Armistead and I. J. Katz). A Judeo-Spanish version of no. 240.

(242) Article: "La orasion de una mujer sefaradi," *Aki Yerushalayim*, 3, no. 11, 1981, 16-17 (with S. G. Armistead).

(243) Review: *Echad: An Anthology of Latin American Jewish Writings* (Marblehead, Mass., 1980), ed. Robert and Roberta Kalechofsky. *Hispamérica*, X, 28, 1981, 100-01.

(244) Review: *El teatro de los sefardíes orientales*, 3 vols., (Madrid, 1979), by Elena Romero, *Insula*, XXXVI, no. 410, 1981, 8 (with S. G. Armistead).

(245) Book: *Hispania Judaica: Studies on the History, Language and Literature of the Jews in the Hispanic World*. II: *Literature*. Barcelona, Puvill, 1982, 111 pp. (with S. G. Armistead and J. M. Solà-Solé).

(246) Book: *En torno al romancero sefardí: Hispanismo y balcanismo de la tradición judeo-española*. Madrid, Seminario Menéndez Pidal, 1982, 292 pp. (with S. G. Armistead). Completely revised, updated, and expanded versions and translations of nos. 40, 68, 81, 82, 87, 101, 109, 110, 111, 123, 125, 126, 129, 137, 150, 171, 172, 180, 189, 195, 196, 198, 199, 200, 201, 202, 206, 226.

(247) Article: "Las endevinas djudeo-espanyolas," *Aki Yerushalayim*, 3, no. 12, 1982, 11-14 (with S. G. Armistead).

(248) Article: "La contaminación como arte en un romance sefardita de Tánger," *The Sepharadi and Oriental Jewish Heritage Studies* (Jerusalem, 1982), 237-46 (a revised version of no. 225).

(249) Article: "Judeo-Spanish Ballads from Monastir, Yugoslavia," *Hispania Judaica*, II, Barcelona, 1982, 9-23 (with S. G. Armistead).

(250) Article: "El arekojimiento de romansas djudeo-espanyolas," *Aki Yerushalayim*, 4, no. 15, 1982, 14-16 (with S. G. Armistead). An abbreviated Judeo-Spanish version of no. 232.

(251) Article: "An Anti-Semitic Anecdote in Lope de Vega and Juan de Luna," *The Sephardic Scholar*, Series 4, 1979-82, 17-22.

(252) Article: "New Evidence on the Publications of Yacob Abraham Yoná," *La Corónica*, XI, 1982, 79-86 (with S. G. Armistead).

(253) Article: "Words Worse Than Wounds: A Judeo-Spanish Version of a Near-Eastern Folk Tale," *Fabula: Zeitschrift für Erzählforschung*, 23, 1982, 95-98 (with S. G. Armistead and R. Haboucha).

(254) Note: "A Rectification," *College Literature*, IX, *1982*, 68.

(255) Review: *Temas sefardíes: Del cancionero sefardí* (Madrid, 1981), by I. M. Hassán, E. Romero, P. Díaz Mas and J. Díaz. Insula, XXXVII, no. 423, 1982, 9 (with S. G. Armistead).

(256) Article: "Five Judeo-Spanish Ballads from Smyrna," *Florilegium Hispanicum: Medieval and Golden Age Studies Presented to Dorothy Clotelle Clark*, ed. J. S. Geary et al. (Madison, 1983), 279-89 (with S. G. Armistead, D. Lida and I. J. Katz).

(257) Article: "*Rancho orejano* de Herib Campos Cervera: Obra ejemplar de antropomorfismo poético," *Anuario de Letras*, XXI, 1983, 287-94.

(258) Article: "Una anécdota en Lope de Vega y Juan de Luna: *Mirad a quién alabáis*, *En los indicios la culpa* y la *Segunda parte de la vida de Lazarillo de Tormes*," *Estudios sobre el Siglo de Oro en homenaje a Raymond R. MacCurdy* (Madrid, 1983); 103-08 (a revised and translated version of no. 251).

(259) Article: "El antiguo romancero sefardí: Citas de romances en himnarios hebreos (siglox XVI-XIX)," *Nueva Revista de Filología Hispánica*, XXX, 1981 (1983), 453-512 (with S. G. Armistead).

(260) Article: "Sobre los romances y canciones judeo-españoles recogidos por Cynthia M. Crews," *Estudios Sefardíes*, 2, 1979 (1983), 21-38 (with S. G. Armistead).

(261) Article: "The Traditional Balladry of the Sephardic Jews: A Collaborative Research project," *La Rassegna Mensile di Israel* (Rome), LXIX, 1983, 641-67 (with S. G. Armistead).

(262) Article: "Adivinanzas judeo-españolas de Turquía: Los 'enigmas' del Rabino Menahem 'Azoz'," *Philologica Hispaniensia in Honorem Manuel Alvar*, I (Madrid, 1983), 81-92 (with S. G. Armistead).

(263) Article: "Una anécdota en Lope de Vega y Juan de Luna," no. 258, reprinted in *Maguen (Escudo)* (Caracas), no. 48 (2 a época), 1983, 30-32.

(264) Article: "El rey don García de Galicia y Portugal en un romance sefardí de Marruecos," *La Corónica*, XII, 1, 1983, 107-12 (with S. G. Armistead and O. A. Librowicz).

(265) Preface: *Romanceiro português dos Estados Unidos*, II: *Califórnia* by Manuel da Costa Fontes. Coimbra, University of Coimbra, 1983, pp. ix-xiii (with S. G. Armistead).

(266) Preface: *Romanceiro da Ilha de S. Jorge*, by Manuel da Costa Fontes. Coimbra, University of Coimbra, 1983, pp. ix-x (with S. G. Armistead).

(267) Note: "Un país como cualquier otro," *El País Semanal* (Madrid), no. 341, October 23, 1983, 6.

(268) Review: *Teresa de Avila: La libertà del sublime* (Pisa, 1981), by Guido Mancini. *Insula*, XXXVIII, no. 434, 1983, 9.

(269) Book: *Hispania Judaica: Studies on the History, Language and Literature of the Jews in the Hispanic World*, III: *Language*, Barcelona, Puvill, 1984, 139 pp. (with S. G. Armistead and J. M. Solà-Solé).

(270) Article: "Un prólogo en busca de libro: Algunas observaciones sobre la novela picaresca," *Estudios en honor a Ricardo Gullon*, ed. L. T. González-del-Valle and D. Villanueva (Lincoln, Nebraska, 1984), 309-22.

(271) Article: "Del otro teatro nacional de Lope de Vega: El caso insólito de *El galán escarmentado*," *Hispania*, 67, 1984, 23-27.

(272) Article: "Sephardic Folk-literature and Eastern Mediterranean Oral Tradition" (in Hebrew), *Jerusalem Studies in Jewish Folklore*, V-VI, 1984, vii-x and 7-22.

(273) Article: *"La ija del rey i el bozadji:* Una romansa djudeo-espanyola derivada de la balada grega *El ponte de Arta," Aki Yerushalayim*, 6, no. 22-23, 1984, 27-30 (with S. G. Armistead). A Judeo-Spanish version of no. 68.

(274) Article: "Sobre las Coplas sefardíes de Alberto Hemsi," *Estudios Sefardíes*, 3, 1980 (1984), 423-47 (with S. G. Armistead).

(275) Article: "Villancicos antiguos en romances del siglo XX," *Josep María Solà-Solé: Homage, Homenaje, Homenatge (Miscelánea de estudios de amigos y discípulos)*, ed. A. Torres-Alcalá et al., 2 vols. (Barcelona: Puvill, 1984), I, 111-19 (with S. G. Armistead).

(276) Note: "Encuestas romancísticas en Israel," *Estudios Sefardíes*, 3, 1980 (1984), 482-83 (with S. G. Armistead).

(277) Note: "Se ha jubilado Yakov Malkiel," *Insula*. XXXIX, no. 451, 1984, 2.
(278) Note: "Ascendencia judía," *El País*, September 9, 1984, 10.
(179) Note: "García Calvo y el teatro clásico," *El País*, October 22, 1984, 11-12.
(280) Note: "Donald Bleznick," *Hispania*, 67, 1984, 19.
(281) Article: "Del otro teatro nacional de Lope de Vega: El caso insólito de *El galán escarmentado*," no. 271, reprinted in *Maguen (Escudo)*, no. 55 (2a época), 1985, 40-43.
(282) Article: "Ultimo verano en Lloret de Mar," *ABC* (Centenario de Américo Castro), May 4, 1985, VII.
(283) Article: "Sephardic Folk-literature and Eastern Mediterranean Oral Tradition," *Musica Judaica*, VI, 1983-84 (1985), 38-54 (with S. G. Armistead). English version of no. 272.
(284) Article: "Two Judeo-Spanish Riddles of Greek Origin," *Laografía*, 33, 1985, 169-75 (with S. G. Armistead).
(285) Article: "Personaje y tipo literario: El converso," *El personaje dramático: Ponencias y debates de las VII jornadas de teatro clásico español* (Madrid: Taurus, 1985), 253-66.
(286) Note: "Para una Colección popular de textos teatrales del Barroco," *Bulletin of the Comediantes*, 37, 2, 1985, 331-32.
(287) Note: "Nicaragua y las causas perdidas," *El País*, January 27, 1985, 10.
(288) Review: *Repertorio de noticias sobre el mundo teatral de los sefardíes orientales* (Madrid, 1983), by Elena Romero. *Insula*, XL, no. 458-59, 1985, 15 (with S. G. Armistead).
(289) Book: *Folk Literature of the Sephardic Jews, II: Judeo-Spanish Ballads from Oral Tradition, I: Epic Ballads*. Berkeley, Los Angeles, London, University of California Press, 1986, 350 pp. (with S. G. Armistead and I. J. Katz).
(290) Article: "On Lope's Art of Citing Ballads: *Peribáñez y el Comendador de Ocaña*," *Studies in Honor of William C. McCrary*, ed. R. Fiore, E. W. Hesse, J. E. Keller and J. A. Madrigal (Lincoln, Nebraska, 1986), 195-204.
(291) Article: "El rey don García en el romancero: Un nuevo testimonio," *La Corónica*, XIV, 2, 1986, 293-95 (with S. G. Armistead and O. A. Librowicz).
(292) Article: "Américo Castro in Search of a New Hispanic Humanism: A Symposium to Mark the Centenary of His Birth," *La Corónica*, XIV, 2, 1986, 296-301 (with S. G. Armistead).

(293) Article: "La segunda espadada: Folklore mágico en un romance sefardí," *Nueva Revista de Filología Hispánica*, XXXIII, 1984 (1986), 446-51 (with S. G. Armistead).

(294) Article: "Espejo 'persona querida': Mirífica creación de la musa popular," *Revista de Folklore*, No. 71, 1986, 152-53 (with S. G. Armistead).

(295) Article: "Perduración del paradigma antisemita medieval en el teatro de Lope de Vega," *Simposio de la historia del teatro sobre la Edad Media y el Renacimiento* (Barcelona, 1986), 105-110.

(296) Article: "Influensias gregas en la poesia tradisional sefaradi," *Aki Yerushalayim*, 8, no. 30-31, 1986, 24-25 (with S. G. Armistead).

(297) Article: "Another Anthology of Sephardic Folksongs," *Musica Judaica*, VII, 1985-1986, 58-72 (with S. G. Armistead and I. J. Katz).

(298) Review: *The Goldfinich and the Hawk: A Study of Lope de Vega's Tragedy El caballero de Olmedo* (Chapel Hill, 1966), by William C. McCrary. *Studies in Honor of William C. McCrary*, ed. R. Fiore, E. W. Hesse, J. E. Keller and J. A. Madrigal (Lincoln, Nebraska, 1986), 243-44.

El *Clerc* de John Gower
y su polivalencia en Juan de Cuenca

MANUEL ALVAR

AS PÁGINAS QUE SIGUEN constituyen un capítulo de los muchos que dedico al estudio de la *Confessio Amantis* de John Gower, traducida por Juan de Cuenca. Quiero hacer dos observaciones imprescindibles: entre el original inglés y la traducción castellana existió una traducción portuguesa hoy perdida. La hizo Roberto Paym (o Paine) y de ella trasladó Juan de Cuenca. La segunda observación tiene que ver con la traducción española: cito por la edición paleográfica (inédita) de Elena Alvar.

Las referencias a las obras de Chaucer se hace según figuran en John S. P. Tatlock, *A Concordance to the Complete Works of Geoffrey Chaucer* (Gloucester, Mass., 1963).

Acaso ninguna palabra de la *Confessio Amantis* tan llena de complejidades como *clerc*. Si la ponemos en relación con las equivalencias que le da Juan de Cuenca, veremos un mundo lleno de posibilidades culturales que el inglés no presenta, o que se manifiesta por otros caminos. Me parece apasionante conocer qué era un *clerc* inglés cuando la palabra se instauraba y, bajo la apariencia de múltiples formas, subyacían otros tantos contenidos. He aquí que se nos presenta con una riqueza singular lo que era un "clérigo" en el siglo XV, y esto gracias a la interpretación que, desde su mundo, hacía un experto traductor español.[1] El hombre que instruía al mozo no era el *Confessor*, que examinaba al

---

[1] Vid. L. G. Kelley, *The True Interpreter. A History of Translation. Theory and Practice in the West* (Oxford, 1975).

1

Amans, sino un hombre complejo con una serie de valores que estaban ahí y que deducimos por su conducta, pues monótonamente, *clerc* es la celosía que oculta un mundo que necesita expresarse de muy otro modo; el traductor español abre las varillas de su abanico y el paisaje cobra complejidad: el Confesor sabe, pero su saber responde a mil aptitudes que van más allá de la abstracta sabiduría.[2] Lo vamos a ver. A continuación enuncio las formas con que el inglés ha sido vertido al castellano; ordeno por orden alfabético las equivalencias y transcribo todos los casos en los que el original tiene correspondencia. Como siempre, el número romano se refiere al libro de la *Confessio Amantis*, según el texto inglés editado por Macaulay; la referencia a la versión española figura tras el signo =, y procede de los folios del manuscrito escurialense.

He aquí la enumeración obtenida, que no es otra cosa que el establecimiento de un campo semántico según postulaba Jost Trier:[3]

clérigo (II, v. 3066f. 116v,b, l. 12;V,v.5570=f. 242 v,b, ls. 27-28;[4] VII,v. 1687=f. 306v,b, l. 24; VII,v.2317=f. 316 a, l. 17; VIII, v. 2266=f. 398v, b, l. 26.[5]

desperta en toda sabiduría (VIII,v. 1483=f.385v,a, l.2).

filósofo (V, v. 2171=f. 211 b, l. 9).[6]

letrado (I,v. 345=f. 25 v,a, l. 21; II, v. 3423=f. 123a, ls. 7-8; III, v. 259=f.152 b, l. 20; VI, 1875=f. 280 v,a, l. 17; VII,v. 495=f. 293 a, l. 23; VII, 1467=f. 304 b, l. 16; VII, v. 1858=f. 309 b, l. 6; VIII, v. 1185=f. 380 v,b,l. 27; VIII, v. 1200=f. 381 b, l. 1);[7] *sotil letrado* (V, v.5286=f. 240 b, l. 24).

---

[2] No nos ayuda el libro de Götz Schmitz, aunque habla de sabio y sabiduría y traza el cuadro ideal del *vir sapiens* (*The middel weie. Stil und Aufbauformen in John Gowers "Confessio Amantis,"* [Bonn, 1974], pp. 66-80). El nuestro es otro problema. En 1983, los *Travaux de Linguistique et Littérature* (21. 2, 81-154) dedicaron varios estudios a la figura del "clérigo"; me interesa el de N. Piquet, *La Situation de l'intellectuel dans le "Décameron."*

[3] *Der deutsche Wortschatz in Sinnbezirk des Verstandes* (Heidelberg, 1951).

[4] *Clerk Ovide* = Ovidio el grande clérigo. No traduce el *clerk* referido a Ovidio (III, 736=f. 133 v,b, l. 16) ni a *Bossteste* (IV, v. 234=f. 157 v, ls. 15-17). Cfr. en Chaucer: "This wole Seneca and othere clerk, seyn" (D. W. B. 1184).

[5] *Grete clerc Ovide*=Ovidio, el grant clérigo. Cfr.: "Poeta muy sabio" (Baena, p. 455).

[6] Cfr. "*Filósofos* fueron los poetas antiguos" (L. Carrillo de Sotomayor, *Erudición poética*, [1613] f. 118).

[7] Cfr. "*letrado* ombre sabido, litteratur.a.um" (Nebrija [1495], s.v.).

maestro (II, v. 3219=f. 118 v,b, l. 12; VIII, v. 1163=f 380 v, a, l. 18).
poeta (V,v. 885=f.196v, a, l. 15)[8]
sabidor (I,v. 1856=f. 58a, l. 17; I, v. 2853=f. 71 a, l. 18; II, v. 3136=f.
117 v,b, ls. 16-17; IV,v, 302=f. 158 a, l. 6; IV,v. 2528=f. 176, ls. 9-10;
V, v. 140=f. 184 a, ls. 26-27;[9] V,v. 3089=220v, a, ls. 7-8; VI, v. 1398=f.
275 v,a, l. 16; VI, v,2234=f. 284 b, l. 19; VII, v., 528=f. 293 v,a, ls. 13-
14), grant sabidor (VII,v. 2262= f. 315 b, l. 18).
sabio (VII, v. 344=f. 291 v, a, l. 19).
valientes teólogos (VII, 122=f. 208 v, a, l. 11).[10]

La equivalencia clerc=clérigo resulta, en principio, muy poco explicativa, pues habrá que deslindar los significados de las palabras, que es lo que ahora me ocupa.[11] En algún raro caso, los términos inglés y español hacen referencia a la situación propia del hombre de iglesia, tal y como ocurre en un pasaje de Gower, que, al parecer, no puede tener carácter autobiográfico:[12]

And forto preche therupon
Crist bad to hire Apostles alle,
The whos pouer as non as falle
On ous that ben holi cherche,
If we the goode dedes werche;
V, vv. 1796-1800.

la qual fe Xristo mandó a los
Apóstoles predicar por todo el
mundo, cuyo poder, nosotros los
clérigos, tenemos en la santa
iglesia, sy buenos obras ficyérmos
(f. 206 v, b, l. 31-207a, l. 5).

El significado de 'eclesiástico'[13] corresponde a prest, según puede verse en las siguientes equivalencias:

---

[8] *The Clerk Vegecius* = *el poeta Vegeçio*. Cfr. Maurice J. Valency, *In Praise of Love* (Nueva York, 1982), pp. 86-106.
[9] *Clerk Ovide* = *gran sabidor Ovidio*. Cfr. "A todos los *sabios poetas* seglares" (Baena, p. 272).
[10] Cfr. "El poeta jurista, *teólogo* Dante" (Baena, p. 202).
[11] *Cherl y felaschipe* (V, vv. 148-49) equivale a *escolar* (f. 189,b, ls. 14-15), pero no entran en nuestro análisis.
[12] El texto se referirá al Confessor del poema pues en el *Mirour de l'omme* dijo taxativamente: "Je ne suys pas clers, / Vestu de sanguin ne de pers, / Ainz ai vertu a rave mance," que suele interpretarse: "no recibí órdenes [...] sino que visto hábitos de abogado" (*French Works*, vv. 21772-74). Cfr. Macaulay, *Latin Works*, p. xxvi, nota 1).
[13] Un texto del *Fuero General de Navarra* [c. 1300] supone ser *letrado* para llegar a *clérigo*: "El ombre *letrado* que quiere ser *clérigo* et es fijo del laurador encartado conviene que amor aya et mercet de quien es villano, et con su

prest- clérigo (IV, v. 1787 f.=173 a, l. 1; V, v. 143=f. 189 b, l 4; V, v. 1383=f. 202 b, l. 18; VIII, v. 2176=f. 397 a, ls. 19-20; VIII, v. 2189=f. 397 b, l. 15; VIII, v. 2200=f. 397 v,b, l. 10
prest-sacerdote (V, v. 1316=f. 201 b, ls. 23-24).
prest-confesor (VIII, 2306=f. 399 v,a, ls. 21-22).[14]

Sacerdos es *clérigo* en la correspondencia de la apostilla latina (Macaulay, II, p. 446 el f. 397 v,b, l. 10).

En el latín de Gower, *clerus* es 'eclesiástico.' El comienzo del libro III de *Vox clamantis* presenta, al menos, tres reducciones difrentes. Copio porque completa mejor el sentido la que se ofrece como segunda (Ms. CHGEDL), pero, aun con todo, el significado de la voz sería incierto de no contar con la aclaración de la rúbrica:

> Sunt Clerus, miles, Cultor, tres trina gerentes;
> Hic docet, hic pugnat, alter et arua colit.
> Quid sibi sit clerus primo videamus, et ecce
> Eius in exemplis iam stupet omnis humus.[15]

En otros casos la oposición a *laicus* evita cualquier tipo de ambigüedad, como en los versos 505-06 de ese mismo libro III:

> Non bene conueniut laici misteria cleri,
> Nec clero laici conuenit arma sequi.
> Gower, *Latin Works*, p. 121.

Eliminados los casos en los que *prest* significa 'clérigo,' como 'sacerdote' o 'confesor,' tenemos que volver a la nómina de la página—para que podamos fijar tanto el valor de *clerc*, como el de sus equivalencias castellanas, incluida la de *clérigo*.[16] Bien entendido que *clerc* en tales casos se opone a *prest*, según el verso siguiente:

---

seynor que vaya al obispo, e ruegue el seynor al obispo que lo ordene" (edic. Ilarregui-Lapuerta, 1869, p. 37b).

[14] Vid. también *clergon* 'religioso' en el *Mirour de l'omme (French Works*, vv. 3300, 20786 y ss.)

[15] He aquí el encabezamiento del libro III: "Hic tractat qualiter status et ordo mundi in tribus consistit gradibus, sunt enim, ut dicit, Clerus, Milicies, et Agricultores, de quorum errore mundi infortunia nobis contigiunt. Unde primo videndum est de errore cleri precipue in ordine prelatorum, qui potenciores aliis existunt" (*Latin Works*, p. 105).

[16] El paso de *ordo* (religioso) a la *conditio* y, por 1200, al 'estado,' con la laicización del concepto, es estudiado por Le Goff, *La civilisation de l'Occidente médiéval* (Paris, 1977), pp. 325-29.

Ne prest, ne clerc, ne lord, ne knave
IIII, IV, 1782.

que clérigo, ni lego, sennor ni siervo
(f. 144 v,b, ls. 25-26).

Así, pues, *clerc* es un *lego*, dotado de ciertas atribuciones, según paso a ver guiado de la mano de la que dice Gower; le seguiré antes de entrar en ajenas explicaciones. En el libro I, está el muy bello cuento de las tres cuestiones que propuso el rey de Castilla. Ahora bien, la palabra *clerc* no aparece, pero sí *wys*, con lo que tenemos ya en liza esas acepciones de *sabio* y *sabidor* que hemos encontrado como equivalentes; mas aún, la tradición española hace ser a *wys* sinónimo de buen entendimiento y *wise*, de *letrado* y *sabidor*. Pero comparemos los textos:

A king whilom was young and wys,
The which sette of his wit gret pris.
Of depe ymaginaciouns
And strange interpretaciouns,
Problemes and demandes eke,
His wisdom was to finde and seke;
Whereof he wolde in sondre wise
Opposen hem that weren wose.
I, vv.3067-3074.

Un rey que fue en otro tiempo de buen entendimiento e mançebo, el qual con sus profundas ymaginaçiones se travajaua de buscar problemas e preguntas de ynterpretaçiones estrannas, las quales algunas veces propuso a los letrados e sabidores, mas nunca fallaua quien a sus oposyçiones diese repuesta
(f. 73 v,b, l. 14-f, 74 a, l.3)

Tenemos unas cuantas equivalencias *wys de buen entendimiento, letrado y sabidor.* Es decir, habida cuenta que *letrado* y *sabidor* son, con mucho, las equivalencias más frecuentes de *clerc* y que Juan de Cuenca interpola en este fragmento el *letrado*, que no consta en el original, tendríamos que las condiciones de *clerc* son tener buen entendimiento, ser letrado[17] y ser sabio.[18] Más aún, tan altas condiciones se manifiestan en su capacidad de proponer preguntas (*demandes*) y problemas que suscitarían extrañas interpretaciones. Pero veamos cómo se traduce al español el *wise* y sus derivados del inglés; pueden ser *cuerdo* (II, v. 3248=f. 119 a, ls. 2-3), *sesudo* (VII,v. 2452=f. 318 a, l. 22; v. 3886=f. 339b, l. 9) y *sabidor*

---

[17] Es lo que *clerc* significa en algún pasaje de Chaucer: "Thus wryten olde clerkes in hier lyves" (H. Mep, 154), "these grete clerkes" (TC.I, 1002), "As writen clerkes in hir bokes olde" (TC.3.1199), *passim*.

[18] No está demás recordar a Chaucer: "Diverse scoles maken parfit clerkes" (D. WB, 44c); "For sondry scoles maken sotile clerkis" (E. Mch, 1427).

(VII, v. 2499=f. 318v, b, l. 16); en cuanto a *wisdom*, es *yngenyo e entendimiento* (VI, v. 1419=f. 275v,b, ls. 21-22) y *wisman (sesudo* (VI,v. 1238=f. 274 a, ls. 7-8) o *sabio* (VII,v. 1792=f. 308 v, a, l. 5).[19] Otros valores de *wys=seso* (VII,v. 2481=f. 318 v, a, l. 4) y *diestro* 'dotado de habilidad mecánica' (VIII,v.696=f. 372v, b, ls. 16-17). Este *wise* inglés lo hacen ser algunas de sus traducciones, sinónimo de *able=sesudo e entendido* (VIII, v. 947=f. 376 v,b, ls. 11-12). Así, pues, *clerc* en la interpretación española equivale a *letrado, sabidor* y *sabio*, a *sesudo, cuerdo*, como acabamos de ver y, en algún caso, a 'hábil'.[20] Detengámonos en este primer esperadero: el *clerc* ilustrado con tan hermosas condiciones, las aplicaba a plantear cuestiones y problemas. Volveré sobre esto, pero adelantemos que las preguntas o *questiones* eran, simplemente, adivinanzas.[21]

Juan de Cuenca ha creado una figura de *letrado* llena de las más altas virtudes; para ella no valdría aquello de que "no todos los letrados son sabios,"[22] pues su *letrado* es 'sabio' y 'sabidor,' condiciones que no siempre andan hermanadas. Ya Alfonso X especificó bien: "algunos omnes *letrados* e *sabios*, que, por su razón e por su saber entendieron que non eran muchos dioses ni podía seer mas de uno."[23] El letrado puede, en efecto, también ser sabio ("A sabios letrados, doctores agudos"[24] y como tal se le podía reputar.[25] Pero la condición del letrado era, sobre todo, la de ser estudioso de las letras humanas que, lógicamente, en la edad media eran las que incluían el *trivium* y el *quadrivium*: en las *Sumas de historia troyana* de Leomarte (c. 1350), de un buen caballero se dice que era "mucho letrado en todas las artes."[26] Y, con sentido restrictivo, vino a ser el *gramático*, según atestigua Nebrija, tanto en su *Diccionario*,[27]

---

[19] Véase el valioso estudio de Jacques Le Goff, *Métier et profession d'après les manuels de confesseurs du Moyen Age*; en *Pour un autre Moyen Age. Temps, travail et culture en Occident* (Paris, 1977), pp. 162-80.

[20] Por otra parte, *saber* o *clerecía* equivalieron a 'cortesía' (vid. José Antonio Maravall, *La 'cortesía' como saber en la Edad Media*, en su libro *Estudios de historia del pensamiento español* (Madrid, 1967), t. 1, pp. 261-74.

[21] Cfr. M. Alvar, "Apolonio, clérigo entendido," *Symposium Riquer*, p. 54.

[22] Correas, *Vocabulario de refranes*, ed. Louis Combet (Burdeos, 1967). También de otra forma: "Ni todos los ke estudian son letrados, ni todos los ke van a la guerra son soldados" (*ibid.*, p. 237a).

[23] *General Estoria* (1930), p. 68a.

[24] *Baena*, p. 43.

[25] "Los letrados aque llaman los otros omnes ser *sabios*" (Visión de Filiberto, c. 1330, edic. J. Mª. Octavio de Toledo, *Zeitschrift für Rom. Philologie*, 2 [1878], 59).

[26] Edic. Agapito Rey. Madrid, 1933, p. 194.

[27] "Letrado tal en griego, grammaticus.a.um"

como en su *Gramática*,[28] en unos pasajes que resucitará el prólogo del *Diccionario de Autoridades* (1726): "a los doctos en esto [elegancia de estilo, etc.], llamaron primero según Suetonio, *letrados*, nombre que la comunicación con los griegos cambió en el de *gramáticos*" (p. LI).

En la edad de oro, el letrado fue, simplemente el estudioso, según el doctor Huarte de San Juan y según Lope de Vega: "Lo último que hace al hombre muy gran *letrado*, es gastar mucho trabajo en las letras y esperar que la ciencia se cueza y eche profundas raíces;"[29] "sin interés del premio. / Acuden siempre tibios / El soldado a las armas, / El letrado a los libros."[20]

Hemos visto que *filósofo* es una de las equivalencias del *clerc* inglés. La terminología se nos va enlazando en torno a un sólo árbol, porque *filósofo* puede equivaler a 'poeta' a 'astrónomo,' a 'astrólogo' a 'matemático,' a 'físico,' a 'amador de la verdad'; es decir se trata del hombre adornado por unos valores éticos y otros de conocimientos humanos. Ni más ni menos que *clerc* con todo el desarrollo de posibilidades que hemos visto también en el *letrado*. Ordenar todos estos valores no es difícil porque la documentación que poseemos es muy clara, lo que no tiene sentido es intentar una ordenación cronológica de los valores. Baste con señalar dos acepciones fundamentales.

1) é t i c a: "fueron ellos llamados *philosophos* porque dixeron la verdad" (*Libro del saber de Astronomía*, edic. M. Rico y Sinoba, t. I, p. 38).

2) s a b e r e s h u m a n o s: "En esta tierra que dizen Pontus iaz soterrado *philosopho* quel dixieron don Ouidio (*Semeiança mundo*) [c. 1223], edic. 1959, p. 76), "ca segúnd dizen los filósofos, el çielo es rredondo todo en derredor e [...] la tierra está en medio" (*ib.* p. 128); "Caen los cabellos [...] en la parte trasera que los *philosophos* llaman oçipud et nosotros llamamos colodrillo" (V. Burgos, *Propiedades de las cosas*, 1494); "lee las ystoriales, / los *filósofos* poetas / y verás cosas secretas" (Jiménez de Urrea, *Cancionero*, Zaragoza, 1878, p. 467), "fue llamado *philosopho* porque era muy dado a letras, principalmente astrología" (Pedro Mejía, *Historia imperial y cesárea*, Sevilla, 1547, p. 262d), "Para conservar el agua dentro de una cisterna, tómese un vaso de vidrio [...] y se hincha de azogue [...] y con este remedio dizen algunos *philosophos* que no se corrompen las aguas" (Juanelo Turriano, *Libros* [c. 1575] edic. 1983, t. 1,

---

[28] "Grammaticos: que en nuestra lengua podemos dezir *letrados*" (libro I, cap. 1º).
[29] Huarte, *Examen de ingenios* (Madrid, 1930), t. I, p. 66.
[30] Lope de Vega, *Obras*, edic. Academia, t. VI, p. 10 b.

p. 102), "el que fuere buen *filósofo* en las mathematicas" (*ib.*, t. II, p. 340). En el libro VI de la *Confessio Amantis* se incluye el cuento de Nectanabo, sabio en artes mágicas, pero no tanto que para cumplirlas no tuviera que estudiar. Pero todo se apoya en aquel "Ma dame, a clerk I am" (v. 1875), exactamente traducido por Juan de Cuenca: "Señora, yo soy un onbre letrado" (f. 280 v,a, ls. 16-17); en efecto, el letrado mostró un libro lleno de pinturas en el que figuraban puntos y figuras celestiales, y como hombre sabio se comportó:

Whan he cam hom wher as he lay His chambre be himselve tok, And overtorneth many a bok. VI, vv. 1954-1956.	ençerróse dentro en su cámara, e allí reboluyó muchos libros por conplir aquello que demandaua. (f. 281 b, ls. 15-19)

Cuáles eran los libros que los eruditos tenían en su estudio nos lo ha contado el propio Gower. La sabiduría del clérigo abarcaba muchas ciencias; Nectanabo era "un hombre letrado," como lo eran los alquimistas que aparecen en libro IV, y sus respectivos saberes no quedaban reducidos a las ciencias que practicaban. La biblioteca de un sabio abarcaba desde la filosofía a la medicina, desde los orígenes del latín a la retórica, desde el saber bíblico hasta la ciencia del amor,[31] porque se "escriuieron libros por diversas maneras, por tal que los onbres oviesen en memoria la dotrina de las çiençias; asy de las artes e menesteres commo de toda otra sabiduría" (f. 177v, a, 1s. 18-25).[32] Y esos libros estaban en muchas lenguas, según se cuenta en un precioso pasaje:

And after that out of Hebreu Jerom, which the language kneu, The Bible, in which the lawe is closed, Into Latin he hath transposed, And many an other, writere ek	Después Gerónimo, commo onbre que bien sabía lenguaje ebrayco toda la Briuia, en que la ley está ençerrada, de aquella lengua en latyn trasladó. Muchos

[31] Vid. las páginas 51-53 de mi artículo en el *Symposium Riquer*. Véase aunque queda anticuado, el libro de Roger Lloyd, *The Golden Middle Age* (Londres-Nueva York-Toronto, 1939). Y no se olviden las connotaciones que, en torno al amor, fue elaborando una tradición muy compleja (vid. J. E. Ruiz Doménec, *El juego del amor como re-presentación del mundo en Andrés el Capellán* [Barcelona, 1980]).

[32] "Whith gret travaile of Scole toke / In sondri forme forto boke, / That we mai take here evidences / Upon the lore of the Sciences, / Of craftes bothe and of clergie" (IV, vv. 2663-67).

Out of Caldee, Arabe and Grek	escriptores, otros y de caldeo e
Weith gref labour the bokes wise	aráuigo e de griego trasladaron
Translateden.	con grande trauajo los libros de
IV, vv.2653-2660.	grant saber. (f. 177a, ls. 4-14)

Se nos va perfilando la imagen del sabio, tal y como se la imaginaban en la segunda mitad del siglo XIV: conocedor de muchas ciencias, experto en el arte de traducir y prestigiado por esas lenguas que eran el hebreo, el caldeo, el griego y el latín.[33] Pero ¿qué entendían por *artes y menesteres*? ¿Y por *toda otra sabiduría*? No salgamos de la *Confessio Amantis*: Genius cuenta al Amante la "escolástica doctrina" (o, simplemente, *Scole*) que Aristóteles enseñó a Alejandro. La teoría de Gower es la del Estagirita filtrada por el *Trésor* de Brunetto Latini[34] y esto nos remedia de buscar tres pies al gato. Pero importa señalar que el *craftes* del original (IV, v. 2667) se ha desdoblado en *artes y menesteres*, como actividades distintas de la *otra sabiduría (clergie)*. Ahora bien, si recurriéramos a Santo Tomás, "ars est recta ratio factibilium" por tanto, es la técnica para poder hacer racionalmente objetos, sean intelectuales o materiales. Lo que Juan de Cuenca ha hecho ha sido separar la actividad intelectual de lo que llama *arte* y de esta otra actividad de aplicación mecánica a la que llama *menester: artes y menesteres* son una sabiduría eminentemente de aplicación, mientras que la otra es una sabiduría de carácter transcendente.[35] Pienso que ni los vv. 2666-2667 de Gower ("the love of the Sciences, / of crafts bothe and of clergie") ni el texto de Juan de Cuenca resultan suficientemente claros. En el autor inglés, el saber de las dos clases de ciencia, la que engloba bajo *craftes* y la que es propia de la *clergie*, nos hacen pensar en sendas actividades, una técnica (propia de las artes) y otra intelectual. Los versos anteriores y los siguientes no salen de un saber estrictamente humano: por tanto las referencias se orientan hacia dos órdenes de conocimientos que acaso sean los que se adquieren, respectivamente, con el *trivium* y con el *quadrivium*, o al menos, con algunas de las

---

[33] Vid. Erich Auerbach, *Literatursprache und Publikum in der lateinischen Spätantike und im Mittelalter* (Berna, 1958).
[34] Macaulay, II, preliminares al libro VII (pp. 521-22).
[35] Cfr. James Westfall Thompson, *The Literacy of the Laity in the Middle Ages* (Nueva York, 1963). Para otros aspectos del saber, que no nos afectan ahora, vid. Patrick J. Gallacher, *Love, the Word, and Mercury, A Reading of John Gower's "Confessio Amantis"* (Albuquerque, 1975), p. 114, y Alberto Vàrvaro, *Literaturas románicas de la edad media. Estructuras y formas*, trad. Carlos Alvar y Lola Badía (Barcelona, 1983).

ciencias que a ellas pertenecen.[36] Juan de Cuenca, o Roberto Payne, se encuentran con este *craft* que en inglés es 'oficio, habilidad' y se establece la oposición entre técnica mecánica y actividad intelectual; es decir, ocupación de menestrales y ocupación de eruditos.[37]

Cierto que *arte* es trabajo liberal y, por tanto, ocupación de la clerecía, pero el inglés no aclara los principios y la *clergie* equivale a *otra sabiduría*, con lo que artes y menesteres son conocimientos humanos;[38] *otra sabiduría* es el saber trascendido, digamos la *divina scientia*, que se ocupa de Dios. Algo que ya estaba en el tratado de Alcuino, cuando en *De Grammatica*[39] hacía elevarse al hombre de la contingencia terrena a la plenitud del conocimiento divino:

> DISCIPULUS. Duc etiam, duc et tandem aliquando de nidulo ignavie in ramos tibi a Deo datae sapientiae compone; unde aliquod veritatis lumen cernere valeamus: et quos toties promisisti, septenos theorasticae disciplinae gradus nobis ostende.
>
> MAGISTER. Sunt igitur gradus, quos quaeritis, et utinam tam ardentes sitis semper ad [ascendendum], quam curiosi modo estis ad videndum: grammatica, rhetorica [dialectica], arithmetica, geometrica, musica et astrologia. Per hos enim philosophi sua contriverunt otia atque negotia. Iis namque consulibus clariores effecti, iis regibus celebriores, iis videlicet aeterna memoria laudabiles: iis quoque sancti et catholici nostrae fidei doctores et defensores omnibus haeresiarchis in contentionibus

---

[36] Cfr. Louis John Paetow, *The Arts Course at Medieval Universities with Special Reference to Grammar and Rhetoric* (Champaign, 1910), pp. 27-29.

[37] Cfr. George G. Fox, *The Medieval Sciences in the Works of John Gower* (Nueva York, 1965). Dedica sendos capítulos a Naturaleza y Fortuna, el Microcosmos y el Macrocosmos, la Astrología, los Sueños, la Alquimia y la Magia.

[38] El texto de Gower es muy claro, VII, v. 1690, y su traslado correcto f. 306 v.,b, l. 30). Estamos muy lejos de considerar *arte mecánica* como sinónimo de *matemática*, tal y como se estimaba siglos atrás (Cfr. Michael Masi, *Arithmetic*, apud David L. Wagner, *The Seven Liberal Arts in the Middle Ages*. [Bloomington, 1983], p. 161, por ejemplo). Es decir, en la teoría que sigue Gower se ha vuelto a la oposición establecida por Varrón y seguida por Marciano Capella, Casiodoro y Alcuino: de una parte, las artes liberales; de otra, las mecánicas. Cfr. J. Koch (edit.), *Artes liberales. Von der antiken Bildung zur Wissenschaft des Mittelalters* (Leiden-Colonia, 1959). El texto se puede ilustrar con el *Mirour de l'omme* (Gower, *French Works*, vv. 25501-25503):

> Les gens qui vivont d'artefice,
> Si bien le font solonc justice,
> Au bien commun sont necessaire...

[39] *Opera omnia*, apud *Patrología latina* de Migne, CI, cols. 853-54.

publicis semper superiores exstiterunt. Per has vero, filii carissimi, semitas vestra quotidie currat adolescentia, donec perfectior aetas et animus sensu robustior ad culmina sanctarum Scripturarum perveniat. Quatenus hinc inde armati verae fidei defensores et veriatatis assertores omnimodis invincibiles efficiamini.

El estudio del léxico que Juan de Cuenca utiliza nos plantea no pocos problemas de exégesis cultural o, si se prefiere, de explicación de contenidos. Porque lo que el traductor español nos entrega no es la figura del clérigo laico o religioso, sino la del intelectual manifiesto en sus mil posibilidades: escritores como Ovidio y Vegecio,[40] letrados que poseen libros y saben lenguas, sabios[41] y, en la culminación, los valientes teólogos. Pero aún hay más, Sigerio Brabante, a finales del siglo XIII, se bautizó a sí mismo como *filósofo*, por cuanto *clerc* era término ambiguo,[42] y *filósofo* es una de las traducciones españolas de la palabra inglesa.[43] No acaban aquí las cosas; el intelectual, sobre todo a partir del auge de las universidades, aliaba la reflexión personal y la difusión de sus conocimientos; era el *maestro* en el mejor y más noble de los sentidos y de ahí está otra nueva equivalencia española para el inglés *clerc*;[44]

Las siete artes liberales han venido a ocupar su puesto en el saber de los hombres. Digamos *trivium* y *quadrivium*, digamos *craft* y *clergie*, digamos *artes y menesteres*. Pero el traductor español nos hace ver un vislumbre de *otra sabiduría*, la que con el auge de las universidades se había hecho ciencia trascendida, filosofía y teología, y a ella se habían subordinado las siete artes liberales,[45] de acuerdo con unos principios

---

[40] No se olvide, también que, en el *Alexandre*, el *letrado* era poeta:
Fallo entre los otros un sepulcro ondrado
todo de buenos uiessos a derredor orllado
quieno uersifico fue omne bien letrado
ca puso grant razon en poco de ditado.
estrofa, 330 = 307.

[41] Cfr. "Los clérigos sabios" (*General Estoria*, edic. 1930, p. 110b).

[42] Jacques Le Goff, *Les intellectuels au Moyen Age* (París, 1962), p. 4; Vàrvaro, p. 72.

[43] Todavía en el siglo XVI, *filósofo* era "retórico' (Garcilaso, *Égloga II*, v. 396).

[44] Cfr. *El sueño enciclopédico del siglo XIII: la novela como "summa"* (Vàrvaro, pp. 323-31).

[45] David L. Wagner, *The Seven Liberal Arts and Classical Scholarship*, en Wagner, p. 25.

que formuló Hugo de San Víctor y que desarrolló Santo Tomás.⁴⁶ Habría que pensar en el discurso trópico opuesto al liberal y en el cual se revelaba el sentido figurado o alegórico del texto, según los principios gramaticales que había expuesto Godefroy de Saint Victor (S. XII) en su *Fons philosophiae*.⁴⁷

Clerc es un intelectual laico, dotado de buen entendimiento, letrado y sabio, capaz de proponer y resolver preguntas y problemas, conocedor de las artes liberales, capaz de comunicar su saber mediante el magisterio y que se apoya en todos estos saberes para llegar a las especulaciones filosóficas.⁴⁸ Evidentemente, el texto redactado por Juan de Cuenca es de una rica complejidad, una vez más hemos de reconocer que su arte superaba con mucho el de los simples traductores, cuando tan bien sabía dotar de contenido a un término tan poco expresivo en inglés. No quiero decir que Gower no conociera estos o algunos de estos valores, sino que no los comunicaba con un léxico ajustado. Cuando habla de Apolonio, explícitamente nos ilustra sobre su magisterio, a partir del consabido *clerc*:

Of every naturel science,	de todas las çiençias naturales e
Which eny clerk him couthe teche,	otras sotilezas sabía asaz, et, demás, las palabras que fablaua
He couthe ynowh, and his speche	heran tan graçiosamente dichas que, los que lo escuchauan,
Of wordes he was eloquent.	avían muy grant sabor.
VIII, vv. 590-93	(f.367v,b, ls 12-20).

Y entonces resulta más preciso que su traductor español, más dentro de una tradición escolar. Pero lo que he querido ver es cómo, al traducir un texto muy complejo, el traductor vertía con exactitud y aun cuando aclaraba lo hacía dentro de un mundo en que los significados de una palabra estaban muy bien tratados. Acabo de mencionar a Apolonio, un intelectual que *sabía asaz* en muchas *sotilezas* pero Apolonio fue, en el siglo XIII español, un ejemplar singularísimo de "clérigo entendido": su biblioteca era rica y variada, tenía libros anotados, historias, sabía latín y caldeo, conocía el trivium y se habia

---

⁴⁶ Ralph McInerny, *Beyond the Liberal Arts*, en el libro citado en la nota anterior, pp. 250-51.
⁴⁷ Le Goff, *Civil*, p. 405.
⁴⁸ Vid. James J. Murphy, "John Gower's *Confessio Amantis* and the First Discussion of Rhetoric in the English Language," *Philological Quarterly*, 42 (1962), 401-11.

asomado a alguna disciplina del quadrivium, las adivinanzas eran para él ejercicios lógicos y retóricos simultáneamente. Y, además, era dueño de la suprema virtud de la cortesía.[49] Mucho coincide este retrato con el que hemos podido rastrear en la traducción de Gower, aunque el texto del siglo XIII esté más trabado, como retrato que es de un solo hombre. La etopeya que nos da Juan de Cuenca es más dispersa y más variada.[50] Quiero decir que se trata de diferentes motivos y de distintos alcances. Esto es lo que objetivamente entendemos; la preferencia, puede rayar en lo subjetivo, y tampoco deberá desestimarse. Porque también hay motivos razonables para justificar el por qué de las preferencias.

Para terminar, veamos los derivados: *clergie* equivale a *sabiduría,*[51] a *filosofía,*[52] a *grant saber*[53] y a *clerecía.*[54] También a *saber* y a *filósofo*. Poco añaden ya a lo que sabemos: la condición del *sabidor* es la *sabiduría*, y apenas si podemos decir nada más. Nos quedamos con el intelectual que es *letrado*[55] o *filósofo*,[56] algo que habíamos visto anteriormente y de manera mucho más precisa y desarrollada,[57] por más que "para la gran masa de los incultos un *clericus* que no fuera eclesiástico en sentido estricto o pasaba desapercibido o constituía una extraña curiosidad."[58] No era éste el caso en el inglés de Gower, donde *clerc* se enfrentaba a *prest*, ni en el español de Juan de Cuenca, donde el 'clericus' tenía unas complejísimas correspondencias.

UNIVERSIDAD COMPLUTENSE DE MADRID

---

[49] Cfr. artículo citado en la nota 20.
[50] Vid. las conclusiones del libro de James W. Thompson, *The Literacy of the Laity in the Middle Ages* (Nueva York, 1963), pp. 196-97.
[51] Vid.: IV,v. 236 = f. 157, b, l. 17; IV, v. 2667 = f. 177v, a, ls. 24-25; V, v. 2033 = f. 209 v, b. l. 5.
[52] Vid. VII, v. 665 = f. 295 a, ls. 31-32.
[53] Vid. VII, v. 1440 = f. 304 a, l. 14.
[54] *Clergesse* (VI, v. 980) = *clerecía* (f. 271 v,a, l. 6).
[55] *Clergie* (VI, 2363) = *letraduría* (f. 285 v,b, l. 28).
[56] *Clergie* (VII, v. 380) = *filósofo* (f. 290 v,a ls. 7-8).
[57] Para algunos de estos asuntos,vid. Charles Brucker, *Sage et Sagesse au Moyen Age (XIIe et XIIIe siècles). Étude historique, sémantique et stylistique du vocabulaire de l'ancien français* (Ginebra, 1976). Anterior es la tesis doctoral de Kurt Ehlers, "*Clerc*" *und* "*Clergie*" *im Sprachgebrauch des mittelalterlicher Frankreich des 11. bis 14. Jahrhunderts* (Marburgo, 1940). (La defensa oral fue el 22 de diciembre de 1937).
[58] Vàrvaro, *op. cit.*, p. 72.

The Plot Against Amadis

J. Richard Andrews

ERHAPS IT WAS A PALINODE-LIKE reconsideration of his earlier effort. Garci Ordóñez de Montalvo was, historians assume, an old man when he worked on the *Amadís*. He would have written the *Sergas de Esplandián* at an even older age. Maybe by that time he was becoming worried about salvation. But be the reason whatever it was, it is clear that he had undergone a change of values. There is already evidence of it in the *Amadís* itself. In the *Sergas* the change is complete. Montalvo was no longer interested in writing about the worldly kinds of exploits in which Amadis and his fellow-knights had been involved. At some point he had recognized the emptiness of that kind of adventure. With Esplandian, heroic deeds would have to have a transcendental purpose. The *Sergas* is overbearingly, righteously Christian. And Esplandian himself is not just good as Amadis is good but piously, preachily good. In Chapter 3, the narrator even recognizes a need to explain:

...se hallarán en muchas partes razonamientos de muy buenas y católicas doctrinas por [Esplandián] dichas; y algunos, *con muy gran causa*, podrían decir: "Pues siendo tan mozo, no cabía en él dar consejo de tan anciano... (p. 406).[1]

The justification given is that he was reared by the holy man Nasciano.

---

[1] Pascual de Gayangos, *Libros de Caballerías* (Madrid: BAE, vol. 40, 1963). All page references are to this volume.

But it was not enough for Montalvo to show Esplandian as a more Christian, more worthy and more worthwhile knight than the knights in the *Amadís*. He felt it necessary to manipulate the plot of the *Sergas* to downplay Amadis in contrast to him. This superiority of the son over the father is even stated baldly in the text. In Chapter 2, after Esplandian has obtained the magic sword on the top of the Peak of the Enchanted Maiden, Sargil says, "Señor, mejor sois que vuestro padre, pues que esta aventura que él faltó, vos la acabastes." To which Esplandian says:

> Mi buen amigo Sargil, *si* las grandes cosas que mi padre con tanto esfuerzo de su muy esforzado corazón y no menos peligro de su vida pasó, *fueran empleadas en servicio de aquel Señor* que tan extremado entre tantos buenos le hizo en este mundo, *no pudiera ser hombre ninguno igual ni semejante* a la su virtud y gran valentía. *Pero* él ha seguido con mucha afición más *las cosas del mundo perecedero* que *las que siempre han de durar*... Y si a Dios pluguiere que mi deseo se cumpla, tú verás que cuanto *mis obras* serán más diversas de las de los otros, tanto *serán más dignas de alcanzar galardón de aquel que darlo puede* (p. 405).

The lines of contrast are clearly drawn. It also becomes evident that Montalvo's strategy is to use Amadis's heroism as a pedestal on which to erect Esplandian's. He has Esplandian praise Amadis at the same time he deflates him. This deflation is accomplished in part by overlooking an important aspect of Amadis's character, seen, for example, in his battle with that avatar of the Devil, the Endriago, a battle with qualities and dimensions worthy of any Esplandian. Montalvo actually pays homage to this battle in Chapter 47 when he has Esplandian visit the site as a tourist and recognize that, if he is to fulfill the prophesy that he "había de pujar en esfuerzo y valentía a su padre" (p. 453), he had an incredibly difficult task ahead of him. And Chapter 48 is given over to praise for Amadis until Esplandian considers that:

> la diferencia que entre él y mí habrá, será que las fuerzas que Dios me diere serán empleadas *contra los malos infieles*, sus enemigos, *lo que mi padre no hizo* (p. 454).

To a large degree this is misleading since, as seen in the quotation from page 405, the point of difference is simply service to God, and in this recall of the Endriago battle the only suggestion that Amadis was serving God in that battle is the hushed mention that the Emperor of Constantinople had a convent for nuns built there to commemorate it. Even at the very moment of praising Amadis here, Montalvo is engaged in tactics of downplaying him. Whenever an opportunity presents itself he manages the plotting of the episode in such a way that he shows Esplandian the better of the two. Let us look at five episodes.

(1) The gaining of the magic sword in Chapter 2 really was not a valid proof of Esplandian's superiority over Amadis. After all, it was simply a matter of the exploit being reserved for him. But the episode in Chapter 6 is different. Esplandian goes to a castle to rescue King Lisuarte, his maternal grandfather. There he fights with the gate guard, Argante, and kills him. After this "un caballero grande de cuerpo, armado de unas armas verdes, bordadas con oro," enters "blandiendo una espada *con la siniestra mano*" (p. 409). He challenges Esplandian, who looks at him and "vióle grande, de hermoso cuerpo y bien tallado, con aquellas armas frescas, y parecióle muy bien" (p. 409). After Esplandian preaches a short sermon to him, which the knight rejects ("yo no vengo a tomar consejo..."), they fight. It is a fiercely fought battle, but not a particularly spectacular one. We are told of the knight's amazement at Esplandian's skill, a skill against which neither "su fuerza ni *su gran sabiduría* en aquel menester no lo podían amparar que muerto no fuese. Y como quiera que *este caballero* se combatió en su juventud, y después en *mejor edad, como ahora estaba*, con los *mejores* caballeros del mundo, *nunca* halló entre ellos *ninguno* que a éste *con gran parte* fuese igual." When he sees himself bested, "comenzó a *huir* contra la puerta por donde venido había, pensando de se salvar' (p. 410). But Esplandian catches up with him and kills him.

There is nothing in the hints here to identify this knight with certitude. One is therefore shocked to find out in Chapter 11 (nine long pages later) that he was none other than Amadis's long-time enemy, Arcalaus. One thinks back on all the wily evil of this dastardly enchanter, whom Amadis could cause to flee but could never kill, and gasps in disbelief at the ease with which he has been dispatched. In keeping the knight's identity silent until well after the fact, Montalvo's narration of the event has been underhanded. The relative facility with which Esplandian does what his father could not do puts Amadis in a bad light, especially when we consider the words "nunca halló entre ellos ninguno que a éste *con gran parte* fuese igual."

(2) Even more underhanded plotting against Amadis is found in Chapters 28 and 29. At the beginning of Chapter 28 we are told that Esplandian has set out from London and that "su padre Amadís el día antes había salido, *diciendo* ir a caza de venados" (p. 433). Esplandian rides along determined not to fight anyone, "salvo en hacer guerra a

los enemigos de la fe." This high intention is brought to a halt by a knight who challenges Esplandian's passage over a bridge. Esplandian reprimands him:

> Si *en tiempo de mi padre*, que las venturas en esta tierra demandaba, y de los otros famosos caballeros, que sobre *tales causas como éstas* combatían, acaeciérades, probárades vuestra ventura, como la fortuna os la diera, pero dígoos, caballero y señor, que *su honra ni su fama no la querría, ni Dios por tal vía me la dé*... (p. 434).

The opposing knight does not cancel the challenge, and Esplandian is forced to fight. It is an incredibly fierce battle. Finally, when both have nearly killed one another and Esplandian is on the point of delivering the telling blow, the other knight gives in: "yo conozco ser vencido" (p. 434). To everyone's amazement, when Master Elizabet removes the knight's helmet, it turns out to be Amadis. Both father and son have to be put to bed to recover from their serious wounds, with Amadis being in danger of dying.

The fraudulent, underhanded plotting is not so much in Montalvo's having Amadis be bested by Esplandian but even more in his having written him into such a battle. It is true that Amadis fought his brother Galaor almost to the death and that Galaor almost killed his half-brother Florestan. But in both instances neither of the combatants knew the identity of the other. One of the strongest motifs in *Amadís* is that of family solidarity and lineage. For example, even when Galaor remained a supporter of King Lisuarte when that misguided lord alienated Amadis, Montalvo was very careful not to allow him to take part in the ensuing battle so as not to have him face the necessity of fighting his brother. All one has to do to understand the flaw in the plotting in the *Sergas* episode is to imagine King Perion knowingly, deliberately fighting Amadis or Galaor or Florestan. It is unthinkable. And this action on Amadis's part is equally implausible. It is so out of character, so contrary to the fundamental principles governing Amadis's actions, that Montalvo's dereliction as author is obvious. The affair gets even worse when he later has Amadis justify his action to Oriana and others:

> Él les respondió que la igualdad de la fuerza dellos fué en tanta cuantidad de tiempo tan pareja, que *sin gran afrenta y peligro* la diferencia de la memoria no se pudiera conocer; y cómo él hubiese pasado por cosas tan señaladas, y con las presentes de su hijo *las suyas, como viejas, eran ya puestas en olvido*, que quiso renovarlas, ponien-

do a sí y a él en aquel estrecho, *deseando ser vencedor*. Creyendo que, como la fortuna en todo lo otro tan ayudadora y favorable le había sido, que así en aquello lo fuera, lo cual ganando ganaba toda la fama, toda la alteza de las armas, que ni el padre al hijo, ni el criado al señor debía dejar, pudiéndola para sí haber; pero que aquella misma fortuna le había dado bien a conocer *la gran diferencia que del uno al otro había*; y que si algún consuelo le quedaba, era la honra que del buen hijo al padre podía alcanzar (p. 435).

This childish babbling is a mockery of Amadis. It is Montalvo's attempt to represent the worst of a worldly knight's selfish concerns. That is to say, Montalvo has devised this false episode to illustrate the contrast between the worldly and the transcendental knights, the topic with which the episode begins. To that end he sacrifices Amadis and violates the integrity of the work.

Later on, in Chapter 46, Montalvo has Master Elisabet recount the event to Norandel. The recounting is summarized with the words:

y [fue contado] cómo se combatió Amadís, su padre, con él, *como contra enemigo*, pensando ganar *toda la honra que a Esplandián prometida le era*, y que en el cabo quedó vencido y casi muerto (p. 452).

This event is now presented as being even more disreputable. Amadis is accused of trying to take something that is not rightfully his.

(3) Montalvo's manipulation of the plot to heighten Esplandian's position relative to Amadis is also evident in Chapters 134 to 143, concerning Esplandian's letter to Amadis asking for help and the father's letters to fellow knights. The general tenor of Amadis's letters has to do with condemning the worldly concerns of the earlier knights in contrast with the transcendental purposes of Esplandian. For example, in the first one, which is to his father, King Perion, we find Amadis preaching in the manner of Esplandian:

... fue *gastando* vuestro tiempo, empleando vuestras fuerzas muchas veces en grandes peligros, *en la vana gloria deste mundo, de que perdon os conviene pedir*, con esto que al presente nos ocurre, queriendo vos, gran rey, seguir *la verdadera razón*, todas ellas serán purgadas (p. 527).

Montalvo thus forces Amadis to undercut his own position in favor of that of his son. By the device of the letters he devalues all of Amadis's earlier accomplishments and forces Amadis to admit that they were not only frivolous but sinful.

(4) The next example occurs in Chapters 164 through 166. Radiaro, the Sultan of Liquia, and Queen Calafia of the island of California challenge Amadis and Esplandian to a battle. Knowing what has been happening throughout the *Sergas*, one can predict with confidence that in the pairing of the combatants Montalvo will assign Amadis to fight the woman, since that is the more demeaning. Although Calafia is an Amazon-like warrior and as fierce as they come, the work, with its sexist bias, makes it abundantly clear that she is no match for a real man. In the fight, at the first encounter on horseback Amadis "volvió la lanza de cuento" (p. 547), a thing which he would never do in fighting a man. When Amadis's horse falls and one of his legs is pinned beneath, Esplandian quickly dismounts and frees him. Then when Calafia attacks him with her sword, Amadis receives some of the blows on his shield and evades the others, "pero no porque pusiese mano a su espada, antes tomó un pedazo de la lanza que en ella había quebrado, y con él le dió encima del yelmo tal golpe, que por poco la hubiera derribado" (p. 548). To her anger he replies, "Reina, yo siempre tuve por estilo servir y ayudar a las mujeres; y si en tí, que lo eres, pusiese arma alguna, merecería perder todo lo hecho pasado" (p. 548). And he fights her off, furious as she is, with the stick and wins. The mismatch is so obvious the battle is a joke. Montalvo has plotted Amadis into an embarrassing situation, from which, to be sure, he allows him to extricate himself with his chivalric principles intact. But the battle would have been more meaningfully fought by a lesser knight. That, however, would not have set Amadis up for a disadvantageous comparison with Esplandian.

(5) Finally, although strictly speaking it is not a matter of plotting, we have Chapter 99, the curious invention by which the narration is continued after the narrator was ordered by Urganda in a vision in Chapter 98 to stop writing. Her reappearance in a subsequent vision in Chapter 99 includes the narrator's visit to the Ínsula Firme where the important characters of the *Amadís* and of the *Sergas* sit as if in a wax museum under the enchantment of Urganda to protect them from death. One of the surprising things in the episode is that the characters are judged. The narrator picks Briolanja, not Oriana, as the most beautiful woman, and Urganda concurs, praising his perspicuity and revealing that it was due to Amadis's trickery toward Briolanja that prevented her being awarded the prize that later fell to Oriana. When asked to judge the knights, the narrator picks Florestan as being the most outstanding,

dejando de poner en la cuenta a Esplandián, que habiendo empleado sus fuerzas, poniéndolas tantas veces a la cruda muerte, *por servir al más poderoso Señor, desechando todas las vanaglorias y gran parte de las locuras que estos otros siguieron,* cierto es que *ninguno dellos ni todos juntos* no podrían ser sus iguales (p. 500).

Montalvo has even Urganda see a certain validity in this elevation of Florestan over Amadis. In addition to setting Esplandian over all knights, Montalvo has once again manipulated the text to devalue Amadis. This episode with its external perspective is even more damaging than the plotted episodes.

While it is interesting to watch a writer in the grip of an obsessive idea violate the principles of a work in order to cater to that idea, it might not be amiss to point out that one of the possible motives for Montalvo's mistreatment of Amadis (or his willingness to mistreat him) was that Esplandian was his own creation and Amadis only an adopted one.

VANDERBILT UNIVERSITY

The Idea of "limpieza" in La Celestina

MANUEL DA COSTA FONTES

HE DISCUSSIONS CONCERNING "limpieza de sangre" in La Celestina have hinged on the fact that neither Calisto nor Melibea ever think of legitimatizing their love through marriage. According to some critics, they could not marry because Calisto was a "converso"; others have claimed the contrary, that it was Melibea who was of Jewish origin.[1] Whatever the case, marriage was apparently out of the question. A third group, which includes scholars such as Américo Castro (*Contienda* 107) and Stephen Gilman (*The Spain* 366), have declared the whole controversy irrelevant. Both scholars agree that only a convert could have written such a work, and this is to be seen especially in Fernando de Rojas' corrosive analysis of the society of his time, in his destructive attack against its social, religious and literary values.

---

[1] For bibliography on both points of view, see Snow, Nos. 57, 105-06, 123, 195, 211, 306, 349, 684, 763, 833. Cardiez Sanz has made a useful survey of the main arguments on each side. I am grateful to Professor Silverman for the inspiration provided by his writings as well as for his valuable suggestions and bibliographical indications; we discussed this subject on the telephone long before I had any idea that I would eventually submit it for publication in a volume in his honor. I would also like to thank Samuel G. Armistead, Richard Berrong, Joseph Snow, and Daniel Eisenberg for their valuable suggestions towards its improvement. A preliminary version of this paper was read at the Seventh Annual Cincinnati Conference on Romance Languages and Literatures, May, 1987.

One of those values, of course, was the originally plebeian obsession with "limpieza de sangre" which served as an instrument to exclude converts and their descendants from many positions of importance coveted by the jealous, less educated classes (see Sicroff 28-36). Thus, converts were automatically condemned to perpetual marginalization in the society to which they belonged. The disagreement concerning the role played by this concept in *La Celestina* shows that the aversion that Fernando de Rojas must have felt towards "limpieza de sangre" is not clearly reflected in his work. This is not always the case with other converts, however. As pointed out by Américo Castro, "la literatura de los cristianos nuevos (llamados conversos o confesos, aunque su cristiandad datara de varias generaciones) no reconocía valor a la limpieza de sangre, la rechaza, la desdeña o la ironiza" (*Hacia Cervantes* 22).

The purpose of this paper is to apply these words to *La Celestina* through an examination of some of the passages where "limpio" and its derivatives are used, keeping in mind that, as indicated by Covarrubias in his definition, the very adjective was enough in itself to conjure up the very idea of lineage: "Limpio se dize comúnmente el hombre christiano viejo, sin raza de moro ni judío."[2]

According to my count, there are 22 specific references (noun, adjective, verb and adverb) to the idea of "limpieza" in *La Celestina*. Since the word under scrutiny is rather common, it would be very unreasonable to expect it to be used ironically in every instance. Even the only explicit reference to "limpieza de sangre" in the whole work can be debated. Calisto makes it during his first meeting with Melibea, when he doubts his good fortune with the following words: "Pero, como soy cierto de tu limpieza de sangre y hechos, me estoy remirando si soy yo Calisto, a quien tanto bien se le hace" (173).[3] As stated by Gilman, since there was nothing pure in Melibea's decision to meet a young man secretly in her garden during the middle of the

---

[2] The 16th edition of the *Diccionario de la lengua española* of the Real Academia offers a slightly expanded sub-definition: "Aplícase a las personas o familias que no tienen mezcla ni raza de moros, judíos, herejes o penitenciados."

[3] For some unfathomable reason, there are critics who still feel uncomfortable with the paradoxically vital role played by the stifling institution of "limpieza de sangre" in Spanish literature. This is reflected in three recent translations of *La Celestina* where Calisto's reference to "the awkward matter of purity of blood" is rendered as "your pure intentions" and "your sincerity" (see Silverman, "Spanish Jews" 157, n. 20).

night, "the real ironical dig here may be at the meaningless purity of her *sangre*, given what we know about the impurity of her *fechos*" (*The Spain* 366). Calisto could also be implying that his lineage was not as pure as Melibea's for, given her "limpieza de sangre," he can hardly believe his good luck. Finally, he could be making a mere statement of fact without any ulterior implications. Since the context is such that each interpretation is equally valid—and I am certain that it would be possible to come up with even more connotations—, this key passage cannot be used to show that Fernando de Rojas has deliberately set out to ridicule the so-called "limpieza" appropriated by Old Christians (see Castro, *La realidad* 31-32, 44-46, 51-52) to exclude him and his fellow converts from the mainstream of Spanish society.

Within the *Tragicomedia* itself, however, the idea of "limpieza" is used in hypocritical, ironical and incongruous ways in at least 12 out of 18 instances in which it appears.[4] (For reasons that will be readily apparent, I am drawing a distinction between the text and the prefatory and concluding verses.) When Calisto asks Sempronio to accompany him in order to get a present for Celestina, Sempronio agrees that the old bawd must be rewarded at once, for suspicion ought to be "cleansed" from the heart of friends with good works: "Bien harás, y luego vamos. Que no se debe dejar crecer la hierba entre los panes ni la sospecha en los corazones de los amigos; sino limpiarla luego con el escardilla de las buenas obras" (65). Obviously, there is nothing "clean" in rewarding the procuress for the kind of service that Calisto expects from her. Since Sempronio plans to share in the profits, he is really being false to his master. Consequently, it is rather ironical that Calisto himself should praise the faithfulness and "limpieza" of Sempronio's services later on: "Sempronio, mi fiel

---

[4] For the passages not discussed in this paper, see pp. 78, 149, 173, 197 and 201 of Severin's edition. There is a double-meaning when Calisto orders his servants to take good care in preparing him a horse, for he could just happen to pass by melibea's house: "Saquen un caballo; límpienle mucho; aprieten bien la cincha, por si pasare por casa de mi señora y mi Dios" (78). As confirmed by the fact that Pármeno wonders if the horse is neighing on account of Melibea ("¿No basta un celoso en casa? ¿O barruntas a Melibea?," 78), the horse that Calisto wants "cleaned" symbolizes lust, the very "infirmity" that afflicts him. Another level of humor lies in Calisto's admonition that the horse be tightly cinched, as if he feared falling off while passing by Melibea's house. In other words, he was afraid that he might not be able to control his passion, looking ridiculous in the process.

criado, mi buen consejero, mi leal servidor, sea como a ti te parece. Porque cierto tengo, según tu limpieza de servicio, quieres tanto mi vida como la tuya" (141). The reader knows how disloyal Sempronio is, but Calisto is not aware of it.

Beginning with the corruption of Pármeno, a corruption that would eventually lead to his violent death, the words here in question are often used by Celestina. At one point she tells him how happy she is that he is beginning to see the wisdom of her advice with these words: "Por ende gózome, Pármeno, que hayas limpiado las turbias telas de tus ojos" (72). Rather than opening his eyes, Pármeno is doing precisely the opposite, thereby falling into her corrupt hands. Later on, Celestina insists to the boy that her advice to befriend Sempronio is given with the "clean desire" to see him gain some honor ("Toma mi consejo, pues sale con limpio deseo de verte en alguna honra," 121), but the reader knows that she is really interested in her own profit, not his. Unquestionably, there is nothing "clean" about Celestina's motivations.

The idea of "limpieza" is used in an even more deceptive manner during Celestina's first visit to Melibea's house. When she excuses herself to Alisa for not having paid her a visit sooner, she says: "mas Dios conoce mis limpias entrañas, mi verdadero amor, que la distancia de las moradas no despega el amor de los corazones" (89). As we know, what she really wanted was to seduce Alisa's daughter. While appeasing the angry Melibea a little later, Celestina refers to her "limpio motivo" (97) for seeking her out, and then goes on to describe her profession as a "clean business" ("Una sola soy en este limpio trato," 98), even though the irony of the words that follow undermines the respectability that she claims for her affair: "En toda la ciudad pocos tengo descontentos. Con todos cumplo..." (98). What cleanliness could there possibly be in the treacherous procuress's "limpias entrañas," "limpio motivo" and "limpio trato"?

Celestina displays the same high regard for her dishonorable profession while trying to deceive Sempronio when he demands his share of the gold chain that Calisto had given her, as if the job that she had created for herself were the same as any other: "Vivo de mi oficio, como cada oficial del suyo, muy limpiamente" (182).

The idea of "limpieza" is also used to praise another procuress, Pármeno's deceased mother, in the following manner: "¡Oh, qué graciosa era, oh, qué desenvuelta, limpia, varonil!" (122). The fact that the gracefulness and cleanliness of Pármeno's mother means precisely the opposite is emphasized by the adjective "varonil," which suggests that she was endowed with masculine qualities (so much for her gracefulness), even though Celestina goes on to disguise this meaning with a reference to Claudina's fearlessness (i.e., "varonil" in the sense of "valor," "courage") in going from cemetery to cemetery at night: "Tan sin pena ni temor se andaba a media noche de cimenterio en cimenterio, buscando aparejos para nuestro oficio, como de día" (122).

With the probable exception of Calisto's reference to Melibea's "limpieza de sangre"—Calisto could also have been trying to flatter her—, the word under scrutiny is connected with deceit in all the examples examined up to now. This may not seem to be the case when Pleberio tells his wife that there is nothing like early marriage to preserve the "clean reputation" of virgins, even though he could have easily said "good reputation" instead: "No hay cosa con que mejor se conserve la limpia fama en las vírgines, que con temprano casamiento" (204). Although there is no deceit in these words, the irony lies in the difference between Pleberio's earnestness and what the reader knows. Pleberio is really deceiving himself, for Melibea has already lost her virginity. Despite the supposed purity of her blood, she is no longer "pure." Alisa's utilization of the word "sangre" in her reply to Pleberio ("antes pienso que faltará igual a nuestra hija, según tu virtud y tu noble sangre," 205) may not be a matter of pure coincidence.

Within the *Tragicomedia* itself, the two examples that follow may be the most incongruous ones seen so far, for the idea of "limpieza" is associated with the beds of two prostitutes. While trying to convince Areúsa to sleep with Pármeno, who is waiting outside, without any further preliminaries—the girl is already in bed—, Celestina exclaims: "¡Ay cómo huele toda la ropa en bulléndote! ¡A osadas, que está todo a punto! Siempre me pagué de tus cosas y hechos, de tu limpieza y atavío. ¡Fresca que estás! ¡Bendígate Dios! ¡Qué sábanas y colcha!" (126). When Elicia resuelves to put an end to her mourning, she also decides to make the bed in which she earns her living "porque la limpieza alegra el corazón" (209).

Since cleanliness is most commendable on the part of everyone, including prostitutes (if not more so, given the nature of their commerce), it is certainly possible to read these passages as mere praise for that saintly virtue. It could also be argued that the fashion in which "limpieza" has been used so far has nothing to do with "limpieza de sangre," that Rojas' frequent ironical attribution of that quality to what is most unclean constitutes an integral part of his art for, taken as a whole, *La Celestina* is a gigantic antithesis in itself. Yet the fact that Rojas uses the word on no less than four occasions in his prefatory and concluding verses—nearly 20% of the total of 22 occurrences—would seem to indicate otherwise. The disproportion is simply too great to be justified as a matter of pure coincidence.

In the fourth stanza of the prefatory verses Rojas insists on the "clean motive" that led him to write *La Celestina*:

Si bien queréis ver mi *limpio motivo*,

Buscad bien el fin de aquesto que escribo,

. . . .

O del principio leed su argumento. (38)

Besides insisting on his "clean motive" (Celestina, we recall, uses precisely the same expression in order to disguise her true reason for visiting Melibea), Rojas tells his readers that they can see it for themselves by "searching" (looking for, understanding) the "fin" (ending, purpose) of what he writes or read the initial "argumento" (probably the general summary attributed to the printers). The summary in question tells us about Calisto's and Melibea's lineages and how they and two of Calisto's servants come to a bad end because of Celestina's machinations (45). The brief description of the lineages of the two protagonists does not embody a clear reference to the idea of "limpieza." But if we look at the first of three possible endings, the final stanza of the introductory verses, we will find the following admonition:

Limpiad ya los ojos, los ciegos errados. (40)

A second possible "fin" are the very last words of the *Tragicomedia*, which ends with Pleberio's disconsolate "¿Por qué me dejaste triste y solo in hac lachrymarum valle?" (236). The idea of "limpieza" is not present here.

Thirdly, "fin" could also refer to the three stanzas entitled "Concluye el autor," which contain Fernando de Rojas' final observations on the purpose of his work and some additional exculpations. He begins the very last stanza by protesting: "Y así no me juzgues por eso liviano, / Mas antes celoso de *limpio vivir*," and concludes: "Deja las burlas, que es paja y granzones, / Sacando *muy limpio* de entre ellas el grano" (237).

Having told his readers to search for his "limpio motivo" at the end "de aquesto que escribo," Rojas reiterates the idea of "limpieza" in the fifth verse of the last stanza of the prefatory verses and then goes on to repeat it twice in the very last of the three stanzas which he appends to *La Celestina*, where the word "limpio" is present in the second as well as in the very last verse to issue from his pen.

Of course each of these four references to the idea of "limpieza" could be read in straightforward, unambiguous ways. Nevertheless, Rojas' "limpio motivo" for writing the *Tragicomedia*, the admonition to lovers (?), "limpiad ya los ojos," and the claim to a personal desire for a "limpio vivir" after his portrayal of a world of prostitution and the seduction of an innocent young girl like Melibea can certainly be questioned. If *La Celestina* were such a moral work, there would be fewer "jests" ("burlas") and less of a need to "clean" or "glean" the moral ("grano") from all the straw and chaff ("paja y granzones"). Rojas is perfectly aware of this; hence his repeated protestations concerning his moral intentions. Had that really been the case, all the explanations would have been superfluous to begin with. Furthermore, Rojas' protestations are rendered triply ambiguous by the fact that they are couched within the idea of "limpieza" on no less than four occasions in only 11 stanzas, nearly 20% of the total number of instances in which the concept appears in *La Celestina*, while addressing the reader in a more direct manner.

The disproportion is such, I repeat, that it invalidates any possibility of a pure coincidence. Rojas is thinking of the institution of "limpieza de sangre" which automatically and cruelly denied him and his fellow converts the very opportunity for a "limpio vivir" because of its unequivocal assertion that they were "impure" just for being born, while extending the same fate to all of their descendants.

At the very least, the utilization of the idea of "limpieza" in order to affirm the didacticism of a work like *La Celestina* is truly ironical. As further demonstrated by the fashion in which that concept is dealt with in the *Tragicomedia*, and as proven by the "limpio vivir" of characters of low extraction (i.e., "pure" Old Christians)[5]—procuresses such as Celestina and Claudina, servants such as Sempronio and Pármeno, prostitutes such as Elicia and Areúsa, and even highly placed characters whose lineage was supposedly pure, such as Melibea,[6] the very idea of "limpieza de sangre" is mercilessly ridiculed.

---

[5] See Castro, *Contienda* 46; id., *Edad conflictiva* 194-200; Silverman, "Cultural Backgrounds" 20-21.

[6] I have already mentioned Professor Gilman's opinion on the matter. The most cogent argument regarding this position, however, will be found in van Beysterveldt 226-71.

This interpretation is supported by the fact that *La Celestina* is not the only work in which the ambiguously ironical use of "limpieza" is found. In the anonymous *Lazarillo de Tormes*, the squire's obsessive preoccupation with cleanliness reflects his anxiety to hide the New Christian background suggested by his birth in the Costanilla of Valladolid, a section of that town well known for the Jewish ancestry of its inhabitants (see Ricapito's edition 174, n. 136). When he takes the largest of three pieces of bread that Lázaro had obtained as alms, the hungry squire asks "¿Si es amasado de manos limpias?" (154) and goes on to eat it even though the boy had answered that he did not know. Since he was hungry, "limpieza" did not really matter. Moreover, as pondered by Lázaro, the very fact that he had been carrying the bread in his bosom for one day and one night was enough in itself to guarantee that it could not be very clean:

> ¿Y quién pensará que aquel gentil hombre se pasó ayer todo el día sin comer, con aquel mendrugo de pan que su criado Lázaro trujo un día y una noche en el arca de su seno, do no se le podía pegar mucha limpieza, y hoy, lavándose las manos y cara, a falta de paño de manos, se hacía servir de la halda del sayo? (158).

What is being criticized here is not only a convert's anxiety to penetrate into the mainstream of society through an obliteration of his origins (McGrady 558) but the utter meaninglessness of his quest, for, within the context, "limpieza" signifies precisely the opposite. This can be seen even more clearly in the previous treatise when the clergyman, believing that his bread has been spoiled by mice, tells Lázaro to eat it, anyway, for "el ratón cosa limpia es" (140) (noted by Gilman, "The Death" 165, n. 67).

Such a preposterous pretension brings to mind a related use of mice by Cervantes in *El retablo de las maravillas*, the puppet theater whose invisible wonders can be seen only by those without a trace of Moorish or Jewish blood who also happen to be legitimate children of their fathers. The women panic when Chirinos describes a nonexisting drove of mice in the following terms: "Esa manada de ratones que allá va, deciende por línea recta de aquellos que se criaron en el arca de Noé; dellos son blancos, dellos albarazados, dellos jaspeados, y dellos azules; y, finalmente, todos son ratones" (*Entremeses* 177).

The obsession with "limpieza de sangre" is ridiculed through the fact that the mice are directly descended from those supposedly saved (just like the human beings who survived the deluge) in Noah's ark.

An ancient, pure and noble lineage indeed, despite the striking differences in their physical (i.e., racial or ethnic) appearance: some are white, some marbled, some streaked and some blue, but this mythical "limpieza" does not really matter for, after all, they are but mice. They are all the same. And so are men.

Professor Silverman has emphasized a passage where Cervantes expresses a less derisive but nevertheless similar opinion by using the word "limpieza." In *El coloquio de los perros*, Cipión tells Berganza that it is much easier for an honest man ("hombre de bien") to serve the Lord in heaven than a master on this earth (contemporary Spain), for God merely requires a pure heart:

> Muy diferentes son los señores de la tierra del Señor del cielo: aquéllos, para recibir un criado, primero *le espulgan el linaje*, examinan la habilidad, le marcan la apostura, y aun quieren saber los vestidos que tienen; pero para entrar a servir a Dios, el más pobre es el más rico; el más humilde, *de mejor linaje*; y con sólo que se disponga con LIMPIEZA [no de sangre sino] *de corazón* a quererservirle, luego le manda poner en el libro de sus gajes, señalándoselos tan aventajados, que, de muchos y de grandes, apenas pueden caber en su deseo.[7]

In other words, the very idea of "limpieza de sangre" is simply ridiculous. If God could not care less for it, why should men?

There is another example of the ironical use of "limpieza" in the *Guzmán de Alfarache*. The young Guzmán travels in the company of a muleteer whom he had met on the road. They stop at an inn whose owner had to kill a mule criminally engendered by the donkey and the Galician mare that he carelessly kept together because there were severe laws that forbade such mixtures in Southern Spain (see Brancaforte's edition 1:169, n. 8). Since mules are sterile, "limpieza de sangre" had been extended to those poor animals for obvious economic reasons. To minimize his loss, the innkeeper decided to serve the hybrid, "impure" meat of the mule to his guests. Notwithstanding his unquestionable "limpieza," the rustic muleteer does not even dream that something is wrong. Being born of low, coarse parents,

---

[7] Cervantes, *Novelas ejemplares* 3:258. I have transcribed Professor Silverman's quotation in "Saber vidas" (202) due to the manner in which key expressions are emphasized, as well as for the laconic but revealing commentary inserted in brackets.

such people seldom can tell the difference, anyway, for they have very poor taste: "De mi compañero no hay tratar dél, porque nació entre salvajes, de padres brutos y lo paladearon con un diente de ajo; y la gente rústica, grosera, no tocando a su bondad y limpieza, en materia de gusto pocas veces distingue lo malo de lo bueno" (Alemán 1:171-72).[8] The muleteer's "limpieza" is worthless when it comes to detecting the nauseating "impurity" of the meat that he has been fed; he liked it so much that he could not have enough. It is the young Guzmán who, after eating a little, despite the self-avowed "impurity" of his blood, realizes that something is not quite right, as he should have right away, for he had been raised by civilized parents: "Mas que yo, criado en regalo, de padres políticos y curiosos, no sintiese el engaño, grande fue mi hambre y esta escusa me desculpa" (1:172). It would be difficult to come up with a more ingenious and devastating way to ridicule the common belief in the genetically inherited "purity" of peasants and the idea of "limpieza de sangre" in general.

There can be no doubt that, in the examples just examined, the anonymous author of the *Lazarillo de Tormes*, Cervantes and Mateo Alemán deal with the idea of "limpieza" in an ironical, at times corrosive fashion. Perhaps due to the different time and circumstances in which he lived (see Gilman, *The Spain* 67-109, 159-204), Fernando de Rojas is more careful in fulfilling his human need to express what he felt for the hated institution of "limpieza de sangre." In *La Celestina*, the word studied in this paper is used in the characterization of the services of a disloyal servant, in the criminal corruption of an honest young man, in the "limpias entrañas," "limpio motivo" and "limpio trato" that the old bawd, procuress and witch Celestina attributes to herself, in her hypocritical praises of another procuress and fellow witch, Claudina, and in relation to the "clean" reputation of a "virgin" who is no longer "pure." As noted, "limpieza" is associated with deceit in all of these instances. The word in question is also associated with the beds where two prostitutes, Areúsa and Elicia, earn all or part of their living. But such incongruous, hypocritical and ironical uses and associations are not enough in themselves to prove that Fernando de Rojas has deliberately set out to ridicule the idea of

---

[8] This passage came to my attention thanks to Professor Silverman's "Hidalgos cansados" 701, n. 30, where it is used to document the great hatred that Mateo Alemán had for peasants in general, partly because they felt themselves inherently superior to certain "hidalgos" by virtue of their proclaimed "limpieza."

"limpieza de sangre." Several examples could be dismissed as part of Celestina's strategies of persuasion, and others could be cast aside as constituting an integral part of the antithetical technique through which so many time-honored and even religiously sanctioned precepts are mischievously reversed. It could even be claimed that practically every example of "limpieza" taken from the *Tragicomedia* is justifiable as plain, inoffensive irony without any ulterior motivations. The highly disproportionate manner in which Fernando de Rojas reiterates the idea in only 11 octaves (nearly 20% of the total) while addressing the reader in a more direct manner, however, tips the scale in favor of the opposite thesis, and the double utilization of the word in the last strophe, including the very last verse to issue from his pen, confirms that he had "limpieza de sangre" in mind.

This is enough to lend a renewed significance to the acrostic verses where Rojas reveals that he was born in La Puebla de Montalbán, a town which was notorious for the Jewish ancestry of its inhabitants. It is Alonso de Proaza, the "corrector de la impresión," who, after saying that the name of the author whom he obviously admires must not remain anonymous ("cubierto de olvido"), tells the reader to put together the first letter of each of the prefatory verses in order to discover "su nombre, su tierra, su clara nación" (239). Since "nación" was another way to designate converts, the "clara nación" is the Jewish background that Rojas proudly proclaims to the world despite the fact that, as far as the Old Christian majority was concerned, being from La Puebla de Montalbán constituted an indelible, dishonorable stain in itself. As pointed out by Gilman, "what Proaza and Rojas are up to in their calculated and ironical game of hide-and-seek is precisely the reversal of that evaluation. For them, the Puebla and the *conversos* who inhabited it together constitute a 'nación' which, far from dishonored, is 'clear' by definition" (*The Spain* 237). But there is more. Since the prefatory and concluding verses place an inordinate emphasis on the idea of "limpieza," Rojas' revelation of the place of his birth, besides constituting a proclamation of pride in his origins, embodies a specific challenge to the ridiculous concept that would deny such pride.

Américo Castro felt that Rojas' protestations concerning the didactic purpose of *La Celestina* were motivated by fear: "...el autor se precave contra quienes juzguen 'mi limpio motivo', porque él mismo se siente 'cercado de dudas y antojos.' No caben más titubeos y no pedidas excusas" (*Contienda* 78). However, there is much more than an abject fear in the profuse exculpations found in Rojas' verses. Other converts could not fail to understand that his proclamation of pride in his origins was tantamount to a challenge, to a reaffirmation of his and their integrity as human beings. This is one of the reasons for what Professor Gilman has called Rojas' "artful rapport with them" (*The Spain* 366). Consequently, the exculpations and protestations couched by Fernando de Rojas within the idea of "limpieza" constitute a shield which is used to hide a wonderfully ambiguous, double-edged sword. This shield reflects the controlled fear of a man of courage who is taking a calculated risk, the wise precaution of the warrior who knows that he must protect himself while ridiculing and demolishing the "limpieza de sangre" that had been jealously imposed by some of the lowest, least capable elements of the society in which he lived with the support of the good but ignorant, human and therefore easily duped masses.

KENT STATE UNIVERSITY

Works Cited

Alemán, Mateo. *Guzmán de Alfarache.* Ed. Benito Brancaforte. 2nd ed. 2 vols. (Madrid: Cátedra, 1981.)

Cardiez Sanz, Estrella. "La cuestión judía en *La Celestina.*" *Actas de las Jornadas de Estudios Sefardíes.* Ed. Antonio Viudas Camarasa. (Cáceres: Universidad de Extremadura, 1981), 151-59.

Castro, Américo. La Celestina *como contienda literaria (castas y casticismos).* (Madrid: Revista de Occidente, 1965.)

———. *De la edad conflictiva.* 2nd ed. (Madrid: Taurus, 1963.)

———. *Hacia Cervantes.* 3rd ed. (Madrid: Taurus, 1967.)

———. *La realidad histórica de España.* 3rd ed. (México: Porrúa, 1966.)

Cervantes, Miguel de. *Entremeses.* Ed. Eugenio Asensio. 2nd ed. (Madrid: Castalia, 1976.)

———. *Novelas ejemplares.* Ed. Juan Bautista Avalle-Arce. 2nd ed. 3 vols. (Madrid: Castalia, 1982.)

Covarrubias, Sebastián de. *Tesoro de la Lengua Castellana o Española según la impresión de 1611, con las adiciones de Benito Remigio Noydens publicadas en la de 1674.* Ed. Martin de Riquer. (Barcelona: S. A. Horta, 1943.)

Gilman, Stephen. "The Death of Lazarillo de Tormes." *PMLA,* 81 (1966), 149-66.

———. *The Spain of Fernando de Rojas. The Intellectual and Social Landscape* of La Celestina. (Princeton: Princeton University Press, 1972.)

McGrady, Donald. "Social Irony in the *Lazarillo de Tormes* and Its Implications for Authorship." *Romance Philology,* 23 (1970), 557-67.

Real Academia Española. *Diccionario de la lengua española*, 16h ed. (Madrid: Espasa-Calpe 1939.)
Rojas, Fernando de. *La Celestina*. Ed. Dorothy S. Severin. 10th printing. (Madrid: Alianza, 1983.)
Sicroff, Albert A. *Les Controverses des statuts de "pureté de sang" en Espagne du XVe au XVIIe siècle*. (Paris: Didier, 1960.)
Silverman, Joseph H. "Cultural Backgrounds of Spanish Imperialism as Presented in Lope de Vega's Play *San Diego de Alcalá*." *The Journal of San Diego History*, 24 (1978), 7-23.
―――――. "Los 'hidalgos cansados' de Lope de Vega." *Homenaje a William L. Fichter: Estudios sobre el teatro antiguo hispánico y otros ensayos*. Ed. A. David Kossoff and José Amor y Vázquez (Madrid: Castalia, 1971), 693-711.
―――――. "Saber vidas ajenas: un tema de vida y literatura y sus variantes cervantinas." *Papeles de Son Armadans*, 267 (1978), 197-212.
―――――. "The Spanish Jews: Early References and Later Effects." *Américo Castro and the Meaning of Spanish Civilization*. Ed. José Rubia Barcia. (Berkeley: University of California Press, 1976), 137-65.
Snow, Joseph T. *Celestina by Fernando de Rojas: An Annotated Bibliography of World Interest 1930-1985*. (Madison: Hispanic Seminary of Medieval Studies, 1985.)
van Beysterveldt, Anthony. *Amadís-Esplandián-Calisto. Historia de un linaje adulterado*. (Madrid: Porrúa, 1982.)
La vida de Lazarillo de Tormes y de sus fortunas y adversidades. Ed. Joseph V. Ricapito. (Madrid: Cátedra, 1976.)

Enxienplo de un cavallero que fue ocasionado et mato a su senor et a su padre: Enxienplo 54 in *El conde Lucanor*

JOHN E. KELLER

HE HISTORY OF SPANISH literature will never be complete, perhaps fortuitously so, since this challenges scholars to attempt to complete it. The present article brings together a few more facts about *El Conde Lucanor*, with special reference to the *enxienplo* which I regard as number 54.

Since too many scholars still believe that the book contains fifty *enxiemplos* (variously spelled by Don Juan Manuel), or at most, fifty-one, some brief discussion must be presented here to make the new number acceptable, even though this matter has been treated before (Devoto 426 and 431, Keller [1983] 59-64, and Sturcken 83-84 and 93-94).

First of all, it is necessary to reestablish the probability that number 51 is the work of Don Juan Manuel, a matter which some have disputed for reasons which I regard as untenable. The most recent argument written to exclude number 51 is that of Carlos Alvar who insists that since Patronio states that "Ay cincuenta exienplos," there can be no more than fifty. In answer to this and to the matter soon to be developed that there are indeed fifty-four, and even possibly fifty-five (Devoto 426), one must discard Alvar's belief, that since many medieval authors liked to divide their works into such round numbers as fifty or one hundred, Don Juan adhered to this practice. Is it not reasonable to believe that he may have added number 51 long after he had finished Part I? Since the story which appears under the fifty-first title seems to follow the linguistic peculiarities of the other *enxienplos*, (England 6-27) and since number fifty-one appears in two of the five manuscripts, all of which date from the fifteenth century, why must Don Juan be denied it? Admittedly, it could have been added by later scribes, but why must we insist that the author would have omitted it from later redactions in his own century and copied in the fifteenth? I hazard the supposition that he came upon the story, and then added it to his anthology after the first three redactions had been written, and perhaps long afterward. It seems reasonable to imagine that as he was writing his *Tractado en que se prueba por razon que Sancta María está en cuerpo et alma en Parayso*, written years after *El Conde Lucanor* (Gayangos 439-42), he remembered the *enxienplo* we know as 51, or perhaps he came upon it as he researched the *Tractado*, and decided to add it to his other stories. Consider the argument of number 51. It deals with the haughtiness of a king who altered the wording of Scripture as to the value of humility (Luke 1:45) to read that the mighty were to be exalted, not the humble. This, according to Patronio, insulted the Virgin's own humility (Luke 1:48).

If number 51 were the only extra *enxienplo* in Part I, my insistence that there are fifty-four might not be worthwhile; but since, aside from number 51, there are two additional *enxienplos* over and above the fifty usually admitted to the fold, we can disregard the strictures imposed by the number 50 and the idea of that attractive number. In other words, in Part I, there are definitely fifty-two stories exclusive of number 51, and there are fifty-three, if we accept number 51 as Don Juan Manuel's own.

Those who count fifty stories are counting fifty titles or headings for *enxienplos*, and there is a vast difference. Aside from number 51, there are indeed fifty titles, but under two of these, numbers 27 and 43, two *enxienplos* exist. Patronio himself, despite having said that there were fifty *enxiemplos*, which means that Don Juan Manuel is saying so, reveals the extra numbers. We read, even in number 27's title that there are two stories. This title reads: *De lo que contesçió a un emperador et a don Alvar Háñez Minaya con sus mugeres* (Blecua 156). The first story under this title is that of an emperor, perhaps Frederick Barbarossa, Duke of Suabia, perhaps Frederick II of Germany. Its characters, its milieu and its action have nothing to do with the second story, which belongs to a different time, that of eleventh-century Spain, and it narrates certain fictional events in the life of the Cid's staunch supporter. Consider these lines: "Señor conde Lucanor, —dixo Patronio—, porque estos exiemplos [sic] son dos et non vos podría entramos dezir en uno, contarvos he primero lo que contesçió al emperador Fradrique, et después contarvos he lo que contesçió a don Alvar Háñez" (Blecua 157). Can any one doubt that there are two stories here? If so, consider number 43, *De lo que contesçió al Bien et al Mal, et al cuerdo con el loco* (Blecua 212). "Señor conde Lucanor—dixo Patronio—, esto que vos dezides non es una cosa, ante son dos, et muy revessadas, la una de la otra. Et para que vos podades en esto obrar commo vos cumple, plazerme ya que sopiéssedes dos cosas que acaesçieron: la una, lo que contesçió al Bien et al Mal; et la otra, lo que contesçió a un omne bueno con un loco" (Blecua 212). The first story personifies Good and Evil and is "mythic" and therefore timeless; the second deals with everyday human characters, who seem to belong to the times of Don Juan Manuel. No two stories could be farther removed from one another in every aspect than these. How can we, in the 1980's, when brief narrative is again being studied as an important literary genre, when so many gatherings of scholars hear papers devoted to it, disregard these two separate stories in *El Conde Lucanor*, since they are brief narratives and not titles, even though the title or heading above both numbers 27 and 43 dictates that only one story is present.

Before continuing, it will be well to remember what an *enxienplo*, or *exemplum*, to use the Latin term, is: An *exemplum* is a short narrative, primarily in prose, but sometimes in verse, whose moralization, or lesson, is stated clearly and is not left to the deductive powers of the reader or hearer; it is related to support some doctrinal, ethical pietistic or common sense exposition; it can stem from any source, ancient, medieval or contemporary, profane or sacred, historical, legendary or fictional; it can be a fable, an apologue, a parable, a miracle, a biographical event, a beast tale, indeed, any kind of brief narrative, provided it carries a stated lesson. Each *enxienplo* in *El Conde Lucanor* fulfills these requirements.

Don Juan Manuel's anthology of brief narratives is not the only medieval work to be denied its full complement of stories. *El libro de los exenplos por a.b.c.* is divided into many unnumbered sections, each with a title in Latin. The Madrid ms. contains 394 such divisions and the Paris ms. contains 438. But if the various divisions are examined carefully, one finds that some contain as many as five separate brief narratives, and taking this kind of count into consideration, Clemente Sánchez's vast alphabetum of tales contains 529 individual stories, or about a hundred more than has often been attributed to it (Keller [1961] 14). Titles in *El libro de los engaños e assayamientos de las mugeres* are also confusing, since not only are the interpolated tales found under titles, but also some of the incidents of the novelesque framing story. The Chinese box framework of *Calila e Digna* (never once spelled in the manuscripts without the *g*), makes counting individual stories very difficult. In *Castigos e documentos para bien vivir* of King Sancho IV more than one brief narrative often is included in certain of its chapters. And *El libro de los gatos* has fifty-eight titles but there are sixty-five *exempla*. The practice of counting titles and not separate stories in medieval works is detrimental to the history of brief narrative in medieval Spain and even to the very history of literature itself.

After these necessary digressions from the actual study of *Enxienplo* 54, that investigation can now be begun. Apparently after he wrote the story we have been calling number 54, Don Juan Manuel decided not to include other *enxienplos* in the last four parts of *El Conde Lucanor*. Says Patronio as he begins Part V: "Et pues tantas cosas son escriptas en este libro sotiles et oscuras et abreviadas, por talante que don Johan ovo de complir talante de don Jayme, dígovos que non quiero fablar ya en este libro de enxienplos, nin de proverbios, mas fablar he un poco en otra cosa que es muy mas aprovechosa" (Blecua 284). The allusion to Jayme of Xérica is made because Don Juan was urged by this friend to write more obscurely than he had written before.

Part V is such a very different kind of writing form anything found in the other parts that some explanation of it is necessary. Part V is a tract or a kind of pietistic essay in which Patronio offers readers a rather complete, albeit abbreviated treatment of the doctrine of the Church (Sturcken 101-03). Don Juan treats some of this material in Chapter XXXVIII of *Libro del cavallero et del escudero* and also in his *El libro de los estados*, Chapters XXVI-XXIX. Ana Diz (156-77) offers the most complete treatment to date of Part V, which she sees as a kind of rhetorical argument in which one of the premises or sometimes conclusion is not expressed but rather implied—in short, the use of enthymeme. She sees two functions of this written to "establecer el tema y puntualizar al mismo tiempo su importancia, motivo retórico destinado a asegurarse la atención del lector" (157).

The lesson is to "guardar el alma más, guardar el cuerpo menos." She finds that Don Juan inserted number 54 for a special purpose: "Un ejemplo—la historia del hombre que mató sin intención a su señor y a su padre—, que en nada se diferencia de los que integran en el libro primero, sirve para ilustrar las restricciones que acompañan a la definición de obras buenas y malas" (158).

Very important to the inclusion of number 54 is the question of *intención* or *escogimiento*. Once good and evil works are placed in the reader's mind, Patronio refines and presents special philosophical concepts which should have satisfied Don Jayme of Xérica's desire for the abstruse. It can be read in Blecua 293. Surely Don Juan realized that if the reader, even the *letrado*, were to comprehend what the passage meant, some sort of clarification would be required. Therefore, to let some light in, he turned to the method of imparting wisdom he used so well in Part I, that is, an *enxiemplo*, even though, as we have stated above, he had made up his mind not to employ *enxienplos*. And so, even before he inserted number 54, he referred his reader to Enxienplo 40, *De las razones porque perdió el alma un siniscal de Carcassona*. That individual, even though he managed to *fazer buena obra*, which was also *bien fecha* and, too, with *escogimiento*, he nevertheless went to hell. In number 54 the young man who slew both his father and his liege lord is seen to *fazer mala* which might be regarded as having been *mal fecha*, but not with *escogimiento*. This reversal is very effective, and it verily unravels the thorny problem set up by Patronio earlier.

It will be well to recall here the plot of this story of a young knight who came upon his father and his liege lord locked in mortal combat. He cried out to stop this action, but his father, who was atop his adversary and was about to kill him would not stop. To save his liege the young man plunged his spear into his father's back and it passed through him and killed the other man. *Escogimiento*, it would appear, was involved, even though the author seems not to see this. The choice, of course, was whether to assist his father or to abide by the laws of chivalry which demanded loyalty to one's liege above all else. Patronio's lesson is clear: one may commit a bad deed, but if his intention was not to do so, he could and should be pardoned.

Devoto (478) in one of his maddening and all too frequent offhand statements reports that Don Juan uses a "tema que no carece de correspondencias," leading his reader dangling without any indication of what *correspondencias*. Perhaps he was thinking of the Indo-European motif (Thompson N731.2) of the father-son battle, even though there are many elements in number 54 not found in that motif. Samuel Armistead, in his usual sage and friendly way, referred me to the abstract of Obergfell's dissertation (295) in which she indicates what might have been Don Juan Manuel's sources, possibly the Old French *L'Entrée de Espagne, Fierabras* and *Gui de Bourgogne*, all of which contain the motif of the father who is opposed by his son who remains faithful to the feudal hierarchy.

Don Juan Manuel's presentation of number 54 does not follow that of Part I and loses something thereby. We miss the personal touch which enables Patronio to answer Count Lucanor's questions by telling him a story, and, of course, we miss Don Juan Manuel's own participation through the count. Nor is there at the end of number 54 one of those pleasant couplets which sum up the lesson and help to fix in the mind and memory of those who read those fifty three earlier *enxienplos*. In this last of Don Juan's *enxienplos*, even so, we find him using all of the nine elements of the "classic design" of narration, that is, *conflict, plot, characterization, setting, effect, theme, style, point of view* and *mood* or *tone*, and these the reader has learned to expect, if he is to be enlightened and also entertained.

Enxienplo 54 has another function which the fifty-three separate *enxienplos* of Part I did not need. Ana Diz (164) rightly states that number 54 was inserted into Part V, not only to clarify Patronio's abstruse passage, but to bring the reader back from the world of theory and philosophy to the world of reality. There are after all, she reminds her reader, just as Don Juan reminds his, worlds and that each is important, although the spiritual is the more significant. The spiritual and the earthly must blend successfully if the world is to continue to exist.

More cogently and more emphatically than in any other *enxienplo* Don Juan Manuel makes it clear that people must balance their lives and deeds between spiritual duties and worldly obligations.

It is a pity that number 54 is so far removed, not only as concerns pages, but also as to its intent, from the anthology of *enxienplos* one reads in Part I. This story has a great deal to contribute to the corpus of *El Conde Lucanor*. It deserves further study.

UNIVERSITY OF KENTUCKY

Bibliography

Alvar, Carlos. "Ay cincuenta enxiemplos," *Bulletin Hispanique,* 86 (1984), 136-41.

Blecua, José Manuel, ed. *Don Juan Manuel, El Conde Lucanor* (Madrid: Clásicos Castalia, 1971).

Devoto, Daniel. *Introducción al estudio de Don Juan Manuel, y en particular de "El Conde Lucanor: bibliografía* (Madrid: Castalia, 1972).

Diz, Marta Ana. *Patronio y Lucanor: La lectura inteligente "en el tiempo que es turbio"* (Potomac, MD: Scripta Humanistica, 1984).

England, J. "*Exemplo* 51 of *El Conde Lucanor*: The Problem of Authorship," *Bulletin of Hispanic Studies,* 51 (1974), 16-27.

Gayangos, Pascual de., ed. *Tractado en que se prueba por razón que Sancta María está en cuerpo et alma en Parayso, Escritores en prosa anteriores al siglo XV,* BAE, 51 (Madrid), reed. de 1952.

Keller, John E., ed. *El libro de los exenplos por a.b.c.* (Madrid: CSIC, 1961).

———. "Don Juan's *El Conde Lucanor* Contains fifty-three Stories and no Fewer," *Romance Notes,* 24 (1983), 59-64.

Olgerfell, Sandra C. "Aspects of the Father-Son Relationship in Old French *Chanson de Geste* and Romance." *DA* (1974), Indiana University.

Sturken, Henry Tracy. *Don Juan Manuel* (New York: Twayne, 1974).

Thompson, Stith. *Motif-Index of Folk Literature;* New enlarged and revised edition (Bloomington: Indiana University Press, 4 vols.), 1955-58.

Ibn Quzmān on I'rāb:
A zéjel de juglaría
In Arab Spain?

JAMES T. MONROE

ONTRIBUTING TO A VOLUME in honor of Joseph Silverman is a special privilege, not only because he is a respected colleague and a friend of many years standing, but also because, over those years, it has been a distinct pleasure to learn from his sensitive writings on the Spanish ballad, the picaresque, and many other subjects. The following study, in a field different from, but hardly unrelated to his own, is therefore offered with gratitude and affection, for the amusement of the *maestro* in Spanish letters, and as a small return on his large investment.

Ibn Quzmān (d. 1160) introduced his *Dīwān* with a prologue so brief, that it hardly fills three and one-quarter folios in the only extant MS.[1] In contrast to the actual poems of the collection, which are written in the Hispano-Arabic dialect, the prologue is composed in Classical Arabic rhymed prose, a feature that attests to its author's strong classical education. The Arabic text of the prologue, along with a Spanish translation, was first published by A. R. Nykl.[2] It was later

---

[1] See the photographic facsimile, ed. David de Gunzburg, *Le Divan d'Ibn Guzman, texte, traduction, commentaire*, Fasc, 1 (Berlin: S. Calvary, 1896), fols. 3-6 (no further fascicles appeared).

[2] *El cancionero del šeiḫ, nobilísimo visir, maravilla del tiempo, Abū Bakr ibn ʿAbd al-*

retranslated by E. García Gómez, who attempted no new edition of the original, so that the philological underpinnings to his interpretation, where it differs from his predecessor's, can only be guessed at.[3] Finally, Federico Corriente has recently re-edited the Arabic text,[4] while also providing a new Spanish version of it.[5]

There is thus no lack of editions and translations of a text that, if its tendency to rhyme occasionally leads to ambiguity is, nevertheless, hardly so obscure as to be utterly nonsensical. Lacking instead, are analyses of the text, designed to determine what, if anything, it can tell us about the background of the *zajal*. The only scholar who has attempted a study of this nature is García Gómez,[6] who unfortunately approached the prologue with the wrong expectations, and consequently found it disappointing.[7] Furthermore, as I shall show, his methodology led him to erroneous conclusions.

In the following pages, I shall analyze the prologue from a different perspective than the one adopted by García Gómez, in order to correct some misleading views he has introduced into *zajal* studies. Since all scholarly scrutiny must rest on a text, I too have attempted my own translation of Ibn Quzmān's prologue.[8] All editions and translations, as well as the MS, have been consulted in the process of composing it. Nevertheless, my English version rests upon Corriente's edition of the Arabic text, which is clearly superior to that of his predecessor, and to which I have little to add at present. Wherever direct citation of the prologue is necessary in this article, I shall quote

---

Malik Aben Guzmán [Ibn Quzmān], (Madrid: Escuelas de Estudios Árabes de Madrid y Granada, 1933), Arabic pp. 7-14; Span. pp. 335-44.

[3] *Todo Ben Quzmān* (Madrid: Gredos, 1972), vol. 2, 875-86.

[4] *Gramática, métrica y texto del cancionero hispanoárabe de Aban Quzmán* (Madrid: Instituo Hispano-Árabe de Cultura, 1980), Arabic pp. 1-7.

[5] *Ibn Quzmān: El cancionero hispanoárabe* (Madrid: Editora Nacional, 1984), pp. 39-46.

[6] *Vol. cit.*, pp. 875-76.

[7] "[El prólogo] guarda tan escasa relación con [el cancionero], que lo relego a este apéndice" (p. 876); "El tal prólogo resulta decepcionante" (p. 875); "Esperaríamos encontrar algo sobre la técnica del zéjel, y nos quedamos con las ganas" (p. 875); "No hay nada en el prólogo sobre las relaciones del zéjel con la moaxaja [...], y mucho menos [...] sobre la antigüedad y los últimos orígenes del zéjel" (p. 876); "Todo ello va dicho sin la menor precisión cronológica" (p. 876); "Es todo—y no es nada—lo que Ben Quzmān nos dice sobre la historia del zéjel" (p. 876).

[8] It will eventually be published in my edition and translation of Ibn Quzmān's *Dīwān*, currently in preparation.

from my own translation, providing the Arabic text in the footnotes. The topics covered in the prologue may be summarized as follows:

After the required praise of Deity and Prophet, yet with the lack of modesty that characterizes him, Ibn Quzmān explains how he has come to be the most outstanding zajaleer the world has ever seen. To such an extent is this true, that those who try to emulate his deceptively easy style fail in their attempts. In contrast to his high opinion of himself, he expresses scorn for the literary achievements of his immediate predecessors, despite the fact that they were held in great esteem by the public of his time. Among their various defects, was one with which Ibn Quzmān was deeply concerned: they used classical inflexions (iʿrāb)[9] in their otherwise colloquial poems. Ibn Quzmān quotes several lines of poetry to illustrate a practice which he considers reprehensible, while at the same time he refrains from mentioning the names of their authors. Previous to these zajaleers, who are dismissed as mediocre, a poet named Aḫtal ibn Numāra had flourished, of whom Ibn Quzmān approves, and several of whose more felicitous lines he quotes as examples of excellence, adding that Aḫtal, unlike his successors, rarely resorted to the use of iʿāb in his poems, and that he only did so accidentally, rather than deliberately. Nevertheless, even Aḫtal appears to have succumbed to this defect, several examples of which are cited.

Ibn Quzmān returns to those poets belonging to the generation intervening between Aḫtal and himself. Being inferior to Aḫtal, they maligned him, yet had they lived in ibn Quzmān's age, they would have undoubtedly deferred to the latter insofar as he is superior even to Aḫtal.

Ibn Quzmān discusses his own contemporaries, of whose poems he disapproves, while at the same time wishing he could have lived in the days of Aḫtal, so that the two poets could have met, so that Ibn Quzmān could have shown Aḫtal the respect due to one of his advanced years, and so that the latter could have had the chance to recognize Ibn Quzmān's obvious literary superiority over himself.

---

[9] More strictly speaking, iʿrāb is the system of desinential inflections that indicate syntactic function in Classical Arabic. It consists of endings, often vocalic, that indicate case in the noun, and mood in the verb.

Ibn Quzmān indicates that, in compliance with the requests of the illustrious, he has panegyrized a number of Andalusian notables, among whom he identifies four individuals by name. After a brief lacuna in the MS,[10] he declares that, given his mastery over the *zajal* genre, his friends constantly urged him to collect, edit, and publish his poems before they were lost or misappropriated by the unscrupulous. Years went by, during which he failed to act upon this request, for lack of a suitably generous patron to whom his work could be dedicated. This statements appears to be a hint for largesse.

Eventually, the poet met a certain individual named Al-Waškī who is effusively praised (more hints). The latter repeatedly visited the great zajaleer, and was invariably regaled with an audition of his poems. Given Al-Waškī's unflagging admiration for Ibn Quzmān's poetry, a strong friendship was inevitably cemented between the two. Being indigent (another hint), Ibn Quzmān decided to dedicate his peerless collection of *zajals* to his faithful admirer, to whom he was under a debt of gratitude which he was unable to repay with material gifts (last hint). Finally, the title of the work is provided, and it is declared that through the pleasure it will afford him, Al-Waškī will be able to remember the poet long after the latter has departed, either from Córdoba, or from this world.

Such is the content of Ibn Quzmān's prologue. It is not surprising that Garcia Gómez, who approached the text expecting no less than a historical treatise on the origin, development, and current state of the *zajal*, if not a tract on its prosodic principles, should have had his expectations dashed, because Ibn Quzmān was no literary historian, neither was he a literary theoretician—instead, he was a poet—that is to say, he was not a teacher, but a doer, who was operating, not from the tranquil and detached vantage point of academe, but from within the very thick of the fray, where literary reputations are forged or trashed.

Nevertheless, if we read between the lines, the seemingly laconic prologue tells us far more about the background of the *zajal* in

---

[10] It comprises about one quarter of the last line in fol. 4. García Gómez allows that he cannot make out the words, which are in fact illegible. This minor impasse hardly prevents him from assuring us that it is "una invocación a Dios en favor del último loado" (*vol. cit.*, p. 882, n. 19). With far greater scholarly probity, Corriente modestly *conjectures* that the lost passage *might* have said: "a los que dediqué zéjeles y sobre quienes escribí...."

Andalus than has ever been suspected, nor need such a claim be viewed as excessively subjective or conjectural, since the conclusions to which it leads can be confirmed on the basis of solid external evidence.

The first problem that needs to be examined, is that of relative chronology. Ibn Quzmān claims that his own contemporaries "were fans of the *previous generation*"[11] of zajaleers. These poets must clearly have constituted a generation that lived *before* Ibn Quzmān since, in mentioning them, he adds: "*had they witnessed my age* [...] they would have considered themselves rabble, and me, a grandee."[12] Conversely, they must have flourished *after* Aḫtal ibn Numāra, because Ibn Quzmān again refers to them, stating further: "*[after Aḫtal] came those other poets to whom I have alluded*, and they maligned [him]."[13] Elsewhere, he says: "similarly, *in this age of mine* I have found none but braggarts, or those who stutter when they speak."[14]

From the above sleuthing activities, even Dr. Watson might have concluded that three succesive generations of poets emerge: (1) that of Aḫtal, who is deemed incomparable, (2) that of Aḫtal's successors, whose names are withheld, while their verses are exposed to ridicule, and (3) that of Ibn Quzmān's contemporaries, whose names and poems are both considered to be equally unworthy of mention. The above declining sequence can be supported further, because Ibn Quzmān also declares: "if only Ibn Numāra were alive [...]. What a pity I never met him,"[15] and thinks of him, in his mind's eye, as a hoary elder: "[had I met him], I would have taken upon myself the duties my respect owed to this years."[16] Does the above mean that Aḫtal flourished in some remote and unspecified antiquity, or rather, that he lived just two generations before Ibn Quzmān? The latter alternative is, I think, more convincing. Not only does the entire context

---

[11] Wa-la-qad kuntu arà n-nāsa yalhajūna bi-l-mutaqaddimīna (Corriente, *Gramática*..., Arabic p. 2).

[12] Fa-law balaw zamāna-nā [...] raʾaw anfusa-hum ṣiġāran wa-raʾaw-nā kibāran (Corriente, *op. cit.*, Arabic p. 4).

[13] Wa-atà man siwā-hu mimman ašarnā ilay-hi wa-ṭaʿana [...] ʿalay-hi (Corriente, *loc. cit.*).

[14] Wa-ammā fī zamāni-nā hāḏā fa-lam alqa fī-hi illā daʿīyya, aw man iḏā qāla ʿayya (Corriente, *loc cit.*).

[15] Law ʿāša bnu numārata [...] wā-lahfī law adraktu-hu (Corriente, *op. cit.*, p. 4).

[16] Law adraktu-hu [...] tawallaytu min birri-hi ḥasba mā yajibu ʿalayya li-sinni-hi (Corriente, *loc. cit.*).

militate in its favor, but we should also consider that there is a common psychological tendency to imagine historically remote personages (with the notable exception of Methusaleh) as timeless individuals who, therefore, do not age, while viewing those of recent generations more concretely as old. Thus, the Prophet Muḥammad and Rodrigo Díaz de Vivar, are thought of as young or mature men, whereas Ṭaha Ḥusayn and Ramón Menéndez Pidal tend to be envisioned as elders. Even if we cannot provide firm dates for these poets, as Garcia Gómez indicated with great disappointment, we are able to assign the standard thirty years per generation to them. This means that Aḥṭal probably flourished around a century before Ibn Quzmān, give or take a decade or two. What was the *zajal* like at that time? Was it radically different from the same genre as it was cultivated later by Ibn Quzmān, his contemporaries, and his successors? On the basis of the eight priceless quotations from Aḥṭal's poetry made by Ibn Quzmān, it must be concluded that, as far as content is concerned, Aḥṭal must have delighted in the art of comic onomatopoeias, a feature also found in the poetry of Ibn Quzmān. We note too, fragments from a ribald poem, a winesong, and a love lyric, along with a lowly address to an unpoetic, and decidedly unislamic dog! None of the above themes are exactly alien to Ibn Quzmān. On the level of form, one strophe cited, exhibits the basic zajalesque rhyme-scheme *aaab*, which is typical both of Ibn Quzmān and of the subsequent *zajal* genre both in Arabic and in Romance. Leaving aside questions of relative literary merit, the only evidence available to us, therefore indicates that a century before Ibn Quzmān, the *zajal* appears to have been no different in content or in prosodic form, from what it was a hundred years later. Indeed, in discussing his own contribution to the genre, Ibn Quzmān makes no mention whatsoever of thematic or prosodic innovations. Instead, he concentrates exclusively on explaining, in terms that set Arabic literary history and values on their head, that he restored the *zajal* to its pristine linguistic "vulgarity" following upon the heels of a generation of mediocre poets who had "corrupted" it with inappropriate linguistic "refinements." He thus views himself not as an *innovator*, but as the *restorer* of a dilapidated tradition and hence, as a "neoclassical" zajaleer.

Such a topsy-turvy conclusion leads us to a second item of enquiry, namely the issue of iʿrāb, which Ibn Quzmān addresses to the point of obsession, on three separate occasions, yet the implications of which have been overlooked by those who have dismissed his views as mere grammatical pedantry.

On this subject, Ibn Quzmān informs us that he "stripped [the *zajal*] of classical inflexions,"[17] whereas the generation previous to him had composed *zajals* seriously marred by "classical inflexions (despite the fact that the latter are the ugliest feature to appear in a *zajal*, and more unpleasant than the arrival of death)."[18] To this he adds that "the usage of colloquial wording within the classically inflected diction of *qaṣīdas* and *muwaššaḥs* is no uglier than the usage of classical inflexions in the *zajal*, and only Aḫtal may be considered to rise above this grave error,"[19] although it is admitted that even the peerless Aḫtal incurred in this fault, three scandalous instances of which are quoted.[20]

Ibn Quzmān is thus arguing (1) that Aḫtal used *iʿrāb* very rarely, and only by mistake, which makes him excusable; (2) that his followers did so more frequently and, it is implied, made use of it deliberately (*metri causa*?), while (3) he himself abandoned the practice altogether. As Corriente's linguistic edition of the *Dīwān* shows, the third proposition is almost, but alas, not entirely true, for on rare occasions, *iʿrāb* does raise its ugly head, even in Ibn Quzmān's poetry, as the eastern theoretician Ṣafī al-Dīn Ḥillī (d. 1348) was not slow to indicate.[21] But the considerations that concerned Ḥillī add little to the present investigation, for it is important to keep in mind that Ibn Quzmān considered *iʿrāb* to be out of place in the *zajal*, regardless of how closely he himself did or did not practice the ideal he preached. It is also remarkable that we are dealing with a discussion about the authentic nature of the *zajal*, in which none of the participants, including our author himself, are able to pass the crucial linguistic test!

This point is of significance for if, without exception, all those

---

[17] ʿAddaytu-hu [or ʿarraytu-hu?] min al-ʿirāb (Corriente, *op. cit.*, Arabic p. 1). If the former, then the passage should be translated "I made [the *zajal*] hostile to *ʿirāb*."
[18] Yaˌtūna bi-[...] l-ʾirābi wa-huwa aqbaḥu mā yakūnu fī z-zajali, wa-atqalu min iqbāli l-ajali (Corriente, *op. cit.*, Arabic p. 2).
[19] Wa-laysa l-laḥnu fī l-kalāmi l-muʿrabi l-qaṣīdi aw il-muwaššaḥi bi-aqbaḥi min al-ʿirābi fī z-zajal, wa-lā yunazzahu ʿan hāḏā l-ʿāri l-jalal, illā l-aḫtal (Corriente, *op. cit.*, Arabic p. 3).
[20] See Corriente, *op. cit.*, Arabic pp. 3-4.
[21] See Wilhelm Hoenerbach, *Die Vulgärarabische Poetik Al-Kitāb al-ʿĀṭil al-Ḥalī Wal-Muraḫḫaṣ al-Gālī des Ṣafīyaddīn Ḥillī* (Wiesbaden: Franz Steiner Verlag, 1956), Arabic pp. 9-131; Corriente, *Ibn Quzmān: El cancionero hispanoárabe*, p. 307, n. 3.

who cultivated the genre, including Ibn Quzmān, committed the error of using *iʿrāb* to some degree, as he explicitly informs us was the case, then on what basis could he claim that *iʿrāb* was incompatible with the *zajal*? Put differently, if *iʿrāb* was intrinsically foreign to the very nature of the *zajal*, as Ibn Quzmān insists, then why did he not cite examples of poetry authored by those purists who had adhered to this principle, instead of quoting poets who consistently violated it, and why, as Ḥillī makes clear, did he not set a better example himself? Either we accept Ḥillī's thesis to the effect that Ibn Quzmān is establishing an arbitrary and unjustifiable rule, or there is more to the matter than could have met Ḥillī's jaundiced eastern eye, unfamiliar as it no doubt was with the local Andalusian scene.

The answer to the double-edged question asked above depends largely upon the linguistic function of *iʿrāb*, and has interesting implications. *Iʿrāb* is a required feature of the Classical Arabic language and therefore, of all poetry couched in that language. In contrast, it is utterly foreign to colloquial speech. Hence, the use of *iʿrāb* in colloquial poetic genres such as the *zajal* can only be considered a grammatical imposition; an interference extrinsic to colloquial linguistic norms, deriving from the learned literary language used by educated Arabs. This implies that those poets who use *iʿrāb* in the *zajal* are literate poets who write artificially in colloquial diction, rather than illiterate and/or oral poets,[22] as the very case of Ibn Quzmān's

---

[22] Speaking of oral poems in the vernacular diction, Ibn Ḥaldun [1332-1406] remarks: "Most contemporary scholars, philologists in particular, disapprove of these types of poems when they hear them, and refuse to consider them poetry when they are recited. They believe their literary taste recoils from them, because they are linguistically incorrect and lack vowel endings [*iʿrāb*]. This, however, is merely the result of the loss of the habit of using vowel endings in the dialect of the Arabs [...]. These poems are eloquent, provided their own natural dispositions and point of view were not distorted. Vowel endings have nothing to do with eloquence [...]. If the indicated meaning is in conformity with what one wants to express and with the requirements of the situation, we have sound eloquence. The rules of the grammarians have nothing to do with that. The [vernacular] poems of the Arabs show all the methods and forms of true poetry." *The Muqaddimah: An Introduction to History*, trans. Franz Rosenthal (New York: Bollingen, Pantheon Books, 1958), vol. 3, 414-15. See too, the refreshing comments on this passage, in Bridget Connelly, *Arab Folk Epic and Identity* (Berkeley, Los Angeles, London: University of California Press, 1986), pp. 26 and ff. The situation being described by Ibn Quzmān is the exact opposite of what prevails in so-called "Middle Arabic," where semi-literate

Classical Arabic prologue eloquently illustrates. In contrast, an illiterate poet would be unable to use *iʿrāb*, basically because he would not know the Classical language to which it properly belongs. Thus, in order for Ibn Quzmān to state as emphatically as he does, that *iʿrāb* may not be used in the *zajal*, we must assume that, aside from the literate cultivators of the genre, which are the only ones he cites, a parallel but entirely distinct oral tradition, which was the product of illiterate persons (probably minstrels) must also have existed in Andalus, since their very illiteracy would, of itself, have placed the use of *iʿrāb* beyond their reach.[23]

Here, let me introduce a rough analogy for the sake of clarification. Let us assume that, given the prestige of Latin in the Romance-speaking world, a Spanish poet, instead of writing: *voy a escribir un poema de amor*, wrote instead: *voy a escribire unum poemam de amore*. The result would, of course, be a grotesque utterance that plops between two linguistic stools, but it would also imply that our poetaster knew Latin, and was therefore a person whose considerable education was matched only by his abysmal taste. It could nevertheless be ruled out definitively that he was an illiterate.

To return to the Arabic situation which I have attempted to parody, why did Ibn Quzmān not cite passages from illiterate poets to illustrate his arguments with good examples of the genre, rather than dwelling chiefly upon the bad? Largely for two reasons: (1) Because they were orally composed, or else, because they existed within a milieu characterized by oral transmission, or for both reasons at once, the poems of any folk zajaleer remote in time from Ibn Quzmān would have been, by their very nature, unwritten. Thus, they would probably have been anonymous; they would either have perished, or else be undatable, and hence unattributable to a reliable authority. (2) Even if that oral tradition had survived right into Ibn Quzmān's age, and coexisted with him (there is little reason to assume that it had not); even if illiterate minstrels still sang oral *zajals* right under Ibn

writers (usually non-Muslims), in attempting to write correct Classical Arabic, make mistakes caused by the strong pressure of dialect forms upon them (*quiero y no puedo*). In Ibn Quzmān's case, we have a clear example of the opposite phenomenon (*puedo y no quiero*).

[23] I am, of course, presenting the scenario in terms of black and white merely for the sake of enhancement. Undoubtedly gray areas must also have existed; for example, cases of semi-literate poets who inserted *iʿrāb* into their *zajals* thinking that, because of the prestige of the literary language, they were thereby improving them.

Quzmān's window, in twelfth-century Córdoba; even if they did so in that charming street abounding in widows but lacking in Koran-scholars and pious men, where he claims to have set up his bachelor's quarters,[24] insofar as such minstrels's songs were contemporary with him, they would have lacked authority in a culture that prized the old over the new (as we have seen, Ibn Quzmān viewed himself as a restorer of tradition).[25] Hence, on both counts, since the ancient songs had disappeared, while the modern ones were lacking in authority, to illustrate his arguments, Ibn Quzmān found himself in the position of having to rely upon passages from *zajals* composed by learned poets which, having been written down, were the only ones that were both old and extant, and also historically attributable to known poets. At the same time, he (and everyone else) knew full well, from the oral tradition which it was unacceptable for him to cite, but which no doubt assaulted his eardrums from every streetcorner, that the *zajal* was originally a colloquial, rather than a classical genre, and that as such, *iʿrāb* was extraneous to it. Ibn Quzmán's program therefore aimed at restoring a popular genre to its pristine linguistic vulgarity.

Such are the modest but inescapable conclusions toward which Ibn Quzmān's prologue impels us. The third and final question to be asked in this article concerns the age of the *zajal*. On this point I will be mercilessly brief. García Gómez states:

> Sabíamos que el zéjel (en su forma técnica arábigoandaluza, porque no podemos hablar de sus remotísimos y oscuros orígenes)

---

[24] See *Zajal No. 87*, v. 7:
No scholars or pilgrims in that neighborhood!
Just husbandless females who hate widowhood!
All day they approached me to get what they could,
Plus things I'll not mention; I'll not even try.
In *Zajal No. 12*, Ibn Quzmān adopts the *persona* of a popular minstrel amusing his audience with song, dance, and a live performance (if not a puppet show). See my analysis: "Prolegomena to the Study of Ibn Quzmān: The Poet as Jongleur," *El Romancero hoy: Historia, comparatismo, bibliografía crítica*, ed. Samuel G. Armistead, Antonio Sánchez Romeralo, Diego Catalán (Madrid: CSMP, 1979), vol. 3, 77-129; See also Shmuel Moreh, "Live Theatre in Medieval Islam," *Studies in Islamic History and Civilization in Honour of Professor David Ayalon* (Cana, Jeruslam, Leiden: E. J. Brill, 1986), pp. 565-611. Professor Moreh has added considerably to our knowledge of minstrel performers in medieval Arab countries, including Andalus, and definitively refuted the notion that there was no popular theatre in Arabic literature.

no era muy antiguo. Yo he llegado a sugerir—claro que dubitativamente, sobre un texto de Tīfāšī—que su "creador técnico" fuese Avempace [d. 1138].[26]

As I have shown in a recent study, García Gómez's argument, to the effect that Avempace may have been the inventor of the *zajal*, on the basis of the Tīfāšī text he invokes, is not just unconvincing: it is downright wrong.[27] Publication of that Arabic text, which was subsequent to García Gómez's original remarks about it, reveals that his inference was based solely on his emendation of Tīfāšī, for which there is no paleographic justification whatsoever.[28] Furthermore, as I have shown elsewhere, references to the existence of the *zajal* in Andalus, within the setting of popular festivities such as weddings and drinking parties, as well as in the marketplace, going back to the early part of the tenth century, have survived in Hispano-Arabic documents. Independently, there are references to zajaleers in Arab Spain, dating, in all probability, to the century of the Arab conquest itself.[29] Since this information is furnished and discussed in earlier

---

[25] In the prologue, Ibn Quzmān states that "if only Ibn Numāra were alive [...] I would have piped *old* tunes for him" (law ₍āša bnu numārata [...] zamartu la-hu bi-l-qadīm [Corriente, *op. cit.*, Arabic p. 4]).

[26] *Todo Ben Quzmān*, vol. cit., p. 876. I have no idea what García Gómez means by the rather vague term "creador técnico." Is such a creator to be opposed to a non-technical one, and if so, what are the ultimate conclusions to be drawn from this distinction? What, in fact, could a non-technical creator of the *zajal* possibly be? I suspect, instead, that in this instance, we are being treated to some rather fancy footwork.

[27] "A Sounding Brass and Tinkling Cymbal: Al-Ḫalīl in Andalus (Two Notes on the *Muwaššaḥa*)," *La Corónica*, 15 (1987), 252-28, n. 12.

[28] Garcia Gómez's suggestion originally appeared in "Una extraordinaria página de Tīfāšī y una hipótesis sobre el inventor del zéjel," *Etudes d'orientalisme dédiées à la mémoire de Lévi-Provençal* (Paris: Maisonneuve, 1962), vol. 2, 517-23. The Arabic text was edited by Muḥammad ibn Tāwīt al-Ṭanjī, "Al-Ṭarāʾiq wa-l-Alḥān al-mūsīqiyya fī Ifrīqiyya wa-l-Andalus," *Al-Abḥāṯ: Quarterly Journal of the American University of Beirut*, 21, Nos. 1, 2, 3 (December, 1968), 93-116. The paragraph in question is at pp. 114-15. Where the Arabic MS reads: "[Ibn Bājja] invented a style [of music] found only (*lā tūjadu illā*) in Andalus," García Gómez emends to; "he invented the style of the *zajals (al-azjāl)* in Andalus. This emendation has the further disadvantage that it violates the context.

[29] See "Which Came First, The *Zajal* or the *Muwaššaḥa*? Some Evidence for the Oral Origins of Hispano-Arabic Strophic Poetry," *Oral Tradition* (in press).

publications of mine, I trust I may be excused from resubmitting my data or repeating my arguments here.

All factors considered, the weight of currently available evidence indicates that the *zajal* was a very ancient Andalusian genre; that it was popular in origin, and that at the outset it flourished within a purely oral context. At some point, it must have attracted the attention of learned poets who began to imitate it with greater or lesser success, depending upon how far we choose to trust Ibn Quzmān's evaluation of their work.[30] Such poets never reached a stage of self-awareness where they deemed it necessary to declare themselves independent members of a distinctively *literate* as opposed to an *oral* tradition. Instead, they viewed themselves as an integral part of a single zajaleering mainstream; of an uninterrupted current that stretched back into the Pidalian nights of literary prehistory. This was so, because the concepts of literacy versus orality represent an essentially modern distinction that a medieval Arab poet would have understood only with difficulty or viewed as irrelevant to his major concerns. Hence, as in so many other instances where we are dealing with medieval Arab views about poetry, a taxonomy that is today essential, insofar as it sheds light on the history of a genre, was never established by native writers. Instead, it must be tortuously (but I hope not illogically) shown to have been implicit in their discussions.

Finally, the antiquity of the *zajal* genre in Arab Spain, its oral antecedents, and its striking prosodic similarity to its Romance congeners,[31] all further strengthen the more than distinct probability that its origin, along with that of its daughter, the *muwaššaḥa*,[32] may ultimately have been Romance rather than Arabic, at least insofar as form is concerned. Ibn Quzmān's prologue thus offers us yet one more piece in the jigsaw puzzle that is gradually being put together to clarify the intricate relationship between Hispano-Arabic strophic poetry and the Romance tradition.

UNIVERSITY OF CALIFORNIA, BERKELEY

[30] Could this have been during the age of Aḫtal, about whom Ibn Quzmān states: "he trod and travelled the right path, thus *opening the way* expertly" (fa-innna-hu nahaja ṭ-ṭarīq, wa-ṭarraqa fa-aḥsana ṭ-ṭaṭrīq (Corriente, *op. cit.*, Arabic p. 2])? As far as I am concerned, such a question is best left unanswered, given our currently meagre state of knowledge.

[31] A subject about which I shall have considerably more to say in an article on the metrics of Hispano-Arabic strophic poetry, currently in preparation.

[32] That the *muwaššaḥa* was the daughter, rather than the sister or mother of the *zajal*, is a view I have documented in "Which Came First...."

The "Paragogic" -d- in Judeo-Spanish *Romances*

SAMUEL G. ARMISTEAD

HE PROBLEM OF THE relationship of epic to ballad is central to an accurate interpretation of the basic character of the medieval Castilian epic as an essentially oral and traditional genre.[1] The so-called "paragogic" or assonantal -*e* is just one of a number of important features—thematic, formulaic, prosodic—which inextricably link the Hispanic epic and ballad genres as part of a single traditional continuum stretching from the high Middle Ages up to the present day oral tradition. Neo-individualist criticism has, as would be expected, been unenthusiastic about the paragogic -*e*. With reference to its possible use in the *Cantar de Mio Cid*, Colin Smith concludes his detailed discussion by merely comparing the Castilian -*e* —"whatever its origins"—with the normally mute -*e* which is sometimes sounded in modern French songs, both traditional and learned.[2] Though the two phenomena are superficially comparable—and Menéndez Pidal has discussed their differences[3]—such a conclusion avoids the essential issue of the feature's origins and the implications of those origins for our appraisal of the basically oral character of the epic genre. It is clear that, in the case of the paragogic -*e*, such a

---

[1] See my articles, "Neo-Individualism and the Romancero"; "Epic and Ballad"; "The Initial Verses of the *Cantar de Mio Cid*"; *Encore le cantilènes!*"; "From Epic to Chronicle."
[2] See Colin Smith's Oxford (xli) and Madrid (48-50) eds. of *CMC*.
[3] Menéndez Pidal, *Romancero hispánico* 1:115.

historical perspective is crucially important and the conclusions to be drawn from it are unequivocal.

In tenth-century documents, all across the north central Peninsula—in León, Castile, Aragón—the final -*e*, recalling the syllabic structure of Vulgar Latin, is still being written and presumably also pronounced in contexts similar to those in which it will later be attested in the Castilian epic, in the early lyric, and later still in ballads, both early and modern, when the final -*e* had long since ceased to be sounded in current speech. Thus the tenth-century evidence provides us with forms such as *servire, uoluntate, honore, Karizále, dare, Aragone, mediadade,* etc.[4] But, in the late eleventh century, "tras un largo forcejeo entre las formas con y sin apoyo vocálico, llegó finalmente a triunfar... una nueva estructura silábica, caracterizada por la variedad y frecuencia de las sílabas cerradas."[5] The change, probably autocthonous in character, though doubtless reinforced by the cultural prestige of French lexical and phonological borrowing, was to make possible, in *CMC*, such verses as "a orient exe el sol / e tornós a essa part," "ellos son mucho urgullosos / e han part en la cort," or "prísol en vázio, / en carne nol tomó."[6]

Though recent editors have rejected Menéndez Pidal's reconstruction of an assonant series including the paragogic -*e*, in vv. 15-20 of *CMC*, based on a copyist's possible misreading of *entrove* as *entrava*,[7] the

---

[4] Menéndez Pidal, *Orígenes* 186-88; Alvar, *Estudios sobre el dialecto aragonés* 1:72-74.

[5] Catalán, "En torno a la estructura" 78-79; also Lapesa, "La apócope"; Torreblanca, "La sílaba española."

[6] See Menéndez Pidal, *CMC* vv. 1091, 1938, 3627. On the autocthonous character of closed syllables in O.Sp., over against possible French influence, see Catalán, "En torno" 79, n. 4.

[7] From a paleographic point of view, it is difficult to find fault with Menéndez Pidal's supposition (**entrove* > *entrava*). Such a reading is certainly not improved upon by accepting a corrector's interpolated *leuaua* (v. 16) to create an additional two-verse laisse in *á-a* (as does C. Smith; and, following him, Lacarra and Enríquez Carrasco). Michael and Garci-Gómez conveniently sidestep the issue and simply accept *entraua* as an authentic reading requiring no comment. Bustos Tovar reasonably cites *entrove* as a possibility (91), but keeps *entrava* in his text. Horrent characterizes Menéndez Pidal's proposal as "astucieux" (2:136), but emends the text to *entró*. In his article, "Observations textuelles," Horrent calls Don Ramón's suggestion "subtilement conjecturée" and concludes: "Nous croyons que R. Menéndez Pidal a raison sur ce point" (5). In the final analysis, the absence of the -*e* in *CMC* is probably no more significant than its absence in many sixteenth-century ballad printings: Some

presence or absence of the paragoge in *CMC* is not a decisive factor, given its use in all other epic narratives which have come down to us in versified form, as well as in the earliest document we have concerning the epic in Castilian—the *Nota Emilianense*. Here at least two names of French epic heroes embody the paragogic -*e*, reflecting their use as rhyme words:

> In era dcccxui uenit carlus rex ad cesaragusta In his dieb*us* habuit duodecim neptis . un*us*q*ui*sque habebat tria milia ęquitu*m* cum loricis suis . nom*i*na ex his rodlane . bertlane . oggero spata . curta ghigelmo alcorbitanas . olibero . et ępisc*o*po d*o*mi*ni* torpini.[8]

In fact, the paragogic -*e* was to remain attached to these very names, *rodlane* and *bertlane*, throughout the duration of the epic tradition, on into the *romancero viejo*, and, in the case of Roland, on down to the present day. Thus *Roncesvalles* attests to *Roldane*, the ballad of *Conde Dirlos* to both *Roldane* and *Beltrane*, and the modern Sephardic versions of *El sueño de doña Alda* to *Rovdale* (in the East) and *Roldane, Rondale, Rondane*, or *Rondare* (in Morocco).[9]

The paragogic -*e* is abundantly documented in the *Roncesvalles* fragment:

```
 8  ...Sacat al arçebispo desta mortaldade
    Leuemos le asuterera aflanders lacjudade
10  El enpererador andaua catando por la mortaldade
    Vjodo enla plaça oliueros ojaze
12  El escudo crebantado por medjo del braçale
    Non ujo en eyll quanto un dinero sano
14  Tornaado jaze aorient como lo puso Roldane
    El buen enperador mando lacabeza alçare
```

---

printers included it and many others omitted it, but in oral practice it was an integral part of ballad prosody, just as it had been for centuries past in the epic tradition. As Menéndez Pidal observed: "...los editores ...no creían necesario imprimir la -*e* añadida en el canto espontáneamente (luego veremos que los copistas de las gestas tampoco la escribían de buena gana)" (*Romancero hispánico* 1:113).

[8] Alonso, *La primitiva épica francesa* 9. As Menéndez Pidal has shown, the barbarous form *torpini* probably also embodies a paragogic -*e* (*La Chanson de Roland* 415).

[9] See the ed. of *Dirlos* in Menéndez Pidal et al., *Romancero tradicional* 3:69-85; for the Sephardic readings, my *Catálogo-Índice* no. B6; Armistead and Silverman, *Chapbooks* no. 3.

16 Que la ljnpjasen lacara del poluo 7 delasangre
    Como sj fue*n*se biuo començolo de p*r*eguntare
18 Digades me don oliueros cauayllero naturale
    Dodeyxastes aRoldan djgades me la uerdade... [10]

The *Crónica de 1344* prosification of the *Refundición de los Infantes de Lara* preferred not to record the -*e*, but the *Interpolación de la Tercera Crónica*, copying—with minimal prosification—a closely related version, records the paragoge in great abundance and in both *á-e* and *ó-e* series:

«Fijo Suero Gonçales,   cuerpo tan leale,
de las vuestras buenas costumbres   un rey se devia pagare;
de aves erades maestro,   en España no avie vuestro pare.
¡Malas bodas vos guiso vuestro tio,   hermano de vuestra madre:
a my dexo en cativerio   e a vos levo a descabeçare;
los que son oy por naçer   traydor le llamaran!»
La de Fernan Gonçales   en braços la tomove:
«Fijo, cuerpo honrrado,   e nonbre de buen señore,
del conde Fernan Gonçales   e del emperadore,
Garcia Fernandez vos lo puso   que vos bautizo.
Matador de oso e de puerco   e de cavalleros señore;
vuestro tio don Rodrigo   malas bodas vos guiso;
a vos fizo matar   e a my metio en prision;
traidor le llamaran   quantos por nacer son.»[11]

With its overwhelming preference for the facile *á-o* assonance, the *Refundición de las Mocedades de Rodrigo* has few series in *á-e*, yet it too attests, if only exceptionally, to the presence of the paragogic -*e*:

«Oitme—dixo—mi fijo,   mientes catedes acae...»
ármanse los trezientos,   e Rodrigo otro tale.[12]

There are many examples of the paragogic -*e* (both etymological and anti-etymological) in the Mozarabic *kharjas*:

    ¡Amanu, amanu!
    Yā-l-malīḥ, gare:

[10] Menéndez Pidal, *Textos medievales* 14.
[11] Menéndez Pidal, *Reliquias* 208-09. I transcribe the chronicle text corresponding to vv. 110-28 of Don Ramón's reconstruction. I have arranged the material in verse form and have supplied the caesura.
[12] Menéndez Pidal, *Reliquias* 269, vv. 391, 408. Compare Deyermond's paleographic ed. (*Epic Poetry and the Clergy* 241-42).

¿Por ké tú [me] qereš,
yā-llāh, matare?

Yā mamma, mew l'ḥabībe
baiše e non más tornarade.
Gar ké faréyo, yā mamma:
¿No un bežyello lešarade?

Garid boš, ay yermanellaš,
kóm kontener-he mew male.
Šin al-ḥabīb non bibreyo:
¿ad ob l'iréy demandare?[13]

The paragogic -e is likewise abundantly present in the early Castilian lyric:

  65 De las dos hermanas, dose,
     ¡válame la gala de la menore!

107 Que me muero, madre,
     con soledade.

182 Mis ojuelos, madre,
     valen una ciudade.

301 El mi corazón, madre,
     que robado me lo hane.

344 Del rosal vengo, mi madre,
     vengo del rosale.

554 Moricas del moral, madre,
     moricas del morale.[14]

---

[13] García Gómez, Las jarchas 81, 195, 383; Solà-Solé, Corpus 170, 195, 225. For further examples: García Gómez 75, 87, 95, 101, 131, 151, 203, 273, 281, 321, 324, 351, 375; Solà-Solé 68, 75, 100, 127, 142, 147, 170, 191, 224, 260, 272, 287. In some cases the final -e is actually marked in the text; in others, its presence can be inferred from the rhyme scheme of the preceding qufls. Evidence concerning the fate of final vowels in spoken Mozarabic is contradictory and it seems impossible to tell whether the poetic forms in -e were still a part of the everyday language. See Galmés, Dialectología mozárabe 71-77, 192-93.

[14] The texts are cited according to Frenk, Lírica hispánica, where the early sources are specified. For further examples, see also nos. 63, 266, 302, 512, 531. (Lírica española is a more recent ed. of the same collection.) For a crucial

Like so many other features (narrative themes, intuitive style, formulistic diction), the paragogic *-e* comes over from the epic into the *romancero viejo*, and with identical characteristics—both etymological (*Leone, caçare*) and non-etymological (*sone, ane*) modalities and also with the "anti-hiatic" *-v-* or *-b-*:

```
   Castellanos y leones[es]      tienen grandes dibisiones,
 2 sobre el partir de las tierras  y el poner de los moxones,
   llámanse de idesputas,        ixos de padres traidores;
 4 no les pueden poner truegas   cuantos en la corte sone,
   sino eran unos dos flailes,   unos dos vendictos honbres:
 6 pónenselas por quinze días,   quinze días que más none.
   El buen rey sale de Burgos    y el buen conde de Leone,
 8 idos eran a topare            a los bados de Carrione,
   con trezientos de a caballo,  cada cual en su escuadrone.
10 El conde, como atrebido,      por los bados pasove;
   con el agua y el arena        el conde al rey salpicobe.
```

```
   Estauase el conde Dirlos,      sobrino de don Beltrane,
 2 assentado en sus tierras,      deleytandose en caçare,
   quando le vinieron cartas      de Carlos el imperante.
 4 De las cartas plazer huuo,     de las palabras pesare,
   que lo que las cartas dizen    a el pareçe muy male.
 6 —Rogar vos quiero, sobrino,    el buen frances naturale,
   que llegueys vuestros caualleros,  los que comen
                                      vuestro pane;
```

study of the paragogic *-e* and related problems in the early lyric, see Sánchez Romeralo, "Mis amoresé," espec. 586-87. The traditional *romancillo*—midway between ballad and lyric—also uses the paragogic *-e*. In 1577, Francisco Salinas documented the *Serranilla de la Zarzuela* in his learned treatise, *De Musica*: "Yo me yua mi madre / a villa reale, // errara yo el camino / en fuerte lugare" (ed. Kastner 306, 397; Menéndez Pidal, "Serranilla" 99). The paragogic *-e* is, of course, one of many witnesses to the genetic relationship of ballad to epic, but its universal use in early traditional poetry—regardless of genre—also bespeaks the epic's essential orality, shared, together with other stylistic features, by *romance, romancillo,* and traditional lyric. That writers of pseudo-*romances viejos* in *fabla antigua* chose the paragogic *-e*, together with the typical *f-*, as one of the distinguishing features of their peculiar linguistic style bespeaks the *-e*'s prevalence and familiarity as an authentic characteristic of Golden Age traditional poetry. See Menéndez Pidal, *Romancero hispánico* 2:157.

8 darles eys doble sueldo   del que les soledes dare,
    dobles armas y cauallos,   que bien menester lo ane;
 10 darles eys el campo franco de todo lo que ganarane;
    partir os eys a los reynos del rey moro Aliarde...

   De Mantua salio el marques   danes vrgel el leale
 2 alla va a buscar la caça   a las orillas del mare
   con el van sus caçadores   con aues para volare
 4 con el van los sus monteros con perros para caçare
   con el van sus caualleros   para hauerle de guardare
 6 por la ribera del Pou   la caça buscando vane
   el tiempo era caluroso   vispera era de sant Juane
 8 metense en vna arboleda   para refresco tomare
   al derredor de vna fuente   a todos mando assentare... [15]

The paragogic -*e* has remained vigorously alive in the modern Sephardic tradition, both in the *romancero* and in the traditional lyric as well. In the Eastern and Moroccan ballad repertoires, there are numerous instances of the -*e*'s use in ballads with *á-e* assonance. Here are three Eastern examples:

   En Paríž está Donyyalda   i la espozika de Rovdale.
 2 Trezyentas damas kon elyya, ke todas son de alto
                                    linaže.
   Las syento eran de Burgo   i las syento de Portugale;
 4 las syento eran de Fransyya, la sivdad de gran korale.
   No penséš ke están debaldes, ke todas ofisyyo azen.
 6 Las syento filavan perla   i las syento tešen kardale;
   las syento tanyen bigüela   para Donyyalda folgare.
 8 I Donyyalda, kon grande visyyo, mal adormesida kae.
   Tres días kon las tres nočes, no le uvo arefolgare...
                                    (*El sueño de doña Alda*)

   Por los palasyyos de Karlo   non pasan sinon ǧugare.
 2 Non ǧugan plata ni oro,   sinon vías i sivdades.
   Ganó Karlo a Gayyfero   sus vías i sus sivdades.
 4 Ganó Gayyfero a Karlo   i ala su mužer reale.
   Más valía a pedrerla,   pedrerla ke non ganare:

---

[15] Menéndez Pidal et al., *Romancero tradicional* 2:7, 3:69; Rodríguez-Moñino, *Silva de romances* 350-51.

6 —¡Sovrino, el mi sovrino,   el mi sovrino karonale!
Yyo vos kreí čiketo,   el Dyez te izo baragane.
8 El te dyyo barvika rośa   i en tu puerpo fuersa grande.
Lyyo vos di a Blankaninyya,   por mužer i por iguale...
(*Gaiferos jugador*)

6 ...Aí la olyyó la esfuegra   de altas tores de ande estare.
—I andávos, la mi nuera,   i a parir ande vuestra madre.
8 Si el vuestro marido vyene,   yyo le daré ke almorzare.
Le daré gaína en sena   i kapones almorzare.
10 Le daré yerva al kavayyo   i karne kruda al gavilane.
Le ečaré güesos al pero   i ke non vos vayya
               detraze... [16]
(*La mala suegra*)

The Moroccan repertoire, too, offers abundant evidence:

Delante del rey León,   doña Ximena una tarde,
2 demandando iba justicia   por la muerte de su padre:
—¡Justicia, señor, justicia,   si me la queredeis dare!
4 Cada día que amanece,   veo a quien mató a mi padre,
caballero en su caballo   y en su mano un gavilane.
6 Comióme mis palomitas,   cuantas en mi palomare;
las gordas él se las come,   las flacas su gavilane,

---

[16] Armistead and Silverman, *Chapbooks* nos. 3, 5, 14. I have simplified the transcription, have not indicated the pre- or intervocalic *aleph*, and have used *č* instead of *ǧ* for a voiceless palatal affricate. Further Eastern instances occur in *Melisenda sale de los baños* (no. 6), *Conde Alemán y la reina* (no. 7), *Tormenta calmada* (no. 10), *Robo de Elena* (no. 11), *Conde Niño* (no. 12), *Esposa de don García* (no. 13). For additional texts, see Attias, *Romancero*, nos. 6, 13, 26, 28, 38; and for additional text-types: *Gaiferos y Melisenda* (no. 27), *Melisenda insomne* (no. 33), *Veneno de Moriana* (no. 39), *Conde ¿por qué no casaste?* (no. 55), *Galiana* (no. 56). In the Eastern ballads, the paragogic *-e* is present also in verse-internal forms: *pane* (Attias, no. 17.9-10); *comere*, *bebere* (no. 45.21, 23); *vendere* (no. 49.21); *parire* (no. 55.17); *segadore*, *llamare* (no. 90.7, 11, 13); *falcone* (no. 94.9). The paragogic *-e* occurs abundantly in modern Leonese and Galician *romances*, but here its presence is probably due as much to the syllabic structure of the dialects themselves as to any archaic survival. For examples, see *Romancero tradicional* 3:56-57, 164-65 (Galician versions of *El navegante* and *Conde Antores*); 4:81-85 (Galician and Zamoran forms of *Conde Sol*); Petersen et al., *Voces nuevas* 1:156-158 (Leonese *Conde Sol*, based on Menéndez Pidal's *Flor nueva* text, but with abundant use of paragogic *-e*); Armistead, "The Ballad of *Celinos*" 17-18 and n. 19 (Zamoran text of *Celinos*).

8 y las que no le aprestaban   a mí me las viene a
                                                dare...
                                (Las quejas de Jimena)

   En París está doña Alda,   la esposica de Rondale,
2 trecientas damas con ella,   todas de alto y buen linaje.
   Las ciento eran de Francia, las ciento de Portogale,
4 las ciento eran de París,   de París la naturale.
   Las ciento hilaban oro,   las ciento texen cedale,
6 las ciento tañen torneos,   para doña Alda folgare.
   Al son de los estrumentos,   doña Alda dormida cae...
                                (El sueño de doña Alda)

   Preñada estaba la reina,   de tres meses que no mase,
2 hablóla la criatura   con la gracia de Dios padre:
   —Si Dios me dexa vivir,   salir de angosto lugare,
4 mataría yo al rey   y a la reina mi madre,
   porque durmiéronse a una   la noche de Navidade;
6 quitáronme mis virtudes,   cuantas Dios me diera y mase
   que si una me han quitado,   muchas más me han vuelto a
                                 dare... (El hijo vengador)[17]

There are also numerous instances in the Moroccan Sephardic traditional lyric:

—¿Cómo la viera
su señor padre?
—Cantando y añadiendo
en el ašuare.

—Que ¿qué queríades?
—Que subas conmigo al rosale.

Y arrelumbre y arrelumbre
y arrelumbre su mazzale,

---

[17] Bénichou, *Romancero* 32, 57, 200; further Moroccan examples: *Nacimiento de Montesinos* (60), *Moriana y Galván* (63), *Melisenda insomne* (69), *Buena hija* (180); additional texts: Larrea, *Romances* nos. 2-2a, 24-25, 34-35, 39-41, 78-81, 179-81, 182; other text-types: *Por la calle de su dama* (nos. 21-23), *Cautiverio de Guarinos* (nos. 26, 65), *Mala suegra* (nos. 94-96), *Bodas de sangre* (no. 190), *Moro cautivo* (nos. 221-22), *Infancia de Gaiferos* (no. 259); *Conde Antores* (Armistead and Silverman, *Tánger* no. 22).

como el sol cuando sale,
como arrelumbre esa novia
delante de todo el cahale.

—La ropa de Pascua
sacaila al solare,
con la pez y la resina,
mi madre, lo safumare.
Y escribey su nombre
y en vuestro lumbrale...
lo mirará mi madre,
se le doblará el pesare.[18]

The paragogic -e is not, however, the only feature of tenth-century Hispano-Romance that has survived in the medieval epic. We have already seen how, in certain cases, both epic and *romance* used an anti-hiatic -v- to create such forms as *entróve, tomóve, pasóve, salpicóbe*, as in the *Tercera Crónica* version of the *Infantes de Lara*, the ballad of *Castellanos y leoneses*, and possibly also in *CMC*.[19] The *Roncesvalles* fragment, however, attests to another anti-hiatic option, which, for convenience, we will call the "paragogic" -d-. There are three instances of such forms in Roncesvalles:

[18] The first three texts are from Alvar, *Cantos de boda* 227, 253, 258; commentary: 170. In the third example, *mazzale* and *cahale* correspond to Hebrew *mazāl* 'luck' and *qāhāl* 'assembly, community'. The last text is from Alvar, *Endechas* 147-148; more examples and comment: 91-92. The form *cantando* in the first text would seem to be a modern deformation of *catando*. Larrea's version attests to an equally awkward reading: "andando y añidiendo" (*Canciones rituales* no. 10).

[19] Menéndez Pidal describes the -v- in these forms as a purely phonological phenomenon: "Entre la -á, -ó final y la -e paragógica se intercala la consonante v, a modo de elemento antihiático, como la intercala el Poema del Cid en *juvicio* por *juïcio*, o en *axuvar* por *ajuär*, y el *Apolonio* en *destrovir* por *destruir*" (*Romancero hispánico* 1:120). It seems at least possible, however, that the "anti-hiatic" -v-, which, to my knowledge, occurs only in verb forms—third singular preterite and future (note *Infantes de Lara*, v. 95: "lo poblado se despoblarave")—may have a historical rather than (or in addition to) a purely phonological component in its origins. Both the preterite and the future embodied (or could have embodied) a -v- at some early stage in their development. The preterite ending -ó, of course, developed from -avit to -*aut, -*au, -*ou, -ó. If -e were added to -ou, the result would almost certainly have been -ove. Though the third person of the future normally reflects an unstressed Vulgar Latin *at (= habet), a stressed full form, ave, also existed in medieval Spanish (just as it still does in modern Eastern Judeo-Spanish). The

33 Exa ora el buen Rey oit lo que djrade...
53 Atal ujejomeçqujno quilo conseyarade...
87 Alço lj lacabeça odredes lo que dirade...[20]

These verses of the *Roncesvalles* fragment bring to us an authentic echo of archaic forms that were still in use in tenth-century Spain, when the Latin third person *-t* (probably already pronounced [d]) survived in everyday language. The *Glosas Emilianenses* attest to such Navarro-Aragonese forms as *tienet, katet, cuémptet, liebat, aflarat*, as do the *Silenses*, with *poncat, prencat, aiat, quisieret*. Similar evidence is also available in eleventh-century documents from other areas of the Peninsula (León, Castile, Sobrarbe, Aragón): *quadrad, veniad, segat, lascabet, demandabad, remanead*.[21] The Mozarabic *kharjas* also offer ample testimony— and in a context that could hardly have been influenced by ecclesiastic Latin—to the survival of the third person singular *-d*. Thus, in a *muwashshaha* by Yehudah ha-Levi (c. 1075-c. 1140), the *kharja* attests to no less than four examples:

Bay-še mew qoragón de mib.
¡Yā Rabb, ši še me tornarád!
¡Tan mal me dóled li-l-ḥabīb!
Enfermo yed: ¿kuánd šanarád?[22]

In *muwashshaḥāt* of Ibn Labbūn (eleventh cent.) and al-Ḥabbāz al-

---

identity of what would eventually become a bound future suffix and the verb *haber* was still fully in effect in Old Spanish (*ferlo he; verte as; servirte ha*). Because of the exigencies of the paragoge, the full form *ave* could well have been substituted for the brief form *ha* as an alternate form of the future in epic texts. Given the well known coexistence of various rival forms in Old Spanish, the possibility that the *-v-* in *tomóve* and *despoblaráve* may perhaps reflect a survival of sounds originally present in high medieval prototypes of the preterite and future suffixes should, at very least, not be discounted. On the form *ave* in Berceo and the *Alexandre*, see Alvar, *El dialecto riojano* 64; Alvar and Pottier, *Morfología* 231; for *ave* (1st and 3rd sing.) in Eastern J.-Sp., see Luria, *Monastir* 156; Kahane and Saporta, "Verbal Categories" 196-197. The form *abe* 'hay' was used in Morisco Spanish (Menéndez Pidal, *Yúçuf* 84-85; Galmés, *Batallas* 2:110).

[20] Menéndez Pidal, *Textos medievales* 15-17. Don Ramón suggests also reading v. 42: "Mas atal ujejo mezqujno agora que fare" as "...farade" (18). For commentary, see *Textos* 40; *Romancero hispánico* 1:118-119, 120.

[21] See Menéndez Pidal, *Orígenes* 351-53.

[22] García Gómez, *Las jarchas* no. 9 (416); Solà-Solé, *Corpus* no. 382a (249). Note also *kyéred* (García Gómez 183); *kéred-lo* (305); *serád* (397); *bénded* (418); *potrád* (424).

Mursī (early twelfth cent.), the *kharja* (quoted above) adds a paragogic *-e* to the pertinent forms: *tornaraḏe, lešaraḏe*. Note that the *qufls* rhyme in *-āḏi*.[23]

The "paragogic" *-d-* of the *Roncesvalles* fragment, whose remote, high medieval origins are elucidated by the early evidence we have just mentioned (*glosas*, notarial documents, *kharjas*), seems not to have come over into the *romancero viejo*. At least, its possible presence in early ballads was, to my knowledge, never recorded in writing. Except for forms like *pasóve* and *salpicóbe* in *Castellanos y leoneses*, the early *romances* seem, in some cases at least, to have tolerated the vowel hiatus created by the paragogic *-e*. Just as the *Roncesvalles* attests to *ayllάe* and the *Mocedades* to *acάe*, the *Marqués de Mantua* uses *estάe, serάe, hae, sabrάe, agradecerάe, dae, vae* (in contrast to the *Conde Dirlos*, which avoids such forms altogether).[24] In any event, there would seem to be no documentary evidence of the "anti-hiatic" *-d-* in the *romancero viejo*.

Previous investigations of the relationship of ballad and epic have concentrated on evidence provided by the *romancero viejo*. Some epic-based ballads are known in a variety of conservative modern Peninsular traditions (Galicia, Trás-os-Montes, Madeira, Azores; Asturias, León, Zamora, Castile; Catalonia, Ibiza), but the evidence is scattered and relatively sparse.[25] The two Sephardic sub-traditions—the Eastern Mediterranean and North African—offer a very different situation. Here, ballads derived in direct oral tradition from their epic antecedents exist in relative abundance. There are, in the Judeo-Spanish tradition, at very least, fifteen different narrative types which can be genetically related to epic congeners.[26] The epic-ballad relationships of the Sephardic *Romancero* have until now not been systematically investigated, taking all available documentary evidence

---

[23] See García Gómez nos. XXI*a-b* (195, 203). Solà-Solé nos. 7*a-b* (97-101) reads the forms as present indicatives: *tornaḏe, lešaḏe*.

[24] See Rodríguez-Moñino, *Silva* 350-60; Menéndez Pidal et al., *Romancero tradicional* 3:69-85.

[25] For details, see Armistead, "Epic and Ballad" 381-84.

[26] See Armistead et al., *Catálogo-Índice* nos. A3. *Quejas de Jimena*; A4. *Rey Fernando en Francia*; A6. *Almenas de Toro*; A9. *Destierro del Cid*; A10. *Búcar sobre Valencia*; B1. *Galiana*; B2. *Roldán al pie de la torre*; B3. *Roncesvalles*; B4. *Muerte de don Beltrán*; B5. *Cautiverio de Guarinos*; B8. *Almerique de Narbona*; B15. *Gaiferos jugador*; B16. *Gaiferos y Melisenda*; B17. *Melisenda insomne*. The epic relationships of A3, 4, 6, 9, and 10 are studied in Armistead, Silverman, and Katz, *Epic Ballads*; B3, 4, 5, 8 are addressed in *Carolingian Ballads (1)*; B15, 16, 17 will be studied in *Carolingian Ballads (2)* (currently in preparation).

into account. It is well known that the *Romancero*'s various modern sub-traditions are only indirectly related to the early ballad repertoire that was consecrated in print in sixteenth-century *pliegos sueltos* and *cancioneros*. Typically, the modern forms often reflect early variants that were never consigned to the printed page. Given such circumstances, the systematic investigation of a modern ballad tradition based directly on epic sources suggests the strong possibility of discoveries that may significantly supplement the already abundant evidence offered by the *romancero viejo* in favor of a direct and genetic relationship between epic and ballad.

Among the many treasures belonging to the Menéndez Pidal Archive in Madrid is a typed copy of a now unknown handwritten collection of Sephardic ballads and songs, which Eugenio Silvela arranged to have transcribed, collated, and corrected, in Tetuán, in 1905-1906.[27] Specifically, three notable readings from the Silvela collection must now claim our attention. In a unique dénouement to *El cautiverio de Guarinos*, the Moors capture Guarismo (Guarinos) and put him in prison. The Pope (!) then issues a proclamation offering rewards to anyone who can knock down the "castle of St. John":

> Un pregón pregonó el papa, que se atrona la ciudad:
> «Si hubiere quien derrocare el castillo de San Juare.
> Si es moro de la tierra, bien pagado le seráde.
> Si es cristiano cautivo, le dará su libertade.»[28]

Again, in Silvela's version of *El sueño de doña Alda*, when Alda asks her lady companions to interpret her fateful dream, offering rewards to anyone who suggests a happy interpretation and death to whoever predicts tragedy, all the women cry out in favor of an optimistic meaning:

---

[27] The MS that Silvela saw and had copied must also have circulated and been transcribed (in part at least) by some Jewish families in Tetuán. Larrea's text of *Búcar sobre Valencia* (no. 8), "copiada de una hoja manuscrita," obviously follows Silvela's version of the same ballad (or a copy derived from it). See *Epic Ballads* 244. For a (partial?) reconstruction of the content of Silvela's MS, see *Catálogo-Índice* 3:83.

[28] A discussion of the scene's close relationship to the early ballad, *Mala la vistes franceses*, would take us beyond the limits and purposes of the present article. The problem will be discussed in detail in *Carolingian Ballads (1)*, Chap. 8, and in Armistead and Silverman, "*El cautiverio de Guarinos* and the *chansons de geste*" (in preparation). The text cited corresponds, in *Catálogo-Índice*, to no. B5.3.

Todas dicen a una boca: —¡Bien será y bien se arade!

The same verse is then repeated in identical form later in the narrative, following the (falsely) happy interpretation of the dream. How are we to understand these two forms—*seráde* and *[h]aráde*? They are, to my knowledge, unique. They occur nowhere in Moroccan ballad texts that have been recorded from oral tradition in this century and they suggest that Silvela's MS must have reflected an earlier and more conservative stage in the development of the Moroccan ballad tradition. The passage from *Guarinos* is not attested in similar form anywhere else in the Moroccan versions. There are, on the other hand, numerous variant renderings of the women's prophetic cry in *El sueño de doña Alda*:

	Todas dicen a una boca:	—¡Bien será y bien se hará!
2	Todas dicen a una boca:	—¡Bien será y bien se hagade!
	Todas dicen a una boca:	—¡Bien será y bien se ayara!
4	Todas dicen a una boca:	—¡Bien sea y bien se hará de él!
	Todas dicen a una voz:	—¡Bien será y bien se hagades!
6	Todas dicen a una boca:	—¡Bien sea y bien sea žaẓe!
	Todas dicen a una boca:	—¡Bien será y bien se os agale!
8	Todas dicen a una boca:	—¡Bien sea y bien sea dare!
	Todas dicen a una boca:	—¡Bien sea y bien se os hagale!
10	Todas dicen a una voz:	—¡Bien sea y sea gada!
	Todas dicen a una boca:	—¡Bien será y bien se os hagádeis!
12	Todas dicen a una boca:	—¡Bien sea y bien os hagale!
	Todas dicen a una voz:	—¡Bien sea, bien se os hagare!
14	Todas dicen a una voz:	—¡Bien se da y bien se os hagare!
	Todas dicen a una boca:	—¡Bien será, bien se os hagale!
16	Todas dicen a una voz:	—¡Bien será y bien se os hayade!
	Todas dicen a una boca:	—¡Bien sea y bien se hagade!
18	Todas ellas a una boca:	—¡Bien sea y bien se hagade!
	Todas dicen a una voz:	—¡Bien sea y bien se hagare!
20	Todas dicen a una voz:	—¡Bien sea y bien se hagale!
	Todas responden a una:	—¡Bien será y bien se haréle![29]

[29] For convenience, I have numbered the individual citations as if they

Except for v. 1, which has quite obviously been manipulated by José Benoliel,[30] few of these texts offer coherent readings that can be explained in terms of the history of Hispano-Romance morphology. The forms *hagade(s)* (vv. 2, 7, 17, 18) and *hayade* (v. 16) should probably be seen as *haga* and *haya* + paragogic *-de* and with a shift in accent— which is by no means unknown to traditional poetry.[31] But almost all the other forms (*ayara, žaze, hagale, sea dare, sea gada, hagádeis, hagare*) make little or no sense. Their very proliferation suggests the singers' frustration with a verse which had clearly ceased to be coherent in the modern tradition. Quite the opposite is the case with the reading of Silvela's MS: "Todas dicen a una boca: / —¡Bien será y bien se hará- de!" Both historically and within the context of a tradition where the paragoge was still alive and functional, the verse is both meaningful and ironically eloquent: 'The dream will be given a happy meaning and its interpretation will be well articulated'—which is, of course, the exact opposite of what is actually to transpire, for Roland is dead, the dream's meaning is obviously tragic, and the women, out of fear,

---

were consecutive verses of a coherent text: Vv. 1-5 are from unedited Tangier versions at the Archivo Menéndez Pidal, classified in my *Catálogo-Índice*: v. 1 = B6.5; v. 2 = B6.6 (also B6.8, 9; and from Tetuán: B6.12-15); v. 3 = B6.7; v. 4 = B6.9; v. 5 = B6.10; v. 6 = Armistead and Silverman, *Tánger* no. 4; vv. 7-16 are from Tetuán: v. 7 = Alvar, *Textos* 2:763; v. 8 = Bennaim MS, no. 76 (Iacob M. Hassán, Madrid) and Boaknín MS (Oro A. Librowicz, Montreal); v. 9 = two uned. texts collected by Rosalie Guzofsky (Philadelphia); v. 10 = Larrea no. 24; v. 11 = Larrea no. 25; v. 12 = Larrea no. 65; v. 13 = uned., collected by Oro A. Librowicz; vv. 14-16 = uned. texts from our own collection; vv. 17-20 are from Alcazarquivir: vv. 17-18 = *Catálogo-Índice* nos. B6.16-17; v. 19 = Martínez Ruiz no. 34; v. 20 = our own uned. collection; v. 21 is from Orán (but of *tetuaní* origin): Bénichou, p. 57. I take this opportunity to thank Diego Catalán for so generously placing the holdings of the Archivo Menéndez Pidal at our disposal and Ana Valenciano for her indispensable help in seeking out materials at the Archivo and for invaluable information concerning unedited texts. Thanks go also to Rosalie Guzofsky, to Iacob M. Hassán, and to Oro A. Librowicz for their generosity in providing us with precious texts from their unedited holdings. Concerning these and other collections, see *Epic Ballads* 310-11.

[30] On Benoliel's penchant for tampering with the texts he collected, see the *Catálogo-Índice* 1:51.

[31] See Sánchez Romeralo, "'Mis amoresé'" 587; also Alvar, *Cantos de boda* 43-46; Armistead and Silverman, "A New Collection of ... Wedding Songs" 157.

have falsified its interpretation.[32] But is Silvela's reading perhaps somehow an accident or a unique aberration? Among the host of incoherent readings we have just seen, two stand out as close enough to Silvela's MS to confirm its authenticity. Text B6.9 of the Archivo Menéndez Pidal, collected by Manuel Manrique de Lara, in Tangier, in 1915, offers a modern rationalization: "¡Bien sea y bien se hará de él!", while Bénichou's Oran-Tetuán version conserves the Silvela reading essentially intact, but for a single change: "¡Bien será y bien se haréle!"

It is difficult to imagine what neo-positivist argument could be advanced to negate the historical identity of the paragogic forms, *djráde* and *conseyaráde* in the thirteenth-century *Roncesvalles* and *seráde* and *haráde* in two nineteenth-century Judeo-Spanish ballads—both also concerned with the battle at Roncevaux—, forms which, in their turn, all reach back through time to a remote tenth-century stage in the development of the oral epic, when the paragogic -*e* and the paragogic -*d*- were both living features of the spoken language.

Ex ungue leonem! So minimal an element of epic and ballad prosody evokes, all the same, the entire multi-secular trajectory of both genres across their many centuries of traditional development, from remote and unknowable oral origins in the high Middle Ages down to the epic's congeners in the modern *Romancero*. And the paragogic -*d*-'s dramatic survival in modern tradition also evokes, for me personally, the 30 years of invariably rewarding collaborative discoveries which I have had the privilege of sharing with my dear friend, Joseph Silverman, in exploring the ever challenging *terra incognita* of Sephardic traditional poetry.

UNIVERSITY OF CALIFORNIA, DAVIS

---

[32] Concerning irony in medieval and oral texts, see *Epic Ballads* 265-66, n. 61.

Works Cited

Alonso, Dámaso. *La primitiva épica francesa a la luz de una nota emilianense.* Madrid: CSIC, 1954.

Alvar, Manuel. *Textos hispánicos dialectales.* 2 vols. Madrid: CSIC, 1960.

———. *Endechas judeo-españolas.* 2d ed. Madrid: Instituto Arias Montano, 1969.

———. *Cantos de boda judeo-españoles.* Madrid: CSIC, 1971.

———. *Estudios sobre el dialecto aragonés.* 2 vols. Zaragoza: Institución "Fernando el Católico," 1973-1978.

———. *El dialecto riojano.* Madrid: Gredos, 1976.

———, and Bernard Pottier. *Morfología histórica del español.* Madrid: Gredos, 1983.

Armistead, Samuel G., and Joseph H. Silverman. *The Judeo-Spanish Ballad Chapbooks of Yacob Abraham Yoná.* Berkeley and Los Angeles: University of California Press, 1971.

———, and Joseph H. Silverman. "A New Collection of Judeo-Spanish Wedding Songs." *Jahrbuch für Volksliedforschung* 9 (1974): 154-166.

———, and Joseph H. Silverman, with Oro Anahory Librowicz. *Romances judeo-españoles de Tánger (recogidos por Zarita Nahón).* Madrid: CSMP, 1977.

———, with Selma Margaretten, Paloma Montero, and Ana Valenciano, and with musical transcriptions by Israel J. Katz. *El romancero judeo-español en el Archivo Menéndez Pidal (Catálogo-Índice de romances y canciones).* 3 vols. Madrid: CSMP., 1977.

———. "Neo-Individualism and the *Romancero.*" *Romance Philology,* 33 (1979-1980), 172-181.

———. "Epic and Ballad: A Traditionalist Perspective." *Olifant,* 8:4 (1981), 376-88.

———. "The Ballad of *Celinos* at Uña de Quintana: In the Footsteps of Américo Castro." *Essays ... in Honor of Edmund L. King.* Ed. Sylvia Molloy and Luis Fernández Cifuentes. London: Tamesis, 1983, 13-21.

———. "The Initial Verses of the *Cantar de Mio Cid.*" *La Corónica,* 12 (1984), 178-186.

———, Joseph H. Silverman, and Israel J. Katz. *Judeo-Spanish Ballads from Oral Tradition, I. Epic Ballads.* Berkeley and Los Angeles: University of California Press, 1986.

———. "*Encore le cantilènes!*: Prof. Roger Wright's *Proto-Romances.*" *La Corónica.* 15 (1986-1987). 52-66.

———. "From Epic to Chronicle: An Individualist Appraisal," *Romance Philology,* 4 (1986-1987), 338-59.

———, Joseph H. Silverman, and Israel J. Katz. *Judeo-Spanish Ballads from Oral Tradition, II. Carolingian Ballads (1)* (in preparation).

Attias, Moshe. *Romancero sefaradí: Romanzas y cantes populares en judeo-español.* 2d ed. Jerusalem: Ben Zewi Institute, 1961.

Bénichou, Paul. *Romancero judeo-español de Marruecos.* Madrid: Castalia, 1968.

Bustos Tovar, José Jesús de (ed.). *Poema de Mio Cid.* Madrid: Alianza, 1983.

Catalán, Diego. "En torno a la estructura silábica del español de ayer y del español de mañana." *Sprache und Geschichte: Festschrift für Harri Meier.* Ed. Eugenio Coseriu and Wolf-Dieter Stempel. Munich: Wilhelm Fink, 1971, pp. 77-110.

Deyermond, Alan D. *Epic Poetry and the Clergy: Studies on the "Mocedades de Rodrigo."* London: Tamesis, 1969.
Enríquez Carrasco, Emilia (ed.). *Poema de Mio Cid.* Barcelona: Plaza & Janés, 1984.
Frenk, Margit. *Lírica hispánica de tipo popular.* Mexico City: UNAM, 1966.
———. *Lírica española de tipo popular.* Madrid: Cátedra, 1977.
Galmés de Fuentes, Alvaro. *El libro de batallas: Narraciones épico-caballerescas.* 2 vols. Madrid: Gredos, 1975.
———. *Dialectología mozárabe.* Madrid: Gredos, 1983.
García Gómez, Emilio. *Las jarchas de la serie árabe en su marco.* Barcelona: Seix Barral, 1975.
Garci-Gómez, Miguel (ed.). *Cantar de Mio Cid.* Madrid: Cupsa, 1978.
Horrent, Jules. "Observations textuelles sur une édition récente du *Cantar de mío Cid.*" *Les Lettres Romanes,* 32 (1978), 3-51.
———. *Cantar de Mío Cid / Chanson de Mon Cid.* 2 vols. Ghent, Belgium: E. Story-Scientia, 1982.
Kahane, Henry R., and Sol Saporta. "The Verbal Categories of Judeo-Spanish." *Hispanic Review,* 21 (1953), 193-214, 322-36.
Lacarra, María Eugenia (ed.). *Poema de Mio Cid.* Madrid: Taurus, 1983.
Lapesa, Rafael. "La apócope de la vocal en castellano antiguo: Intento de explicación histórica." *Estudios dedicados a Menéndez Pidal.* Madrid: CSIC, 1951, 9, 185-226.
Larrea Palacín, Arcadio de. *Romances de Tetuán.* 2 vols. Madrid: CSIC, 1952.
———. *Canciones rituales hispano-judías.* Madrid: CSIC, 1954.
Luria, Max A. *A Study of the Monastir Dialect of Judeo-Spanish Based on Oral Material Collected in Monastir, Yugoslavia.* New York: Instituto de las Españas, 1930.
Martínez Ruiz, Juan. "Poesía sefardí de carácter tradicional (Alcazarquivir)." *Archivum,* 13 (1963), 79-215.
Menéndez Pidal, Ramón. *Cantar de Mio Cid: Texto, gramática y vocabulario.* 3 vols. Madrid: Espasa-Calpe, 1944-1946.
———. "Serranilla de la Zarzuela." *Poesía árabe y poesía europea.* 3rd ed. Buenos Aires-Mexico City: Espasa-Calpe, 1946, pp. 99-108.
———. *Orígenes del español.* 3rd ed. Madrid: Espasa-Calpe, 1950.
———. *Poema de Yúçuf: Materiales para su estudio.* Granada: Universidad de Granada, 1953.
———. *Romancero hispánico (hispano-portugués, americano y sefardí).* 2 vols. Madrid: Espasa-Calpe, 1953.
———, and María Goyri de Menéndez Pidal. *Romancero tradicional de las lenguas hispánicas (Español-portugués-catalán-sefardí).* Ed. Diego Catalán et al. 12 vols. Madrid: CSMP, 1957-1985.
———. *La Chanson de Roland et la tradition épique des Francs.* 2d ed. With René Louis. Trans. Irénée-Marcel Cluzel. Paris: J. Picard, 1960.
———. *Textos medievales españoles.* Madrid: Espasa-Calpe, 1976.
———. *Reliquias de la poesía épica española.* Ed. Diego Catalán. 2d ed. Madrid: Gredos, 1980.
Michael, Ian (ed.). *The Poem of the Cid.* New York: Barnes & Noble, 1975.
———. *Poema de Mio Cid.* Madrid: Castalia, 1976.
———. *The Poem of the Cid.* New York: Penguin, 1984.

Petersen, Suzanne H., Jesús Antonio Cid, Flor Salazar, and Ana Valenciano (eds.). *Voces nuevas del romancero castellano-leonés.* 2 vols. Madrid: Gredos-SMP, 1982.

Rodríguez-Moñino, Antonio (ed.). *Silva de romances (Zaragoza, 1550-1551).* Zaragoza: Cátedra Zaragoza, 1970.

Salinas, Francisco. *De Musica.* Ed. Macario Santiago Kastner. Kassel-Basel: Bärenreiter, 1958.

Sánchez Romeralo, Antonio. "'Mis amoresé'." *Studia Hispanica in Honorem R. Lapesa.* Madrid: Gredos, 1972, 2, 577-91.

Smith, Colin (ed.). *Poema de Mio Cid.* Oxford: Clarendon, 1972.

———. *Poema de Mio Cid.* Madrid: Cátedra, 1976.

Solà-Solé, Josep M. *Corpus de poesía mozárabe: Las ḫarǧa-s andalusíes.* Barcelona: Hispam, 1973.

Torreblanca, Máximo. "La sílaba española y su evolución fonética," *BICC,* 35 (1980), 1-10.

Romancero español
y romanticismo francés

PAUL BÉNICHOU

UE PRIVILEGIO del Romancero impresionar y hasta fascinar, en la época romántica, al público literario de toda Europa.[1] Considerando a Francia sola, el tema merecería un estudio mucho más amplio que el que me permiten estas páginas. Me limitaré, pues, casi exclusivamente, al eco que tuvieron, en la Francia prerromántica y romántica, algunos romances, principalmente cidianos.[2]

Los franceses de aquel tiempo conocieron el romancero a través de las traducciones e imitaciones de romances que se hicieron en Francia, sea en prosa o en verso, y de los comentarios críticos a los cuales dieron lugar. El estudio de esa producción puede interesar de dos maneras. Permite apreciar cómo ha progresado, en el transcurso de dos o tres generaciones, la comprensión y el conocimiento del Romancero en Francia. Pero además nos hace vislumbrar qué papel pudieron desempeñar esas traducciones y comentarios en la formación de nuevos criterios literarios en Francia misma. Es de notar que los literatos franceses empiezan a traducir y publicar romances cuando, al interés

---

[1] Véanse, sobre la difusión del Romancero en la Europa romántica, las páginas que Menéndez Pidal dedicó a ese tema en su *Romancero hispánico* (Madrid, 1953), t. II, 251-69.
[2] Sobre el influjo del Romancero en Francia, véase el libro de Ernest Martinenche, *L'Espagne et le romantisme français* (Paris, 1923), especialmente págs. 57-80, 185-86, 229-41; y Menéndez Pidal, *op. cit.*, t. II, 260-63.

de siempre de su público por España, por su historia y sus costumbres, se agrega el deseo de emanciparse de las normas del clasicismo reinante en su propio país. El problema no es, pues, únicamente, si Francia supo asimilarse cierto tipo de poesía española, y trasladarlo con éxito en su idioma, sino también qué efecto produjo tal contacto en su propia doctrina y práctica literaria.

Traducciones francesas de los romances del Cid

En 1783, la *Bibliothèque universelle des romans* publicó un amplio conjunto de romances del Cid, traducidos en prosa francesa. Esa "Biblioteca" era una colección periódica de novelas de todos los tiempos y países, de la cual se fueron publicando, uno tras otro, a partir de 1773, pequeños tomos cuyo total alcanzó el número de 107. La publicación se dirigía al público en general, especialmente femenino; en cuanto a fidelidad en las traducciones y gusto literario, no era excelente, ni mucho menos; con todo hizo conocer muchos textos medievales franceses y extranjeros de toda clase, hasta entonces ignorados del público. En el segundo volumen del mes de julio de 1783, págs. 1-176, apareció el título *Romancero e historia del muy valeroso caballero Don Rodrigo de Bivar, el bravo Cid Campeador. En lenguaje antiguo; recopilado por Juan de Escobar*.[3] El traductor indica en su prólogo (págs. 10-12) que conoce, además del Romancero de Escobar, otras colecciones y crónicas españolas sobre el Cid, y cita comedias de Lope, y hasta el poema de Jiménez de Ayllón.[4] De hecho utiliza a veces textos del *Romancero general* de 1600 que no figuran en Escobar.[5] No se puede decir con seguridad

[3] En seguida viene el título en francés: "L'histoire en Romances du très valeureux chevalier Don Rodrigue de Bivar, le fier Cid Campeador. En vieux langage, compilée par Jean de Escobar." Se indica que la edición es de "Madrid, in-12, sin fecha;" y se agrega, en una nota, que figuran en ella una aprobación de 1688 y dos menciones administrativas fechadas en 1695. Todas estas indicaciones, juntas con la forma particular del título, no dejan lugar a dudas: coinciden exactamente con las características de la edición del *Romancero del Cid* de Escobar señalada por Antonio Rodríguez-Moñino, págs. 80 y 81 de su edición de dicho Romancero (Madrid: Castalia, 1973); esa edición madrileña de fines del siglo XVII, nos dice, sigue la de Alcalá, 1612; fue seguramente la que utilizó el traductor francés, o alguna reproducción de ella, si la hubo.

[4] Diego Jiménez de Ayllón, *Los famosos y eroycos hechos del ynvencible y esforçado cavallero* [...] *el Cid Ruydiaz de Bivar* (Amberes, 1568).

[5] Asi es como utiliza *Consolando al noble viejo* (pág. 41 = Durán, 729), *Fincad ende más sesudo* (pag. 124 = Durán, 813), los dos del *Romancero general*, sin contar otros de otras fuentes; en una nota de la pág. 167, da una traducción del romance de *Rosa fresca* (Durán, 1445).

quién fue ese traductor, el primero en Europa, de los romances del Cid.[6] No pretendo hacer aquí una comparación crítica extensa entre aquella versión y sus originales españoles: no dejaría lugar para nada otro en este corto estudio, y, sobre todo, necesitaría un trabajo sin proporción con su objeto. La distancia, de acuerdo con el uso de aquel tiempo, es bastante grande entre los originales y la adaptación francesa. El traductor a veces traduce con un grado decente de fidelidad una o varias páginas, otras veces combina textos, mezcla, omite e inventa, tanto en la confabulación general como en los detalles; no vacila en introducir en su prosa algún poemita de creación suya; en general hace alternar en su traducción, en forma imprevisible, el acierto y el contrasentido, el buen y el mal gusto. Se siente, naturalmente, que desea hacer pasar en su francés algo del carácter y del tono propios del original—fuera de eso ¿qué éxito esperar de una traducción?—pero acomodándolos a los gustos y preferencias literarias de su público.

Hay, en efecto, que situar ese tipo de traducciones en el género, muy en boga en la Francia de entonces, de las adaptaciones y "pastiches" de textos medievales. En esos últimos tiempos de la sociedad monárquica y cortesana en Francia, fue cuando se puso de moda cierta nostalgia literaria de la Edad Media, de aquella época de trovadores y damas, de amores y proezas. Esa moda pretendía a la vez resucitar el recuerdo de una sociedad y de un pasado nacional idealizados, y rechazar la obsesión puramente greco-latina del clasicismo. La literatura que de allí nació dio lugar a un verdadero género, que recibió el nombre de "genre troubadour," con sus modelos de intriga novelesca y su especial estilo arcaizante.[7] Naturalmente, el "genre

---

[6] J. J. A. Bertrand (*Herder et le Cid*, en: *Bulletin Hispanique*, 23 [1921], 186 y nota) piensa que pudo ser un tal Couchut, de quien no se sabe casi nada; lo ignoran diccionarios y bibliografías, exceptuando el gran Larousse del siglo XIX, que le dedica unas líneas; lo coloca en la segunda mitad del siglo anterior, entre los colaboradores de la *Bibliothèque universelle des romans*, y lo describe, sin antipatía, como una especie de bohemio, de vida aventurosa y picaresca, muy aficionado a la literatura española; de su biografía, nada, salvo que murió miserablemente.

[7] Véanse los libros de Henri Jacoubet, *Le Comte de Tressan et les origines du genre troubadour* (Paris, 1923); *Le genre troubadour et les origines françaises du romantisme* (Paris, 1929). El maestro de aquel "genre" había sido el conde de Tressan, que precisamente fue, durante cierto tiempo, el director de la *Bibliothèque universelle des romans*.

troubadour" tiene muy poco que ver, como contenido y tono, con el romancero. Sólo los une su materia medieval común: auténtica en el Romancero, objeto de una reinvención sentimental facticia en la Francia prerrevolucionaria. Los traductores en verso que vinieron después conservan, de generación en generación, acentos y hábitos estilísticos del mismo "genre troubadour." Otra observación también vale, no sólo para la versión de 1783, sino para las que la siguieron, en prosa y verso, hasta muy tarde en el siglo XIX: al manejar el Romancero de Escobar, el primer traductor francés no hace ninguna distinción entre romances viejos y nuevos; por ejemplo no hace diferencia entre *Cuidando Diego Laínez*, composición tardía sobre la aflicción de don Diego y la prueba que impone a sus hijos, y *En Burgos está el buen rey*, romance viejo de las quejas de Jimena; o entre *En Santa Gadea de Burgos*, romance viejo de la jura del rey don Alfonso y de su conflicto con el Cid, y *Si atendéis que de los brazos*, que desarrolla una retórica artificiosa del rey contra el Cid.[8] No se ve en ninguna parte el menor comentario sobre la diferencia de estilo que separa las dos clases de poesía. El hecho no es tan asombroso; ha pasado mucho tiempo, en España misma, antes que se llegue a distinguir en el romancero, con alguna claridad, diferentes épocas y estilos. En Europa, no han mostrado al respecto más sentido crítico que el obscuro Couchut sus sucesores más ilustres, incluyendo a Herder y Víctor Hugo. La crítica más reciente es la que ha llegado a aislar un tipo de romance viejo, tradicional, de puro estilo oral; y nosotros ponemos toda nuestra atención en los rasgos que lo distinguen: ausencia de adornos, limpidez expresiva, giros formularios. Pero a los lectores de antes y después de 1800, todavía bajo la influencia de la poética clásica, los adornos les parecían cosa natural en poesía y no los chocaban tanto; en cuanto a la energía del relato y rudeza de la acción, las encontraban en muchos romances nuevos; la retórica a veces sutil de los artificiosos les gustaba siempre que encerrara, en formulas elocuentes, desafíos, represiones y sentencias impresionantes.[9] Para los traductores el problema era más bien eva-

---

[8] Véanse estos cuatro romances, respectivamente, en Durán 726, 724 (Escobar 7), 812 (Escobar 41); van traducidos en la *Bibliothèque*, vol. citado, págs. 36, 48, 123, 130. Observemos aquí, de paso, que *Si atendéis*, artificioso como es, tiene, en su octosílabos 13 y sigs., un recuerdo del viejo *Por Guadalquivir arriba* (*Primavera*, 58).

[9] En Francia la distinción de romances viejos y nuevos, tradicionales y artificiosos, tardó algún tiempo en establecerse. En Alemania, se hizo progresivamente, hacia 1815 y años siguientes, con Grimm, Depping, Diez. Pero se sabe que Herder, para su *Cid*, colección de romances del Cid en

luar en qué medida podían hacer aceptar por su público lo que a ellos mismos les parecía, en el romancero, muy "primitivo," violento o descuidado, y vacilaban entre dos actitudes contrarias; en general, atenuarlo o, a veces, exagerarlo para más color local y valor arcaico. La primera traducción de romances en verso francés que se conoce es la de Creuzé de Lesser, publicada en París en 1814 con el título "*Le Cid, romances espagnoles imitées en romances françaises,*" y un largo prólogo, fechado en el mismo año.[10] Allí se refiere a la versión de la *Bibliothèque universelle des romans*; dice que en ella leyó por primera vez los romances del Cid, pero que después pudo disponer de los originales (es decir, esencialmente, del Romancero de Escobar); no ignora que el traductor de 1783 utilizó alguna otra fuente, y dice haber comprobado él mismo que existen varias versiones del mismo romance, entre las cuales eligió, cuando se dió el caso, la que le parecía mejor.[11] Sin embargo, parece haber seguido fielmente, en muchos casos, la versión de la *Bibliotèque*, incluso en sus libertades e invenciones más asombrosas. De todos modos, insiste en sus prólogos en que no es traductor, sino imitador.[12] Ya se había dedicado, en los años anteriores, a adaptaciones de obras narrativas medievales,[13] y buscaba, como veremos, a través del Romancero, una fórmula de narración poética moderna.[14]

---

alemán (compuesta en 1802-1803 y publicada en 1805, después de su muerte) hizo uso, en vez del Romancero de Escobar que no poseía, de unos romances originales de Sepúlveda y de la versión francesa de la *Bibliothèque*, cuyas invenciones adoptó en más de un caso. El hecho está bien documentado: véase el artículo ya citado de J. J. A. Bertrand, págs. 206 y siguientes; y del mismo autor, *Una gran página de la vida póstuma del Cid*, en los *Estudios dedicados a Menéndez Pidal* (Madrid, 1950), t. I, 237 y sigs.

[10] En este título, como en la *Bibliothèque*, la palabra "romance" es femenina, de acuerdo con el uso francés, donde sirve para designar lo que el castellano llama *romanza*; tratándose de romances en el sentido español, se siguió usando también el femenino en francés casi hasta hoy, salvo entre hispanistas. Del libro de Creuzé hubo dos reediciones, en 1823 y 1836. Cito por esta última, que reproduce el prólogo de 1814 y le agrega otro nuevo.

[11] Prólogo de 1814 (págs. VII-IX de la edición de 1836).

[12] Véanse, *ibid.*, p. xiv, y Prólogo de 1836, pág. xxi. No hay que olvidar que, en los últimos años del primer Imperio y los comienzos de la Restauración de los Borbones, culminaba la boga del "genre troubadour," renovado por la muy difundida obra de Marchangy (1782-1826), *La Gaule poétique*, 8 vols. (Paris, 1813-1817) (3ª edición, 8 vols., Paris, 1819).

[13] *Les Chevaliers de la Table ronde*, 1812; *Amadis de Gaule*, 1813.

[14] Se sabe algo de su personalidad. Nació, según el Larousse del siglo XIX, en 1771, y murió en 1839; fue, pues, de la memorable generación que

Otro traductor del Romancero de Escobar en versos franceses fue un tal Chevalier Regnard, quien publicó *Les Romances du Cid, traduction libre de l'Espagnol*, 2 vols., Paris, 1830.[15] No figura en ninguna parte obra alguna de este autor que no sea esta misma traducción, y sólo se sabe de su persona lo que él mismo nos dice en su prólogo. Atravesó Burgos en 1808, en medio del tumulto, según escribe, de una "triste victoria"; en otras palabras, estuvo allí con el ejército de Napoleón, sin aprobar esa intervención en España. Volvió a España en 1812 y 1813, y entonces fue cuando tuvo en sus manos un Romancero del Cid prestado, y lo leyó con mucho gusto, pero tuvo que devolverlo. Luego, "felizmente," escribe, "la gloriosa expedición de S. A. R. Monseigneur le Dauphin[16] me abrió de nuevo las puertas de Burgos." Por fin adquirió el *Romancero del Cid* de Escobar en la reciente edición de Madrid, 1818, publicada por Vicente González del Reguero,[17] de la que traduce los 78 romances en su orden y numeración, con las notas del editor. Dice que conoce, por otra parte, la traducción de Creuzé de Lesser, pero que no la quiso leer, para poder terminar la suya con

vió sucederse la Monarquía tradicional, la Revolución, el Imperio napoleónico, la Restauración de los reyes, las Jornadas revolucionarias de 1830, y la nueva monarquía "burguesa" de Luis Felipe de Orléans. Era de una familia ennoblecida por los reyes; la Revolución le hizo perder gran parte de su fortuna, pero nunca dejó de ser liberal, sincero aunque moderado: se lo concede el mismo Larousse, muy quisquilloso en tal materia. Ocupó cargos administrativos bajo Napoleón, sin ser muy adicto al régimen imperial; fue prefecto de Angoulême, también de Montpellier, bajo Luis XVIII, y volvió a la vida privada después de 1830, según la misma fuente.—Véase tambien el artículo "Lesser (Creuzé de)" en la "Bibliographie Michaud;" se debe al historiador Prosper de Barante, quien habla de él como de una excelente persona y amigo, e insiste en su afición a las letras. De hecho, publicó una cantidad de obras teatrales, poesías, y composiciones de varias clases, como se puede ver en el Catálogo general de la Bibliothèque Nationale.

[15] La calificación de "Chevalier" ha de referirse a alguna orden, napoleónica o monárquica, que designaría así a sus miembros; hoy existen en Francia muchísimos "chevaliers (de la Légion d'honneur)," pero no se suele unir ese título al apellido.

[16] El duque de Angoulême; la "gloriosa expedición" es la de 1823, cuando Francia intervino en España contra los liberales.

[17] Véase en Rodríguez-Moñino, edición citada, una descripción de esa edición de 1818, la única en haber amputado el Romancero de Escobar, reduciendo arbitrariamente el número de sus romances de 102 a 78. En cuanto a la traducción de Regnard, Menéndez Pidal (*Romancero hispánico*, t. II, 262, nota 38), menciona por error dos ediciones, una de París 1820, y otra de Bourges 1830; en realidad hubo una sola, París 1830, impresa en Bourges.

toda independencia; en cambio, parece ignorar del todo la versión de le *Bibliothèque universelle des romans*. Dice, en el mismo prólogo, que intentó imitar el estilo rudo del original. Parece ser un militar(?) seducido como tal por las hazañas, los amores y la elocuencia de Cid, más bien que un literato.

Muestras de las traducciones

Sólo trascribiremos unas muestras de esas traducciones, comparadas con el original, para que el lector se pueda dar cuenta de cómo el romancero se presentó, en un primer momento, ante el público francés.

CUIDANDO DIEGO LAÍNEZ

Escobar, 1:

> Cuidando Diego Laínez—en la mengua de su casa,
> fidalga, rica, y antigua—antes de Iñigo y Abarca,
> y viendo que le fallecen—fuerzas para la venganza,
> porque por sus luengos días—por sí non puede tomalla,
> non puede dormir de noche,—nin gustar de las viandas,
> ni alzar del suelo los ojos,—ni osa salir de su casa,
> nin fablar con sus amigos—antes les niega la fabla,
> temiendo que les ofenda—el aliento de su infamia.[18]

Bibl. univ. des rom., pág, 36:

> *Jamais homme ne fut plus triste que l'était* don Diègue. *Jour et nuit il ne faisait que* penser à la honte de sa maison. La maison de Laínez était riche, noble, antique, passant celle des Ignigos et des Abarcas. Il voit que la force ne suffit plus *à ses ressentiments généreux,* que sa vieillesse *l'entraîne au tombeau* sans vengeance, *et que l'ennemi Gormaz se pavane sous le ciel sans que personne ose lui barrer son chemin.* Il ne peut dormir ni manger, ni lever les yeux de la terre, ni passer le seuil de sa maison, ni porter la parole à ses amis. Il refuse la parole *à ses amis que le consoleraient,* et il craint que l'haleine d'un homme deshonoré ne les *déshonore.*[19]

Creuzé de Lesser, pag. 1:

---

[18] Modernizo la ortografía.
[19] Pongo en bastardilla todo lo que el traductor agregó al original, o tradujo inexactamente; igual en las traducciones en verso que siguen. En general comprobamos que estas traducciones, en un 50% de su texto, traducen o interpretan el original; otro 50% lo fantasea y lo diluye.

> *Plongé dans les pensers d'un coeur mélancolique,*
> Don Diègue, *le plus sombre entre les hidalgos,*
> *Plaint sa noble maison, riche, illustrée, antique*
> *Avant les Abarcas, avant les Inigos.*

[siguen dos estrofas, del mismo ritmo, ampliación del dolor de Diego, no tan malas, pero que apenas toman del original la idea de vejez y pocas fuerzas; lo demás, inventado; luego:]

> Plus de nuit pour ses yeux, plus de mets pour sa bouche.
> *Tout entier au chagrin dont il est devoré,*
> *Redoutant* ses amis, *sombre, inquiet, farouche,*
> *Il semble* qu'il exhale un air déshonoré.[20]

Regnard, pag. 3:

> Don Diègue, *dont la faiblesse*
> *Trahit le courroux généreux,*
> Songeait, *accablé de tristesse,*
> A la gloire de ses aïeux;
> Le vieillard, dans son impuissance,
> *Gémit d'un affront inouï;*
> Pour lui tout espoir de vengeance
> A jamais semble évanoui.
> Le sommeil a fui sa paupière,
> Il trouve les mets sans saveur;
> Ses regards fixés sur la terre
> *Décèlent l'état de son coeur.*
> Seul, dans sa demeure *il s'exile;*
> Oserait-il donc en sortir?
> *Et son noble front dans la ville*
> *Peut-il paraître sans rougir?*
> Même pour ses amis, muette,
> Sa bouche, *par le moindre son,*
> De sa honte, *trop peu secrète,*
> Craint de leur souffler le poison.[21]

---

[20] Creuzé, si bien usa a veces metros cortos en sus traducciones, compone muchas de ellas en alejandrinos, cuyo movimiento es muy diferente del verso de romance; compárense los versos citados aquí con estos (p. 5 = *Biblioteca,* p. 41) que Rodrigo dirige al Conde: "Quand ta main s'est tout permis, —Savais-tu dans ta colère, —Que don Diègue avait des fils, —Que don Diègue était mon père?" (original del *Romancero general;* Durán 729). Los versos de Creuzé son, como se ve, de hombre culto, bastante experto en versificación francesa.

[21] Este traductor glosa mucho, pero corriendo, y en estilo bastante ani-

LLORANDO DIEGO LAÍNEZ

Escobar, 4:

[Es el romance que cuenta cómo Rodrigo trae a su padre la cabeza sangrienta del Conde; nos fijaremos sólo en dos motivos del relato, que hicieron vacilar a los traductores franceses, la exhibición de la cabeza cortada, y el juego de palabras de Diego sobre la misma: la cabeza les parecía atroz y "primitiva" (no sospechaban que era invención del autor tardío de ese romance); jugar con las palabras, indigno y de mal gusto en tan trágico caso. Está Diego Laínez sumido en su dolor,]

> cuando Rodrigo venia—con la cortada cabeza
> del Conde vertiendo sangre—y asida por la melena.
> Tiró a su padre del brazo,—y del sueño lo recuerda,
> y con el gozo que trae—le dice de esta manera:
> Véis aquí la hierba mala—para que vos comáis buena.
> [...] Siéntate a yantar, mi fijo,—do estoy a mi cabecera,
> que quien tal cabeza trae—será en mi casa cabeza.

Bibl. univ. des rom., p. 43:

Son fils Rodrigue arriva, *sérieux, mais fier; son épée sous son bras, et les bras croisés sur sa poitrine. Il regarda lontemps son père que lui faisait compassion. Ensuite il alla secouer la main révérée du vieillard; et, lui montrant les mets preparés sur la table:*—Mangez, mon noble père, dit-il [...]—Asseyez-vous, don Rodrigue, *c'est moi qui vais* manger *avec vous. Celui qui a pu faire succomber une pareille tête doit être la tête principale de ma maison.*

Creuzé de Lesser, pag. 7:

> [...] Rodrigue rentra *d'un air calme, mais fier,*
> *Le glaive sous le bras, le bras sur la poitrine.*
> *Il contemple son père, et son oeil est plus doux.*
> *Il a serré la main du vieillard qu'il révère,*
> *Et, lui montrant les mets qu'il voit dédaignés tous,*
> *Lui dit avec orgueil:*—Mangez, mon noble père.
> —Rodrigue, asseyez-vous. *Preux déjà sans égal,*
> *Don Diègue va* manger, *mais c'est à votre table.*

mado, medio literario y convencional, medio coloquial y directo. Usa versos cortos: octosílabos aquí, segun la terminología francesa que no toma en cuenta la sílaba final postónica (*e* muda, que no suena en francés); en español serían eneasílabos. Los versos de Creuzé, citados en la nota anterior, octosílabos en español, son para nosotros de siete sílabas.

Celui qui sut abattre *un si vaillant rival*
De sa race *honorée* est *le* chef *respectable*.[22]

Regnard, pag. 15:

> [...] vers lui, *rempli d'allégresse,*
> son fils marche *à* pas redoublés:
> *Il entre, sa main triomphante*
> *Montre au vieillard,* d'un air joyeux,
> Du comte la tête sanglante
> Qu'il soulève par les cheveux.
> —Là voilà, cette herbe maudite
> *Que mon bras sut déraciner;*
> *Au noir chagrin que vous agite*
> *Ne vous laissez plus entraîner,*
> [...] Viens, Rodrigue, *honneur de ma race,*
> *Désormais, commande chez moi;*
> *Je t'y dois* la première place
> *Et ne marcherai qu'après toi.*[23]

En Burgos está El Buen Rey

De los romances de las *Quejas de Jimena*, de los cuales Escobar tiene varios, este es el único viejo (lleva el núm. 7); el 6, *Grande rumor se levanta*, y el 9, *Sentado está el señor rey*, que figuran también en el *Romancero general*, no lo son. Nos ocuparemos sólo de cómo ha sido traducido

---

[22] Se ve como la *Bibliothèque* eliminó totalmente el episodio de la cabeza exhibida, substituyéndolo con invenciones, y desarrollando el motivo de la comida, pero sin admitir la metáfora, tenida por "vulgar," de la mala y buena hierba. Creuzé siguió, como se podía esperar, las supresiones e invenciones de la *Bibliothèque*, variándolas con algún detalle de su gusto. Sin embargo, la traducción en prosa conserva el juego de palabras de Diego sobre la cabeza: buenos lectores de Corneille, en el siglo XVIII, no estaban totalmente cerrados al estilo bárroco; Creuzé no la quiso admitir: guardo "Rodrigo-cabeza de su raza," pero no la cabeza muerta.

[23] Regnard, quien no es muy amigo de supresiones, conservó la cabeza sangrienta, pero eliminó de la escena original el verso que dice "Tiró a su padre del brazo, —y del sueño lo recuerda," supongo que para evitarle a Diego Laínez, que poco antes estaba "bebiendo lágrimas," el ridículo de haberse quedado dormido en medio del llorar. Conserva la "hierba mala" para designar al Conde, pero elimina la buena, que le habrá parecido símbolo poco decoroso de la comida que se le ofrece al viejo hidalgo. Los escrúpulos de Regnard parecen proceder de una sensibilidad común, casi popular, más que de ninguna doctrina literaria. Una consideracion semejante le hizo suprimir el "concetto" *cabeza-cabeza*, por hallarlo, según creo, demasiado rebuscado.

el 7, o mejor dicho de las Quejas mismas, tales como figuran en su texto.

Escobar, 7:

> Con mancilla vivo, rey,—cón ella murió mi madre,
> cada día que amanece—veo al que mató a mi padre,
> caballero en su caballo—y en su mano un gavilane,
> por facerme más despecho—cébalo en mi palomare,
> mátame mis palomillas—criadas y por criare,
> la sangre que sale de ellas—teñido me ha mi briale,
> enviéselo a decir,—enbióme amenazare.
> Rey que no face justicia—no debiera de reinare,
> ni cabalgar en caballo,—ni con la reina folgare,
> ni comer pan a manteles—ni menos armas se armare.

Bibl. univ. des rom., p. 48.:

> *Je vis orpheline*, Sire, je vis en grande pitié, *seule heritière d'un affront* que ma mère *pleurait en mourant tout à l'heure*. Chaque jour qui luit *me fait voir le jeune guerrier* qui a tué mon père. *Il est du sang de ces entiers Laínez.* Cavalier, *toujours* à cheval, un épervier sur le poing, qu'il nourrit de mon colombier, *tous les jours il m'envoie son oiseau* qui me tue mes colombes *écloses ou à éclore*; et *voilà* mon tablier, Sire, teint du sang de mes colombes *innocentes*. Je le lui ai fait dire: il m'a fait répondre *par une chanson*.

[sigue una cancioncilla irónica, invención absurda del traductor, y se pasa por alto la secuencia bien sabida: "Rey que no hace justicia—no merecia reinar," etc., quizá por haber traducido ya una secuencia parecida del romance 6 de Escobar (pág. 46), y haberle agregado un octosílabo de ésta que allí no figuraba: "ni con la reina folgar," lo cual da en su francés: "ni que la reine le favorise d'un baiser." En cuanto a la versión de Escobar 7, tras la canción sigue con el desenlace (vacilación del rey, que escribe al Cid, y llegada de la carta a Bivar)]

Creuzé de Lesser:

Sacrifica casi totalmente Escobar 6 y 7, cuyo comienzo o final combina con otros romances, ignorando las Quejas. En cambio traduce completamente, en su pág. 13, Escobar 9 (*Sentado está el señor rey*), otro romance de Quejas, pero artificiosas y muy distintas de las tradicionales.

Regnard, pág. 24:

O roi! *de ma peine amère*
Plus ne me consolerai;
De *douleur* mourut ma mère,
Et moi de *douleur* vivrai.
Me faut-il, à chaque aurore,
Libre et fier sur son coursier
De mon pére voir *encore*
Chevaucher le meurtrier!
Héritant de sa furie,
Sur son poing est l'épervier
Qui *de sang* se rassasie
En *pillant* mon colombier,
Et la colombe timide
Que je nourris de ma main,
Cédant aux coups du perfide,
Vient expirer sur mon sein.
Partout me poursuit la crainte,
Mon ennemi furieux
Répond à ma *juste* plainte
Par des mots *injurieux.*
Roi que ne fait pas justice
A régner doit renoncer,
Et de tout noble exercice
Sa main se doit dispenser;
De l'hymen les plus doux charmes
Lui doivent être interdits;
Pour lui l'usage des armes
Ne saurait être permis.

El caballero Regnard siguió todo el texto, diluyéndolo como siempre y convirtiendo en circunlocuciones decentes el brial teñido de sangre; los demás según parece, repugnaron a traducir las Quejas en esta versión; pudo ser que no gustaran mucho los estragos de Rodrigo en el palomar, ni las palabras atrevidas de Jimena a un rey.[24]

---

[24] En todos estos extractos no aparece Jimena pidiendo al rey que la case con Rodrigo, que es el desenlace de las crónicas; y si se explica porque la versión Escobar 7 de *En Burgos esta el buen rey* no tiene ese elemento (lo tiene la de Timoneda, *Rosa Española,* del mismo romance); Escobar lo da también en su 10 (*De Rodrigo de Vivar,* versión cronística de Sepúlveda); pero ese episodio no aparece en ninguna parte en la *Bibliothèque* ni, según creo, en Creuzé: esa demanda era demasiado imcompatible con el carácter de la Jimena que el público francés conocía por el Cid de Corneille.

Otras Traducciones en Prosa

Entre 1783 y 1830 han mejorado notablemente las traducciones de romances en prosa francesa. Para comprobarlo hay que ir algo más allá del círculo estricto del romancero cidiano. Otra obra española rica en romances que se difundió y se tradujo muy temprano fue la de Ginés Pérez de Hita, la *Historia de las Guerras civiles de Granada*, publicada en 1595 y ya traducida al francés en 1608, pero sin romances,[25] y vuelta a traducir, esta vez con romances, en la época que nos interesa, con el título *Histoire chevaleresque des Maures de Grenade, traduite de l'espagnol*, par A. M. Sané, 2 vols., Paris 1809.[26] Allí va traducido en prosa, entre otros, el famoso romance de Abenámar, y se puede esperar, en esa fecha, la misma libertad y falta de respeto que había usado, con los romances de Escobar, el traductor de la *Bibliothèque*; donde el romance decía:

> Abenámar, Abenámar,—moro de la moreria,
> el día que tu naciste—grandes señales había;
> estaba la mar en calma,—la luna estaba crecida;
> moro que en tal signo nace—no debe decir mentira,

dice el señor Sané:

> Abenamar! Abenamar!—*enfant basané de la brûlante Afrique, sais-tu que* le jour de ta naissance *a donné lieu* à de grands pronostics? Un calme *profond* régnait sur les ondes, et la lune *entrait dans* son croissant. Un Maure qui naît sous de pareils signes ne doit jamais *déguiser la vérité*.

Notamos, en cambio, un progreso indudable en las traducciones que publicó, en la generación siguiente, Abel Hugo, hermano de Víctor. Su amplia colección de *Romances historiques, traduites de l'espagnol*, París, 1822, reúne, además de numerosos romances de tema épico-histórico, algunos más de otras categorías.[27] De hecho, es la primera antología

---

[25] La traductora es una tal Mademoiselle de Puyguilhem; dice, en su prologo en francés, que no tradujo romances "porque no hacen más que repetir lo que ya ha dicho la prosa"; esa traducción fue reeditada en 1683.

[26] Alexandre-Marie Sané no es desconocido; se dan las fechas de su vida (hacia 1773-1818) y algunos títulos de escritos suyos, y se dice que ocupaba, cuando murió, un puesto de escribano en un tribunal de París. Es posible que Chateaubriand haya conocido por la traducción de Sané el romance de *Abenámar*, del cual da dos citas en sus *Aventures du dernier Abencérage* (obra redactada en 1810-1811, publicada en 1826; véase mi *Nerval et la chanson folklorique* (París, 1970), págs. 67-68.

[27] Abel Hugo (1798-1855) ya había publicado en 1821 una colección de

por así decir panorámica del Romancero que se haya publicado en Francia. Extraeremos como muestras de la manera de traducir de Abel Hugo, dos pasajes que luego han inspirado como veremos, la poesía de su hermano:

Primavera, 5; A. Hugo, pág. 12: Romance del rey Rodrigo (*Las huestes de don Rodrigo*)

> Ayer era rey de España,—hoy no lo soy de una villa;
> ayer villas y castillos,—hoy ninguno poseía;
> ayer tenía criados,—hoy ninguno me servía,
> hoy no tengo una almena—que pueda decir que es mía.
> Desdichada fue la hora,—desdichado fue aquel día
> en que nací y heredé—la tan grande señoría,
> pues lo había de perder—todo junto y en un día!
> ¡oh muerte! por qué no vienes—y llevas esta alma mía
> de aqueste cuerpo mezquino,—pues te se agradecería.

> Hier j'étais roi de *toute* l'Espagne, aujourd'hui je ne le suis pas d'une seule ville. Hier j'avais des villes et des châteaux, je n'en ai aucuns (*sic*) aujourd'hui. Hier j'avais des courtisans et des serviteurs, aujourd'hui je suis seul, je ne possède même pas une tour á créneaux! Malheureuse l'heure, malheureux le jour où je suis né, et où j'héritai de ce grand empire que je devais perdre en un jour. O mort! que ne viens-tu retirer de mon corps une âme misérable: ce service mériterait ma reconnaissance!

Primavera, 26; A. Hugo, pág. 136: Romance de don Rodrigo de Lara (*A caza va don Rodrigo*)

> Si a ti dicen don Rodrigo—y aun don Rodrigo de Lara,
> a mí Mudarra González,—hijo de la renegada,
> de Gonzalo Gustos hijo,—y alnado de doña Sancha,
> por hermanos me los hube—los siete infantes de Salas;
> tú los vendiste, traidor,—en el val de la Arabiana;
> mas si Dios a mí me ayuda,—aquí dejarás el alma.
> —Espéresme, don Gonzalo,—iré a tomar las mis armas.
> —El espera que tu diste—a los infantes de Lara;
> aquí morirás, traidor,—enemigo de doña Sancha.

romances del rey Rodrigo en el español original. Se ocupó también de la poesía oral francesa (recogió varias canciones tradicionales de Francia en su obra *La France pittoresque,* 3 vols. [París, 1835]). Hay que notar que en sus *Romances históricos,* no incluyó los del *Cid,* por ser demasiado numerosos; dice que los ha traducido y los va a publicar aparte (pág. 186), pero no lo hizo.

On t'apelle don Rodrigue, tu es don Rodrigue de Lara. Eh bien moi, je suis Mudarra Gonçalès, fils de la rénégate et de don Gonçalo Bustos, beau-fils de dona Sancha. Je suis le frère des Infants de Lara; tu es le traître qui les a vendus *au Maure* dans la vallée de Arravia. Mais si Dieu me vient en aide, tu vas laisser ici une vie *infâme*.—Donne-moi un instant, don Gonçalès, j'irai prendre mes armes.—Le délai que tu as donné aux Infants de Lara, c'est celui que tu auras, traître, ennemi de dona Sancha. Meurs!

No se puede decir, claro está, que estas traducciones sean perfectas; no reproducen bastante la sencillez y energía del estilo oral, ni respetan las fórmulas y simetrías que suele usar. Sin embargo, comparadas con las anteriores, muestran un grado meritorio de fidelidad al texto.[28]

Se fue acentuando el progreso en la época siguiente, cuando el romancero llegó al conocimiento de estudiosos y profesores. Se nota, paralelamente, una apreciación cada vez más justa de la cronología y de los varios estilos del romancero. El traductor de 1783 escribía en su introducción (pág. 16 y sigs.): "Los romances son el primer género de composición, del cual procedieron todos los demás en todos los pueblos [...]; el objeto del género fue celebrar las acciones gloriosas," y cree que así fue entre los Hebreos, Griegos, Romanos, los pueblos de Carlomagno, etc. Abel Hugo todavía cree en la antigüedad remotísima del romance; en su opinión, los pueblos más antiguos han conservado siempre en forma de romances los hechos de su historia.[29] Pero la difusión creciente de textos originales estimuló siempre más la reflexión: un buen caso es el de Sismondi, autor de un estudio *De la littérature du midi de l'Europe*: habia leído primero los romances cidianos en el *Cid* de Herder, convencido de que Herder "habia conocido todos los

---

[28] Sin embargo hay que señalar, entre sus romances del rey Rodrigo, uno titulado *Repentir*, meditación o efusión espiritual del monarca arrepentido, cuyo original no se ve, que yo sepa, en ninguna parte. Llama la atencion que, para darle lugar en su colección, haya hecho dos romances separados, titulados, uno *Fuite de Rodrigue*, y el otro *Pénitence et Mort*, del largo romance de la Penitencia de ese rey (*Después que el rey don Rodrigo*); entre los dos puso *Repentir* como etapa salvadora entre huida y muerte. Emile Deschamps (1791-1871), amigo literario y personal de los Hugo, hizo figurar, puestos en verso, varios romances de la coleccion de Abel en sus *Études françaises et étrangères* (1828); allí figuran los mismos tres romances con los títulos que acabo de indicar.

[29] *Romances historiques*, pág. XLIV. Véase tambien Creuzé de Lesser, ed. de 1836, pág. XV.

originales;" no sabía nada de la traducción francesa de la *Bibliothèque*, y no encontró nada anormal en las traducciones alemanas hechas a base de ella. Pero cuando tuvo los originales y pudo leerlos, se dió cuenta de la diferencia. Es de suponer que eso ocurrió hacia 1818-1819,[30] cuando llegaron a Francia la reciente edición del romancero de Escobar, Madrid, 1818 (véase más arriba) o la excelente colección de romances escogidos de Depping (1829);[31] igualmente se conoció en Francia la edición del Romancero de Escobar publicada en 1828 en Francfort por J. de Müller, y puesta también en venta en París en el año 1829.[32] En ese mismo año 1829, Villemain habló del Romancero en su curso de la Sorbona, comentando y alguna vez traduciendo romances del Cid y del rey Rodrigo. Opina con buen sentido crítico sobre la edad de los romances, haciéndolos remontar, en su forma actual, al siglo XV, y en su primer origen no más allá del XIII; dice que es su estilo el que le impide creerlos más viejos, lo cual es muy comprensible tratándose de romances de Escobar que no pueden haber nacido antes de la segunda mitad del siglo XVI. Conoce evidentemente los originales de los romances que comenta, y que todos figuran en las colecciones recién publicadas que hemos mencionado más arriba. Ofrece a su auditorio de la Sorbona traducciones en prosa de *Cuidando Diego Laínez* (Escobar, 1), de *Pensativo estaba el Cid* (Escobar 2), *Sentado está el señor rey* (Escobar 9), y del romance viejo del Rey godo, *Las huestes del rey Rodrigo*, cuyo original había podido leer en el Romancero de ese rey publicado en 1821 por Abel Hugo. Sus traducciones en prosa neta, expresiva y fiel al texto original, representan el punto terminal de la evolución que hemos estado resumiendo.[33]

[30] *De la littérature de midi de l'Europe* se publicó por primera vez en 1813, en 4 vols.; en el tercer tomo es donde se trata de la literatura española. La obra tuvo una segunda edición en 1819, y una tercera en 1829, por la cual cito: allí, t. III, 168, se repite la alusión a Herder como conocedor de los originales; pero corrige esa opinión una nota posterior, pág. 171, que ya figuraba en la edicion de 1819.

[31] Depping, *Sammlung der besten spanischen Romanzen* (Altenburg und Leipzig, 1817): magnífica selección de romances de todas categorías y estilos, en texto original. G. B. Depping era un alemán establecido en Francia desde joven, autor de obras eruditas y enciclopédicas en varios dominios. Una reedición de sus romances, con la introducción y las notas en español, se publicó más tarde en Inglaterra: *Colección de los más célebres romances antiguos españoles*, 2 tomos (Londres, 1823).

[32] Tiene por base la de Madrid, 1818; pero agrega en el final del librito los 24 romances suprimidos por el autor de aquella edición.

[33] Abel-François Villemain (1790-1870) fue durante casi medio siglo un

Podemos citar, en un tiempo muy próximo, a Louis Viardot, autor de unas *Études sur l'Espagne*, en las que dedica varias páginas al Romancero. No cree, él tampoco, que los romances que tenemos sean tan antiguos como se pretende; los fecha en el siglo XV, y denuncia el falso arcaísmo lingüístico de algunos de ellos: cita como buen ejemplo, el que dice *Non es de sesudos homes*, cuyo "lenguaje viejo" no le ha engañado; lo traduce allí mismo con nitidez y sin suavizar ningún detalle.[34]

Mencionemos para terminar con las traducciones en prosa, dos importantes colecciones que se publicaron en los años 1840. La primera es *Le Romancero du Cid, traduction nouvelle avec le texte en regard*, par Antony Rénal (2 vols., París, 1842). El nuevo traductor conoce a sus antecesores, en prosa y verso, también a Villemain y Viardot, y los juzga y comenta en un larguísimo prólogo. Ha trabajado sobre la edición de Madrid, 1818, y traduce en su orden los 78 romances de su modelo (como ya había hecho Regnard), pero lamenta las supresiones hechas por el editor, y restablece los romances sacrificados al final del libro, con otros más, valiéndose de la edición londinense de la colección de Depping. Su traducción es correcta, y sigue de cerca el texto español, salvo en algunos adjetivos o adverbios superfluos, y en el uso de una libertad idiomática no siempre oportuna. Esa colección, muy olvidada, según me parece, pudo ser muy cómoda, con el texto original que ofrecía frente a cada traducción.[35] Casi al mismo tiempo, apa-

personaje de importancia en la vida académica e intelectual de Francia; pertenecía al sector liberal moderado de la opinión. Véase respecto a su enseñanza sobre el Romancero, su *Cours de littérature française professé à la Faculté des Lettres* (París, 1830), tomo II, "quinzième leçon," págs. 85 y sigs. De hecho, esas clases se dieron en 1829.

[34] Louis Viardot (nacido en 1800), *Études sur l'Espagne* (Paris, mayo de 1835): trata todos los aspectos de la vida institucional e intelectual de España. Periodista y publicista, viajó en 1833 en España. Fue marido de la cantante española Paulina García, hermana de María Felicia, cantante también, y muy famosa (conocida en Francia bajo el nombre de la Malibran).

[35] Antony Rénal (pseudónimo de Cl.-Ant. Billiet [1804-1866] publicó canciones, romanzas, y escritos de varia clase. Para los datos mencionados en estas líneas, véase la Introducción de Rénal, pág. 13 y sigs; la referencia al uso que hizo de Depping, pág. 17 y n. 1. En dicha Introducción, aunque trata con cortesía a sus antecesores, no deja de criticar la libertad de sus traducciones. A Creuzé de Lesser, no sé por qué se obstina en llamarle "M. Delessert" dejando engañado a don Ramón Menéndez Pidal, quien, después de mencionar a Creuzé de Lesser, confiesa ignorar a Delessert (*Romancero hispánico*, págs. 260-61 y pág. 262, n. 38). Algunas de las ideas de Rénal son sorprendentes: cree que el Romancero es contemporáneo del *Mío Cid*, y obra de dos poetas.

reció la colección de romances de Damas-Hinard, *Romancero général ou recueil des chants populaires de l'Espagne: romances historiques, chevaleresques et moresques*, 2 vols., París, 1844. Este romancero se presenta, igual que la colección de Abel Hugo, como una antología de romances de todas las clases, pero mucho más abundante.[36] Sus traducciones son exactas, fieles a la energía sencilla y directa de los mejores romances. Es curioso encontrar ya en Damas-Hinard la idea de que los romances nacieron de la fragmentación de poemas largos como el *Mio Cid*; sitúa su formación en el siglo XIV; los cree quizá contemporáneos de los acontecimientos que relatan, pero transformados para llegar a su forma definitiva.[37]

El Romance como modelo épico

Antes de volver a las traducciones en verso, hay que decir algo más de las razones que pudieron favorecer, en cierto momento, la curiosidad simpática del público literario francés hacia el Romancero. El motivo más general fue, por cierto, en las generaciones finales del siglo XVIII y las primeras del XIX, el deseo de buscar, fuera de las normas clásicas, nuevas direcciones de literatura y poesía. Ya lo dice, muy claramente, el traductor de 1783: los grandes escritores del siglo de oro español utilizaban el romancero en sus obras, pero, en su opinión, "la poética greco-latina que pronto se vino predicando aniquiló en su germen las bellezas que se podían esperar de ese género original [...]; es un asesinato estrecharlo todo y reducirlo así a un círculo único, un sólo matiz."[38] Creuzé de Lesser condena igualmente la poética aristotélica pregonada por el clasicismo, que impone un patrón literario único y fijo.[39] Esos juicios, formulados a propósito del Romancero, lo elevan implícitamente a la dignidad de modelo o inspi-

---

[36] Tomo 1º: romances históricos agrupados por temas, incluyendo los fronterizos; tomo 2º: romances del Cid, y algunos novelescos, caballerescos, carolingios. El autor, en su *Avis au lecteur*, pág. LXX, elogia a A. Hugo, escribiendo que su colección es "el primer trabajo serio realizado sobre los romances;" *ibid.*, pág. LXVIII-LXIX, ya afirma que Herder tradujo la versión francesa de la *Bibliothèque* (textos, pág. LXXXI).

[37] M. Damas-Hinard (1805-1891) nació en España; polígrafo; especializado en estudios y traducciones de literatura española; nombrado en 1847 profesor del "Collège de France" por el ministro conservador para reemplazar a Quinet, dejado cesante: los estudiantes no le dejan hacer su curso. Nombrado bibliotecario del Louvre. En 1853, secretario de Eugenia de Montijo, emperatriz de Francia desde su reciente casamiento con Napoleón III.

[38] *Bibliothèque universelle des romans*, julio de 1783, vol. II, 33 y 36.

[39] Creuzé de Lesser, *op. cit.*, ed. de 1836, pág. XVI.

rador posible en la perspectiva de una reforma literaria. Puede serlo bajo dos aspectos, por su estilo y por su contenido. En cuanto al estilo, todos alaban su sencillez, su espontaneidad ingenua, su grandeza sin adornos.[40] Estos elogios del estilo "natural" van dirigidos contra las convenciones y perífrasis decorosas del estilo neo-clásico. No dejan de sorprender bajo la pluma de autores que siguen usando ellos mismos a menudo aquel estilo, y aplicados a romances nuevos, en gran parte tributarios de la retórica culta. Pero es cierto que la época prerromántica tendía ya a eliminar la rutina estilística envejecida de los siglos clásicos y cortesanos; para cumplir dicha tarea el romanticismo invocó legítimamente modelos preclásicos y populares, mientras buscaba el contacto con la lengua realmente hablada; y, si bien su fin verdadero y su resultado fue el nacimiento de un nuevo estilo culto con su retórica y sus figuras propias, ese estilo demostró ser accesible a un público más extenso y popular.

En cuanto al contenido del Romancero, parecía admirable que encerrase toda la historia nacional de España. El romanticismo en general se proponía sustituir, en la mitología y temática literarias, el pasado greco-latino con la historia y las leyendas vernaculares de las naciones europeas. Los franceses, particularmente, deploraban que su pasado histórico estuviera tan olvidado en su poesía y su teatro clásicos. La *Bibliothèque* elogia a los españoles por sacar sus temas de la historia de su país, y sugiere que los escritores franceses los imiten en eso.[41] Abel Hugo nota la diferencia, a ese respecto, entre los franceses y los españoles, que han hecho sobrevivir, en el Romancero, todos los hechos principales de su historia.[42] Esas tendencias del romanticismo, modernización del estilo y uso de temas históricos nacionales, son bien conocidas, y es natural que aparezcan en comentarios franceses sobre el Romancero. Naturalmente, queda entendido que el Romancero no fue el único modelo invocado en la "batalla romántica;" todas las literaturas extranjeras, en sus aspectos no clásicos, fueron utilizadas para esos mismos fines en la crítica romántica francesa.[43]

---

[40] *Bibliothèque*, íbid., pág. 4; Creuzé de Lesser, pág. XVII, XXIII.
[41] *Bibliothèque*, vol. ya citado, pág. 5.
[42] Abel Hugo, *Romances historiques*, pág. XLIV.
[43] Véanse en *Nerval et la chanson folklorique*, págs. 100 a 107, algunas referencias a la difusión en Francia, en forma paralela a la del Romancero, de poesías populares inglesas, griegas, servias, eslavas de diversos países, alemana, escandinavas. Sin embargo, es indudable que el Romancero fue más conocido y traducido en Francia que cualquier otra poesía popular europea.

No se ha comentado mucho, hasta hoy, la influencia del Romancero como *género* literario: aspecto capital, a mi ver, de nuestro tema, y preocupación mayor, según parece, de los traductores y críticos de la edad romántica. El primer traductor proclama (pág. 5), presentando los romances del Cid, que la *Bibliothèque* da la mayor importancia al "género heroico," y hará lo posible para favorecerlo, lo cual es decir claramente que el Romancero es epopeya e interesa como tal. Ahora bien, el género épico representaba entonces para Francia un problema no resuelto y, al parecer, insoluble: después de la inmensa fecundidad épica de Francia en la edad media, se había perdido casi el recuerdo de las antiguas gestas, y las tentativas, desde el Renacimiento, para crear una epopeya francesa de tipo clásico habían sido poco gloriosas, de modo que los franceses mismos se habían convencido que no tenían "la cabeza épica." A pesar de todo, se seguía esperando que, inventando nuevas formas épicas, se conseguiría lo que no habían podido lograr Ronsard ni Voltaire. Cuando Creuzé de Lesser formuló su definición, desde entonces famosa, del Romancero como "una Ilíada extraña que no tiene Homero,"[44] quizá no pensaba solamente subrayar el carácter anónimo de ese monumento poético, sino también la pluralidad y relativa inconexión de sus componentes. El romancero es una aglomeración de poemas cortos, sin relación estrecha de continuidad unos con otros; se opone en eso a los grandes poemas épicos de la antigüedad latina, que trataban en una sucesión de "cantos" una acción única: estructura pesada que era, quizá, la que desalentaba la paciencia del lector moderno. "Me pareció," escribe Creuzé, "que romances cortos, que con facilidad se dejan separar unos de otros, podrían ser agradables incluso a hombres de curiosidad poética ya agotada."[45]

Ya se estaba vislumbrando la solución del problema épico. Hacia 1818, Alfred de Vigny empezó a componer poemas narrativos cortos sobre temas biblicos, históricos y modernos que constituyeron buena parte de su primer libro de *Poèmes*, publicado en ediciones sucesivas entre 1822 y 1829.[46] La palabra "poème" en francés designaba entonces, específicamente, el poema narrativo, sobre todo en su variante épica. Emile Deschamps, reseñando en 1823 la traducción de Creuzé de Lesser (2a edición), señala un campo poético inmenso abierto a la

---

[44] Creuzé de Lesser, *op. cit.*, págs. VII-VIII.
[45] *Ibid.*, pág. XV.
[46] Se conoce bajo el título dífinitivo de *Poèmes antiques et modernes*.

nueva generación, "el poema propiamente dicho, desde la epopeya homérica hasta la balada escocesa;"[47] años después, alaba a Vigny por haber sido el renovador moderno del género épico: "Fue uno de los primeros," escribe, "en sentir que la vieja epopeya se había hecho casi imposible [...], y supo encerrar la poesía épica en composiciones de extensión mediana [...]; supo ser grande sin ser largo."[48] Vigny no se inspiró del Romancero ni lo imitó en ninguna parte de su obra; pero seguramente lo conocía, y no cabe duda de que, en la concepción de una epopeya nueva como colección de poemas cortos y múltiples, el Romancero haya influído en el romanticismo francés.

Después de 1830, la idea de la epopeya moderna como colección de poemas siguió abriéndose camino. Creuzé de Lesser, al publicar en 1836 la tercera edición de sus *Romances du Cid*, declara en un nuevo prólogo que sus traducciones han sido precursoras del estilo romántico. Había sido censurado como innovador por la crítica conservadora, sólo por haber introducido modelos literarios extraños; pero la nueva escuela había triunfado a esa altura del siglo, y las opiniones inclinaban hacia lo nuevo. Además, antes de publicar su última edición, Creuzé había reflexionado sobre el destino de la poesía narrativa moderna, y concluído que el Romancero del Cid, tal como lo había traducido, podia ofrecer la fórmula de un verdadero género original, al cual decidió dar el nombre de "odéïde;" tituló, pues, esa edición de su obra *Les Romances du Cid, odéïde imitée de l'espagnol*: combinaba, en ese nombre filológicamente desastroso, el recuerdo de la oda lírica y la terminacion -*ide* de la *Eneide* virgiliana. Agregó, pues, en la nueva edición unas *Observations sur le genre et le nom de l'Odéïde*, fechadas en 1836, entre las cuales escribía: "Esta serie de romances, así seleccionados, y con la coherencia que yo había dado al conjunto, presentaba el ensayo de un género nuevo, digno de la atención de los literatos y de la benevolencia de los lectores." Insistía, además, sobre la libertad y ausencia de convenciones de ese género, heredadas del Romancero, sin que se imponga a los autores modernos la uniformidad métrica del romance.

---

[47] *La Muse française*, noviembre de 1823, reedición Marsan, 2 vols., t. I, 1907, pág. 243. Emile Deschamps (véase más arriba, la nota 28), Alfred de Vigny y Víctor Hugo estaban en aquellos años estrechamente unidos en el grupo literario de *La Muse française*. En esta misma reseña, Deschamps señala a André Chénier como precursor del poema narrativo de proporciones medianas. Sobre algunos antecedentes más de ese género, véase *Nerval et la chanson folklorique*, pág. 354.

Así definido en su soltura y variedad, la "odéïde" le parecía merecer el favor de los modernos.[49]

Sin embargo, ese proyecto de poema épico-lírico múltiple, aunque conforme con la naturaleza misma del romancero[50] y con las tendencias prerrománticas, padecía de dos graves defectos. Primero, quedaba fiel al principio de la unidad de héroe y tema que caracterizaba la vieja epopeya: la "odéïde" de Creuzé contaba la carrera de Rodrigo de Bivar, y para darle más coherencia, llenaba los huecos de la serie romancística agregando nuevos poemas. En segundo lugar, Creuzé no imaginaba otro modo de expresión que no fuera la estrofa de pura tradición lírica. El modelo propuesto por Creuzé y los argumentos que daba en su favor casi quedaron sin eco en el grupo romántico, que no debió acoger con simpatía la idea de un nuevo género con nombre griego. Mientras tanto Vigny, después de publicar in 1829 nuevas ediciones de sus *Poemas*, parecía haber adoptado decididamente la solución del *conjunto de poemas cortos independientes*. Era muy consciente de haber sido el primero en concebir claramente esa fórmula y darle vida en su poesía. Escribía: "El único mérito que nunca se haya podido negar a estas composiciones, es de haberse adelantado en Francia a todas las del mismo género, en las que casi siempre un pensamiento filosófico se representa bajo forma épica o dramática."[51] Cuando volvió, hacia 1838, a escribir poemas, siguió fiel a sí mismo. Sus *Destinées*, obra de esa época de su vida, son una colección de poemas narrativos sueltos.[52] Ya volveremos sobre la ambición "filosófica" del *epos* rómantico.

El Cid de Víctor Hugo

En 1829, Víctor Hugo habia dado lugar al Romancero en sus *Orientales*: allí figura una traducción en verso del romance de Rodrigo de

---

[48] Emile Deschamps, "Préface des *Études françaises et étrangères*," reeditada por Henri Girard (París, 1923), pág. 13.

[49] *Observations*, etc. (paginadas aparte, en la 3ª edición), págs. 3-4 y sigs.

[50] Abel Hugo ya había notado en 1822, con admiración, la capacidad del Romancero de unir en sí mismo varios géneros y tonos: historia y epopeya, poesía lírica y elocuencia, y hasta tragedia (mediante el uso frecuente de diálogos). Es indudable que la resurrección de la epopeya en el siglo XIX requería tal variedad, en ruptura con los requisitos rígidos del *epos* clásico.

[51] Prólogo de la 2ª edición de 1829 de sus *Poèmes antiques et modernes*.

[52] *Les Destinées* se publicaron poco después de su muerte en 1864. La tradición del poema narrativo unitario era tan fuerte que Vigny proyectó varias veces establecer algún nexo orgánico entre los poemas del libro; pero no lo logró, y distribuyó por fin los poemas como le pareció, sin más concatenación lógica que cierta unidad de pensamiento.

Lara, que, como hemos visto, su hermano había traducido ya en prosa. Hugo alarga y multiplica el original en 16 sextillas, conservando la elocución repetitiva y el ritmo cursivo de su modelo pero con un diálogo más variado y una métrica más ingeniosa que la del romance.[53] En una nota de su manuscrito, Hugo pretende que existen dos originales del romance, uno en español, que su hermano tradujo, y otro "morisco" (lo cual significa para él "escrito en árabe") que el mismo prefirió imitar—de ahí su título de "Romance moresque"—, y dice que lo pudo hacer a base de una traducción del arabe al español: puras invenciones destinadas, supongo, para justificarse de haber hecho a Mudarra más apasionado y más elocuente que en el romance castellano. Citaré dos estrofas del diálogo final entre Mudarra y Rodrigo de Lara:

—Le neveu de doña Sanche
Dans ton sang enfin étanche
La soif que le dévora.
Mon oncle, il faut que tu meures.
Pour toi plus de jours ni d'heures!...

—Mon bon neveu Mudarra,
Un moment! attends que j'aille
Chercher mon fer de bataille.
—Tu n'auras d'autres délais
Que celui qu'ont eu mes fréres;
Dans les caveaux funéraires
Où tu les as mis, suis-les!

Víctor Hugo no parece muy consciente, en esa fecha, del carácter épico del Romancero. Su balada tiene más bien tono de fantasía que de romance. Además, si bien busca imitar el estilo directo del original, su traducción es, a veces, tan arbitraria como las de sus predecesores.[54] ¿Será la traducción en verso un género impracticable como tal? y tendrá el poeta que buscar más francamente, frente a textos extran-

---

[53] Víctor Hugo, *Romance moresque*, en *Les Orientales* (París, 1829), poema 30.

[54] Se ve que este "romance morisco" no fue fruto de mucha reflexión, por los errores que Hugo comete en sus versos, al hacer de Mudarra un sobrino de doña Sancha, y querer que llame tío a Rodrigo de Lara. La otra imitación del Romancero, en las mismas *Orientales*, consiste en una sola estrofa del poema *La Bataille perdue* (núm. 16, estr. 12) que reproduce parte del romance de la Penitencia del rey godo ("Ayer era rey de España," etc.): pero está puesta en boca de un bajá o visir turco, que se supone derrotado

jeros, una solución creadora? Parece que esa conclusión haya sido, por fin, la de Hugo.

Hugo tardó mucho en volver al romancero. Después de 1830, se dedicó sobre todo a componer poesía lírica y dramas; más tarde, actuó políticamente, evolucionando siempre más hacia la izquierda a partir de la Revolución de 1848. En su destierro, después del golpe de estado del segundo Napoleón, fue cuando sintió fortalecerse en él la vocación épica, al escribir *Les Châtiments*, colección de poemas de castigo y maldición dirigidos contra el dictador y sus hombres. Epopeya y humanidad se juntaron en su pensamiento, de acuerdo con una intuición y un proyecto que fueron los de todo su tiempo.[55] Concibió, sin más vacilar, una epopeya múltiple, colección de poemas, y la designó, significativamente, en el momento inicial, con la apelación plural de "Petites épopées." Y debía ser, en su pluralidad de relatos y héroes, una epopeya del héroe Humanidad, una amplia visión "humanitaria."[56] De ese proyecto salió la monumental *Légende des siècles*.

Hasta ahora, hemos visto el Romancero influir en la teoría épica principalmente como modelo formal (poemas cortos, temas europeos, estilo "natural"). A nadie se le ocurrió poner en relación la poesía épico-lírica de la vieja España con el humanitarismo moderno. Esa paradójica hazaña quedaba reservada para Víctor Hugo: quiso que su Cid fuera, para los lectores de su tiempo, algo más que un caballero de la edad media. Su *Romancero du Cid* estuvo, evidentemente, en relación estrecha con el proyecto de las *Petites épopées*: lo escribió en 1856, casi como paso preliminar a su empresa épica, a la cual empezó a dedicarse el año siguiente; lo integró, por anticipado, al espíritu de la obra.

en la reciente guerra de Grecia: por supuesto, Hugo no quiso competir con Deschamps, que habia traducido todo el romance en su cuadro español. No me detengo en las traducciones de Deschamps por no repetirme: sigue en la línea de Creuzé, y aunque su intención es más romántica, su verso queda muy impregnado de retórica neo-clásica. Lo que tradujo en sus *Études françaises et étrangères* fueron unos romances del rey Rodrigo, más una version antigua de *La Adúltera*, ason. ó (Blanca sois, señora mía). En una edición de sus poesías en 1841, agregó dos romances de Bernardo del Carpio.

[55] No hay, en el siglo XIX francés, tentativa épica, que no se defina, explícita o implícitamente, como poema de la Humanidad. Vigny, en particular, cuyo ejemplo influyó seguramente en Hugo, veía así sus *Destinées*.

[56] Entiéndase la palabra, no en su sentido actual, muy disminuido, que evoca caridad, compasión y ayuda colectiva a gente desgraciada, sino con el significado fuerte que tenía en el tiempo de su creación: "humanitario" era entonces todo cuanto se refería a la Humanidad en su conjunto, a sus intereses, a su dignidad y progreso, en una palabra a la Humanidad como ser y valor supremo.

El poema se publicó in 1859, en la prima serie de poemas de *La Légende des siècles*; consta de 182 cuartetas de versos heptasílabos franceses (que valen tanto como octosílabos españoles), repartidas en 16 secciones desiguales, cada una con su título propio, y una cuarteta final.[57] Todo el poema es un discurso del Cid al rey que lo desterró.[58] No es en ninguna manera una traducción, ni siquiera libérrima, de un romance o un grupo de romances, sino una creación original, con fines propios, a base de motivos romancísticos, un inmenso romance nuevo—las "petites épopées" de Hugo son pequeñas, pero a su medida—sobre un tema de rebelión legítima. El romance-discurso es frecuente en el Romancero. En el ciclo del Destierro del Cid, el romancero viejo ofrece sólo el germen de tales discursos, en la contestación del Cid al rey enojado después de la Jura;[59] pero de ese germen nacen varios romances nuevos que lo desarrollan.[60] Viejos y nuevos figuran casi todos en Escobar, y Hugo los podía conocer. El Romancero del Cid de Hugo está, pues, como tipo de poema, en cierta línea tradicional indiscutible. Tampoco es indiferente que Hugo haya adoptado para ese poema, del principio al fin, el metro de romance, aunque modificado a la francesa.[61]

[57] Conclusión del poeta: "Ainsi le Cid qui harangue—Sans peur ni rebellion,—Lèche son maître, et sa langue-Est rude, étant d'un lion."
[58] Es sorprendente que Hugo, desde su segunda cuarteta, nombre al rey "roi Sanche," pues bien se sabe que el rey de la Jura y Destierro es Alfonso VI, hermano y sucesor de Sancho II.
[59] Véanse *Primavera* 51, *En Toledo estaba Alfonso*: el Cid contesta al rey enojado que le besará la mano sólo si le da el sueldo que dan otros reyes; y *Prim.* 52, *En Santa Gadea de Burgos*: el Cid se niega a besar la mano del rey y, desterrado por un año, replica que él mismo se destierra por cuatro. Son, respectivamente, los romances 35 y 37 de Escobar.
[60] *Téngovos de replicar, Obedezco la sentencia* (42 y 43 de Escobar); véanse dos más del mismo tipo, del *Romancero general*, en Durán, núms. 821 y 822: *Del rey Alfonso se queja*, y *De palacio sale el Cid*. Otro, que está también en Escobar (Durán, 831), es un discurso semejante, pero dirigido no al rey, sino a sus *Mentirosos adalides*.
[61] Ese metro corto (dicho heptasílabo en francés, e idéntico en español bajo el nombre de octosílabo) es común en poesía francesa, y lo habían usado con frecuencia los traductores de romances en la época anterior. Hugo lo usa como ellos, tomando por unidad métrica el heptasílabo *simple* y no como el romance, el mismo verso pero *doble* con asonante sólo al final. Además, usa la consonancia, obligatoria en poesía francesa culta. Resulta, pues, que en el romance tenemos versos largos asonantados, aunque se escriban corrientemente en cuartetas de versos cortos, lo que realmente no son, mientras que son cuartetas efectivas las del poema francés, cada una con sus dos consonantes (ABAB, CDCD, etc). La consecuencia es una gran

Mucho más significativo todavía que estas conformidades formales de género y metro con la tradición del romance castellano, es el contenido mismo del poema, pues allí se sitúa la herencia viva que Hugo busca en el Romancero para transmitirla al *epos* moderno tal como él lo concibe. No por casualidad eligió como tema el conflicto del vasallo con su rey, y como héroe el sujeto insolente frente a su soberano. Se sabe que tal personaje es una de las figuras predilectas del Romancero: la encarnan, además del Cid, Bernardo del Carpio y Fernán González. Hugo sintió sin duda, que al continuar esa tradición mantenía viva una componente fundamental, tanto moral como poética, del Romancero. Y esa herencia podía caber sin artificio alguno en su propio universo. El vasallo frente a su rey podía transfigurarse, para ojos modernos, en símbolo de la conciencia derecha frente a un poder injusto, y representar una actitud severa y justiciera ante el despotismo. El papel de lo medieval en *La Légende des siècles* no es sólo resucitar un mundo pasado; escrita en el siglo XIX para los hombres oprimidos de los reinos de Europa, la *Légende* atiende la humanidad de hoy al hablar de la de ayer: pero no lo hace con alusiones explícitas a cosas actuales—el *Romancero du Cid* las ignora—, sino dando a tipos antiguos el valor permanente que cabe en ellos. El Cid de Hugo se emancipa, por así decir, de la realidad histórica y feudal por el exceso mismo de su arrogancia, rara vez igualada en el Romancero. Es cierto que Hugo, por no alterar la figura del Cid, no le quita la lealtad a su rey; la mezcla íntima y paradójicamente con su altivez, y hasta con su desprecio. ¿Por qué el rey tiene miedo y le hace espiar?

> Vos précautions sont vaines;
> Pourquoi? je le dis à tous:
> C'est que le sang de mes veines
> N'est pas à moi, mais à vous.
>
> [...] Que voulez-vous que j'y fasse,
> Puisque vous êtes le roi!
>
> De quelque nom qu'il se nomme,
> Nul n'est roi sous le ciel bleu

diferencia de ritmo, mucho más cortado en el francés que en el romance, por la frecuencia y variedad de consonantes y la separación de las cuartetas; de ahí en el francés una acentuación del tono culto. La poesía oral francesa se versifica como la española (con versos largos y asonante al final), pero lo popular y lo culto tuvieron siempre menos contacto en Francia que en España.

Plus qu'il n'est permis à l'homme
Et qu'il ne convient à Dieu.

Mais, pour marquer la limite,
Il faudrait étudier;
Il faudrait être un ermite
Ou bien un contrebandier.

Moi, ce n'est pas mon affaire;
Je ne veux rien vous ôter;
Etant le Cid je préfère
Obéir à disputer.

[...] Roi devant vous je me courbe,
Raillé par votre bouffon;
Le loyal devant le fourbe,
L'acier devant le chiffon.

Accablez nos sombres têtes
De désespoir et d'ennuis,
Roi, restez ce que vous êtes,
Je reste ce que je suis.

[...] Nos deux noms iront ensemble
Jusqu'à nos derniers neveux.
Souviens-t'en, si bon te semble,
N'y songe plus, si tu veux.

Je baisse mes yeux, j'en ôte
Tout regard audacieux;
Entrez sans peur, roi mon hôte;
Car il n'est qu'un astre aux cieux![62]

Por otra parte, he aquí algunos ejemplos de la insolencia desmesurada del Cid hugoliano:

[62] *La Légende des siècles*, edición definitiva, VI, II, 3: *Le Romancero du Cid*, secciones XV y XVI. Los dos últimos versos concluyen el discurso del Cid, quien ha estado hablando desde la puerta de su casa al rey que lo vino a visitar en su destierro: termina haciéndole entrar. El Cid del Romancero ya mezclaba palabras sumisas a sus protestas; véase Durán, núm. 821: "No te llamo rey injusto, porque al fin soy tu vasallo;" también Escobar, núm. 43: "Obedezco la sentencia,—maguer que no soy culpado,—que es justo que mande el rey—y que obedezca el vasallo." No sabría decir si Hugo conoció y recordó tales pasajes; no es necesario imaginarlo, pues la literatura sobre vasallo y rey, con sus situaciones y sus sentencias usuales, había sido europea, y en particular francesa. De todos modos, no se ve semejanza textual entre Hugo y el Romancero, sino pura filiación de tema y espíritu.

> Roi, je vis dans la bataille.
> Si tu veux, comparons-nous.
> Pour ne point passer ta taille,
> Je vais me mettre à genoux.[63]
>
> Je vous préviens qu'on me fâche,
> Moi que n'ai rien que ma foi,
> Lorsque étant homme, on est lâche,
> Et qu'on est traître, étant roi.
>
> Je sens vos ruses sans nombre;
> Oui, je sens tes trahisons.
> Moi pour le bien, toi pour l'ombre,
> Dans la nuit nous nous croisons.
>
> Je te sers et je m'en vante;
> Tu me hais et tu me crains;
> Et mon cheval t'épouvante
> Quand il jette au vent ses crins.[64]

Tamañas insolencias, a las que no se atreve el Romancero, hacen del Cid una figura casi extra-histórica; por su boca está Victor Hugo hablando a los reyes e imperadores de su tiempo, aun cuando sus palabras suenan como eco del Romancero; por ejemplo cuando dice:

> Seigneur, tu fis une faute
> Quand tu me congédias;
> C'est mal de chasser un hôte,
> Fou de chasser Ruy Diaz.[65]

Es del todo improbable que Hugo haya conocido las crónicas que ponen en boca de los consejeros del rey castellano palabras semejantes: "Señor, non devedes querer perder tal vasallo como el Cid por ninguna cosa," y menos plausible aún que haya llegado a él el romance del *Destierro del Cid*, donde el rey mismo dice:

> Volvedle, mis caballeros,—volvedle, mis hijosdalgo,
> Porque un Cide como ése—no saldrá de mi reinado.[66]

---

[63] *Ibid.*, sección VI, estrofa 5.
[64] *Ibid.*, sección IV, estrofas 1-3. En *Cabalga Diego Laínez* (Escobar 5) el rey se espanta del ruido que hace el estoque del Cid.
[65] *Ibid.*, sección VI, estrofa 8.
[66] Véase mi *Creación poética en el Romancero tradicional* (Madrid, 1968), pág. 17, y pág. 34 y nota 57; y Armistead y Silverman, *Judeo-Spanish Ballads from Oral Tradition*, I. *Epic ballads* (University of California Press, 1986), pág. 222 y nota

Parece como si, por una lógica de situación o de simpatía humana, un mismo pensamiento volara de siglo en siglo en las mentes inspiradas por la misma fábula.

No insistiré en otras coincidencias entre el Cid desterrado de los romances y el de Victor Hugo, patentes y fáciles de comprobar. El Cid del Romancero suele poner en contraste las fatigas y peligros de su vida guerrera al servicio del rey con el ocio y las intrigas de la corte, y su franqueza con la falseded lisonjera de los que rodean al rey; igual hace el Cid de Hugo.[67] El Cid del Romancero recuerda al rey todo lo que hizo por él y le hizo ganar; Hugo representa al Cid generoso y abnegado, enumerando lo que ganó para el rey y lo que el rey le robó.[68] Sólo nos detendremos en un punto particular que lo merece. En uno de los romances nuevos del Cid desterrado leemos:

> Malquisto estoy con el mundo—por acrecentar tu estado,
> Y por suplir tus flaquezas—dicen que robo y que mato.
> Esos falsos consejeros,—que te están aconsejando,
> [...] ¡Oh cuán fáciles te hacen—mil dificultosos casos,
> Que quizá sin mi presencia—resultarán en mil daños![69]

Entre los servicios prestados al rey por el Cid aparece aquí el de hacerse cargo de las culpas del rey y de sus malos consejeros, para protegerlo frente a la opinión pública. Algo parecido se encuentra en el Cid de Hugo:

> Roi, c'est moi qui te protège.
> On craint le son de mon cor.

---

56. Se trata en este caso de un conflicto entre el Cid y el rey Sancho II durante el cerco de Zamora: el rey destierra al Cid, y lo vuelve a llamar. Es totalmente improbable que Hugo haya conocido la crónica que lo cuenta; en cuanto al romance del *Destierro del Cid*, estaba inédito en su tiempo.

[67] Romances: Escobar 42 ("los ociosos falagüeños"); Durán 821 ("Esos falsos consejeros"); Durán 822 ("Una vegada bregaron—la verdad y la privanza"); Escobar 43 ("Consejeros mentirosos,—lidiadores en palacio"); y véase tambien, en el romance viejo (*Prim.*, 58) que dice *Por Guadalquivir arriba*, el diálogo agridulce entre Cid y rey, muy ampliado en dos romances nuevos (Escobar 41, *Si atendéis que de mis brazos*), y 42 (*Téngovos de replicar*): reproches del rey en el primero, y contestación del Cid en el segundo. Hugo: XIV, estrofas 8, 9, 12, y passim.

[68] Romances: Escobar 42 ("...gasté mis haberes—en prez del servicio vuestro,—y de lo que hube ganado—vos fice señor y dueño"). Hugo, III, estrofa 1; VIII, estrofas 5-6, lista de lo que el rey le tomó; XVI, estrofas 9-11, lista de lo que él conquistó y le dió al rey.

[69] Durán, 821 (del *Romancero general*).

On croit voir dans ton cortège
Un peu de mon ombre encor.

Partout dans les abbayes
Dans les forts baissant leurs ponts,
Tes volontés obéies
Font du mal, dont je réponds.[70]

Este tipo de reproche llama la atención. No lo veo en otra parte del Romancero, y es natural, pues implica una censura del gobierno real. El Cid, como dice Hugo, "responde," se hace responsable por el mal que hace el rey, pero no por eso deja de echárselo en cara; ya no se trata del mal que le pudo hacer a él, Rodrigo, sino a su pueblo. Ese tema insólito debió florecer en el romancero de un republicano del siglo XIX; las secciones del *Romancero du Cid* se titulan no sólo El Rey celoso (III), El Rey ingrato (IV), El rey desconfiado (V), sino tambien El Rey engañoso (VII), El Rey ladrón (VIII), El Rey brutal (IX),[71] El Rey malo (XII). Citaremos algunas estrofas que condenan la guerra injusta y desenfrenada:

La guerre, cette aventure
Sur qui plane le corbeau,
Se résout en nourriture
Pour les bêtes du tombeau;

Le chacal se désaltère
A tous ces sanglants hasards;
Et c'est pour les vers de terre
Que travaillent les césars;

Les camps sont de belles choses;
Mais l'homme loyal ne croit
Qu'à la justice des causes
Et qu'à la bonté du droit.

Car la guerre est folle et rude.
Pour la faire honnêtement
Il faut une certitude
Prise dans le firmament.

[...] Roi, les guerres que vous faîtes
Sont les guerres d'un félon,

---

[70] Hugo, sección VI, estrofas 9-10.
[71] En francés "Le Roi *soudard:*" la palabra designa un *soldado* grosero y brutal.

> [...] Qui, se croyant Alexandre,
> Ne laisse dans les maisons
> Que des os dans de la cendre
> Et du sang sur des tisons;
>
> Et qui, riant sous les portes,
> Vous montre, quand vous entrez,
> Sur des tas de femmes mortes
> Des tas d'enfants éventrés.[72]

Y otras sobre la tiranía:

> J'ai dans Albe et dans Girone,
> Vu l'honnête homme flétri
> Et des gens dignes d'un trône
> Qu'on liait au pilori;
>
> J'ai vu, c'est mon amertume,
> Tes bourreaux abattre, ô roi,
> Des fronts qu'on avait coutume
> De saluer plus que toi.
>
> Roi, Dieu fait croître où nous sommes,
> Dans ce monde de péchés,
> Une herbe de têtes d'hommes,
> Et c'est vous qui la fauchez.
>
> [...] O roi des noires sentences,
> Un vol de corbeaux te suit,
> Tant les chaînes des potences
> Dans ton règne font de bruit!
>
> Vous avez fouetté des femmes
> Dans Vich et dans Alcala,
> Ce sont des choses infâmes
> Que vous avez faites là![73]

Esta es la parte íntimamente hugoliana del *Romancero du Cid*, la que

---

[72] Hugo, sección IX, estrofas 6-9, 12, 14-15.
[73] *Ibid.*, sección XII, estrofas 1-3, 12-13.

introduce en el discurso de un Rodrigo tradicional, sin desfigurarlo, una maldición humanitaria a la guerra y a la tiranía.[74]

UNIVERSITY OF PARIS, SORBONNE

---

[74] Para dar una idea más completa de lo que fue la inspiración cidiana de V. Hugo, habría que tener en cuenta tres poemas más de la *Légende des siècles* que tienen el Cid por héroe: *Le Cid exilé*, "petite épopée" sobre el tema del Destierro revocado por el rey, allí convertido en una amplia y variada narración (finalmente, el Cid rechaza con desdén el mensajero del rey); *Bivar*, narración inventada sobre el Cid, que lo muestra más humilde en casa de su padre que en la del rey. Estos dos poemas fueron escritos en febrero de 1859; el tercero, compuesto 17 años más tarde, confirma que Hugo ha entendido obrar, durante largo tiempo, como continuador de la leyenda del Cid; pero este último poema (sin título; incipit: "Quand le Cid fut entré dans le Généralife") cambia la figura del Cid: se acerca allí a la del Enderezador de tuertos y castigador de tiranos, que ocupa gran parte de la *Légende*, pero no es exactamente la suya. Esa variante en la representación del Cid resulta, por supuesto, de la orientación humanitaria del *epos* hugoliano.

Don Álvaro de Luna
y su paje Moralicos (1453)
en el romancero sefardí

DIEGO CATALÁN

a. *Don Álvaro de Luna en el romancero.*

SANDO COMO PRETEXTO el quinto centenario de la muerte del Condestable de Castilla don Álvaro de Luna, el erudito bibliófilo Antonio Pérez Gómez publicó en 1953 un *Romancero de don Álvaro de Luna* en que trató de reunir todos los romances en torno a "los antecedentes y peripecias de su tragedia y los episodios de su caída," desde el más antiguo conocido (de 1547) hasta los compuestos en 1800.[1] En el prólogo destaca que "la desventura de don Álvaro" ocupa "el segundo lugar," después del Cid, "como tema histórico inspirador de la popular musa en nuestra poesía"; pero reconoce que, "como material poético," las composiciones reunidas "no ofrecen ningún interés excepcional, por pertenecer, casi todas ellas, a la clase de romances eruditos, postrera y decadente etapa del género." Según Pérez Gómez, los "romances viejos históricos" acaban con el reinado de don Pedro el Cruel: "Pudiera decirse, en realidad, que en él acaba, en España, la vida patética que agita y pone al desnudo las pasiones fuertes y elementales... A partir de este momento, las peripecias se van descargando de todo carácter de gesta, y entran en el área del cálculo, de la habilidad, de la maniobra política... Sólo en la

---

[1] A. Pérez Gómez, *Romancero de don Álvaro de Luna (1540-1800)* (Valencia: "...la fuente que mana y corre...," 1953).

frontera con los moros, o en el Nuevo Mundo, la vida, en arriesgado juego, podrá ofrecer aún temas fecundos a la epopeya."[2]

La afirmación de que a partir de Pedro I el romancero viejo histórico sólo encontrará temas dignos de interés en la frontera granadina se basa en la ignorancia o el olvido de toda una rama del romancero, de la que los romances fronterizos son sólo una muestra: *el romance noticiero* (o *noticioso*). Sea a través de los pliegos sueltos y cancioneros del s. XVI, sea gracias a la tradición oral moderna, nos han llegado noticias y textos de romances referentes a muy variados sucesos de la historia de las cuatro coronas que, junto con la de Granada, se reparten en el s. XV el territorio peninsular: Portugal, Castilla, Navarra y Aragón.

1371. *Juan Lorenzo.* El rey de Portugal Fernando I toma por esposa a Leonor Téllez, la mujer de Juan Lorenzo de Acuña (CGR 0022). I. ant. (?): Yo me estava en Coimbra /... I. mod.: Yo estando en la mi puerta / con la mi mujer real; Hermosa me era yo, hermosa, / más que rosa en el rosal; Juan Lorencio, Juan Lorencio, / ¿quién te hizo tanto mal? (judíos sefardíes del oriente mediterráneo y de Marruecos).

1423. *Marsella se defiende de los catalanes*... La flota de Alfonso V ataca Niza y Marsella (CGR 0257). I. mod.: O nobla ciutat de Niça / que mai més tindràs renom (Cataluña francesa).[3]

1429. *Prisión del duque de Arjona.* Juan II hace prender a don Fadrique Enríquez, duque de Arjona (Prim. 70). I. ant.: De vos, el duque de Arjona, / y grandes querellas me dan; En Arjona estaua el duque / y el buen rey en Gibraltar.

1430. *Alburquerque, Alburquerque.* Los infantes de Aragón resisten en Alburquerque. I. ant.: Alburquerque, Alburquerque, / bien mereces ser honrado.

1442. *Alfonso V ante Nápoles.* Alfonso V pondera el coste de su ambición de ser rey de Nápoles (CGR 2070) (Prim. 101). I. ant.: Miraua de Campo Viejo / el rey de Aragón vn día. I. mod.: Miraba de Castroviejo / el rey de la Durundía (Cataluña).

1442. *Retraída estaba la reina.* Lamentaciones de la reina de Aragón doña María por la ausencia de Alfonso V en Nápoles (Prim. 100). I. ant.: Retrayda estaua la reyna, / la muy casta doña Maria.

---

[2] En la "introducción bibliográfica" del libro citado en la n. 1.
[3] Sobre los hechos históricos a que se refiere este romance de la tradición oral moderna prepara un estudio J. Antonio Cid.

1476. *La batalla de Toro.* Derrota de los portugueses en la batalla de Toro. Noticia de que se cantó el romance ante el Rey Católico.
1481. *Vete para judío.* Fadrique Enríquez apalea a Ramir Núñez de Guzmán, señor de Toral, por haberle llamado judío ante el Cardenal Mendoza. I. ant.: Caualleros de Castilla / no me lo tengais a mal.
1483. *Quejas de la duquesa de Braganza.* La duquesa de Braganza se queja ante el rey de Portugal de la degollación de su esposo. (*Prim.* 108). I. ant.: Quexome de vos, el rey, / por auer credito dado.
1491. *Muerte del príncipe don Alfonso de Portugal.* La princesa de Portugal recibe la noticia de la muerte del príncipe don Alfonso de una caída de caballo (CGR 0069). I. ant.: Ay, ay, ay, que fuertes penas, / ay, ay, ay, que fuerte mal; Hablando estaua la reyna / en cosas bien de notar. I. mod.: Casada de oito dias / à janela foi chegar; Casadinha de oito dias / sentadinha à janela; Estava em minha janela / casadinha d'oito dias; Ja casada estava eu / bem sete meses havia; Menina que estava à janela / de cabelinho riçado (Portugal).
1493. *Muerte de don Manrique de Lara.* Muerte en Barcelona del joven hijo del duque de Nájera. I. ant.: A veynte y siete de março, / la media noche seria; En Barcelona la grande / grandes llantos se hazian.
1495. *Lamento de la reina de Nápoles.* La reina doña Juana se queja de la pérdida de Nápoles (*Prim.* 102, 102a, 102b). I. ant.: Emperatrizes y reinas / quantas en el mundo auia; Emperatrizes y reynas / que huys del alegria; La triste reyna de napoles / sola va, sin compañia.
1496. *A las armas, moriscote.* Alarma ante el paso de peregrinos franceses a Santiago por Fuenterrabía y San Sebastián (CGR 0060). I. ant.: A las armas, moriscote, / si las as en voluntat; A las armas, moriscote, / si n'ellas quereis entrar; A las armas, moriscote, / que bien menester seran. I. mod.: ...Entran por Fuenterrabía, / entran por San Sebastián.
1497. *Muerte del duque de Gandía.* Asesinato en Roma del duque de Gandía, hijo del Papa Alejandro Borgia (CGR 0058). I. ant.: A veynte y siete de julio / un lunes en fuerte dia. I. mod.: Estrellas no hay en los cielos, / el lunar no ha esclarecido; Cuando los ricos mancevos / salen a cavallería; Dio del cielo, Dio del cielo, / Dio de toda judería; Más arriva, más arriva, / en la ciudad de Mesina; Yo estando en la mi pesca, / pescando mi provería; Una vieja de Granada / gran tempestad combatía; etc. (judíos sefardíes del oriente mediterráneo y de Marruecos).
1497. *Muerte del principe don Juan.* El príncipe don Juan se entrevista en Salamanca con su padre el Rey Católico antes de morir

(*CGR* 0006). I. ant.: ... siete doctores lo curan/y entre ellos el de la Parra. I. mod.: Muy malo estaba don Juan,/muy malo estaba en la cama; 'Tando o fillo do rey / muy maldito na sua cama; Malato está el hijo del rey,/malato, que non sanava; Malato estaba esse rey,/esse rey de Salamanca; Tristes nuevas, tristes nuevas/que se corren por España; Tristes novas me vieram/lá do centro da Espanha; Voces corren, voces corren,/voces corren por España; Yo me partiera de Burgos,/de Burgos a Salamanca; etc. (judíos sefardíes de Oriente y de Marruecos; España; Portugal; Santo Domingo).

1497. *Expulsión de los judíos de Portugal*. La infanta doña Isabel de Castilla exige la expulsión de los judíos al convertirse en reina de Portugal (*CGR* 0062). I. mod.: Eramos tres hermanitas/hijas del rey Dolorido; Dios del cielo, Dios del cielo,/Dios del cielo estéis conmigo (judíos sefardíes del Oriente mediterráneo y de Marruecos).

1512. *Muerte de la duquesa de Braganza*. El duque de Braganza mata, por celos, a la duquesa (*Prim*. 107, 107a). I ant.: Un lunes a las quatro horas,/ya despues de medio dia; Lunes se dezia, lunes,/tres horas antes del dia.

1513-14. *La pérdida de Navarra*. Lamento de Juan d'Albret por la pérdida del reino de Navarra (*Prim*. 98). I. ant. Los ayres andan contrarios,/el sol eclipse hazia; Los cielos andan rebueltos,/el sol eclipse hazia.

Pero la existencia del género noticiero (no sólo sobre la frontera granadina) antes y después de 1453 no invalida el carácter tardío, observado por Pérez Gómez, del romancero de don Álvaro. El tema, según se ve en su colección, sólo empieza a aparecer, tímidamente, en un cancionero manuscrito de 1547: el llamado *Cancionero de Pedro del Pozo*.[4] El romance "Por tribunal està el Rei,/las grandes causas oya," sobre la sentencia de muerte, se basa ya en la *Crónica de Juan II*, donde, al hablar del año 1445, se acusa al Condestable de haber hecho morir envenenadas a las dos reinas hermanas doña María de Castilla y doña Leonor de Portugal, hijas del infante don Fernando;[5] no hay la menor

---

[4] A. Rodríguez-Moñino, *El cancionero manuscrito de Pedro del Pozo (1547)* (Madrid, 1950), p. 90 (núm. 10).

[5] Biblioteca de Autores Españoles (*BAE*), 68, p. 625b: "E despues que el rey ovo estado algunos días en El Espinar, vinole nueva como la reyna doña Maria su muger, que estaba en Villacastín aldea de Segovia, era fallescida, de que el rey ovo aquel sentimiento que de razon debia. La cual se cree ser muerta de yervas, tambien como la reyna doña Leonor su hermana, porque no estuvo enferma mas de quatro dias ... e por esto se cree estas dos seño-

razón para suponer que "el poeta sabe, porque está lo suficientemente próximo al suceso que quiere cantar, que se sospechó a don Álvaro como partícipe en la muerte de las reinas," ni para hablar "del anónimo juglar cuyo bello romance nos conservó Pedro del Pozo," como hace Pérez Gómez;[6] el romance, aunque no versifique la letra de la *Crónica*, saca su información exclusivamente de ella. En 1550 la *Segunda parte de la Silva* publica el primer romance impreso sobre don Álvaro, "El rey se sale a oyr missa/a Santa Maria santa," que sigue puntualmente el relato de la *Crónica* impresa en 1517, desde el momento en que el rey ordena al Condestable salir de su corte, hasta que come en su casa después de hacerlo prender. En 1551 surge, por obra de un "caballero cesáreo,"[7] el más famoso de los romances sobre don Álvaro, "Los que priuays con (~ seruis a) los reyes/notad bien la hystoria mia," del que conocemos tres versiones con notables variantes (algunas surgidas, posiblemente, en la transmisión oral). Algunos años después, antes de que empiece a hacer su aparición el Romancero Nuevo, se empieza a desarrollar el ciclo, en la reelaboración del romancero de Sepúlveda publicada en 1563,[8] con romances que siguen apegada-

---

ras reynas ser muertas de yervas, como dicho es, e aun se afirma que en el proceso que el rey don Juan mando hacer contra el Condestable se hallo quien dio las yervas a las dichas señoras e por cuyo mandado." Claro está que en el famoso proceso nadie hizo esa acusación de que aquí se habla. S. G. Morley, "Two new Historical *Romances,*" *RPh* 5 (1951-52), 198-202, cree que el romance hace referencia al año 1441 y no a los tiempos del proceso de 1455 "since the two Queens died in 1445," sin comprender que las dos reinas acusan a don Álvaro estando muertas, según pone de manifiesto el último verso del romance.

[6] A. Pérez Gómez, "Un romance de don Álvaro de Luna," *RPh* 5 (1951-52), 202-05.

[7] En la edición de Anvers: Martín Nucio, sin año (1551) del Romancero de Sepúlveda (*Romances nuevamente sacados de hystorias antiguas de la cronica de España* por Lorenço de Sepulveda vezino de Seuilla) se añadieron a la primera edición, Sevilla, h. 1550, varios romances "compuestos por vn cauallero Cesario, cuyo nombre se guarda para mayores cosas"), que el editor destacó en la Tabla señalándolos con un asterisco [*].

[8] La refundición del romancero de Sepúlveda nos es conocida a través de dos ediciones de 1563, una hecha en Alcalá, por Francisco de Cormellas y Pedro de Robles, que lleva el título de *Recopilación de romances viejos sacados de las Coronicas Españolas, Romanas y Troyanas,* y otra en Granada, con el título de *Cancionero de Romances sacados de las coronicas antiguas de España.* Es esta refundición, que nada debe a Sepúlveda, la elegida por A. Rodríguez Moñino en su edición de Lorenzo de Sepúlveda, *Cancionero de romances [Sevilla, 1584])* (Madrid: Castalia, 1967), y no las de 1551 hechas en Amberes por Juan

mente el relato cronístico.[9] A fines del s. XVI y comienzos del s. XVII el tema se pone de moda,[10] hasta irritar a Lope de Vega, quien en *La prueba de los amigos* (1608) comenta (por boca del gracioso Galindo):

¿Que peinsan estos poetas pues que no ay semana alguna sin don Albaro de Luna y otros quarenta planetas? Romanzes de tres en tres a un enfadoso sujeto; mas, como es Luna, en efeto sale nueba cada mes.[11]

En fin, el juicio de conjunto de Pérez Gómez[12] sobre los romances del ciclo refleja bien el carácter de este romancero:

"Todos sin excepción, desde el publicado en 1566 por Sepúlveda (*sic*), pertenecen a la clase de romances eruditos. Ningún pormenor histórico es en ellos conservado;[13] son puras endechas al Condestable, trenos lamentando su desgracia,[14] juegos de palabras en torno a su apellido, y consideraciones morales sobre lo quebradizo de las glorias humanas."

Sólo, pues, en la España de los Felipe la caída del "valido" de Juan II volvió a cobrar interés poético. Tuvo que transcurrir todo un siglo, desde que se apagaron los ecos de las voces contemporáneas, para que el suplicio del "mayor señor sin corona... que en todas las Españas ovo" volviera a ser considerado por los poetas como un tema aleccionador o poético.

Steelsio y Martín Nucio, que reproducen bastante de cerca la obra original de Sepúlveda (o la de Medina del Campo: Francisco del Canto, 1576, también basada en la *princeps*).

[9] Los romances "Año de mil y quatrocientos / cinquenta y dos han pasado," "Ya lo sacan de Portillo / con muy gran cauallería" y "Un miercoles de mañana / a las nueue oras del dia" se basan en la *Crónica de don Juan II* publicada en 1517.

[10] De ahí los numerosos pliegos sueltos del s. XVII que acogen romances sobre don Álvaro de Luna, en contraste con la ausencia del tema en los pliegos viejos.

[11] En la escena 6ª del acto 2º, Folio 7 del acto 2º del autógrafo de Lope. Véase la ed. facs. publicada en Madrid: Instituto de España, 1963; o, en su defecto, la transcripción de H. Ziomek, en Lope de Vega, *La prueba de los amigos* (Athens: Univ. of Georgia Press, 1973). La comedia se estrenó en 1608, el 14 de enero, en el Corral de la Pacheca.

[12] En *RPh* 5 (1951-52), 204 (art. cit. en n. 6).

[13] Salvo, claro está, los consignados en la fuente cronística.

[14] Pero sin cuestionar las razones alegadas en el proceso que remata su "caída."

Pero el hecho de que en la Monarquía española el tema de don Álvaro resultase más bien incómodo, no supone que la caída del privado haya sido pasada por alto por el noticierismo romancístico contemporáneo. Al estudiar la pervivencia de romances de "contexto histórico nacional" en la tradición oral moderna, los redactores del *Catálogo general del romancero (CGR)*[15] hemos senñlado la existencia de un romance (el 0024 del CGR) sobre la *Prisión de don Álvaro de Luna*. Curiosamente, este romance tradicional mira con simpatía evidente al prócer caído, reflejando la reacción admirativa que, pese a todo, suscitó en el publico asistente a la ejecución la capacidad del Condestable de mostrarse digno y señorial hasta el momento en que le seccionan la cabeza y la cuelgan en el garabato. También resulta políticamente sorprendente el hecho de que sean los descendientes de los judíos expulsados de España en 1492 quienes mantienen memoria de ese punto de vista, a pesar de que sus hermanos de raza, los conversos o confesos don Alonso de Cartagena obispo de Burgos,[16] el Relator Dr. Fernando

---

[15] D. Catalán, J. A. Cid, B. Mariscal, F. Salazar, A. Valenciano y S. Robertson, *El Romancero pan-hispánico. Catálogo general descriptivo / The Pan-Hispanic Ballad. General descriptive Catalogue. CGR*, 2 (Madrid: Seminario Menéndez Pidal, 1982), pp. 265-68.

[16] El obispo tomó parte muy activa en la preparación de la prisión y en la ejecución de la misma, en contraste con la fidelidad demostrada al Maestre por su hermano, el procurador de Burgos, Pedro de Cartagena, en cuyas casas se alojaba don Álvaro, y por el hijo de este, Álvaro, de quienes Gonzalo Chacón comenta "son, por çierto, buena casta de conversos los de aquel linaje," cuando don Álvaro de Cartgagena se ofrece a aventuradamente sacar al Maestre sitiado por albañares escondidos y el Maestre desconfía argumentando: "e demas desto, aqueste Álvaro de Cartajena es sobrino del obispo de Burgos, el qual se bien que en este fecho es el mayor contrario que yo tengo" (*Crónica de don Álvaro de Luna*, ed. J. de M. Carriazo, pp. 381-82).

[17] Ambos jurisconsultos fueron parte activa en la preparación de la sentencia de muerte, sin ser oído, de don Álvaro. Sobre el papel jugado por el Relator comenta Chacón en su *Crónica* (ed. Carriazo, p. 431) y nos informa una *Relación* anónima de fines del s. XV del Archivo del Marqués de Villena (publicada por J. Rizzo y Ramírez, *Juicio crítico y significación política de D. Álvaro de Luna* [Madrid: Rivadeneyra, 1865], pp. 415-20): "estando el señor Rey en Fuensalida, año de cinquenta e tres años, envio llamar a los letrados siguientes, de quien su Alteza se confio, conviene a saber: al Doctor Fernando Díaz de Toledo Relator e al Doctor Pedro Gonzalez de Avila e al Doctor Gonzalo Ruiz de Ulloa e al Doctor de Zamora e fiscal al Doctor Pedro Diaz e al Doctor Alonso Garcia de Guadalajara e al Bachiller de Ferrera el Viejo e al Licenciado de Logroño e al Licenciado de Montalvo... E mando primero al Relator que dijese su parescer. E el dicho Relator pregunto a su Alteza si

Díaz de Toledo y el licenciado Alonso Díaz de Montalvo,[17] tanta parte tuvieron en su muerte, y de que el propio don Álvaro tuviera clara conciencia de haberse atraído la enemistad de "este linaje."[18]

b. *El romance sefardí del "Duque de Bernáx"*

Conozco sólo cinco versiones del romance sobre el "Duque de Bernáx" o "Abernal condenado por el rey." Una fue publicada por Larrea Palacín en 1952;[19] las restantes son las descritas por S. G. Armistead en *CSefSGA*, H. 22.[20] Menéndez Pidal había ya catalogado el romance: *CSefMP* 53.[21] Ninguno de estos autores reconoce en el romance un tema histórico. Las cinco versiones por mí conocidas proceden de la

sabia ser verdad todo lo que su Alteza avia relatado porque no avia de dar cuenta a otro sino a Dios. E el dicho señor Rey respondio que aquella era la verdad e que los dichos letrados fundasen sobre ella. E que el dicho Relator respondio que le parescia segun el derecho que era digno de muerte por justicia e de perder los bienes para la camara e fisco de su Alteza. E desta respuesta plugo mucho al Rey. E desque los otros letrados vieron la voluntad del Rey, siguieron todos el consejo del dicho Relator." Alonso Díaz de Montalvo, en su Glosa a la Ley única, título IV, libro I del *Fuero Real*, justifica que no habia necesidad de oir al reo para condenarle y ajusticiarle, inventando el precedente de la historia del Conde de Dacia y argumentando: "maximé quia licet Rex omisisset ordinem judicii in condemnando, hoc fecit cum consilio deliberato Virorum litteratorum sui Consilii et de eorum consilio et informata sui regali conscientia, asserendo firmiter de certa scientia dicti Magistri crimina, cujus simplici verbo creditur in facto proprio propter ejusdem magnam auctoritatem" (aunque luego en la Glosa de Las *Siete Partidas*, Partida 1ª, título 7, ley 1ª, cláusula "Como religioso," mantenga que el proceso fue nulo, no sólo por defecto de jurisdicción, sino porque el Maestre "non tum fuit citatus, auditus nec confessus, nec judicialiter convictus"). Cfr. D. Catalán, "El Toledano Romanzado y las Estorias del fecho de los godos del s. XV," *Estudios dedicados a J. H. Herriott* (Madison: University of Wisconsin, 1966), pp. 9-102, 89-91 y n. 299.

[18] Recuérdense las razones de don Álvaro cuando desconfía de la oferta del fiel Álvaro de Cartagena: "...mas ya sabeis como este Álvaro de Cartajena es de linage de conversos e sabeys otrosi quanto mal me quiere este linaje, aunque los he fecho los mayores bienes que en mis dias otro hombre les fizo en este reyno" (según testimonio de Chacón, allí presente), *Crón. Álvaro de Luna*, p. 381.

[19] A. de Larrea Palacín, *Romances de Tetuán* (Madrid: Instituto de Estudios Africanos, 1952), pp. 177-78 (num. 66).

[20] S. G. Armistead, *El romancero judeo-español en el Archivo Menéndez Pidal (Catálogo-índice de romances y canciones)*, I (Madrid: Seminario Menéndez Pidal, 1978).

[21] R. Menéndez Pidal, "Catálogo del romancero judío-español," *CE* 4 (1906), 1045-77, y 5 (1907), 161-99.

tradición marroquí: dos fueron dichas por informantes de Tánger;[22] tres por informantes de Tetuán.[23] Según el RESU (= resumen) del CGR, esas cinco versiones narran la siguiente intriga:

1/// Un día, en determinada fecha, el rey manda a buscar al duque de Bernáx por medio de su criado Juan Francés///

2/// El duque, a pesar de que su padre[1] </su madre[2] / su criado[3] > le aconseja que no acuda en esta ocasión pues no va a ser juzgado con justicia, se resigna a su suerte considerando la sentencia irrevocable///

3/// Llevan al duque, fuertemente escoltado, |publicando ostentosamente su prendimiento[1] <¦|como si se tratara de un cortejo festivo[2]>, directamente al cadalso[3] </a una rigurosa prisión[4]> <+ entre la compasión de los circunstantes que se conduelen de la crueldad con que lo tratan sus guardianes[5]>///

4/// El duque, ante el desconsuelo de su criado Moral, le pide que evite las muestras públicas de pesar para protegerse y para conseguir llevar a sus familiares la noticia de su destino trágico, |y se conduele del dolor de los suyos ante la separación definitiva <¦|#>///[24]

<<+Z1 /// Se ejecuta la sentencia de muerte.[1]///>>

(Los números 1/// ///, 2/// ///, etc. fragmentan la historia de acuerdo con las "secuencias"[25] de la fábula presentes en la intriga: <<Z1 /// ///

---

[22] H.22.1: "Ese duque de Bernáx/el rey mandara por él," recogida en 1904-1906 por J. Benoliel, y H.22.2: "El veintiuno de mayo,/año de noventa y tres," Hanna Bennaim (70 a.), recogida por M. Manrique de Lara en 1915.
[23] H.22.3: "Año de noventa y cuatro,/año de noventa y tres" (incipit musical), recogida por M. Manrique de Lara en 1915; "Al veintiuno de mayo,/año de noventa y tres" (y no "veinticinco"), Simi Chocron (37 a.), recogida por M. Manrique de Lara en 1915-1916 y "Año de noventa y dos,/año de mil y trescientos," la publicada por Larrea.
[24] NOIN (Notas a la Intriga): 2/// 1 Marruecos (mayoría); 2 Tánger (1 ver.); 3 Tetuán (1 ver)///.- 3/// 1 Tánger; 2 Tetuán; 3 Tánger; 4 Tetuán; 5 Tetuán///.- 4/// 1 Tánger, Tetuán; 2 Tánger (1 ver)///.- Z1/// 1 Tetuán (1 ver.)////.
[25] Entendida la "secuencia" como "la representación de un suceso que, al cumplirse, modifica sustancialmente la interrelación de las *dramatis personae*, dando lugar a una situación de relato nueva" (véase D. Catalán *et al, Teoría general y metodología del Romancero pan-hispánico. Catálogo-general descriptivo. CGR*, 1.A [Madrid: Seminario Menéndez Pidal, 1984]).

>> indica que la secuencia es extra-fabulística. Las frases entre </> son variantes narrativas de las que preceden y las frases entre <+> addiciones minoritarias; el signo </#> indica la posibilidad de que en alguna versión se produzca la omisión de la información que precede).[26]

En el DISC (= discurso) de la entrada 0024 del *CGR* se consignan las expresiones poéticas utilizadas por las varias versiones para transmitirnos la intriga narrada en el RESU; en el presente trabajo utilizo ese DISC para realizar la comparación con los relatos históricos y documentos coetáneos.

La identificación de la prisión y ajusticiamiento del Duque de Bernáx con la prisión y ajusticiamiento de don Álvaro de Luna se basa en dos pilares suficientemente sólidos: a) la figura del criado Moral, en la escena del cadalso; b) la actitud del condenado ante la sentencia regia y ante la ultrajante conducción al suplicio. En mi confrontación del relato poético con las noticias que tenemos de las postrimerías de don Álvaro procederé, en orden descendente, desde los pormenores más individualizadores a los menos, intentando primero convencer al lector de la identidad de una y otra historia y extendiendo luego la comparación a lo menos significativo o menos evidente.

c. *El pajecico Morales y la mula del reo.*

La secuencia 4 del romance comienza con los versos:

Su criado le lloraba, el cual se llama Moral.
—No me llores tú, Moral, no te quieras cautivar,
cabálgate en esa jaca, si te la quisieran dar;
a mi mujer la condesa mis nuevas le irás a dar.

La presencia de un paje de don Álvaro, llamado Morales, en el cadalso, como último servidor del Maestre al ir a ser degollado, está ampliamente documentada. También el hecho de que don Álvaro se dirigiera a él momentos antes de que el pregonero Juan González le cortara la cabeza.

Gonzalo Chacón, en su apasionado relato de la caída de su admirado señor,[27] no olvida el detalle, al contar "la muerte del mejor caba-

---

[26] El signo ayuda a identificar dónde empieza la variante.
[27] *Crónica de don Álvaro de Luna.* La autoría de Gonzalo Chacón es evidente para la segunda parte de la crónica (no para la primera). Cito por la ed. de J. de M. Carriazo en su "Colección de Crónicas Españolas" (aunque deja bastante que desear).

llero que en todas las Españas ovo en su tienpo e mayor señor sin corona, el buen Maestre de Santiago:"

"...Va, pues, en su mula el bienaventurado Maestre, en la manera que ya diximos, acompañado todavia de aquel reverendo religioso, e guianlo al cadahalso. E desque fue llegado a el, descavalgo de la mula e subio sin enpacho alguno por los escalones del tal cadahalso. E despues que fue subido ençima e se vido alli adonde el alhonbra estaba tendida, tomo un sonbrero que traia en su cabeça e echolo a uno de aquellos pajes suyos, el que ya diximos que se llamaba Morales; e el mismo bienaventurado maestre se aderesça los pliegues de la ropa que llevaba vestida..."[28]

En la *Crónica de Juan II*, "censurada" para Carlos V por Lorenzo Galíndez de Carvajal, se recoge también el episodio, con importantes nuevas precisiones:[29]

"...E alli el Maestre dio a un page suyo llamado Morales, a quien habia dado la mula al tiempo que descavalgo, una sortija de sellar que en la mano llevaba e un sombrero, e le dixo: Toma el postri-

[28] Cr. *Álvaro de Luna*, cap. 128, p. 433.
[29] La crónica se publicó en Logroño: Arnaldo Guillén de Brocar, 1517. Cito por la ed. de la "Biblioteca de Autores Española," vol. 68. El relato de la crónica fue versificado en el romance "Un miercoles de mañana, / a las nueue oras del dia," incluido en la refundición del romancero de Sepúlveda de 1563. La sección del romance en que aparece "Moralicos" dice así:

...desde alli van a la plaça,   do ay gente que no cabia,
vn cadahalso bien alto   de madera hecho auia.
Apeose de vna mula   y subiose luego arriba,
vido vn tapete tendido   y vna cruz que estaua encima,
ciertas entorchas de cera,   que junto al tapete ardian;
adoro luego la cruz   y besola con porfia
y luego empeço a passearse   a vn cabo y a otro boluia;
tomo vn sombrero y anillo,   que en la mano lo traya,
dioselo a Moralicos,   vn page que le seruia:
—Cata aqui el postrer bien   que yo hazer te podia.—
Recibiolo el pagezico,   con gran llanto que hazia.
La gente que lo miraua   lloraua a gran bozeria.
El maestre, muy sereno,   todo esto miraua y via...

El pajecico Morales fue, más tarde (1601), objeto de especial atención por parte de Gabriel Lobo Lasso de la Vega, en su *Manojuelo de romances nuevos*, quien le dedicó el romance "clypsada ya del todo / aquella menguante Luna," poniendo en su boca un lamento.

mero don que de mi puedes recebir. El cual lo recibio con muy gran llanto.[30]

La entrega de la mula al paje Morales consta también en la probanza hecha por el Marqués de Villena, en los últimos años del s. XV y primeros del s. XVI, con ocasión del pleito iniciado por la Duquesa del Infantado doña Maria de Luna, hija legítima del Condestable, al reclamar al Marqués el condado de Santisteban.[31] Se alude a ella en la declaración a la pregunta 26[32] del testigo núm. 5, quien, estando preso en la cárcel de Valladolid el día de la ejecución de don Álvaro, fue sacado de ella para que sirviera como uno de los pregoneros de la causa de la degollación:

"...E dice que se acuerda que el dicho Condeestable, cuando le llevaban a degollar, llevaba vestida una rropa de chamelote azul; e que en el cadahalso, antes que lo degollasen, vio que saco de el seno una bolsilla y la arrojo a un paxe suio, e dixo: Toma, Morales, esta mula y esta bolsilla, e vete con Dios. E que lo tomo e se fue con ella por la plaça luego que le degollaron.[33]

Aunque acompañó a don Álvaro hasta su muerte y el Maestre le hizo recipiendario de su ultimo acto de generosidad, el paje Morales, si creyésemos a Chacón, no habría merecido el agradecimiento y la confianza de su amo, sino todo lo contrario. Cuando don Álvaro queda detenido en Burgos en las casas de Pedro de Cartagena en que se aposentaba y el rey acude a comer a ellas sin dignarse verle, Chacón explica:

"...fizole poner alli grandes guardas, e dio el prinçipal cargo de la guarda suya al Ruy Diaz, el qual, ya antes que el Rey viniese, lo avia fecho desarmar e que se subiesse arriba a su camara. E de todos sus criados quedaron con el fasta en la noche de aquel dia Fernando de Sese, Pero de Zepeda e los dos pajes pequeños que ya escrebimos, de los quales avia nonbre el uno Alfonso del Adrada e

---

[30] *Cr. J. II*, p. 683*b*.
[31] Las probanzas han sido publicadas parcialmente por L. de Corral, *Don Álvaro de Luna según testimonios inéditos de la época* (Valladolid: Viuda de Montero, 1915). Según Corral, se conservaban en un voluminoso cuaderno en folio de letra del s. XVI en el archivo de la Casa de Corral de Zarauz (entonces Palacio de los Marqueses de Narros), donde las encontró en 1905.
[32] Folio 99.
[33] Corral, *Don Álvaro*, pp. 92-93.

el otro llamaban Morales; e aquestos pajes sienpre continuaron con el fasta que fenesçieron sus dias."[34]

En los días inmediatos, mientras el rey se preocupa en descubrir y recobrar los "thesoros ayuntados" por don Álvaro,

"El Maestre, dende alli adonde estaba preso o, digamos, detenido, pues por entonce no tenia otras prisiones salbo las guardas que lo guardaban, enbiaba a las vezes uno a las vezes otro de aquellos pajes que con el avian quedado a fablar con Gonçalo Chacón e con el Fernando de Sese; enbiabales esso mesmo algunas cartas escriptas de su mano para que ellos las enbiasen a la condesa su muger e al conde don Juan e a don Pedro de Luna sus fijos... E demas de aquesto... avia pensado de se ir por una ventana de su camara que salia a la calle; la qual cosa, como no la el pudiese fazer solo, convínole descubrirla a aquellos dos pajes que estaban con el. De los quales el uno, como mal criado, aquel que se llamaba Morales, le descubrio a Ruy Diaz, e non solamente ge lo descubrio, mas tobo manera con el como fiziese prender al otro paje compañero suyo, Alfonso del Adrada, e que lo apartasen de alli e que ende no estoviese en su seruiçio del Maestre. ¡Oh mal criado, mal te faga Dios si quier que tan mal enxenplo das de ti en tu tierna edad! ¡O quien confiase de ti grand confianza desque vernas, si vivieres, a numero de mas años!"[35]

Pero estuviera o no equivocado don Álvaro al hacerle entrega de su mula, su sombrero y los últimos dineros o joyas en su posesión, el acto del Maestre cumplió en la jornada del 2 de junio de 1453 la misma función que cumple en el romance. Tan singular coincidencia creo que basta, por sí sola, para probar la identidad de los dos sucesos, el histórico y el romancístico.

d. *El complejo del armiño: don Álvaro se entrega.*

El relato romancístico sobre la prisión y ejecución del Duque de Bernáx hace especial hincapié en la resignada actitud del magnate, que no intenta esquivar la muerte a pesar de los consejos de los suyos, quienes sospechan de las intenciones del rey:

Ese duque de Bernáx   el rey mandara por él,
el rey mandara por él   con su criado Juan Francés.

[34] Chacón, *Cr. Álvaro de Luna*, cap. 123, p. 407.
[35] *Cr. Álvaro de Luna*, cap. 125, pp. 411-12.

> Su criado le decía: —Hijo, no salga este mes;
> si de mí oyeras sabencia,   muerte es y no sentencia.
> —Dada era la sentencia,   no se puede deshacer.[36]

La escena coincide, básicamente, con lo ocurrido en Burgos en las casas de Pedro de Cartagena después de que don Álvaro recibe la orden del rey de que se retire de la corte para sus posesiones (Miércoles de Tinieblas, 28 de marzo de 1453) y despeña desde la torre de aquella casa en que se aposenta al Contador Mayor del rey Alonso Pérez de Vivero (Viernes Santo, 30 de marzo). A partir de ese momento, el rey se confirma en sus temores de que "como el Maestre era executivo e de grand coraçon," "por ventura el faria alguna cosa que fuese sonada en estraños reynos," fundado su miedo en la máxima vulgar de "a quien te quiera matar, madruga e matalo."[37] Por su parte, don Álvaro, aunque se siente acorralado, se dejará llevar por lo que su fiel servidor Gonzalo Chacón describe como el complejo del armiño:

> "Cuentan algunos e dizen fablando de los armiños, los quales son animales de grand blancura, que los caçadores que los quieren caçar, quando van a la caça de aquellos, caban la tierra al derredor de los lugares donde se albergan e sobre aquella tierra echan agua de manera que se face lodo, e despues de aquello asi fecho entran los caçadores a la caça e sueltan los canes. Los armiños acorrense al fuir, e quando se piensan ir ya en salbo, fallan aquella çerca de lodo que esta fecha, e por non ensuçiar su fermosa blancura en el lodo, tornanse de contino del camino que lleban fuyendo e metense en poder de los caçadores e de los canes, e por esta manera los prenden e los matan. Tal quiso paresçer el nuestro ynsigne Maestre, que por no yr por lugares que a el paresçieron non honestos segund el alto paresçer suyo, pospuso la vida por el honor. ¡Oh exçelençia de alto coraçon de caballero!"[38]

La preocupación de don Álvaro por no deslustrar, en sus postrimerías, su imagen histórica le obliga implacablemente a esperar los acontecimientos y a desechar una y otra vez la fuga como alternativa,

---

[36] *Variantes: varía ligeramente el nombre del duque, según veremos más adelante;* y su madre ~ y su padre; iba diciendo; no vaya; porque es mes que no ha sentencia; esta dando la sentencia; revocar.
[37] Según opinión de Gonzalo Chacón, Cr. *Álvaro de Luna*, p. 359.
[38] Cr. *Álvaro de Luna*, pp. 383-84.

mientras aún era posible, y la rebelión abierta, cuando esa posibilidad se cierra. Enterado de la llegada (el lunes después de Pascua) de gentes a caballo, armas y bastimentos al castillo de Burgos, que se halla en manos de los Stúñiga (o Zúñiga) sus enemigos, piensa escapar a caballo "aquella primera venidera noche" del Martes de las Ochavas de la Pascua de Resurrección (3 de abril), pero no lo hace;[39] cuando Pedro de Luxán le avisa, desde la cámara del rey, por intermedio de Chacón, "que plegue a Dios que mañana amanescamos con las cabeças" y, nuevamente, opta por ensillar los caballos, renuncia enseguida al plan, una y otra vez convencido por Fernando de Ribadeneyra de que huir dañaría su fama;[40] cuando Diego de Gotor "hallandole cenando, le dixo como fuese cierto que por toda la cibdad se decia que otro dia Miercoles habia de ser preso" y le sugiere escaparse con el "a las ancas de su mula, cubierto de una capa, e irse a dormir a su posada que era fuera de la ciudad," el Maestre se detiene a comer unas peras asadas y a tomar una copa de vino y, tras adormecerse un poco, abandona, una vez más, los planes de fuga.[41] En fin, cuando "en alboreando" del miércoles, llega Álvaro de Cartagena a advertirle que un gran tropel de gente armada acude desde el castillo a atacar su casa y don Álvaro, viéndose cercado, acepta el consejo de Chacón y Sesé de escapar arrebozado por el establo a un corral y, desde allí, por las tenerías hasta salir al río, se vuelve a mitad de camino, afirmando, para desesperación de Chacón, "que mas queria morir con sus criados, que salvarse andando por albañares ascondidos e tenebrosos como hombre bellaco e de ninguna condición."[42]

Más tarde, cuando el faraute Restre, primero, y el obispo de Burgos don Alonso de Cartagena y el Mayordomo mayor Ruy Díaz de Mendoza, después, le hacen saber que el rey está dirigiendo el cerco de las casas y que le ordena que se dé a prisión y don Álvaro exige seguridades, "un frayle de la Orden de Santiago, el qual era capellan del mismo Maestre" (¿se llamaría Juan Francés?) es enviado por el rey para negociar con el Maestre "que seguro era el que queria."[43] Tras varias idas y venidas, don Álvaro obtiene que el rey jure en manos del

[39] Cr. Álvaro de Luna, pp. 366-67.
[40] Cr. Álvaro de Luna, p. 368.
[41] Cr. J. II, pp. 680b-681a.
[42] Cr. Álvaro de Luna, p. 383.
[43] Cr. Álvaro de Luna, p. 392.

obispo de Burgos y firme y selle con su sello secreto, unos seguros tan satisfactorios que suscitan la desconfianza de Chacón (si creemos su relato):

> "Todos estos seguros que el señor Rey vos ynbia tan abastantes e como Vuestra Merçed los ha demandado e los quiere, todos son a fin de vos aver en su poder, e por sola esta cabsa non dudo que el prometeria montes de oro si le fuesen demandados. Vuestra Señoría conosçe bien la voluntad del Rey e su condiçión, y çerca desto no digo mas..., salvo que yo...he visto e sabido en este reyno algunos seguros e firmezas e juramentos quebrantados e no se guardar la fe prometida, no digo por quien...Por ende, señor, como se suele dezir: Aqui muera Sanson, e quantos con el son ...Dexadvos, señor, pues, de estos seguros e de cosa de papeles e tornad el fecho a las armas..."

Pero el viejo Maestre cortó el "discreto razonamiento" de su "leal criado" diciendo:

> "que nunca Dios quisiese que en cabo de sus dias, ca el avia vivido sesenta e çinco años e los quarenta dellos el mas famoso e mas leal e mas honrrado caballero e mayor señor que sin corona avia sido en su tienpo en todas las Españas, que el, agora ya estando casi en fin de sus dias, dexasse tal nombre e mas verdaderamente tal sepultura a sus fijos e a los descendientes suyos, es a saber, moverse a pelear contra la voluntad del Rey su señor e contra los suyos e contra su pendon real; diziendo otrosi: Fagan Dios e el Rey mi señor de mi lo que les pluguiere, ca yo por çierto no fare otra cosa si non ponerme en sus manos; el Rey mi señor me fizo, el me puede desfazer si quisiere."[44]

e. *El pregón y el cadalso.*

El romance describe con tres pinceladas cómo el noble duque es conducido al cadalso, fuertemente escoltado y precedido del afrentoso anuncio público de su ajusticiamiento mediante el sonido de trompetas y añafiles:

---

[44] Cr. *Álvaro de Luna*, pp. 393-95. También se alude a él en la Cr. *J. II* (p. 680a): "e un capellan suyo que era frayle de su orden vino al Maestre de parte del Rey e volvio quatro o cinco veces del maestre al Rey y del Rey al Maestre."

Ya le sacan del castillo	entre su caballería,
con trompeta y alafim,	día de postrimería;
le echan en un tablado	y escuro entre sus ojos.⁴⁵

La ejecución pública de un gran señor por sentencia de su rey fue ya en días de don Álvaro (y continuaría siéndolo en los siglos siguientes) casi insólito y motivo de asombro, de tal modo que convirtió a don Álvaro en paradigma de "la variedad e movimientos de la engañosa e incierta Fortuna."⁴⁶ Gonzalo Chacón recuerda así la escena de la llegada del Condestable al cadalso:

"Estaba en la plaça mayor de Valladolid... fecho un nuevo cadahalso para aquella nueva cosa que jamas en Castilla non fue vista su semejante: que un tan grand señor muriese sentençiado a muerte por el Rey e apregonado por su pregonero... La tronpeta suena en doloroso e triste e desplazible son. El pregonero comiença su mentiroso pregon... Cavalgo, pues, el bueno e bienaventurado Maestre en su mula, con aquel gesto e con aquel senblante e con aquel sosiego que solia cavalgar los pasados tiempos de su leda e risueña fortuna..."⁴⁷

y la *Crónica de Juan II*:

"... cavalgó en una mula, e Diego de Stuñiga e muchos caballeros que le acompañaban, e iban los pregoneros pregonando en altas voces: Esta es la justicia que manda hacer el Rey nuestro señor a este cruel tirano usurpador de la corona real; en pena de sus maldades, mandale degollar por ello. E asi lo llevaron por la cal de Francos e por la Costanilla hasta que llegaron a la plaza, donde estaba hecho un cadahalso alto de madera... E como el Maestre fue tendido en el estrado, luego llego a el el verdugo e demandole perdon e diole paz, e paso el puñal por su garganta e cortole la cabeza...."⁴⁸

f. *Las duras prisiones y el picoteo a un hombre delicado.*

| En cárceles lo metieron | hondas y de escuridade, |
| que no se miran sus manos, | tampoco sus lindas faces. |

---

⁴⁵ *Variantes*: de su casa; de entre su; con sonajas y tañeres; escuros.
⁴⁶ Según expresión de Lorenzo Galíndez de Carvajal o de Fernán Pérez de Guzmán en la "exhortación quel escritor de esta Coronica escribe" a modo de epílogo de la Cr. J. II (p. 691a).
⁴⁷ Cr. *Álvaro de Luna*, pp. 431-32.
⁴⁸ Cr. J. II . p. 683a-b.

¡Oh Dios, qué fuertes prisiones   para hombre tan delicado!
La guilía ballestera   con su pico iba picando.⁴⁹

El motivo de las duras prisiones aparece en el romance sefardí expresado con fórmulas tradicionales muy repetidas en el romancero. Pero aquí nos interesa destacar que don Álvaro, si bien en los primeros días de su prisión estuvo simplemente "detenido" (como explica Chacón),⁵⁰ en seguida fue tratado con mayor rigor, quizá al descubrirse sus planes de fuga. El testigo 7º aducido por el Marqués de Villena en sus probanzas recuerda que

"... vido una jaula en que lo avian metido preso, e despues, desde a ciertos dias, biera sacar al dicho Condeestable por la puerta de la dicha ciudad enzima de una mula, preso e con una cadena a los pies con su candado...;"⁵¹

y el 10º confirma:

"... e lo viera preso en una jaula en las casas de Pedro de Cartaxena, donde posaba, por espacio de tres o quatro dias, e porque dende lo viera llevar preso enzima de una mula e con una cadena a los pies, e dezian que lo llevaban para Valladolid...."⁵²

Por su parte, Fernán Pérez de Guzmán, en las *Generaciones y semblanzas*, recuerda igualmente cómo el rey

"Fizolo poner en Portillo en fierros, en una jaula de madera."⁵³

Los curiosos versos que en el romance siguen tratan indudablemente de subrayar (según el *CGR* interpreta) el sufrimiento del noble duque, quien no sólo ha de soportar físicamente el maltrato, sino los afrentosos insultos de la gente baja que se aprovecha de su miserable condición de reo. Aunque el significado del sustantivo pronunciado [la gilía] es problemático, ya que en virtud de las reglas fonéticas del espa-

---

⁴⁹ *Variante*: en tablados le m.
⁵⁰ Cr. *Álvaro de Luna*, pp. 411-12.
⁵¹ Corral, *Don Álvaro*, p. 82.
⁵² Corral, *Don Álvaro*, p. 82.
⁵³ Fernán Pérez de Guzmán, *Generaciones y semblanzas*, ed. R. B. Tate (London: Tamesis Books, 1965), retrato del rey (f. 25v del ms. Esc. Z-III-2). El testigo 14º de las probanzas confirma que la jaula era de madera, pero la sitúa en Burgos, como los otros testigos: "... y se diera a prisión a Rui Diaz de Mendoça y a el obispo de Burgos don Alonso de Cartaxena, y ansi preso lo viera meter en una jaula de madera que para ello hizieron..." (Corral, *Don Álvaro*, p. 83).

ñol sefardí puede leerse lo mismo /la guilía/ que /la aguililla/,[54] el determinativo "ballestera" no deja lugar a dudas de que la acción de ir picando con su pico está tomada en sentido figurado y de que alude a los "picotazos" que el noble preso debe soportar mientras está en manos de sus guardianes o mientras es conducido por medio del populacho. Aunque la representación como una "aguililla" de los que "pican" al preso debe estar presente en el pensamiento de algunos de los cantores sefardíes, creo muy probable que el sintagma "la guilía ballestera" haya de entenderse a la luz de las voces de germanía *gura* 'la justicia', *guro* 'el alguacil', *gurón* 'el alcaide de la cárcel', *gurullada* 'la tropa de corchetes y alguaciles'[55] y del uso moderno jergal de *guiri* 'guardia'.[56]

En el caso de don Álvaro, sabemos que, una vez preso, cada vez que le trasladan de Burgos a Valladolid, de Valladolid a Portillo y de Portillo a Valladolid va escoltado por una tropa de gentes armadas como la que describe la *Abreviación continuada del Halconero* al contar la salida de Portillo:

"Fue sacado muy bien acompañado de mucha gente de armas e de pie, ballesteros como escudados."[57]

Por otra parte, la natural tendencia del pueblo bajo a ensañarse con el hasta ayer todopoderoso privado se manifiesta desde que el rey acucia a los ciudadanos de Burgos a que ataquen las casas de Pedro de Carta-

[54] La [y] < [l̞] seguida de [i̯] desaparece, igual que en el español de Nuevo México.
[55] Todas ellas incluidas por la Real Academia Española en su "Diccionario de Autoridades" (*Diccionario de la lengua castellana en que se explica el verdadero sentido de las voces*...), III (Madrid: Imprenta de la Real Academia Española, 1732), ed. facs., Madrid: Gredos, remitiendo como autoridad al *Vocabulario de germanía* de Juan Hidalgo de 1609, quien de las equivalencias latinas 'judices vel justitiae ministri'; 'stelles, itis'; 'praefectus'; 'satellitum grex, vel caterva' (puede leerse en la reed. de J. M. Hill, *Voces germanescas* [Bloomington, 1949]).
[56] María Moliner, *Diccionario de uso del español* (Madrid: Gredos, 1975, s. v.): *inf. y vulgar* 'individuo de la guardia civil'.
[57] Según el ms. de la Bibl. universitaria de Santa Cruz, Valladolid. Se trata de la copia sacada por Gerónimo de Zurita de otra que le proporcionó Antonio Alvarez de Toledo que se decía sacada de la que poseyó Lorenzo Galíndez de Carvajal. La *Cr. J. II* usó esa *Abreviación del Halconero* como fuente, abreviando a su vez el relato (según ocurre en este pasaje, cfr. *Cr. J. II*, p. 683a). Cito el ms. de Valladolid a través de J. de M. Carriazo, en la p. CCI de su introducción a Don Lope de Barrientos, *Refundición de la Crónica del Halconero*, "Colección de Crónicas Españolas" IX (Madrid: Espasa Calpe), 1946.

gena en que se aposenta el Maestre.⁵⁸ Así, cuando don Álvaro insiste en darse a prisión directamente al propio rey, Ruy Díaz de Mendoza y el obispo don Alonso de Cartagena le advierten:

"¿Donde quereis ir, señor, que os mataran i la maior pieça de vos sera la oreja?"⁵⁹

Más tarde, cuando es conducido preso y fuertemente aherrojado fuera de la ciudad, las gentes le acompañan mofándose de él:

"Saliendo por la puerta de la dicha cibdad—recuerda el que luego sería uno de los pregoneros en su ejecución—dezian los que estavan en la cerca: Esta es Burgos, cara de mona; ésta es Burgos, que no Escalona. E que oyera dezir que el dicho Condeestable bolbiera la cabeça hazia la cibdad y tomandose las barbas con la mano: ¡Nunca yo las rrape ni corte las uñas si no te hago arar y sembrar de sal, corral de vacas!"⁶⁰

Escena esta que Pedro Sánchez el Rojo, vecino de Burgos, recuerda también, pero substituyendo el juramento amenazador por una queja que recuerda más el condolido comentario de nuestro romance respecto a las vejaciones de que don Álvaro es objeto:

---

⁵⁸ El testigo 5º (el que actuó de pregonero cuando le sacaron de la cárcel) nos informa de cómo el rey, cuando se decide a arriesgarse a poner en práctica el plan de apresar a don Álvaro, incita a los ciudadanos burgaleses: "Oyera dezir publicamente a muchas personas que la noche de antes andaua el rrei por las calles de la dicha cibdad diciendo a los que topaba: Doleos, señores, de mi; yd adelante a la posada del Maestre (porque ya en este comedio don Albaro de Çuñiga tenia cercada la posada de el dicho Condeestable," y de cómo, más tarde "viera al dicho señor rrei don Johan armado en blanco enzima de vn cavallo en la plaça e mercado en la cibdad de Burgos... e su alteça decia: Adelante, adelante, a la posada de el Maestre..." (Corral, *Don Álvaro*, pp. 81 y 80).

⁵⁹ Según el que fue pregonero (testigo 5º). Aunque refiriéndolas a un contexto diverso, confirma las palabras el testigo 9º (Pedro Alfonso, de 85 a.): "...queriendo salir fuera a pelear, le dixeron algunas personas: No salgais, señor, fuera, porque, si salis, la mayor pieça de vos sera el oreja;" a su vez, el testigo 17º comprueba que estaba en lo cierto el pregonero en cuanto a la ocasión de la advertencia: "el viera al dicho Condeestable... estar armado en blanco enzima de un cavallo, procurando de salir fuera e diziendo que se queria ir al rrei, y que el dicho Rui Diaz de Mendoça y el Prestamero su hermano, que alli estavan, le dixeran: Señor, no salgais fuera, porque vos haran pedaços" (Corral, *Don Álvaro*, pp. 81, 85 y 85, respectivamente).

⁶⁰ Corral, *Don Álvaro*, pp. 81-82.

"...e que, al salir de la cibdad, yban muchos onbres e moços haciendo burla del e diziendo en boz alta: Esta es Burgos, cara de mona; esta es Burgos, que no Escalona. Y el dicho Condeestable dixiera a ciertos cavalleros que con el iban: ¡Que os parece, señores, que burla se haze a onbre de tal estado como yo!"[61]

Las humillaciones continuaron a lo largo de los meses de prisión. El calvario del Maestre tuvo su punto culminante cuando, conocedor ya de su sentencia, Diego de Stúñiga lo aposenta en Valladolid en las casas de Alonso Pérez de Vivero,

"donde muchos hombres y mugeres y criados de Alonso Perez, que alli estaban, lo recibieron dando grandes gritos, diciendole muchas palabras criminosas y feas retrayendole la muerte de su señor Alonso Perez, que le habia muerto a mala verdad e a traición seguro en su posada, e como Dios, por mostrar maravilla, lo habia traido asi preso a su casa para que su mujer e los suyos oviesen del venganza en su casa, donde seria sacado a justiciar por pregon de justicia. Mas trabajo e dolor tenia el Maestre en oir aquellas cosas e como se vengaban del aquella muger e criados de Alonso Perez que en la muerte que esperaba recebir."[62]

Todavía al ser conducido al cadalso, mientras los pregoneros le acusan de cruel tirano usurpador de la corona, el pueblo se agolpa gozoso a contemplar el espectáculo; sin embargo, al ver cómo el Maestre se dispuso a sufrir a la muerte "mas esforçada que devotamente, ca segunt los abtos que aquel dia fizo e las palabras que dixo mas perteneçian a fama que a devoçion"—conforme le reprueba Pérez de Guzmán,[63]—el público se dejó ganar por su serenidad y grandeza, según pone de relieve Chacón:

"Mira, oh lector, en este paso una cosa digna por çierto de ser notada e aun de aver por miraglosa: ca non obstante que quando llevaban al bienaventurado Maestre a le dar muerte (ca non se debe dezir que lo llevaban a justiciar, pues que contra toda justicia lo

---

[61] Corral, *Don Álvaro*, p. 82.
[62] Cr. J. II, p. 683a. Cfr. en la prolongación de la *Abreviación continuada del halconero*, citada por J. de M. Carriazo en la introducción a Barrientos, *Refundición del Halconero*, p. CCI.
[63] Fernán Pérez de Guzmán, *Generaciones y semblanzas*, ms. Esc. Z-III-2, f. 25v (*ed. cit.* p. 44).

mataban) la gente que concurria a lo mirar iban todos, segund que comunmente acaesce e se suele fazer, con gestos e senblantes non tristes, como aquellos que van a mirar cosa que non aviene cada dia, espeçialmente yendo a mirar un tal fecho qual nunca fue visto en Castilla, todos a un son, assi honbres como mugeres, los que alli en la plaça eran presentes e los que estaban por las ventanas de las casas que en la plaça eran alli cercanas, fizieron e mostraron, de primero, al tienpo que ya el sayon tenia el cuchillo en sus manos, un callado silençio, como si a sabiendas e so muy graves penas les fuera mandado que todos callassen, luego encontinente, despues de aquello asi fecho, al tienpo que ya el sayon ponia el tajante cuchillo amolado en la garganta del bienaventurado Maestre, se levanta entre todos ellos tan doloroso e tan triste e tan sentible llorar e tan alta e lagrimosa grida e bozes de tanto tristor e dolor como si cada uno dellos, asi varones como mugeres, viera matar cruelmente al padre suyo o a cosa que mucho amara."[64]

g. *La condesa, los hijos y los criados negros.*

Cuando el Duque de Bernáx, ya en el cadalso, entrega su jaca a su criado Moral, le encomienda que, si le es posible, haga saber a su mujer e hijos ausentes su desgraciado fin:

   -Cabálgate en esa jaca,   si te la quisieran dar;
   a mi mujer la condesa   mis nuevas le irá a dar,
   que llore y no se calle,   que no me espere más,
   su marido don Alonso   en malas prisiones va.
   ¡Ay, qué bulla que harán   criados negros y negras!
   ¡ay, qué llantos que harán   los mis hijos a la mesa,
   cuando estén sentados ellos   y no me vieren en ella![65]

Don Álvaro, durante los primeros días de su prisión, confía en que podrá superar con la ayuda de los suyos la difícil situación en que se halla. Por ello, desde la cámara en que se encuentra detenido, envía con sus pajes Morales y El Adrada "cartas escriptas de su mano" a Chacón y a Sesé "para que ellos las enbiasen a la Condesa su muger e

---

[64] Cr. *Álvaro de Luna*, pp. 433-34.
[65] *Variantes:* mi madre; la princesa; que se case y no aguarde; que su hijo; don Francisco; +porque el duque de Bernáx cautivose sin rescate; con que b. llorarán; +ay qué guayas que hará la mi mujer la princesa, más amarga quedará la mi madre la marquesa.

al conde don Juan e a don Pedro de Luna sus fijos,"⁶⁶ según cuenta el propio Chacón (que dice desconocer lo que decían).⁶⁷ La Condesa, su mujer, y el Conde, su hijo, se alzan, entonces, en la villa de Escalona, protestando ante el Papa y los príncipes cristianos de la ruptura por el rey de los juramentos y seguridades dadas al Maestre. Además de intentar conseguir una presión diplomática sobre Juan II, tratan de amedrentar al rey, amenazándole con coaligarse, no sólo con sus enemigos, mas con los moros o los mismos diablos si pudiesen;⁶⁸ y por su parte, el Maestre preso se negó a ordenarles la entrega de las fortalezas que tenían, a cambio de la "clemencia, tempranza e misericordia" regias, "antes respondio... que mandaba a sus fijos e parientes que se alzasen e fiziesen guerra e metiesen fuego en mis regnos por quantas partes pudiesen," si podemos creer lo que el propio rey cuenta a sus súbditos para justificar la ejecución.⁶⁹ Pero, una vez enterados de la muerte en el cadalso de don Álvaro, la condesa y el conde don Juan pactaron prontamente con el rey, a fin de no caer en caso de traición y poder conservar parte del patrimonio del Condestable.⁷⁰

La alusión a los criados negros de don Álvaro podría creerse un anacronismo introducido por los cantores marroquíes. Pero está lejos de serlo. Baste recordar el siguiente relato del halconero real Pero Carrillo de Huete sobre el regreso de don Álvaro a la corte, después de su primer destierro, el año 1428:

"E el Condestable venia vien bordado de argenteria, e quatro pajes por aquella via e[n] quatro cavallos muy grandes e muy fermosos e

---

⁶⁶ Cr. *Álvaro de Luna*, pp. 411-12.
⁶⁷ "Lo que en ellas se contenia no se sabe; pero el Maestre, como sea cosa natural que los que estan dolientes querrian ser sanos e los que estan presos querrian ser sueltos, de creer es que el buscaria su deliberación por quantas partes buscarla pudiese."
⁶⁸ Según la respuesta del rey, dada en Fuensalida, 22 de mayo de 1453, a la amenazadora carta de la condesa doña Juana Pimentel, y el relato que hace el rey, estando en el real sobre Escalona, el 18 de junio de 1453, en carta a todos sus súbditos. Se hallan reproducidas en J. Rizzo, *Juicio crítico*, pp. 374-83 (según copia de la iglesia de Toledo, en Bibl. Real, t. 20 de la Colecc. del padre Burriel) y pp. 396-414 (según copia en el Archivo del Marqués de Villena), respectivamente.
⁶⁹ Carta cit. en la n. 68.
⁷⁰ Cfr. Cr. *Álvaro de Luna*, p. 436 y Cr. *J. II*, p. 684a. Al pacto alude la carta de perdón, indulgencia y mercedes de villas y lugares de Juan II, fechada en Escalona, 28 de junio de 1453, transcrita en un documento ed. por Rizzo, *Juicio crítico*, pp. 384-88.

muy bien guarnidos a maravilla. E venian delante del dos negros, que trayan sendos lebreles negros; e el vno traya vn venablo e el otro traya vna lança de Xerez.[71]

h. *La fecha del suceso y el título del noble muerto.*

Las varias versiones del romance sefardí coinciden en comenzar, como algunos romances noticieros publicados en el s. XVI,[72] consignando la fecha del suceso narrado:

Año de noventa y dos,   año de mil y trescientos;
Año de noventa y cuatro,   año de noventa y tres;
El veintiuno de mayo,   año de noventa y tres.

Obviamente, estas fechas no coinciden con las de la prisión, el 4 de abril de 1453, o la ejecución, el 2 de junio de 1453, de don Álvaro. Si la tradición sefardí del s. XX remonta, como creemos, a un romance noticiero viejo, del s. XV, habría que suponer que en el prototipo se decía algo así como:

*Año de mil cuatrocientos,   año de cinquenta e tres.

---

[71] Ms. *9445* de la Bibl. Nacional de Madrid. Cito por la ed. de J. de M. Carriazo, *Crónica del halconero de Juan II, Pedro Carrillo de Huete,* "Colección de Crónicas Españolas," VIII, Madrid: Espasa Calpe, 1946, p. 18.

[72] Según puede verse fácilmente, en A. Rodríguez Moñino, *Diccionario de pliegos sueltos poéticos. Siglo XVI*, Madrid: Castalia, 1970 (= *DicARM*): "El año de quatrocientos/que nouenta y dos corria " (pérdida de Granada por el Rey Chico), *DicARM* 684; "Año de mil y quinientos/y dezinueue a mi ver " (muerte del emperador Maximiliano), *DicARM* 172; "Año de mil y quinientos/veynte e cinco se dezia, // dezinueue eran de junio,/lunes era aquel dia" (llegada a Barcelona, prisionero, del rey de Francia), *DicARM* 8; "Año de 1500/treynta y cinco que corria" (conquista de Túnez), *DicARM* 56; "Año de mil y quinientos/treinta y nueue que corria" (muerte de la emperatriz), *DicARM* 160; "Año de mil y quinientos/quarenta y cinco corria" (muerte de la princesa Maria, hija de los reyes de Portugal), *DicARM* 542; "Año de cinquenta y tres,/en doce dias de Enero" (Fuego en la nao de Lope Hortiz), *DicARM* 634; "Año de cinquenta y quatro,/veynte y dos era del mes" y "Año de mil y quinientos/de quatro y cinquenta corria, // a veynte y dos de Setiembre,/un sabado que anochecia" (incendio de las naos en la ribera del Guadalquivir), *DicARM* 858 y 245; "Año de mil e quinientos/cinquenta y nueue se dezia" (llegada a Cádiz de galeras turcas a rescatar cautivos), *DicARM* 189; "Año de mil y quinientos/y sesenta y dos contados" (desastrosa pérdida de galeras), *DicARM* 394; "Año de mil y quinientos,/que ochenta y ocho corria" (el rey hace juntar su armada en Lisboa), *DicARM* 304; "Año de mil y quinientos/y mas nouenta y tres años" (diluvio en la villa de Bilbao), *DicARM* 371.

A pesar de la discordancia notada en las centenas y en las decenas, entre los textos tradicionales del s. XX y los acontecimientos, no deja de ser notable la pervivencia, en tres de las variantes romancísticas de la fecha, del año "tres," cuya antigüedad en el romance está asegurada por las rimas "por él," "Juan Francés," "este mes," "deshacer."
Posiblemente también remonte al prototipo del romance la referencia, más adelante, al "día de Pascua Florida," pues, aunque se trata de un día de obvias connotaciones folklóricas, parece recordar el tiempo en que se produjo la prisión de don Álvaro. Los contemporáneos notaron ya la notable coincidencia de los acontecimientos con el valor simbólico de aquellos días del año según el calendario litúrgico:

> "El Miercoles, las Ochavas de Pascua Florida, queriendo nuestro señor facer obra nueva, el dia que debiera ser de resureçión, fue pasión del dicho Condestable."[73]

La transformación del Conde de San Esteban de Gormaz y Duque de Trujillo en "Duque de Bernáx~Abernaz~Abernal~Abernán~Alberná" no me parece obstáculo para la identificación de las dos historias (¿será ese nombre una deformación de "Gormaz"?). Resulta, por otra parte, bien curioso que la mujer de "el duque" romancístico reciba correctamente (según ya hemos visto)[74] el nómbre de "la condesa."

i. *En conclusión*

Los paralelismos citados, entre la historia de la prisión y ajusticiamiento del Condestable, Maestre de Santiago, Conde de San Esteban de Gormaz y Duque de Trujillo don Álvaro de Luna, en 1453, y la del romancístico "Duque de Bernáx," resultan, a mi parecer, demasiado notables como para poder desligar el relato cantado en el s. XX por los judíos sefardíes de Marruecos del hecho histórico ocurrido 39 años antes de la expulsión de sus antepasados de España en el s. XV. El detalle de la entrega, por parte del noble ajusticiado, a su criado Morales o Moral, como último acto señorial antes de morir, de la cabalgadura en que ha sido conducido al cadalso identifica, definitivamente, ambos sucesos.

---

[73] En su retrato del rey, en las *Generaciones y semblanzas*, ms. Esc. Z-III-2, f. 25v (*ed. cit.*, p. 43). La fecha 21 de mayo, que citan algunas de las versiones del romance, cae, desde luego, en el tiempo en que don Álvaro estuvo preso en Portillo, pero no corresponde a las de sus "salidas" o traslados (para la ejecución se le sacó de Portillo el viernes, 1 de junio, no antes).

[74] Atrás, §9.

El romance de la *Prisión de don Álvaro de Luna* (CGR 0024) viene así a sumarse al impresionante grupo de romances noticieros sobre sucesos históricos de entre 1370 y 1500 ajenos a la frontera granadina de los que no se conservan versiones antiguas salvados del olvido por la memoria de sucesivas generaciones de trasmisores de tradición: Leonor Téllez, la mujer de Juan Lorenzo de Acuña, hecha reina de Portugal por el rey Fernando (1371), la flota de Alfonso V de Aragón entra en Niza y ataca Marsella rompiendo las cadenas de su puerto (1423), prisión y ejecución de don Álvaro de Luna (1453), alarmante paso por la frontera de Fuenterrabía y San Sebastián de numerosos franceses como peregrinos a Santiago (1496), muerte, por excesos amorosos, del príncipe don Juan, recién casado con Margarita de Austria, a quien deja embarazada de un heredero de las coronas de Castilla y Aragón (1497).

Estos romances nos muestran (mejor que otros cualquiera) que la tradición oral no ha necesitado del apoyo de la escritura para conservar durante cinco o seis siglos memoria de múltiples pormenores históricos de indudable autenticidad, aunque los personajes y los hechos cantados hayan quedado totalmente fuera de la memoria histórica de las comunidades en que los relatos se cantan y los sucesos cantados carezcan, por tanto, de contexto referencial, y aunque los cambios socio-culturales del mundo en que se cantan pudieran parecer razón suficiente para condenarlos al olvido.[75] Perdida su función inicial "noticiera" y su posterior carácter de testimonios históricos, los romances sobre sucesos políticos de fines de la Edad Media han continuado cantándose gracias al permanente interés de sus escenas dramáticas como ejemplos de vida y al placer estético que los transmisores y receptores castellanos, catalanes, portugueses o sefardíes de esas narraciones han seguido recibiendo al reproducir y recrear las expresiones poéticas características del lenguaje figurativo del romancero o al oirlas a los portadores del saber tradicional.

La dignidad con que el noble Duque de Bernáx acepta la afrentosa conducción al "tablado" y su próximo ajusticiamiento, junto con la

---

[75] El hecho de que la memoria colectiva, apoyándose en un texto transmitido oralmente, pueda recordar durante los siglos XV, XVI, XVII, XVIII, XIX y XX tanto dato y pormenor histórico como los que recuerdan todos estos romances debe ser tenido muy presente por todos aquellos lectores que dudan de la capacidad retentiva de las memorias de los juglares transmisores de las gestas en los siglos XIII, XII, XI, X...

patética anticipación por su parte del dolor de los suyos al enfrentarse con la noticia de su muerte han sobrevivido más de medio millar de años al propósito del viejo Condestable don Álvaro de Luna de jugar ante la Historia el papel de héroe trágico en el tablado en que iban a cortarle la cabeza y dejarla por nueve días en el garabato y salvar así impoluta para la Fama su nítida piel de armiño.

UNIVERSITY OF CALIFORNIA, SAN DIEGO
UNIVERSIDAD AUTÓNOMA DE MADRID
SEMINARIO MENÉNDEZ PIDAL (UNIVERSIDAD COMPLUTENSE DE MADRID)

Descubrimiento de la poesía
(*Pequeño mundo antiguo*)

RICARDO GULLÓN

O PUEDO FIJAR la fecha en que la poesía entra en mi vida; no puedo recordar con exactitud el momento en que, atónito y maravillado, descubrí un mundo nuevo, un mundo que se transfiguraba al contacto de la palabra y hacía del orbe en torno algo distinto, ámbito donde las cosas cobran relieve, brillo y hechizo.

No ocurrió el descubrimiento como el de la isla remota que se divisa desde la soledad del mar; por el contrario, la poesía desde la niñez fue rodeándome, asediéndome, cercándome y lentamente me conquistó.

Por eso, quizá fuese preferible pensar lo ocurrido invirtiendo sus términos, o sea, pensando que fue la poesía la invasora; que fue ella quien actuó dinámicamente, fuerza que penetró en el alma y tomó posesión de ella.

He contado anteriormente lo que para mí supusieron las lecciones de música con *Paganini*, y fue en esa época, o un poco antes, cuando tuve conciencia de la poesía. Desde niño, y gracias, en primer término, a la portentosa memoria de mi padre, que recordaba centenares de versos, escuché de sus labios poemas que poco a poco iba haciendo míos, contribuyendo a formar mi espíritu. Hubo un momento, teniendo once o doce años, en que se ordenó y adquirió contornos más netos cuanto hasta entonces permaneciera difuso, vagando por los subterráneos del ser.

¿Qué era la poesía? ¿Qué era aquel deslumbramiento, aquella emoción que llenaba el alma de sentires oscuros y de una pasión disparada hacia el ensueño con la violencia de un disparo? No lo sabía, y no quiero, ahora, enturbiar la frescura del recuerdo con la pedantería del crítico y del teorizante, que desde otro mundo se esfuerza a ratos en definir y explicar lo esencialmente indefinible e inexplicable.

Un amigo de infancia, Luis Alonso Luengo, poeta y hombre sensible, fue el compañero inseparable de aquellas tardes en que juntos y solos nos emborrachábamos de Rubén, como con un alcohol de gran fuerza. Paseos por la muralla, en las claras tardes de la primavera astorgana, cuando la vega empieza a verdear y los trigos despuntan en los campos, antes de color ocre. Entre tanta hermosura naciente leíamos y recitábamos de memoria, pues de memoria los aprendíamos, versos llenos de magia, versos de *Prosas Profanas*, en el ejemplar encuadernado en tela roja que me había regalado mi padre: "Sonatina," "Otra Margarita"... ¡Rubén! Y en seguida más libros suyos, y en ellos "Salutación del optimista." Eran poemas—hoy lo sé—influidos por el parnasianismo y el simbolismo francés, y nos interesaron por lo que tenían de exótico. En aquellas composiciones se erguían hidalgos, se desmayaban princesas y navegaban los cisnes... Mundo presidido por Versalles, un Versalles dieciochesco, cargado de fragancia, y esa fragancia, por el encanto del poema, impregnaba el ámbito de la vida cotidiana, tan distinto.

Leyendo a Rubén un Versalles de magia emergía frente a nosotros, en los tesos de la Corona. Desde la muralla hasta los montes de Teleno se extendía la Eragudina, todavía sin árboles, campo de juegos infantiles atravesado por el Gerga, riachuelo paupérrimo que no lleva agua ni esperanzas, río de pueblo pobre, para gentes que viven y mueren sin atreverse a soñar. Pero Luis y yo, desde lo alto, veíamos, o creíamos ver, bajo el claro sol del atardecer, la forma frágil y airosa de la princesita rubia, flotante en sus tules, y a su lado, rayo de sol y flecos de nubes, a la divina Eulalia, vacilando en la sonrisa, distribuyendo la sonrisa entre el abate y el caballero. La poesía, sobre entusiasmarnos, nos permitía ver lo que no se ve, pero está ahí, acechando detrás de una nube, pronto a cristalizar y a convertirse en realidad. La poesía transfiguraba el mundo y encendía el paisaje con las luces de un pasado en el que nos imaginábamos partícipes desde el ensueño.

Mi ciudad está posada en lo alto de una colina, en el centro de una llanura limitada por los montes del Teleno. En un paisaje pardo y austero, con árboles escasos, negrillos y álamos principalmente y de vez en vez la mancha verde de una pradera en cuyo centro gira una noria.

El paisaje en torno a Astorga tiene la nobleza de lo sencillo, y cuando primavera llega se ilumina de tiernos verdes, de trémulas margaritas. En el estío, las rojas amapolas arden entre los trigos maduros, entre los centenos. Quizá nada tan antitético a este terruño como la idea de un parque versallesco, artificial, con rumor de violines, minuetos mozartianos y un no sé qué de quebradizo y falso en la vida. Frente al paisaje pardo y seco, la imagen versallesca constituía la antítesis más terminante y expresiva. Nuestra tierra leonesa, oscura sí, pero hermosa, hacía pensar en vidas intensas, en pasiones españolas de amor y de muerte, en la tarea dura que aguardaba, en el trabajo cotidiano para levantar nuestra vida y nuestro pueblo. Rubén en cambio ofrecía rincones de vida frívola, alegre y fácil. Yo no diría que prefiriésemos lo suyo a lo nuestro, porque, en el fondo del corazón, españoles a machamartillo, sabíamos que la existencia es sufrimiento y la vida trabajo y no minueto. Al mismo tiempo nos ilusionaba pensar, al menos fugazmente, que también podía ser ligereza, animación y delicia. A nuestro lado florecían las muchachas: Cristina, Socorro, Ana... y nos sentíamos atraídos hacia ellas cuando Rubén se lanzó sobre el espacio en que vivíamos y lo pobló de mujeres fantásticas: Eloísa, Mona Lisa, la Princesita... Unas y otras, imágenes, y pensando tal vez en los ojos negros y chispeantes de Pilar, recitábamos un soneto que de ninguna manera le estaba dedicado:

> Yo adoro a una sonámbula con alma de Eloísa,
> virgen como la nieve y honda como la mar;
> su espíritu es la hostia de mi amorosa misa,
> y alzo al son de una dulce lira crepuscular.
> Ojos de evocadora, gesto de profetisa,
> en ella hay la degrada frecuencia del altar;
> su risa es la sonrisa suave de Mona Lisa,
> sus labios son los únicos labios para besar...
> Y he de besarla un día con rojo beso ardiente,
> apoyada en mi brazo como convaleciente
> me mirará asombrada con intimo pavor...
> La enamorada esfinge quedará estupefacta,
> apagaré la llama de la vestal intacta.
> ¡Y la faunesa antigua me rugirá de amor!

En el recuerdo resulta un poco chocante este género de transfiguraciones y confusiones, pero lo cierto es que mezclábamos los sentimientos y que en el alma adolescente se barajaban libremente las impresiones de lo vivido y lo leído. La vida se hacía sueño, y el sueño vida, y ni queríamos separarlos ni hubiéramos podido hacerlo aún si quisiéramos. La vida podía estar integrada, y así lo estaba, por fantasmas y por seres de carne y hueso, no menos reales unos que otros, y ni siquiera distintos. Las muchachas con quienes empezábamos a reír; las muchachas con quienes compartíamos gaseosa de bolita y tortilla de patata, eran, en otros momentos (o tal vez al mismo tiempo) figuras míticas. Si algunas veces la "sonámbula con alma de Eloísa" carecía de rostro preciso, a menudo se identificaba éste con el de Rosario, con el de Anita...

Rubén nos sumergía en la vasta corriente de la poesía, y allí encontramos al poeta que con sólo nueve versos (pues el resto de su obra jamás llegó a interesarnos) logró que miles de seres le recordaran en "la triste y espaciosa España," repitiéndolos como plegaria de juventud y de esperanza:

> Ojos claros, serenos,
> que de un dulce mirar sois alabados:
> ¿por qué si me miráis, miráis airados?
> Si cuando más piadosos
> más bellos parecéis a quien os mira,
> ¿por qué a mí sólo me miráis con ira?
> ¡Oh, tormentos rabiosos!
> Ojos claros, serenos,
> ya que así me miráis, miradme al menos.

Tantos ojos claros alrededor, tantos ojos serenos a los que podía aplicarse el madrigal. Además, descubrí un modo elemental de recitarlo a quien tuviera los ojos negros, como los tenía Socorro, y muy hermosos: bastaba sustituir la palabra "claros" por la palabra "negros" y el poema producía en la destinataria—si sus exigencias críticas no eran mayores de lo habitual—excelente impresión. Yo contaba, desde luego, con la absolución del poeta, pues si Cetina hubiese visto los ojos de Socorro o los de Herminia pensaréis de fijo que sus versos nunca podrían emplearse mejor que cuando dedicados a estas criaturas.

Por la poesía se insinuaban sentimientos borrosos y se matizaban los que despuntaban en el alma adolescente. La poesía tenía algo de revelación, y la aceptábamos como deslumbramiento natural, como sorpresa con la que indecisamente se contaba, aunque ignorásemos la trascendencia de la iluminación. Sería exagerado afirmar que descifrábamos correctamente la poesía, pero no lo es decir que nos identificábamos con ella, con aquél cántico cuya melodía despertaba interior-mente voces presentidas. Lo en apariencia confuso, indeciso y vago fue tomando contorno y cristalizando.

La poesía se nos pegaba al oído, y como al muchacho que en la era se revuelca en los montones de trigo recién trillado le quedan al levantarse—metidos por todas partes, en los bolsillos, en los zapatos, entre el pelo—granos del rubio cereal, así, digo, de tanto andar entre versos, de tanto movernos horas y horas por el mundo de la poesía, en nuestra lengua, en nuestra mente, en nuestro corazón quedaban prendidas palabras que sonaban como rumores del espiritu, acaso entendidas de manera poco acorde con su significado preciso, pero que aún así decían algo, y nos transportaban: "crisálida," "nelumbos," "dalias del sur..." Recogíamos la palabra, es decir la sentíamos cayendo en el alma, y desde allí goteaba lentamente, se deslizaba, sangre de sueño, por las venas, hacia la sima, más honda cuanto más llena, de la imaginación. Y la imaginación se agrandaba, pozo cada dia mayor y más rico; pozo en el que, según se ahondaba, surgían ricas vetas de mineral que sacadas a luz enriquecían al hombre naciente.

Colindante con la imaginación, la chisporroteante zona de la fantasía. A ella llegábamos por ciertos romances que abrían las puertas de lo arcano. Un día, bien lo recuerdo, leyendo el romance del Conde Arnaldos, sentí un sobrecogimiento, una impresión nunca advertida tan nítidamente, la más singular que puede producir la poesía: la impresión del misterio.

La imagen del caballero, de pie en el puente de su marido, dialogando con las nubes, los peces y las olas; la imagen del caballero que nada dice a quienes en la costa aguardan es una de las más seductoras de nuestra poesía:

> Yo no digo mi canción
> sino a quien conmigo va.

En estas líneas encontraba la esencia del misterio existencial; en el romance se presenta, con radiante oscuridad, una presencia que transforma la vida, un secreto incomunicable a los otros, en cuanto esos "otros" son distintos, no hablan el lenguaje de la voz lírica y necesariamente entenderían mal el sentido de lo que les dijera.

La canción secreta del alma sólo es posible susurrarla a quien conozca la clave, a quien sepa descifrar la significación de palabra y melodía; sólo cabe comunicarla a quien nos acompaña en el pensamiento y el sueño, a quien sabe el valor de un sollozo, de una risa, de una lágrima.

El misterio es campo abierto a la interpretación y fueron muchos quienes a interpretar se atrevieron. Ninguna me satisfacía tanto como la que acabo de exponer, y no por ser mía sino porque estaba de acuerdo con la imagen que, en aquellos días lejanos, me formé de la poesía. Se pueden decir los secretos del alma a los pájaros, a los vientos, a las aguas, y quien tenga el espíritu receptivo—como los órficos—hasta entenderá su respuesta, pues no se la callan a quien sabe escucharlos. Alta cumbre de la sensibilidad es la que permite descifrar los mensajes de las voces naturales.

El inventor del Conde Arnaldos sitúa al hombre en un mundo de claridades que no todos pueden compartir. Buscando sentido a la existencia, la mayoría se inclina hacia la historia, las almas y las sociedades, dejando a los elegidos la tarea de escudriñar lo subterráneo del ser y los desvanes del alma. Lúcidos son los primeros, y ofrecen sus conclusiones en forma inteligente y precisa, sistemática y clara. Nos rendimos al rigor, pero no sé qué protesta en nosotros contra tanta lucidez, exactitud y rigor, seguramente porque deja en sombras lo inaprehensible por vía de razón. A la zona profunda, a la zona donde nacen y fermentan sentimiento y pasión no se llega por el camino de la claridad; para penetrar en ella es preciso forzar el acceso yendo más allá de la filosofía y la psicología.

Al descender a los infiernos encuentra el poeta la cifra reveladora y la comunica en su deslumbramiento como lo que es, expresión misteriosa del misterio, temblor asociado a la tiniebla o delicia por el presagio dilucidado. El marinero del romance vuelve de alguna isla lejana, de una *terra incognita* en la cual una dulzura indecible le obsequió con riquezas comunicables tan sólo a quien sienta como él, a quien consienta en compartir su ilusión. Sí; este romance me acercó, por la veladura y la sutileza de sus insinuaciones, al misterio radical del sentimiento se canta para quien ama la canción, y es inútil esforzarse con los insensibles.

Otra variante emocional me fue sugerida por el poema "Lo fatal" de Rubén Darío, expresivo de la duda y hasta la angustia experimentadas por el hombre cuando se enfrenta con la zona última de su vagar por el mundo. Pocas veces la palabra produjo notas más hondas y se impregnó de angustia y de inquietud tan decisivamente como en este hermoso poema:

> Dichoso el árbol que es apenas sensitivo,
> y más la piedra dura porque esa ya no siente,
> pues no hay dolor más grande que el dolor de ser vivo,
> ni mayor pesadumbre que la vida consciente.

> Ser y no saber nada, y ser sin rumbo cierto,
> y el temor de haber sido y un futuro terror...
> Y el espanto seguro de estar mañana muerto
> y sufrir por la vida y por la sombra y por
> lo que no conocemos y apenas sospechamos.
> Y la carne que tienta con sus frescos racimos,
> y la tumba que aguarda con sus fúnebres ramos,
> y no saber adónde vamos,
> ni de dónde venimos...

Inquietud digo, inquietud alzada a desesperanza e incertidumbre. La vaguedad constituyente del misterio en el romance del Conde Arnaldos, deja paso a la angustia por nuestro destino, y no a la revelada en la náusea, sentida a través de la náusea, sino a la soportada con entereza y con grandeza de alma, capaz de enfrentarse a un tiempo mismo con la vida y con la muerte, con la nada y con la duda; conciencia clara y valerosa en que concurren simultáneamente las almas del indio chorotega y del campesino castellano, el talante soñador y el temple realista.

Cuatro líneas bastaron a Rubén para plantear el drama final de vivir. ¡Qué hermoso arranque, lleno de brío, anunciando desde el primer verso el acorde último!

> Dichoso el árbol que es apenas sensitivo,
> y más la piedra dura porque ésa ya no siente,

En quienes nos acercábamos a la juventud, esas líneas levantaban resonancias singulares, prolongadas en dirección muy personal por cierto hecho que trastornó nuestro modo de sentir la muerte. Un amigo de poca más edad que nosotros, Nemesio Hoyos, enfermó de fiebres malignas—así llamaban en aquel tiempo a males de turbio diagnóstico—que en espacio de un verano, le destruyeron. Llegó el otoño y con él la muerte del infeliz. Una tarde de octubre, bellísima tarde dorada, tibia de luz, le dimos tierra en el camposanto de Astorga. Apenas se podía creer en la muerte de tanto como lucía el mundo en torno, pero el hecho era irrebatible y más lo hizo así mi curiosidad mezclada de espanto; momentos antes de bajarlo a la fosa los sepultureros abrieron el féretro para arrojar sobre el cadáver la cal destinada a precipitar la descomposición. Ví la boca torcida, el hilillo blancuzco manando de ella y pensé: esto es la muerte, entendiendo el "espanto seguro de estar mañana muerto." Lo hasta allí idea abstracta, suceso inimaginable desde la salud que apenas se relacionaba con nosotros, irrumpía de improviso en la vida. En cualquier instante, por azar, por destino, por designio de un dios oscuro, uno podría convertirse en aquella cosa que estaba siendo Nemesio, materia de la que escapaba un humor amarillento, signo de podredumbre y podredumbre en sí. No tardaría en disiparse su eco, pero, durante algún tiempo resonaban en la conciencia, como aldabonazos en el viejo portón de algún caserón deshabitado, las impresiones de aquella tarde de octubre; no así los versos en que Rubén resumía el enigma:

>   no saber adónde vamos,
>   ni de dónde venimos...

El enigma maduraba y hacía pensar, como piensan los adolescentes, en la muerte: con inquietud, pero sin temor. Teníamos fé, y por la fé, esperanza.

Llegó Juan (Juan Panero) y con él nos planteamos un día el fenómeno de la inspiración. Creíamos en ella, creíamos en la Musa, llama que descendía o ascendía con fulgores imprevistos y con su fuego daba al poema su ardor. Hoy la Musa tiene mala prensa, pero en los años veinte aún creíamos en una fuerza susceptible de provocar la aparición de estímulos que incitaban a la invención por medio de la palabra. Pensaba yo que al poeta le estaban abiertos territorios cuya existencia me era desconocida. El relámpago de la inspiración le permitía ver un mundo vedado para mí. Vislumbrábamos formas, sones, movimientos sin acertar a ponerles la mano encima, y de pronto se hacían visibles por el foco de luz proyectado por el poeta.

Bécquer nos dió la palabra y por medio de la imagen dilucidó el modo de operar de la inspiración:

>   Sacudimiento extraño
>   que agita las ideas,
>   como huracán que empuja
>   las olas en tropel;
>   murmullo que del alma
>   se eleva y va creciendo
>   como volcán que sordo
>   anuncia que va a arder.

Fluía el octosílabo hasta desembocar en la previsible conclusión: "¡Tal es la inspiración!" Metáfora y símil encadenados en la variación respondían a las ilusiones, los deseos, los temores del muchacho que, a prima noche, en la soledad de la alcoba sentía, como el poeta, "accesos de alegría/impulsos de llorar." Los equívocos de la temprana juventud permitían asimilar en su ambigüedad "los átomos del iris" y aceptar como procedente del alma la fabulosa presencia del "caballo volador" que tan alto transportaba al genio romántico.

Aprendí, no sé bien de quién, que la imaginación, lejos de sentirse oprimida por las cadenas de la rima, conocía gracias a ella, panoramas radiantes. La rima varía el curso de los pensamientos, pero su coacción puede resultar beneficiosa si la palabra urgida por el texto aportaba nuevas intuiciones. En los malos poetas ocasiona incongruencias, caídas, "ripios" y aún puros disparates, en otros casos, y eran los únicos que me importaban y los únicos que, en realidad, siguen importándome, deparaba encuentros casi milagrosos, asociaciones verbales de insólita belleza y caminos para la palabra que conducían a sensacionales descubrimientos.

El poeta, movido por la fuerza de la palabra, decía cosas que no estaban en su intención decir: se movía por sendas y en direcciones no calculadas y a lo largo del camino gozaba con el deleite de la sorpresa.

Infinidad de anécdotas y testimonios sugieren que no es necesario entender absolutamente la poesía para comprenderla, para sentirla; penetra en nosotros por vía emocional e intelectual; la inteligencia toma parte activa en la creación del poema, pero el deslumbramiento inicial procede de otros ámbitos del ser.

No estoy seguro si por entonces asimilé totalmente la poesía, o alguna poesía. Quizá me ocurriera, a veces, como al toledano, amigo de Amado Alonso, con quien este comentaba la teoría a que estoy refiriéndome. Y para ejemplo, le decía Amado: "Fíjate en este verso de Rubén: 'Que púberes canéforas te doren el acanto'—Y el toledano: 'Sí, sí, eso es verdad; ese verso me gusta mucho y, sin embargo, de él sólo he entendido el "que".'"

Si la rima, al forzar la aparición de determinadas palabras y con ella la de giros inesperados del verso, enriquece la poesía, el metro no menos impone el cambio de la palabra primeramente convocada; el hallazgo de un adjetivo que transforma y colma de sentido al poema, puede deberse a la sustitución del bisílabo disponible por otro de tres sílabas.

(La inspiración, decía Valéry, regala el primer verso del soneto, pero los otros trece son hijos del esfuerzo. Y antes que él Baudelaire escribió que la poesía era una mezcla de inspiración y trabajo.)

Pronto comprobé que un primer verso puede darlo la Musa, aunque generalmente me negara sus favores, pero los restantes cuestan sudor, sangre y a veces un padecer casi físico.

En la poesía encontré una disciplina necesaria y ha de tenerse en cuenta que, contra la opinión más extendida, el adolescente anhela sujetarse, ser aleccionado con rigor, siempre que, al mismo tiempo, la imaginación pueda volar. Otro de mis descubrimientos—cada cual lo hace a su hora—fue notar que la palabra es la poesía; no sólo la hace, *es*. No hay poesía sino en la palabra y por la palabra, por su virtud viva y transfiguradora que al inventar un mundo lo hace refulgente y atractivo.

Cuando yo era joven se hablaba constantemente de fondo y forma. ¡Qué necedad! ¿Cómo separarlos? Son una y la misma cosa integradas en la sustancia del verbo. La estructura formal ha de ajustarse a lo que se intenta expresar. La poesía es expresion y vale porque en virtud de ciertas trasmutaciones convierte el decir común en decir personal, capaz de hacer sentir lo implícito en el acto de creación.

Un poemilla de Antonio Machado, unas pocas líneas del amado poeta me dijeron y aclararon lo que la inspiración es y representa. Los versos dicen así:

> Tal vez la mano, en sueños,
> del sembrador de estrellas,
> hizo sonar la música olvidada
> como una nota de la lira inmensa
> y la ola humilde a nuestros labios vino
> de unas pocas palabras verdaderas.

Tan cerca y tan lejos de lo escrito por Bécquer sobre el tema. Aquí se dilucida con precisión la consistencia de la creación lírica. La mano del sembrador de estrellas, productora del poema, es la inspiración. Esa música olvidada suena en el alma con acentos insospechados y la corriente determinante de estos acentos trae a la pluma, en el caso de Machado, "unas pocas palabras verdaderas," pocas, porque el poema crece en intensión y no en extensión, y verdaderas porque la autenticidad es la primera condición para que resuenen en el alma.

El toque de la poesía, su ser mismo, su genuina esencia, lo que me sorprendía y maravillaba era la eficacia que gracias a ella adquiría la palabra cotidiana, transformada en mágico chorro de sugerencias. Por la poesía llegué a conocer la plenitud de significados del vocablo común, invulnerable al deterioro del uso: verbos, sustantivos, adjetivos redoblaban su fuerza y daban profundidad y realce a la expresión.

La sencillez de Bécquer nos alecciona. Si ahora recurro al plural no pienso únicamente en Luis Alonso, en Juan Panero, en otros amigos y en mí; estoy refiriéndome a la mayoría de los jóvenes de ayer, a quienes la obra del sevillano unía en admiración común, aún si distinta en sus motivaciones—no le admirábamos por idénticas razones y algunos le admiraban por el mal motivo.—Aquellos versos servían para establecer, superando discrepancias y eventuales causas de discordia, una zona de coincidencia, un ámbito donde convivir:

> Volverán las oscuras golondrinas
> de tu balcón sus nidos a colgar...

cantábamos en los atardeceres, y el corazón creía sentir, en días tan tempranos, el dolor por el bien perdido. No sé si entendía bien a Bécquer; me faltaba experiencia, aunque tal vez la falta no fuera tan total como pudiera creerse.

Cuando el hombre juzga desde la madurez al adolescente que fue, al muchacho que usó sus huesos y su sangre antes que él, tiende a sonreír, a valorar en poco los sentimientos que hicieron palpitar su corazón. Juzga "ridículos" tales sentimientos o bromea considerándolo como sarampión emocional que cada cual padece en su momento.

No entraré en esta cuestión, cortando el hilo del recuerdo, pero sin alejarme de éste sí quiero asegurar que vi de cerca (y acaso viví) sentires precoces y vibraciones tempranas que al contacto de una lírica, la becqueriana, toda ella sentimiento, pasión y color, incentivaban la capacidad de soñar.

> Los suspiros son viento y van al aire.
> Las lágrimas son agua y van al mar.
> Dime, mujer; cuando el amor se olvida,
> ¿sabes tú donde va?

Sueña el joven y desde la altura del sueño se incorpora la poesía. Sueño y poesía, vasos comunicantes por los que el alma se desplaza. Y en ese desplazamiento ambos dominios se ensanchan y, vastos y secretos, van poblándose de rumores y destellos.

Bécquer hacía pensar que prosa y poesía utilizan análogos elementos, sin más diferencia que la derivada de metro y rima. ¿Es así? La poesía—pensaba yo—era un fluido que impregnaba el decir de ese *no sé qué*, sortilegio y enigma.

Un día, no sé bien cómo, advertí que contra la opinión de don Antonio, mi joven profesor de Preceptiva Literaria, la poesía no estaba limitada por metro y rima, ni forzada a declararse en verso. El descubrimiento parece pueril cuando expuesto desde esta altura de la vida, pero a los trece años obligaba a discusiones con el maestro, con los amigos y hasta con algún "poeta" local de esos que cada abril hacen versos a la primavera y cada otoño cantan el irreparable huir del tiempo.

No fué sencillo convencer a los reacios (y tal vez no llegué a convencerlos) de que la prosa podía ser vehículo de poesía tan legítimo como el verso. En una ciudad como la mía, quien abandonaba la tradición en cualquiera de sus aspectos recibía nota de sospechoso. Y la tradición conocida por los foliculiarios del pueblo—colaboradores en los tres pequeños periódicos que allí se publicaban—consideraban inseparables la poesía y el verso.

Esos escritores de consolidada reputación local, y en algún caso provincial, mi profesor de Retórica en el Colegio de San Luis y la mayoría de mis condiscípulos, creían consustanciales el verso y la poesía. Yo sabía que no era así pues un librito en prosa, un precioso libro que mi tío Amando trajera de Madrid me había producido la misma sensación de deleite que la poesía en verso. Se titulaba el libro, *Platero y yo*.

No sabía yo precisar la diferencia entre "prosa" y poesía y quizá por eso no lograba convencer en las conversaciones y menos en las discusiones con don Antonio, a quienes me escuchaban. El joven profesor hizo reír a la clase presentándome como un tipo extravagante aferrado por tozudez y capricho a opiniones que no resistían el análisis.

Contra la opinión común y apoyándome en los textos de *Platero*, me empeciné ciertamente en defender opiniones nada populares. La poesía, en prosa o verso, me sonaba de una manera, distinta a la de la prosa; producía excitación y exaltación distintas en calidad y en grado, colmándome, aunque no supiera explicar el cómo y el por qué, de un sentimiento que tenía poco que ver con la prosa de la comunicación cotidiana.

¿Cómo las palabras de cada día, me preguntaba yo, dicen y significan otra cosa en el poema que en la prosa del libro de texto o del artículo periodístico? ¿Por qué Bécquer, Machado y Rubén Darío en pocas líneas—con el lenguaje más frecuentado los dos primeros—alzaban oleadas de emoción? No sólo yo; nuestro pequeño grupo se planteaba el problema y quería resolverlo, y más, escribir poesía. Aspiración que me llevó a emborronar libros y cuadernos con retazos de lo que aspiraba a ser poesía y no pasaba de reflejo mimético de lo ajeno. No era suficiente el sentimiento, ni la emoción—de éstas teníamos pasto abundante; se necesitaba maestría verbal, señorío del son y, en su recto sentido, "técnica." Faltaban vivencias y sones. Y la poesía se escribe desde ellos; viviéndola y escuchando rumores de dentro puede

construirse algo valioso. Mis vivencias pecaban de pueriles y por triviales carecían de significación. En cuanto a la música...
Partiendo de los textos de Cetina, Rubén, Machado, Bécquer ...fue mi sensibilidad y creciendo mi interés por la Poesía. Un día, verano de 1922, descubrí por azar, como suele ocurrir, que junto a las voces que me enamoraban, siendo como ellas y a la vez sonando con inflexión de novedad, frescor y gracia, algo nuevo me reclamaba. Otra vez Juan Ramón Jiménez, ahora en verso, me reclamaba y atraía a los caminos del arte nuevo.

Pero ésta ya es otra historia y quiero contarla despacio. La escribiré, pues, en capítulo aparte. Del "pequeño mundo antiguo" estaba pasando, de la mano de Juan Ramón, al "pequeño mundo moderno;" el adolescente estaba cediendo su puesto al joven y del Instituto no tardaría en pasar a las aulas universitarias. ¡Dichoso mundo antiguo! No fue casualidad que los primeros versos de Juan Ramón Jiménez los escuchara en la alta montaña de manos de una muchacha que, a la distancia de la rememoración se me aparece delicada y graciosa como los versos del poeta.

UNIVERSITY OF CHICAGO

La copla de *La misión de Moisés* en la tradición sefardí de la zona del Estrecho

IACOB M. HASSÁN

N MI ARTÍCULO "Las *Complas muevas por ḥag haPésaḥ*: poema y romancerillo no del todo identificado de Y. A. Yoná" (abrev. "CPYY")[1] publiqué dos versiones—que resultan ser paradigmáticas—de la copla sefardí de *La misión de Moisés*, transcritas ambas de textos aljamiados: la versión *B*, de tres manuscritos relativamente antiguos (textos *cde* de la lista infra), y la versión *A*, de también tres libritos publicados por Yacob Yoná (textos *i*).

La misión de Moisés es la denominación que en el *CCS*[2] hemos preferido para lo que en el perceptivo catálogo de Samuel Armistead (abrev. *CMP*)[3] se denomina *La vocación de Moisés II* (número E. 10). Recordemos el sumario del tema poético allí publicado, que reproduzco sin más variación que añadir como números de orden, precediendo a las diferentes etapas o episodios de la narración, los de las estrofas que en mi versión *B* los desarrollan:

---

[1] *Estudios Sefardíes*, 5 (1982 = *Sefarad* 42/3 [1987]), 469-504.
[2] *Catálogo de Coplas sefardíes*, que con Elena Romero y otros colaboradores preparamos en el Instituto "Arias Montano."
[3] S. G. Armistead *et al.*, *El Romancero judeo-español en el Archivo Menéndez Pidal (Catálogo-índice de romances y canciones)*, 3 tomos (Madrid, 1978).

5) Dios llama a Moisés desde la zarza
6) y le manda que hable con Paró (Faraón) y que saque a los judíos del cautiverio.
7) Moisés protesta que no se sabe expresar.
8) Dios lo consuela.
9) Se marcha a ver a Paró y lo encuentra sentado a la mesa con doce reyes, burlándose de los judíos.
11) Le dice [Paró] a Moisés que no conoce al Dios de los judíos y que no ha recibido siquiera un pequeño regalo de Él.
12) Moisés sube a los cielos y comunica lo ocurrido a Dios,
13) quien promete enviar a Paró, como regalo, diversas plagas contra el pueblo egipcio.
14/17) Moisés se marcha, en compañía de su hermano Aarón y seguido de las doce tribus.
17 bis) Moisés toma la vara de Aarón y divide el mar;
18) pasan los judíos a salvo; los egipcios se ahogan.

Los textos de *La misión* tenidos en cuenta en el *CMP* son seis: los dos inéditos catalogados (*gh*; teóricamente son tres, pero E.10/1 es un íncipit de sólo un verso) y cuatro citados en la bibliografía (*ajnp*). Según ellos, la compañía de Paró por los doce pares en la etapa 9 bien habría podido encerrarse entre paréntesis, pues sólo se encuentra en dos (*np*) de los seis textos considerados; y entre las etapas 9 y 11 del sumario podría haberse añadido:

10) (Ante la pregunta de Paró,) Moisés le comunica su misión

que se encuentra en los seis. Es también rasgo caracterizador de esta copla la presencia de un estribillo, que en el *CMP* reza--como último verso de E.10/3 (*g*)—"Que después de Aífto no vino tal señor/como Mosé rabenu, su hermano Aarón," y que con formulación más o menos diferente en otros textros (frecuentemente "Que en todo A. no hubo otro s./c. M. r. ʿalav hašalom ['q.e.p.d.']" o semejantes), se repite total, parcial o abreviadamente tras la mayoría de las estrofas.

En "CPYY" añadía las referencias de otras seis versiones orientales publicadas (*klmñoq*) y de una manuscrita (*b*), aludía a otras inéditas, y de todas ellas declaraba que "Pendiente está la edición y estudio de las muchas versiones inéditas de *La misión de Moisés* que hasta la fecha ha sido posible reunir, tanto manuscritas como orales y representativas de diferentes estratos cronológicos y diversas subtradiciones geográficas, no sólo orientales sino también la occidental de la zona del Estrecho."[4]

[4] P. 487 (con mi formulación de ningún modo pretendía excluir del estudio los textos no inéditos). Las referencias aludidas están en p. 473 n. 12 y ps. 487-88 n. 41.

Para la edición y estudio aún no *me* ha llegado la hora. Pero cualquier hora es buena, y por qué no ésta, para presentar ordenadamente las fuentes textuales que conozco y avanzar algo en la caracterización de versiones. En primer lugar los textos orientales.[5] En manuscritos aljamiados conozco en total seis:

a) manuscrito de David B. M. Hakohén de Sarajevo, fechado en 1794 (JNUL 8º 413),[6] f. 183rº-vº, publicado en transcripción por Attias 78;[7]

b) manuscrito de Yakov Hazán de Rodas, ca. 1800,[8] f. 25vº: tras la

---

[5] Los agrupo según la naturaleza de la fuente llegada a mis manos (manuscrita, impresa, en grabación; y entre las escritas, aljamiada o en caracteres latinos). Remito abreviadamente a la siguiente bibliografía: M. Attias, *Romancero sefaradí*... (Jerusalén, 1956/61); I. Bar-Lewaw, "Aspectos del judeo-español en las comunidades sefardíes de Atlanta, Ga. y Montgomery, Ala. (EE.UU.)," *Actas XI Congr. Intern. Ling. Fil. Rom.* (1965) t. IV (Madrid, 1968) pp. 2109-2124; S. Bassan, *Judeo-Spanish Folk Poetry* (tesis Univ. Columbia, 1947); A. Galante, *Appendice à l'Histoire des Juifs de Rhodes, Chio, Cos, etc.* (Estambul, 1947); A. de Larrea Palacín, *Canciones rituales hispano-judías* (Madrid, 1954); I. Levy, *Antología de liturgia judeo-española*, 10 tomos (Jerusalén, t. III 1968); I. J. Levy, *Sephardic Ballads and Songs in the United States: New Variants and Additions* (tesis Univ. Iowa, 1959); J. Martínez Ruiz, "Poesía sefardí de carácter tradicional (Alcazarquivir)," *Archivum*, 13 (1963), 79-215; M. Molho, *Usos y costumbres de los sefardíes de Salónica* (Madrid, 1950); L. Wiener, "Songs of the Spanish Jews in the Balkan Peninsula," *Modern Philology*, I (1903-4), 205-16, 259-74. Otras abreviaturas: AMP = Archivo (Instituto Seminario) Menéndez Pidal (Madrid); BZI = Ben-Zvi Institute (Jerusalén); JNUL = Jewish National and University Library (Jerusalén); NSA = National Sound Archives de la JNUL (Jerusalén); PF = Proyekto Folklor de Kol Israel (Radiodifusión Israelí, Jerusalén). En las citas me atengo al sistema expuesto en "Transcripción normalizada de textos judeo-españoles," *Estudios Sefardíes*, 1 (1978), 147-50, y en la cubierta posterior de los anuales fasc. 3 de *Sefarad*.

[6] Sobre el manuscrito y su compilador puede verse el artículo-reseña de S. G. Armistead, I. M. Hassán y J. H. Silverman, "Un nuevo testimonio del romancero sefardí en el siglo XVIII," *Estudios Sefardíes* 1 (1978) pp. 197-212, y las referencias allí recogidas (especialmente en nota 14 de p. 202).

[7] Corríjanse las siguientes lecturas (referidas a la numeración por hemistiquios de Attias): 1) *Llamó el Dio a M.*; 2) *zalzamora*; 3) *y le respondió;* 4) *aquea;* 5) *y le d.;* 6) *Qué manda s.;* 8) *non h. otro v.;* 14) *el om.;* 17) *que quite;* 19) *Quen;* 20) *mensajero;* 21) *desperto;* 24) *de luenga;* 25) *C. tú M.;* 31) *Ya se p.;* 34) *en la m. a.;* 43) *saques;* 53) *ael D.;* 60) *piojos;* 65) *Ya se a.;* 68) *y a A.;* 70) *que e. h.;* 76) *para q. p. todos m. h.* con peor ritmo; 79) *a lado;* 82) *t. se a.;* 84) *t. se a.* Al final de las estrofas (tras vs. 18, 24, 30, 38, 44, 50, 56, 64, 70 y 76) se repite el inicio del estribillo *Que después*.

[8] Véase la minuciosa descripción del manuscrito en el libro de S. G. Armistead y J. H. Silverman, *Tres calas en el Romancero sefardí (Rodas, Jerusalén,*

copla del *Celo de los ángeles* (*3C* nº 28);[9]
cde, a saber: *c*) ms. Hazán cit., fs. 76vº-77vº (*3C* nº 54), *d*) ms. de *Pizmonin* de Salónica(?), ca. 1860 (JNUL 8º 3191), fs. 15vº-16vº, y *e*) ms. de *Piyutim* de Bosnia(?), ca. 1840 (BZI 3505), f. 34rº-vº,[10] publicados en transcripción los tres en la versión B y variantes (ps. 489-92) de "CPYY" (allí textos A, B y C); y
f) ms. Habib, ca. 1910 (Yeshiva University),[11] fs. 26vº-27rº.

A ellos se añaden los dos textos manuscritos en caracteres latinos del AMP catalogados por Armistead en el *CMP*:

g E.10/2, de la colección manuscrita del rabino M. Levy de Sarajevo (1911); y

h) E.10/3, recogido en Plóvdiv por Saül Mézan (1920).

Textos aljamiados impresos conozco sólo

i) el publicado con variantes no significativas en tres ediciones de Y. Yoná: *1) Séfer Guedulat Mošé* (Sal., 1891), ps. 14-15, *2) Complas muevas por ḥag haPésaḥ* (Sal., ca. 1900), ps. 10-12, y *3) Librico de romanzas importantes* (Sal., 1908), ps. 2-3, publicado en transcripción en la versión *A* (ps. 485-86: texto 2) y variantes (p. 487: textos *1* y *3*) de "CPYY."[12]

Textos allegados por la investigación moderna conozco los tres reseñados en el *CMP (jnp)* y los seis añadidos en "CPYY" (*klmñoq*), publicados por:

j) Wiener (1903) nº 2: Bosnia recogido en 1898;

k) *Jevrejski Glas* (Sarajevo), 1º ab. 1931, p. 2: publicado por M. Levi (¿el mismo rabino M. Levy de *g*?;

l) Bassan (1947) nº 2: de Salónica recogido en Nueva York;

Estados Unidos) (Madrid, 1979), pp. 14-21 (abrev. *3C*), complementada en la comunicación de E. Romero, "Las *Coplas* en el manuscrito sefardí de Yakov Hazán de Rodas" (en prensa para las *Actas* del Tercer Coloquio Internacional sobre Romancero..., 1982); cfr. "CPYY" n. 41.

[9] *CMP* E.9 (allí *La vocación de Moisés II*).

[10] En "CPYY" pp. 487-88 y ns. 42-45 justifico las atribuciones y doy las referencias pertinentes.

[11] Libreta de papel cuadriculado de ca. 210 x 125 mm.; en hs. 21-31 y entre otros textos en hebreo, hay en sefardí aljamiado hasta una docena de poemas de contenido religioso: coplas (algunas raras), cantos diversos y un romance (el del *Paso del mar Rojo*), todos en elegante caligrafía cursiva de trazo moderno.

[12] Referencias allí y en p. 476 y n. 23.

m) Galante *App. Rhodes* (1948) ps. 17-18 (nº 2);
n) Molho *Usos Salónica* (1950) ps. 254-255;
ñ) Levy *Ballads* (1959) nº 133 [A] (ps. 158-59): cantado por Katherine Cohen de Rodas y grabado en Atlanta;
o) Levy *Ballads* (1959) nº 133 [B] (p. 159): cantado por Katherine Israel de Rodas y grabado en Atlanta;
p) Levy, *Ant. lit.* t. III (1968) nº 336: de Salónica cantado por Mošé Camhi en 1965; y
q) Bar-Lewaw (1965) p. 2120: de Oriente (¿Rodas?) recogido en Atlanta (geminado con *El celo de los ángeles*).

Y por último, los inéditos recogidos en grabación magnetofónica por S. G. Armistead y J. H. Silverman (*rstu*), Armistead solo (*v*), Armistead y I. J. Katz (*w*), Katz solo (*x*), S. Weich-Shahak (yz_1z_2), M. Sevilla-Sharon (z_3) y M. Shaul (*y'*), a saber:

r) cantado por Ester Varsano Hasid, de Salónica, el 20 ag. 1957 en Van Nuys (California);
s) cantado por Perla Galante, de Rodas, en 1957-8 en Los Angeles;
t) cantado por Estrella Mayo y Miriam Shemaria, de Rodas, el 22 jl. 1958 en Los Angeles;
u) recitado por Sara Nehama, de Salónica el 21 ag. 1959 en Nueva York;
v) cantado por M. Crespi, de Salónica, el 18 my. 1959 en Filadelfia;
w) cantado por Rachel Taragano, de Dardanelos, el 2 mz. 1971 en Nueva York;
x) recitado por Flor Tevet, de Salónica, el 25 ag. 1971 en Petah Tikva (Israel);
y) cantado por Ana Cides, de Salónica, el 4 jn. 1976 en Tel Aviv (NSA Yc 1096/5);
z) tres textos cantados por Jacob Sadicario, de Salónica, y grabados 1) el 4 ab. 1977 en Jerusalén (NSA y 2093/4b),[13] 2) en 1978-9 (NSA Yc 1402/49), y 3) en ab. 1980 (PF 73/4); y
y') cantado por Elenora Halfón, de Oriente, antes de 1983 en Israel (PF 127/10).

En estas tres decenas (dos más o dos menos) de textos se advierten a primera vista dos familias textuales bien definidas. Una de estructura coplesca más evidente—como mi versión B—, representada en nueve textos (*acdef gh jk*), y otra en la que se manifiesta una fuerte tendencia al arromanzamiento—como mi versión A—, representada en diez (*i lnp*

---

[13] Incluido parcialmente por S. Weich-Shahak en el disco documental AMTI 8001 *Sephardic Songs from the Balkans* (Jerusalén, 1980), B/10.

ruvxyz)—o en catorce, si consideramos independientemente los tres de Yoná (i_{1-3}) y los también tres de Sadicario (z_{1-3})—.

De la versión B coplesca y considerando ahora todos los nueve textos conocidos, podría completarse el sumario añadiendo al inicio las etapas:

1) Moisés, pastoreando las ovejas de su suegro Jetro,
2) llega a un desierto y ve una zarza ardiendo que no se quema.
3) Se acerca a ver qué es el prodigio,
4) y un ángel le dice que se descalce.

Y añadiendo o reformulando en el desenlace:

14) Paró manda a llamar a Moisés y Aarón para echar a los judíos de Egipto.
15) Moisés busca el ataúd de José, y Sérah (sobrina de José) le dice
16) que está hundido en el Nilo;
17) (sale a flote el ataúd), lo toma Moisés y se marcha con las doce tribus, acampando a la orilla del mar (río).
19) Como los redimió de la esclavitud de Egipto, así redimirá Dios prontamente a su pueblo de este largo galut.

La formulación en el *CMP* de la etapa que he numerado supra 14/17 estaría justificada porque de los tres textos (*a g j*) que la contienen entre los seis allí tenidos en cuenta, en dos—el del ms. Hakohén (*a*) y el de M. Levy (*g*)—quien se levanta "con (todo) su fonsado" y llama a los judíos y a *su* [propio] hermano Aarón es Moisés (igual en *k*), mientras que sólo en uno—el de Wiener (*j*)—es Paró quien se levanta y a quien llama es a Moisés y a *su* hermano [de Moisés] Aharón: esta última formulación parece sin embargo preferible, no ya por conformarse en contenido con los tres textos de mi versión B, sino porque supone entender que el 'ejército' se refiere al real del faraón egipcio y no al figurado (las doce tribus) del caudillo hebreo.

El texto del ms. BZI (*e*) no pasa de la estrofa 14 y el del ms. Habib (*f*) y el de Mezan (*h*) no pasan de la etapa 13; de los otros seis textos—que contienen las etapas finales—, en los de los mss. Hazán y JNUL (*cd*) falta la estrofa correspondiente a la etapa 17bis, la cual se halla sin embargo en los otros cuatro (*a g jk*); pero en tres de ellos (*a g k*) faltan las etapas 15-17, las cuales por cierto, de los tres únicos textos que la contienen (*cd j*), en el de Wiener (*j*) presentan una repartición estrófica diferente de la de los mss. Hazán y JNUL (*cd*). En etapas anteriores, falta la 12 en tres textos (*f h j*). Y al inicio, las etapas 1-4 faltan en todos salvo en los tres publicados en "CPYY" (*cde*) y relativamente en el de Mezan (*h*), en el cual falta además la etapa 5 pero precediendo a la 6 hay una estrofa inicial que cubre parcialmente las etapas 1 y 4. Variación textual significativa respecto a la versión B de "CPYY," además de en las ya señaladas etapas 1/4 (*h*), 14/17 (*a g k*) y 15-17 (*j*), la hay también en la 18 (*a g k*).

De todo ese galimatías supra lo que resulta es (1º) que las etapas de mayor estabilidad en la tradición son las situadas entre la 5 y la 14, y de entre ellas, las 6-11 y 13, presentes en todos los textos; y (2º) y que la versión más plena sería la que podría formarse sintetizando los textos "gemelos" segundo del manuscrito Hazán y del ms. JNUL (*cd*) con el de Wiener (*j*).

Para concluir con esta versión B coplesca, anotemos que de sus nueve textos, cinco (*ae g jk*) son de Bosnia, sendos de las también periféricas Rodas (*c*) y Bulgaria (*h*), y uno de la más central Salónica (*d*). El predominio de Bosnia es (o al menos ha sido) manifiesto, no sólo por el mayor número de textos sino porque todos los de ese origen se adscriben a esta versión (mi reserva responde a que lamentablemente no conozco ningún texto bosníaco posterior a las primeras décadas de este siglo).

La versión A arromanzada lleva a su extremo las preferencias de la coplesca en la delimitación del núcleo narrativo, ya que en ningún caso comienza antes de la etapa 5 ni continúa después de la 13, eliminando las que la tradición parece considerar de modo general como preambulares o epilogales y ocasionalmente como secundarias. En ese proceso de esencialización, al grado máximo llega el texto 2 de Sadicario (*z*), cuyos ocho versos diferentes contienen sólo las etapas 6, 11 y 13.

El estribillo ha desaparecido casi totalmente, no quedando más vestigio que la ocasional aparición de su segundo verso al final de la etapa 7 ($i_1/_3ru$), y siendo frecuentemente sustituida su función en el estrofismo melódico mediante la repetición de versos en el canto; pero en lo literario la estructura estrófica queda en general muy desdibujada. Sin contar las repeticiones de versos, la formulación de cada etapa es por lo general (no así en las 8, 9 y 12) más breve que la paralela de la versión coplesca.

Los arriba enumerados diez—o catorce— textos conocidos de esta versión A arromanzada de *La misión de Moisés* son todos de Salónica y en general bastante uniformes, consistiendo la variación entre ellos más en omisiones que en reformulaciones, y éstas mayormente en adecuaciones a la predominante asonancia en *á-o*:[14] en algo habrán contribuido

[14] Sin computar los versos repetidos ni los restos del estribillo, los versos en *á-o* oscilan en la mayoría de los textos (*i lnp uy*) entre 46 y 54 por 100; la

a esa fijeza textual las ediciones de Yoná. No falta sin embargo variación, como aquel final de la etapa 13 y última en que la divina amenaza "le mandará langosta con un mal (*o* un buen) mošquito (*o* mošconico) / (que) le coma la cabeza (*o* los ojos) con (*o* y) el meollico" (*i np ruvxz*) se remata en el texto de Cides (*y*) con un angelical

que l'entre por l'oido,   que le salga por l'ombligo

que no puede dejar de recordarnos la vigorosa imagen de la endecha estrechí *El día de la pudrición*:

Ya jasrá qué día   qu'entró el gušano,
entró por el pie   y salió por la mano;
ya jasrá qué día   qu'entró el gorgojo,
entró por el pie,   salió por el ojo.[15]

Pero... no es de ésta sino de otra más significativa semejanza entre las dos tradiciones diametralmediterráneas de la que quiero ocuparme. Antes será preciso ver qué pasa con esos otros nueve textos de la tradición oriental (*b mñoq stwy'*) no adscribibles directamente a ninguna de las dos versiones textuales consideradas.

La estructura formal estrófica y la presencia del estribillo no es en ellos tan evidente como en la versión coplesca B, pero desde luego más que en la arromanzada A, y mayor que en ésta es también la variación; de modo que aun presentando estos textos "diferentes" una cierta semejanza de motivos y formulaciones con la versión B coplesca (más) y con la A arromanzada (menos), creo que más bien configuran una versión autónoma D diferenciada de una y otra, cuyos rasgos distintivos más destacados son (por etapas):

6) Dios llama a Moisés—como en *El celo de los ángeles*—"secr^e/ítero" (*b mñoq st*) o "secretario" (*w*); lo que le manda no es que comunique su misión a Paró, sino que lo mate (*b oq stw*), (ya) que es mal mensajero (todas), mencionando una "espada" (*oq sw*);
9) Moisés encuentra a Paró sentado en una "si(ll)a" (*b mñq sty'*) y "con un vašo de vino" (*mñ sty'*);
10) Moisés se refiere a Dios llamándolo "alto y enšalžado" (*mñ sty'*); y
13) la amenazante oscuridad es tal que no deja caminar (*m s*).

frecuencia es más baja en el de Varsano (*r*: 14/32 = 43,75%) y aún más en el de Crespi (*v*: 10/24 = 41,67%); y más alta en el de Tevet (*x*: 12/21 = 57,14%) y en los de Sadicario (z_3: 10/17 = 58,82%), disparándose de estos últimos en los más breves (z_2: 5/8 = 62,5; y z_1: 7/10 = 70%).

[15] Mz. Ruiz 22A.13-20 (modifico la grafía y la puntuación). El texto continúa: "... Como era l'amarga/l'entró el nacido en la manga;//como era la preta/l'entró el nacido en la teta."

Son también rasgos distintivos de esta versión el que en etapas anteriores a la 5 (*s*) o posteriores a la 13 (*m y*) el texto presente formulaciones estróficas sin parangón en las otras versiones, y que pueda aparecer geminado (*q*) o en aposición inmediata al del *Celo de los ángeles* (*b*). El estribillo varía entre la ocasional formulación plena en dos versos (*w*) y la más frecuente síntesis (*b m t*) o reducción a uno (*b ñ stwy*) que puede dejar inconcluso el sentido.

Los textos de esta tercera versión *D* diferente (son en su gran mayoría de Rodas, con seguridad (*b mño st*) o con probabilidad mayor (*q*) o menor (*y*). El que haya sin embargo un texto de la misma familia—el de Taragano (*w*)—de otra localidad (Dardanelos, en Turquía) y el que uno de los indudables de Rodas—el largo del ms. Hazán (*c*)—pertenezca plenamente a la familia textual coplesca impiden distribuir las familias textuales según criterios puramente geográficos.

Ha de tenerse en cuenta también el criterio cronológico. Al igual que en otras coplas de autor tradicionalizadas, seguramente también de *La misión de Moisés* y paralelamente a la transmisión de la "antigua" versión libresca (no conservada en este caso en "libros," sino sólo en manuscritos) iría desarrollándose una "nueva" versión tradicional, que a juzgar por la documentación de que disponemos, se presenta en Oriente subdividida a su vez en dos familias textuales: una *A* con fuerte tendencia al arromanzamiento, que nos ha llegado en textos salonicenses, y otra *D* con una cierta mayor pervivencia de la estructura estrófica, conservada en textos si no exclusivamente rodienses, sí desde luego no salonicenses; pero—repitámoslo—una y otra igualmente tradicionalizadas, frente a la versión *B* coplesca (¿predominantemente bosníaca?), cuyas formulaciones parecen más cercanas a las que inicialmente prefiriera su erudito autor.

Y también ha de tenerse en cuenta el modo de transmisión... y quizás incluso el sexo de los transmisores. De modo general podría afirmarse que los textos de la relativamente menos variable versión *B* coplesca, más esperables en época antigua, son también más propios del tipo de documentación que nos ha llegado de esa época: los manuscritos aljamiados, compilados por meldadores varones, quienes aficionados a p(a)itnear (en la tradición estrechí), a maftirear (en la oriental) o a mezam(b)rear (en una y otra) piyutim y pizmonim litúrgicos o paralitúrgicos, se comportaban ante los textos en sefardí con el mismo comportamiento que ante los textos en hebreo: lo "bueno" era aquello que encontraban escrito en el libro o manuscrito que les hubiera llegado, que copiaban con el firme propósito de reproducir fielmente. Las más variables versiones *AD* tradicionalizadas, más frecuentes en la época moderna, son en cambio más propias de los textos de transmisión oral femenina.

Pero todo lo relativo a familias textuales ha de ser considerado con suma cautela, pues ninguno de los criterios expuestos permite establecer límites nítidos, sino que los textos representativos de versiones diferentes coexisten en una misma época y en una misma región. Y desde luego coexisten hasta en un mismo objeto material, como ocurre con los dos textos del antiguo ms. Hazán de Rodas (*bc*).

Por tratarse de un antiguo manuscrito aljamiado, no es extraña la inclusión en él del texto largo (*c*), representativo—a pesar de no ser de Bosnia—de la también antigua versión *B* coplesca; y por ser de Rodas el compilador Yakov Hazán, tampoco ha de extrañar que incluyera el texto corto (*b*), adscribible—a pesar de no ser moderno—a la también rodiense versión *D* diferente. Lo que admira es la presencia de ambas versiones,[15bis] una muestra más del singular valor del manuscrito y una razón más por la cual los estudiosos de la poesía sefardí debemos reconocimiento y gratitud a sus descubridores Armistead y Silverman.

El texto largo (*c*) lo publiqué en "CPYY": buena hora es ésta para concluir lo entonces iniciado, publicando ahora el texto corto (*b*). Se halla en la parte baja del f. 25vº, copiado sin solución de continuidad tras la copla del *Celo de los ángeles* (en la parte alta) y sin que pueda determinarse si los puntos al final de aquél suponen o no conciencia por parte del manuscriba de ser éste un texto diferente. He aquí la transcripción:

[15bis] Me imagino a mi cuasi homónimo ḥan Yacob Hazán en una de las muchas tadradas o nochadas que dedicara a dar positiva respuesta a la futura demanda de Armistead y Silverman, de intercalar todos los textos de poesía sefardí que pudiera en el manuscrito de piyutim que siglos después rescatarían para la ciencia los eximios investigadores. Llegado que hubo al folio 25vº y tras haber aljamiado un texto de la copla del *Celo de los ángeles*, recordó que había otra copla mosaica de tema cercano; y no sabiéndola ni hallando de dónde copiarla, le demandó a su mujer: "Dićime, ḥanum, ¿cómo es la cantiga de Mošé raḅenu?" Y la buena de bula Jun (que era el nombre de fadas de madam Hazán, la afectuosamente apelada ḥanum) dictóle lo que pudo recordar del texto que había aprendido con las vecinas, que el marido aljamió puntualmente. Al correr de los días y estando ya en el folio 76vº del recolio, cayó en sus manos una versión cabal, que copió también con toda puntualidad.

—Ven aquí, Mošé,   el mi secretero,
va mat'a Par'ó   que es mal mesajero,
yo estaré en tu ayuda   y en tu favor
como Mošé raḇenu   'a[lav] ha[šalom].—
Ya parte Mošé,   ya parte, se iya,
ya topó a Par'ó   asentado en la sía
comiendo y bebiendo   alegre de corazón
quitando burla   de todos los jidiós
como Mošé 'a.h.
—Chito tú, Mošé,   no te tomes enojo,
yo le mandaré   sarna y piojo
langüesta sin cuenta   y ranas a manojo.
Como Mošé raḇenu   no vino tal señor.

No es este texto de Hazán (b) el más representativo de la versión D rodiense, pues la tercera estrofa (etapa 13) y los dos versos finales de la segunda (etapa 9) coinciden con la versión C coplesca, y el inicial de dicha estrofa segunda, con la A arromanzada. Pero la primera estrofa (etapa 6) en sus tres versos cabales y el segundo verso de la segunda la adscriben sin duda a ella.

* * *

La misión de Moisés se tenía por copla de tradición exclusivamente oriental; pero ya en "CPYY" advertí la relación con los textos de Oriente de un estribillo publicado por Larrea, aludiendo de pasada a otras fuentes inéditas de la zona del Estrecho. Tales son: dos manuscritos aljamiados (*x"w"* de la lista infra), uno en transcripción (*v"*) y dos grabaciones inéditas (*t"s"*); he aquí la lista (en orden cronológico):

x") ms. de *Piyutim* de Šelomó b. M. Tob-'Elem de Tetuán-Gibraltar, fechado en 1824 (JNUL 8º 3716),[16] fs. 327vº-328rº;
w") ms. de Isaac Atías de Tánger(?), ca. 1840,[17] fs. 131vº-132vº;

---

[16] Describí el manuscrito—el más rico de los estrechíes en textos sefardíes aljamiados—en el apartado 2.b (m/E) de *Las Coplas de Purim* (tesis Univ. Complutense de Madrid, 1976) hs. 285ss. Sobre algunos de sus materiales textuales puede verse el artículo de S. G. Armistead, I. M. Hassán y J. H. Silverman, "Four Moroccan Judeo-Spanish Folksong *Incipits* (1824-1825)," *Hispanic Review*, 42 (1974), 83-87, y las referencias allí recogidas (especialmente nota 14 de p. 202); añádase mi puntualización cronológica en *Estudios Sefardíes*, 1 (1978), 227.

[17] Tomito de *Piyutim* de unas 200 hojas de 14 x 10 cm.; entre los diversos textos en hebreo, de varias manos, hay unos pocos en sefardí aljamiado, que

v'') colección Castro, de 1922,[18] hs. 33 y 81: geminado con un texto del *Nacimiento de Moisés;*[19]
u'') Larrea (1954) nº 88: de Tetuán, con transcripción pentagrámica;
t'') cantado por Estrella Benguigui de Benoliel, de Arcila, y recogido allí el 6 st. 1962 por Armistead y Silverman;
s'') cantado por Shemayá Bentolila, de Marruecos, y recogido en Israel antes de 1983 por Gladys Pimienta (PF 109/5).

El estribillo de Larrea (u'') tiene cuatro versos, distribuidos en dos pareados paralelísticos, el primero de los cuales es semejante al de la copla oriental; este primero es el único presente al inicio del texto de Castro (v''), pero en el de Benguigui (t'') y en uno de los manuscritos aljamiados (x'') alternan uno y otro pareado tras cada estrofa del texto. La alternancia textual en estribillos paralelísticos no es insólita en la tradición estrechí, y no hay más que recordar la copla endechesca de *La almenara;*[20] que el que aquí nos ocupa ha seguido vivo en la tradición musical lo muestra el texto cantado por Bentolila (s''), idéntico al recogido por Larrea tres décadas antes.

Algo más de consistencia tienen los doce versos del texto de Castro (v'') y los ocho—en dos estrofas, de cinco y de tres—del de Benguigui (t''). Ambos son demasiado breves, bastante diferentes entre sí y de formulación no siempre clara; pero resultan de singular interés. No precisamente por aquello en lo que se diferencian: el texto de Castro—no así el de Benguigui—contiene en sus primeros versos el llamamiento y mandato de Dios a Moisés (v''.1-4), mientras que el de Benguigui—y no así el de Castro—contiene en su segunda estrofa la denuncia por Moisés de la burla de Paró (t''.2), que son motivos, tanto uno como otro, presentes en las versiones orientales (etapas 5-6 y 9). Lo interesante está en lo que de común tienen ambos textos, versos últimos de Castro (v''.6,8ss) y estrofa primera de Bengugui (t''.1), que hablan de que Moisés tiende su vara y sale un culebro prodigioso que mata o traga a Paró

pude fotocopiar en Melilla en 1982 gracias a la amabilidad de su actual propietario don Jacob Almosnino.

[18] Sobre esta inédita colección de textos sefardíes recogidos en Marruecos véase el artículo de S. G. Armistead y J. H. Silverman, "Un aspecto desatendido de la obra de Américo Castro," *Estudios sobre la obra de Américo Castro*, ed. P. Laín Entralgo y A. Amorós (Madrid, 1971) pp. 181-90.

[19] *CMP* E.8; sobre esta copla véase mi comunicación "El sefardí del *Nacimiento de Moisés* ¿es un romance?" presentada al IV Coloquio Internacional sobre el Romancero (Puerto de Santa María, 1987).

[20] *CMP* BB.1; véase el estudio de P. Díaz Mas en el cap. 5 de sus *Temas y tópicos de la poesía luctuosa sefardí* (tesis Univ. Complutense de Madrid, 1982) pp. 166-85, especialmente pp. 177-79.

y a sus magos y reúne a Israel, motivo éste que resulta completamente nuevo en relación con las versiones orientales.

Esta novedad, a quien no dispusiera de otros datos, podría llevarle a pensar que sobre la misión de Moisés los sefardíes hubieran desarrollado dos coplas diferentes: una—la oriental—, ya vista, y otra—estrechí—, coincidente con aquella en su situación inicial (mandato), en el motivo de la burla y en el aprovechamiento de un mismo o semejante estribillo, pero centrada en la intervención del culebro, de acuerdo con la relevante presencia de culebros en otros temas poéticos estrechíes, como el romance del *Culebro raptor* o la copla endechesca de *La caída de Adán*.[21]

Por fortuna disponemos ahora de los dos textos de los manuscritos aljamiados ($w''x''$). Ambos tienen siete estrofas, de contenido idéntico (salvo quizás en 7c) y formulación lo bastante semejante como para que parezca legítimo ofrecer su edición conjuntamente, señalando las diferencias al pie.[22]

En cuanto al estribillo paralelístico, en el texto de Tob-'Elem (x'') aparece desdoblado, alternando uno y otro pareado entre las estrofas, aunque de hecho no constan más que tres veces: precediendo a la 1 el primero—"En todo Egifto no hubo otro varón/como Mošé 'alav hašalom"—; entre las 1 y 2 el segundo—"En t. E. no h. o. goel/c. M. para Yisrael"—; y entre las 3 y 4 un híbrido de ambos (el verso *a* del segundo y el *b* del primero); mientras que en el de Atías aparecen los cuatro versos en bloque, al inicio precediendo a la estrofa 1—("En t. Aǧifto non h. o. v./...ly en t. Aífto non h. o. g./...")—y al final tras la 7 (igual salvo "Y en..." y lo mismo en verso *c*).

He aquí la transcripción de las siete estrofas:

---

[21] CMP L.6 y E.2, respectivamente; otras referencias en el "Indice de motivos" (t. 3) s. v. *snake* (p. 325). Del segundo (llamado *El pecado original* en el CMP) he tratado con detalle en mi comunicación al II Congr. Intern. de las Tres Culturas (Toledo, 1983), "La endecha sefardí de *La caída de Adán* y la tradición cristiana." Otro culebro—éste oriental—serpentea en mi comunicación "Las *Coplas de Yosef* sefardíes y la poesía oral" (en prensa para las *Actas del Tercer Coloquio Intern. sobre Romancero...*, 1982).

[22] Sigo en general el texto de Atías (w''), salvo cuando me parece preferible el de Tob-'Elem (x''), pero para no entorpecer demasiado la lectura de las variantes, no mezclo las de uno y otro manuscrito en un mismo hemistiquio. Conviene señalar que en el sistema gráfico de Tob-'Elem, la *jota* castellana se representa regularmente mediante *jaf* (con tilde); mientras que en el de Atías, la *y* consonántica (siempre inicial de palabra) se escribe *guímal* con tilde (*ĝimal*), que representa regularmente palatal africada (*judió*).

1 —Ven acá, Mošé, tú el mi secretero:
  toma Aharón por tu conpañero
  y vaite a Aĝifto, regmirás tu pueblo,
  sacarás a los judiós de mano de Par'ó.—

2 Ya fue Mošé a Par'ó con este dicho:
  —Aquí me manda mi señor bendicho
  que saque a su pueblo de cativo
  porque sepáis que tienen patrón.

3 —Vay tú, Mošé, al Dio con este mando:
  que non se me da nada de su amenaźo,
  que para eso y otro tanto
  yo tengo en mis cortes un gran sabedor.—

4 Ya fue Mošé al Dio con esta querella:
  —Mira, señor, mira tanta mengua:
  que está asentado en su meśa
  hendo la burla de los judiós.

5 —Vay tú, Mošẹ, con esta maravilla,
  tendiendo tu vara delantre de la viya,
  herse ha un culebro con gran podería
  verá Par'ó que en el mundo soy.—

6 Ya fue Mošé con esta maravilla;
  tendió su vara delantre la viya,
  hiźose un culebro con gran podería,
  entrando se iba delantre Par'ó.

7 Salieron los megos cada uno de su canto,
  echaron las varas para her otro tanto:
  una a una se las iban tragando
  la vara del culebro de Aharón.

Variantes: 1a Venacá *w"*; *1b* por compañero *x"*; *1c* y vay a Egifto redimirás tu p. *x"*; *1d* alos *w"*, judíos de manos de P. *x"*; *2a* Ŷa *w"*, Vaitú M. *x"*, c. e. mando *w"*; *2b* aquí me m. *x"*, el Dio bendito *w"*; *2c* q. s. a los judíos de este cavtiverio *x"*; *2d* para que sepas q. t. pastor *x"*; *3a* c. e. dicho *x"*; *3b* q. no tengo miedo *x"*, q. n. se meda n. *w"*, de sus amenaźos *x"*; *3c* q. aun por esto y por o. t. *x"*; *3d* tengo ŷ. con g. s. *w"*; *4a* Ŷa *w"*, c. este dicho *x"*; *4b* m. cuanta menĝa *(?) w"*; *4c* uma Par'ó está a. a la m. *x"*; *4d* h. está b. delos judíos *x"*, delos *w"*; *5a* maravía *x"*; *5b* tende tu v. d. vía *x"* *5c* hersehá *w"*, saldrá un c. de g. p. *x"*; *5d* q. en el m. estoy *x"*; *6a* Ya *w"*, maravía *x"*; *6b* vía *x"*; *6c* salió un c. de g. maravía *x"*; *6d* andando se fue andando d. P. *x"*;

7*a* Ya salen los magos de encanto encanto *x*"; 7*b* tienden su vara p. haćer o. t. *x*"; 7*c* u. auna selas i. t. *w*", auno auno los iba t. *x*"; 7*d* la v. al c. *w*".

Este texto de los manuscritos, más cabal, contiene todos los motivos de los orales, integrados ahora en un contexto de pleno sentido, cuyo sumario quedaría formulado del siguiente modo:

1) Dios llama a su "sacretero" Moisés y le confía la misión de ir con Aarón a Egipto a redimir al pueblo de manos de Paró.
2) Moisés comunica (Dios especifica) el mensaje a Paró.
3) Paró contesta que no teme la amenaza, pues tiene en su corte un gran sabio [que le librará].
4) Vuelve Moisés a Dios y le cuenta que Paró está sentado a la mesa burlándose de los judíos.
5) Le manda Dios que vuelva y tienda su vara: se convertirá en (saldrá un) culebro y escarmentará Paró.
6) Va Moisés, tiende la vara y se convierte en (sale un) culebro que se va hacia Paró.
7) Salen los hechiceros de Paró y echan (tienden) sus propias varas, pero a todas se las traga la enculebrada vara de Aarón.

Si comparamos esta versión *E* estrechí con el conjunto de las *O* orientales, ni hay eco en la estrechí del inicial rechazo de su misión por Moisés (*O*.7-8), ni a la viceversa hay rastro en las orientales del episodio de los culebros (*E*.7-9). Pero frente a estas diferencias, las etapas de la estrechí *E*.1 (llamada y mandato a Moisés), 2 (comunicación a Paró), 3 (rechazo de Paró) y 4 (informe de Moisés a Dios) son claramente paralelas a las orientales *O*.5-6, 10, 11 y 12, si no en contenido en todos los casos, sí en su secuencia y en su función en el desarrollo de la acción. Hay otras semejanzas, como veremos luego; pero éstas ya bastan para considerar que no estamos en presencia de *dos* coplas sobre un mismo tema, sino de *una* copla ramificada en dos familias textuales: la *O* oriental, de la que a su vez hay tres versiones, y la *E* estrechí, habiéndose configurado unas y otra, a partir de una protoversión que contuviera todas las posibilidades virtuales, mediante la selección de unos y no otros episodios según las preferencias de cada tradición.

Sintetizando en una ordenación única las etapas comunes a las versiones orientales (*O*.5-13) y a la estrechí (*E*.1-7) y reduciendo al mínimo las definiciones sumariales de modo que sean válidas para unas y otra, resultaría el siguiente cuadro:

a) Dios llama a Moisés y le confía su misión   *O*.5-6   *E*.1
b) Moisés rehúsa; Dios le convence   *O*.7-8
c) Moisés encuentra a Paró burlando   *O*.9   /

d) Le comunica su misión	O.10	- E.2
e) Paró desconoce a Dios	O.11	- E.3
f) Moisés le cuenta a Dios la respuesta/burla de Paró	O.12	/ E.4
g) Dios instruye a Moisés en el uso de la vara		E.5
h) Moisés cumple las instrucciones		E.6
i) La vara-culebro de Moisés prevalece		E.7
j) Dios amenaza a Paró con plagas	O.13	

que invita a seguir analizando la relación entre las versiones.

El motivo de la burla de Paró, presente en las orientales y en la estrechí, cumple en unas y otra una función diferente. En las orientales—que la relatan cuando ocurre—es un mero detalle circunstancial (O.9) en la ejecución por Moisés de su misión ante Paró, y no tiene función relevante en la narración, pues lo que suscita la amenaza de Dios de enviar el "regalo" de las plagas (O.13) es la información de Moisés (O.12) de que Paró declara que lo desconoce y no ha recibido de él ningún regalo (cfr. O.11). En la estrechí, en cambio, sí tiene la burla función relevante, pues es lo que provoca que Dios desencadene el combate de los culebros (E.5-7); por eso donde está presente es cuando Moisés le informa de ella en la etapa que precede inmediatamente a la reacción divina (E.4), y no en su lugar propio en la secuencia narrativa (*O.9).

Frente a ello, idéntica es la función de las etapas que en una y otra versión preceden inmediatamente a la reacción divina (O.12/E.4), por diferente que sea el contenido de la información de Moisés a Dios—no conocimiento de Paró (O.12)/su burla (E.4)—, ya que en uno y otro caso provocan el desenlace de la narración. El cual a su vez viene determinado por dónde cada versión haya preferido proyectar la tensión dramática: la oriental en la dialéctica del regalo y la estrechí en el combate de los culebros (quizás por esa culebresca propensión arriba señalada). El que en la versión *A* arromanzada la narración en ningún caso siga más allá de la amenaza divina de las plagas (O.13) tampoco parece fortuito: estaría muy de acuerdo con esa marcada característica del discurso romancesco de dejar el final en suspenso.

Comparando ahora por separado las formulaciones de la versión *E* estrechí con las tres *O* orientales—la antigua *B* coplesca, la salonicense *A* arromanzada y la rodiense *D* diferente—, parecen ciertas la siguientes semejanzas: 1^a) Moisés es llamado "secretario" por Dios (1a), como en la versión *D*; 2^a) el propósito del escarmiento "porque sepáis (*o* para que sepas) que tienen patrón (*o* pastor)" (2d) suena igual que "y que se lo sepan que tiene señor" que hallamos en la paralela etapa O.10 en los bosníacos textos de M. Levy (g) y M. Levi (k) de la versión B; 3ª) la mención expresa de Paró comiendo/bebiendo/burlando, no cuando así lo encuentra Moisés al ir a comunicarle su misión (etapa O.9) sino en el informe que presenta a Dios (4c-d) después que aquel haya manifestado que no lo (re)conoce (etapa O.11), tiene paralelo oriental en la repetición del motivo de la burla en los textos de Perla Galante (s̆) y Rachel Taragano (w, ambos también de la versión D; 4ª) los versos iniciales "Vay tú, Mošé..." de la estrofa 5 o "Ya fue M...." de la 6, y en general la rima en -ía de ambas, recuerdan algunas formulaciones de la etapa 9 en las versiones tradicionalizadas de Oriente, más en D que en A; y 5ª) el que el culebro mate a Paró en los textos de Castro (x".10) y Benguigui (t".1d) podría quizás relacionarse con el mandato de matarlo que recibe Moisés (etapa 6) en algunos de los textos (b oq stw) de la versión D.

Estas semejanzas vendrían a mostrar un más cercano parentesco sincrónico de la versión E estrechí con la mayoritariamente rodiense D y luego con la antigua coplesca B, aunque si se pretendiera extraer alguna enseñanza respecto a la derivación diacrónica de las versiones, lo más que indicarían es que aquella(s) de la(s) que habrían seleccionado la E estrechí el combate de los culebros y las O orientales la dialéctica del regalo carecería(n) ya de las etapas iniciales (vocación de Moisés) y finales (ataúd de José y éxodo).

Lo que de todo el análisis resulta sin duda como conclusión es... nada que difiera grandemente de lo que ya sabíamos: que disponemos de desesperadamente pocos textos de época anterior a la masificación de las encuestas, que ésos hoy día sólo pueden llegarnos a través del descubrimiento de manuscritos de tiempos pasados, (por)que los pocos vestigios que aun puedan quedar vivos en la memoria de algún informante cada vez menos vivo, corren cada día mayor riesgo de quedar borrados no ya por la desaforada expansión de desatinadas ejecuciones (nunca mejor dicho) seudoartísticas, sino incluso por la popularización de *unas* determinadas versiones documentales, que a lo que llevan es a la imposición de nuevas versiones vulgata y consiguiente eliminación de toda variación diferencial.[23]

INSTITUTO ARIAS MONTANO (CSIC), MADRID

[23] Por haberme comunicado y permitido utilizar materiales inéditos de sus colecciones acepten mi gratitud los queridos colegas y amigos Samuel G. Armistead, Moshe Shaul y Susana Weich-Shahak; y en especial J. H. Silverman, siempre profesor y maestro. (La versión última del artículo se ha beneficiado de las sugerencias y observaciones de Elena Romero a la lectura de la antepenúltima: gracias también.)

Contrafacta and the Judeo-Spanish *Romancero*: A Musicological View

ISRAEL J. KATZ

HAT THE CONTRAFACT technique played a vital role in disseminating and perpetuating the tunes of traditional ballads and other Iberian-based generic songs among the Sephardic Jews, after their expulsion from Spain in 1492, is evidenced in a number of Hebrew hymnals, printed in major Sephardic centers of the Eastern Mediterranean (such as Edirne, Istanbul, Safed, Salonika, and Venice) between the early sixteenth (beginning ca. 1525) and the early nineteenth centuries.[1] Lacking accompanying musical notations, these sources have served primarily as textual evidence of the relationship between the secular songs and the hymns upon which they were based. However, since the early part of this century, the evidence gathered in the form of musical notations—obtained directly from informants or through personal recollection—has yielded substantial documentation which allows for another view of the contrafact technique as an on-going dynamic musical phenomenon surviving even into the present century. This preliminary study will examine the textual and musical evidence, from a musicological standpoint.

---

[1] See the list of hymnals cited by Avenary "Cantos españoles" 69-70.

I. *Contrafacta and the Hebrew hymnals: textual evidence*

The above-mentioned hymnals reflected the revival of Hebrew poetry, among the Spanish exiles, who resettled throughout the greater Mediterranean region, establishing communities amidst the Jewish and general populations of the Ottoman Empire and North Africa.[2] In the hymnals one will find *incipits* of Castilian *romances* and *villancicos* among other Spanish, Arabic, Greek, Turkish, Armenian, and Hebrew poetic genres cited as tune indicators for a wide variety of Hebrew liturgical, paraliturgical, and secular hymns (*piyyutim, baqashot, pizmonim, selihot, kinot*, etc.). Surprisingly, the Spanish titles constitute less than ten percent of the entire body of *incipits*. Yet, their inclusion reflects the veneration in which the widely-scattered communities of exiled Sephardim held the traditional poetry and song from their Iberian cultural heritage.

Contrafaction, as it applied only to the Spanish titles, has been studied by several scholars during the past quarter century.[3] Their textual identification of the tune *incipits* has shed light on the Iberian-based repertoire which the exiled Jews continued to transmit during the centuries following the expulsion. Inasmuch as the primary focus of these studies is both philological and literary, they are fundamental

---

[2] See Spiegel "Modern Hebrew Poetry" 882.

[3] In 1960, Dr. Hanoch Avenary, the distinguished Israeli musicologist, undertook the first systematic study of the Spanish *incipits* in Hebrew hymnals ("Études"). Combing through eight hymnals of eastern Mediterranean origin, he discovered eighty-nine Spanish *incipits*. In the same year, Margit Frenk Alatorre ("El antiguo cancionero"), contributed many critical observations and clarifications to Avenary's study. In a revised and up-dated version of his original essay, published eleven years later, Avenary ("Cantos españoles") added ten additional sources, thus bringing the number of Spanish *incipits* to 216, for which he provided dates (where possible), Iberian and Judeo-Spanish parallels, and bibliographical references. Shortly after, there followed two brief studies by Profs. Samuel G. Armistead and Joseph H. Silverman ("El cancionero") and, with Iacob M. Hassán, ("Four Moroccan"), in which they uncovered twenty-one *incipits* from Moroccan Hebrew hymnals. Avenary ("Halehanim") found thirty more *incipits* in a Greek Hebrew siddur (1555-1556) belonging to Shlomoh Mevorakh. In 1981, Armistead and Silverman ("El antiguo Romancero") concentrated on the Eastern Mediterranean origins of the Judeo-Spanish ballad *incipits*, presenting an "estado de la cuestión" with regard to those directly relating to the *Romancero* (or whose possible relation was discussed previously by other investigators). In addition, they offered a system of classification and evaluation of the *incipits*, including new identifications and an extensive bibliography dealing with contrafacta.

to any musicological investigation dealing with the contrafact phenomenon, particulary as it was practiced in the Sephardic ballad tradition.[4]

First and foremost, the *incipits* were nothing more than titles of pre-existing songs, to which the Hebrew poems in question were to be sung. Normally the initial textual hemistichs or distichs were printed (or written) in Rashi characters above the Hebrew poems. Besides *romances, romancillos,* and *villancicos* (mainly secular), the *incipits* comprised other Spanish genres such as *canciones* (*líricas, religiosas,* and *burlescas*), *cantarcillos,* and *endechas,* which served as models for the Hebrew hymns with regard to their syllable count, rhyme scheme, and meter. The *villancico,* with its refrain, found a suitable equivalent in the Hebrew *pizmon*.

In a number of cases, a Hebrew poem's opening verse or verses were contrived to resemble the vowel sounds of its respective *incipit,* as in the Hebrew *pizmon* "Hil yôl[e]dah be sôl[e]dah / keshurah al leb bi-ftîl" based on the initial verse: "Arboleda, arboleda / arboleda atan gentil" of the ballad *La vuelta del marido (í)* (Friedlander *Hymnen* 81). In those instances where a poet continued this process through the initial strophe and beyond, we are sometimes offered a Hebrew text from which distinctive readings of the underlying Spanish poem can be reconstructed.

As tune indicators, the *incipits* represented known melodies, whose metric and strophic structures provided vehicles for the Hebrew texts. In several of the compilations, as was also the custom in Arabic *diwans,* the *incipits* also bore the name of the *maqam/makam* ('melodic mode') in Arabic or Turkish (also cited in Rashi). Meter was a matter of preference, either the poet took it from his model poem (through scansion) or its tune (through a metrically-defined *takt*), i.e., depending on his familiarity with either or both. Yet, the overriding question as to the choice of *incipits,* perhaps had as much to do with

---

[4] Two articles that encompass a musicological approach to the contrafact tune *incipits* are those of Avenary ("Manginot kadumot") and, most recently, Avner Bahat ("Les Contrafacta hébreux"). The former attempts to trace four *incipits* to melodies in the late fifteenth- and early sixteenth-century *Cancionero musical de Palacio.* The latter, working mainly with tunes printed in Issac Levy's four-volume *Chants judéo-espagnols* (London-Jerusalem, 1959-1973) and ten-volume *Antología de liturgia judeo-española* (Jerusalem, 1965-1980), added under the Judeo-Spanish text underlays, the verses of hymns and other song texts, whose initial hemistich or distich approximated the sounds of Spanish *incipits* (or verses of other hymns or songs which shared the same tune).

aesthetics as with inspiration. Was the poet/compiler primarily interested in presenting samplings from the Eastern Mediterranean regional repertoire of Arabic, Turkish, Greek, Armenian, and Hebrew songs, which were as much in vogue as the Spanish, or did the model poems and/or melodies themselves serve as his inspiration? Were the tunes, cited in these collections, chosen from among those enjoying wide currency at the time each hymnal was issued? How many of the tune indicators were well known to the general readership, and for how long were their melodies remembered in succeeding generations?

Surprising as it may seem, of the more than 300 (approx. 325) *incipits* listed in the two earliest hymnals, dating from circa 1525 and 1545, respectively,[5] only fifteen were cited in Spanish. This represents (approx.)a mere 4.6% within a highly-diverse repertoire of foreign songs, to which the first generation of exiled Sephardim were exposed. It is difficult to interpret this statistic in relation to the aesthetic choices of the poet/collectors themselves.

Among the fifteen Spanish *incipits* are three romances (*La prisión del duque de Arjona, Espinelo*, and *La gentil dama y el rústico pastor*) and three *villancicos* ("Enemiga le soy, madre," "En toda la tramontaña," and "Todos duermen, coraçón"). Hanoch Avenary ("Manginot" 150-151) surmised that the first and third *villancico* tunes could be traced to the late fifteenth- and early sixteenth-century *Cancionero musical de Palacio*.[6] By replacing their Castilian text underlays with the corresponding Hebrew text, which also concurred in its rhyme scheme, and by altering the rhythm, Avenary attempted to present examples accomodating the linguistic changes. It is feasible that closely-related forms of both melodies were circulating concurrently in oral tradition and that they were considerably different from those presented in the *Cancionero*, being more in line with traditionally accepted variants. Here it should be mentioned, judging from the two varied melodic readings of "Enemiga le soy, madre," that even the *Cancionero* composers reshaped traditional tunes in order to weave them in their polyphonic settings.

---

[5] The sources are two anonymous collections: *Baqashot* (Constantinople?) and *Shirim u-zemirot we-Tishbahot* (Constantinople). Avenary provided more bibliographic information.

[6] Avenary uses Anglés's edition (*La música* I, nos. 3-4 and 172, respectively). The *superius* of both three-part settings (nos. 3 and 4) of "Enemigo le soy, madre" also display marked rhythmic and metric differences in Anglés's transcriptions.

Not until Avenary examined the Spanish *incipits* cited by Israel Najara (1545-1628),[7] was there any serious attempt to link a ballad text to a tune documented in early Iberian sources. Among Najara's hymns was the *pizmon*, "Yedidi ro'i," based on the *incipit* "Dolyente estaba Alisndre" representing the ballad *La muerte de Alejandro* (Friedlander *Hymnen* 79). Tracing the ballad's text to the *Cancionero musical de Palacio* (Anglés *La música* I, no. 111), where its opening hemistich is given as "Morirse quiere Alixandre," Avenary proceeded in the manner mentioned above, replacing the Castilian text with the Hebrew, and again altering its rhythm and meter to accomodate the textual and musical adaptation (see Ex. 1). He also transposed the melody up a 5th, undoubtedly to avoid the use of ledger lines. Avenary made no mention of the hymn's mode, *maqam sabba*, which Najara cited together with the *incipit*, and whose character is totally different from the strict minor mode (based on *finalis* g) of the *Cancionero* example.[8]

Example 1: *La muerte de Alejandro* (*CMP*, fol 67ᵛ-68 with contrafact of *pizmon* "Yedidi ro'i"

[7] Najara's *Zemirot Israel* (Safed, 1587), which containes 180 hymns and was published almost a century after the expulsion, became so popular that it achieved both a second, (published in two parts, Salonika, 1594) and a third edition (Venice, 1599-1600). This latter, enlarged edition, divided into three parts, contained 346 hymns. Thirty-five Spanish *incipits* are included in this collection, only four of which are ballads: "Arboleda [Arboleda]" (part two of the 2nd ed.), "Pregonadas son las guerras," "Un fijo tiene la condesa" (part one of the 3rd ed.), and "Un sueño soñi [mis dueñas]" (part two of the 2nd ed. and part one of the 3rd). Forty-five additional ballad *incipits*, utilized by Najara, but not included in *Zemirot Israel*, were obtained from other sources by Armistead and Silverman ("El antiguo Romancero"). Five of the forty-five are from Friedlander (*Hymnen*), while the remaining titles were copied from unedited documents found by Manuel Manrique de Lara in Sarajevo (1911).

[8] A brief musicological description of the *maqam sabba* can be found in Idelsohn (*Gesänge der orientalischen* 79-82).

Tunes for this ballad from the modern tradition are very rare. Among the three variants collected by Manrique de Lara in 1911, two are from Sofia and one is from Belgrade (Ex. 2).

Example 2: *La muerte de Alejandro* (Collected by M. Manrique de Lara, in Belgrade, 1911)

An example of the *pizmon* "Yedidi ro'i" (Ex. 3), which Amnon Shiloah (*Ha-masoret* no. 5) collected, represents the current tune as known in the Iraqian-Jewish tradition.

Example 3: *Pizmon* "Yedidi ro'i"

Examples 2 and 3 are indicative of the popularity which both texts enjoyed through the centuries; the first was sung totally from memory, the second, undoubtedly with the aid of handwritten or printed texts. While neither Example 2 nor 3 bear any melodic or structural relationship whatsover to Example 1, a comparison yields some interesting observations: 1) none of the examples identify with the designated *maqam sabba*; 2) Examples 1 and 2 are in the Major and plagal Major, respectively, yet while both share the same *finalis* (g) and *ambitus* (minor 10th), Example 3 is confined to a minor pentachord (based on *finalis* d); 3) each of their strophic structures differs: Example 1 comprises five phrases (ABCDE), wherein the fourth textual hemistich is repeated in phrases D and E; Example 2 has a tripartite structure (ABC), with repetition of the second textual hemistich, interrupted by the interjection, "¡E guay!" ('alas'); and Example 3 constitutes a quatrain strophe (ABCB), where the second and fourth melody phrases are repeated; 4) the initial cadence of Examples 1 and 2 carries an extended melisma; and 5) in regard to their text-tune relationships, the latter two examples appear to be more compatible.

From the above commentary, it should be understood that, while the linking of any tune indicator to an early Peninsular musical source, based solely on its text or variant texts, may appear convincing, the existence of any given tune in oral tradition, in the absence of comparative documentation, would be difficult to prove, at least beyond the first generation of exiles who perpetuated the source in question, and particularly outside the Iberian Peninsula. Even attempts to connect early tune indicators with tunes of a later vintage, known in the Sephardic Diaspora, may equally prove difficult. Given the seemingly wide distribution that the hymnals, and particular hymns, enjoyed, and the exchange of tunes that most likely occurred in the various sub-regions, it would appear that most or all of these tunes were in all likelihood relatively short-lived. Yet, for two centuries many of the Hebrew hymns, preserved by the process of printing, were perpetuated by the phenomenon of contrafacta, regardless of their original tune associations. For lack of supporting evidence, the search for original melodies has yielded meager results. However, a remote possibility exists that yet undiscovered tunes in the extant tradition may yet prove to be partially if not totally linked to some Iberian source.

Miguel Querol ("Fuentes folklóricas") attempted a more plausible approach by working backwards from the modern tradition. For the initial melody phrase of the ballad, *La guirnalda de rosas* (*incipit*: "Una ramica de ruda"), which he located in Isaac Levy's *Chants*, (no. 32), he found cogener initial phrases in two early Spanish sources (*Cancionero musical de Palacio*, particularly in the *superius* voices of nos. 1, 236, and 439 [in Anglés's edition] and Francisco Salinas's late sixteenth-century *De musica libri septem* 326). Querol's attempt to identify the tune from the modern Sephardic tradition with its putative Iberian forebears is strengthened by the appearance of the same textual verse in early source dated circa 1594 (I. S. Emmanuel, *Histoire* I, 200). All the same, one must agree with Avenary's note of caution, that we should not content ourselves "with the identity of one single phrase or motive for concluding [a] relationship or dependency" ("The *Maòz Zur*" 185).

II. *Contrafacta and the Judeo-Spanish* Romancero: *musical evidence*

Apart from studying contrafacta from the standpoint of hymnal tune *incipits*, one also has the opportunity to study its manifestation as an on-going practice, with ample musical documentation, in the modern oral tradition. Avner Bahat has touched on this matter, taking into account the tunes of traditional ballads (among other genres) that have survived the test of time in relation to contrafacta. However, his approach, while in part original, lacks refinement.

In an earlier éssay concerning medieval Hebrew poetry in Spain and Provence, from the tenth to thirteenth century, Bahat ("Poésie" 308) proposed that the relationship between text and tune could be discussed within five distinct categories:

1. Oeuvre personnelle d'un seul auteur, poète-musicien.
2. Collaboration étroite d'un poète et d'un musicien contemporains (création parallèle).
3. Création d'un poème sur le moule mélodique préexistant d'une chanson connue (*contrafacta*), et inversement.
4. Composition d'une mélodie nouvelle sur un poème existant.
5. Adaptation d'une mélodie préexistante à un poème existant.

Of these categories, he explained that "les modèles 1, 2, 4 sont très pratiqués de nos jours. Pour le répertoire traditionnel, la première catégorie est seulement hypothétique, alors que l'existence de 3 et 5 est abondamment prouvée." For his proof, Bahat cited Avenary's *incipit* studies. Rather than provide pertinent musical examples to support the use of tune contrafacts, he offered interesting examples (from Idelsohn, Levy, and his own transcriptions), together with abbreviated analytical comments, in reference to

Shlomo Ibn Gabirol's *piyyut*, "Shinanim sha'ananim ('Noisey angels')," patterned on the *muwashshah* form, to illustrate the diffusion of this text in the liturgical chants of such diverse Sephardic and Oriental Jewish communities as those of Morocco, Yemen, Florence, Jerusalem, Salonika, Iran, and Bohkhara.

In a more recent article ("Les contrafacta"), Bahat bypassed the opportunity to develop his categories within the extant tradition, choosing instead to reprint nine tunes from Levy's *Chants judéo-espagnols* and one, transcribed from a commercial disc, under whose text underlays he placed those of the cognate hymn tunes from Levy's *Antología de liturgia judeo-española* as examples of contrafacta. Of his twenty-five examples, including those without musical notation, six are ballads (*Vuelta del marido* [two versions], *La mujer engañada*,[9] *Sueño de la hija*, *La adúltera*, *Vuelta del hijo maldecido*, and *Hero y Leandro*.[10]

Such information is, of course, most useful. Still, it only forms a part of the total picture. At present, it can be estimated that the number of transcribed ballad tunes, gathered from both printed and manuscript sources, account for perhaps ninety percent of the ballad themes discovered to date within the Judeo-Spanish sub-tradition. For a majority of themes, only one or two musical examples are known. Yet, considering their number, these transcriptions are of sufficient quantity to make possible a preliminary study.

[9] It is this musical transcription, lacking in Bahat's article, that spurred my doubts about the reliability of Levy's transcriptions. See Katz "Stylized Performances."

[10] Bahat failed to differentiate the various Judeo-Spanish genres, preferring instead the general appellation *romanza* as a catch all, including *romances*. Certainly he was aware of Moshe Attias's pioneering study, *Romancero sefaradí* (Jerusalem, 1961), which clearly distinguishes between *romanzas* (i.e., *romances*) and *cantes populares*. Most of the Judeo-Spanish examples in Bahat's essay date from no earlier than the nineteenth century. The tune of his Example 8, "Arvolicos d'almendra," is also popular in Greece, where it accompanies the poem, "Anthismeni amigdalia," by the well-known Greek poet George Drossinis (1859-1951). The Greek song may well have been absorbed as a tune contrafact in the Sephardic tradition. Bahat's article is based on a paper he presented in 1983 at the Biblioteca Nacional in Madrid) during an International Symposium dealing with "Confluencias de las culturas musicales en la Peninsula Ibérica: siglos VII a XIII." What is strange is that he utilized the Judeo-Spanish examples, of which all the *romances* postdate the fourteenth century and a majority date from the nineteenth century, as the melodic examples of contrafacts for hymns, of which perhaps only a half dozen predate the thirteenth century. Certainly his earlier paper ("La Poésie hébraique") would have proven more appropriate for this symposium.

An overview of the interaction of texts and tunes within the Judeo-Spanish ballad tradition is illustrated in the following Table (I), wherein four distinct groupings are presented. Working within such a framework, one can readily envision the dynamic roles that the contrafact phenomenon plays, together with the tune and text classes it generates. Each grouping will be discussed below with relevant musical examples.

Table I: Tune-text relationships

Text-tune relationship	Contrafact technique	Text class	Tune class
1. Similar ballad texts sung to the same tune		Variant	Variant
2. Similar ballad texts sung to different (ballad or other) tunes	Contrafact of the tune	Variant (Generic)	Version
3. Different texts (ballad or other song) sung to the same tune	Contrafact of the text	Thematic (Generic)	Variant
4. Single ballad text sung to a single tune			

1. *Similar ballad texts sung to the same tune:* Among the extant ballads circulating in oral tradition, one will never encounter a "fixed" text or tune for a given theme, unless collected from informants who have memorized verbatim such texts and/or tunes from printed or other sources (radio, phonograph disks, cassettes, etc.). Each oral rendition, while relying heavily on verbal and tonal memory, is in itself a unique manifestation, wherein textual and melodic variants are accepted as traditional norms. If one or more additional groups of texts representing other ballad themes should be found with other melodies, they too belong to this first category; however, they will each necessitate sub-divisions according to their theme type. Moreover, each sub-group—with its respective textual variants—will generate additional melodic variants of the shared tune.

Furthermore, within a ballad tradition as extensive as the Judeo-Spanish, different textual versions of a particular theme will be encountered, each with their respective textual variants. This situation occurs in certain geographically-limited areas of the Sephardic Diaspora, wherein a number of Iberian-based texts were refashioned according to popular taste during the generations

Contrafacta and the Judeo-Spanish Romancero

following the expulsion. However, such differences are more pronounced between the Moroccan and Eastern Mediterranean Judeo-Spanish ballad tradition.

To illustrate our first category, several renditions of the ballad, *Rachel lastimosa*, dealing with an adulteress, bear out the similarity of text and tune (Ex. 4). It is one of the most popular ballads circulating in the Moroccan tradition, where it is sung particularly during wedding festivities to remind the bride of her faithfulness. Examples 4a, b, and c, were transcribed from actual field recordings, while the notations from Examples 4d and e were taken from an unedited and a published source, respectively.

From the musical standpoint, the initial quatrain strophe (ABCD) exemplifies numerous melodic, rhythmic, and even metric variations present in the five notated variants. Phrase A in Examples 4a, c, and e is in the minor mode; however, there is no question as to the overriding feeling of the Major mode as the tune progresses toward the final cadence. While rhythmic differences abound, the main outline of the tune, particularly where the textual syllables are matched, is preserved. Only in the manuscript notation of Manrique de Lara do we find a divergent metric scheme (6/8), which is a unique example, in that all the oral tunes I have had occassion to hear are markedly in simple duple meter (2/4 or 4/4). Example 4a is quite ornate, possibly due to the informant's proficiency in embellishing her tune. Her rendition is very much in line with the popular Arabic vocal style, familiar to her in Morocco, together with her inclusion of the refrain-like interjection *agüed, agüed* (Ar. 'again, again'). An interesting change of tessitura occurs in phrase B of example 4c, wherein the singer, who began the tune at a relatively low pitch, had to span the upper register in order to complete it. This change may also be stylistic.

Example 4: *Rachel lastimosa* (ó)
    a) sung by Elisia Benasaya de Bendayán (collected by Manuel Alvar, in Tetúan, 1956)[11]
    b) sung by Sol Alkalay from Alcazarquivir (collected by Israel J. Katz, in Bet Shemesh, Israel, May 2, 1961)
    c) sung by Sol Anidjar de Barcessat, from Tangier (collected by Daniel Sherr, in Barcelona, 1980)[12]

---

[11] Alvar's tune was originally transcribed by María Teresa Rubiatio. See *Cantos de boda* 369.
[12] From Sherr "Seis romances" 216.

d) sung by Majni Bensimbra (collected by Manuel Manrique de Lara, in Tetuán, 1915)

e) collected by Arcadio de Larrea Palacín, in Tetuán, 1950[13]

[13] From Larrea Palacín, *Romances de Tetuán*, I, 273.

2. *Similar ballad texts sung to different tunes*: An entirely different tune for the above ballad is given in Example 5. Its character is totally minor and plagal (based on *finalis* g). While most of the former examples exceed the range of an octave, here the informant does not. Moreover, the tune category comprises melodies that might have accompanied texts from poetic genres other than ballads, therefore labeled "generic".

Example 5: *Rachel lastimosa* (6): Sung by Sol Anidjar de Barcessat, from Tangier (collected by Daniel Sherr, in Barcelona, 1980)[14]

3. *Different texts (ballad and other song) sung to the same tune:* The case of two and possibly more texts sharing a common tune occurs frequently in the Sephardic ballad tradition and in that of other songs (both secular and paraliturgical), pertaining to all phases of the life of cycle (such as childbirth songs, lullabies, love songs, wedding songs, dirges), and Hebrew metrical hymns (mainly *piyyutim* and other Hebrew poems that adapt easily to ballad melodies). Another possibilty for musical duplication is offered by the tunes from neighboring traditions, whose original texts (Greek, Turkish, Arabic, Armenian, etc.) were supplanted by Judeo-Spanish ballad or song texts.[15] While the

---

[14] From Sherr, "Seis romances" 216.

[15] See, for example, the transcriptions of the following ballad tunes: 1) "Morikos, mis morikos" (*Hermanas reina y cautiva*) in Katz ("Toward a Musical Study" 90) and a variant of the same ballad, "La sclava parió un hijo," in Algazi (*Chants séphardis* no. 47), which is undoubtedly based on a Greek dance tune in *epitrite* (7/8 ≈ 3+2+2/8) meter; and 2) "D'enfrente la vi[d]e [ve]nir" (*La Gallarda matadora*), in Armistead, Katz, Silverman ("Sobre la antigua" 141) and "¿Ke ofisio tenes, Parize? (*El robo de Elena*) (*Ibid.* 142), though the latter tunes conform to Turkish *makamat*, we do not know whether they were originally based on Turkish songs. In a separate article ("Sephardic Folkliterature"), Armistead and Silverman discuss the effect that 500 years of living in Eastern Ottoman lands had on the popular traditional poetry of the Sephardic Jews. See also the companion article ("A Transcription") by Katz.

dating of texts in this category is usually impossible, the tunes, unless proven to have originated from a notated source, are even more problematical as far as dating is concerned. Nonetheless, they can be subjected to a stylistic analysis aimed at determining their regional provenance and even their rural or urban character. Several examples from this category provide interesting illustrations:

In the first instance (Ex. 6), the informant, representing the Moroccan tradition, sang different ballad texts to the same tune, but not in immediate succession. For her second text, she pitched the melody a minor 3rd lower, yet with strict adherence to its basic rhythmic pattern, ♩♩ / ♩ ♪♪.

Example 6: Sung by Sol Anidjar de Barcessat, from Tangier (collected by Daniel Sherr, in Barcelona, 1980)(from Sherr "Seis romances" 215 and 213, respectively.)

a) "Girineldo, Girineldo" (*Gerineldo*)[16]
b) "Al pasar por una calle" (*Don Bueso y su hermana*) (í-a)

The following example (7), from the Eastern Mediterranean tradition, exemplifies the likeness of tune variants from the communities of Salonika and Smyrna. Note particularly the similarities in the opening segment of the initial and second phrases, the cadential tones, and the third and final cadences.

[16] The same melody, also known in Tetuán, can be found in two other contexts: "Quién tuviera tal fortuna," notated in duple meter (2/4) by Larrea Palacín (*Romances de Tetuán* II, 21), and "Mes de mayo," notated in triple meter (3/4) (*Ibid*, 29). The tune's rhythmic features are exhibited in other melodic versions from Arcos de la Frontera, Spain (Diego Catalán, *Gerineldo* 77 and 79).

Example 7:
a) "Lavaba la blanca niña" (*Vuelta del marido* [polyassonant]): Sung by H. Sidis (collected by Amnon Shiloah, in Salonika, Greece, summer 1970)[17]

b) "El rey de Francia" (*Sueño de la hija*): From Smyrna, Turkey (transcribed by Isaac Levy)[18]

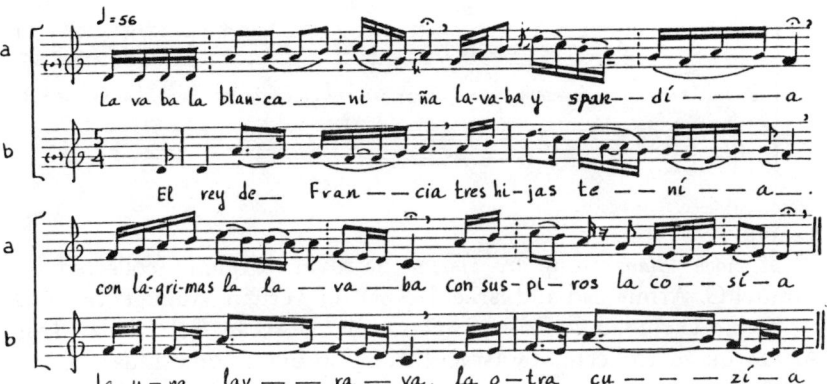

Even so popular a *piyyut* as "Adon Olam ('Eternal Lord')," attributed to Shlomo ibn Gabirol (11th century) among others, has been sung to innumerable tunes, including some associated with ballads. In a Sephardic synagogue in Tetuán, for example, one will hear from time to time, such correlations as the following (Exs. 8 and 9):[19]

Example 8:
a) *Adon Olam*: Sung by *Hazzan* Sa'adyah Cohen (collected by Samuel G. Armistead and Israel J. Katz, in Tetuán, August 16, 1962)

b) *Rachel lastimosa* (ó)(taken from Ex. 2c above)[20]

[17] The rendition was included on a commercial recording (Shiloah "Greek-Jewish Musical Traditions" [5]).

[18] From Levy *Chants judéo-espagnols* II, no. 26.

[19] See also the example in Katz ("Jewish Music" 641), where *Adon Olam* (taken from Idelsohn *Gesänge der orientalischen Sefardim* no. 58) is shown as a contrafact of the popular ballad, *Arbolero* or *La vuelta del marido*, collected in Jerusalem. Bahat ("Les Contrafacta' 148-49) discovered another hymn, "Arvu li rabim be-evra" based on another tune version of the same ballad. As additional examples, he cites the hymns: "Yasen al teradem" based on *La mujer engañada*; "Lesoni konanta" based on *Sueño de la hija*; "Odekha ki anitani" (by Menachim ben Machir of Regensburg, eleventh century) based on *Vuelta del hijo maldecido*; and "Yefe nof mesos tevei" on *Hero y Leandro*.

[20] See Bahat ("Les Contrafacta" 166) for another example of this hymn-ballad combination.

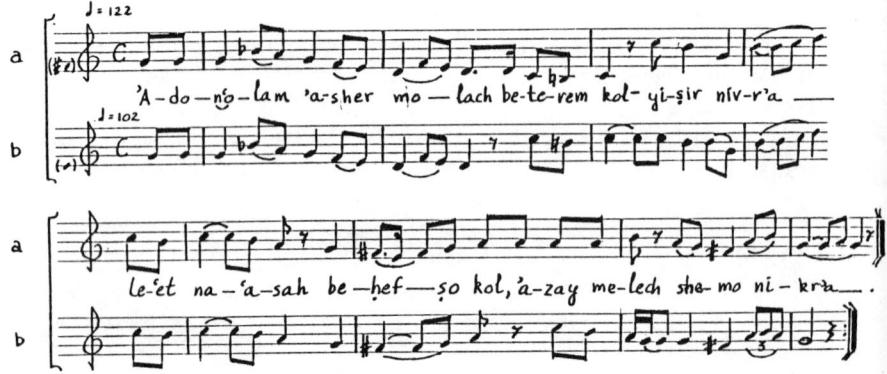

Example 9:
  a) *Adon Olam*: Sung by *Hazzan* Sa'adyah Cohen (collected by Samuel G. Armistead and Israel J. Katz, in Tetuán, August 16, 1962)
  b) "En la ciudad de Toledo" (*Diego León*): Sung by Sol Alkalay from Alcazarquivir (collected by Israel J. Katz, in Bet Shemesh, Israel, May 2, 1961)

4. *Single ballad text sung to a single tune:* In the Sephardic ballad tradition, there are many cases where only one tune has been noted, and there are still a number of ballad types for which no tune is known to exist. Until additional textual and musical variants and versions emerge, the ballads in this category must be regarded as unique.

In this preliminary study, I have attempted to illustrate the contrafact phenomenon as a highly popular and widely diffused practice within the ballad tradition of the Sephardic Jews, particularly after their expulsion from the Iberian Peninsula. Evidence of this practice was seen in 1) the *incipits* from Hebrew hymnals that were circulating around the Mediterranean region from the sixteenth through early nineteenth centuries, and 2) and in the musical notations from printed and manuscript sources that were notated from the surviving ballad tradition since the early part of the present century. In the latter case, the dynamic interchange existing between text and tune was also discussed. In all, one can appreciate the phenomenon of contrafacta as it was practiced among the Sephardim during almost five centuries of oral transmission.

Works Cited

Algazi, Léon. *Chants séphardis*. London: World Sephardi Federation, 1958.

————. *Cantos de boda judeo-españoles*. Musical notations by María Teresa Rubiato. Madrid: Instituto Arias Montano, CSIC, 1971.

Anglés, Higinio, ed. *La música en la Corte de los Reyes Católicos: Cancionero Musical de Palacio (siglos XV-XVI)*. Vols. I-II. Barcelona: Instituto Español de Musicología, CSIC, 1947 and 1951. (Monumentos de la Música Española, V and X)

Armistead, Samuel G., and Joseph H. Silverman. "El cancionero judeo-español de Marruecos en el siglo XVIII (Incipits de los Ben-çur)." *Nueva Revista de Filología Hispánica* 22.2 (1973): 280-90.

————. "El antiguo romancero sefardí: Citas de romances en himnarios hebreos (siglos XVI-XIX)." *Nueva Revista de Filología Hispánica* 30.2 (1981): 453-512.

————. "Sephardic Folkliterature and Eastern Mediterranean Oral Tradition." *Musica Judaica* 6 (1983-84): 38-54.

————, and Iacob M. Hassán. "Four Moroccan Judeo-Spanish Folksong Incipits (1824-1825)." *Hispanic Review* 42.1 (1974): 83-87.

————, and Israel J. Katz. "Sobre la antigua discografía sefardí y el Romancero." *La Corónica* 9.2 (1981): 138-44.

Attias, Moshe. *Romancero sefaradí: Romanzas y cantes populares en judeo-español*. Jerusalem: Kiryat Sefer, 1961.

Avenary, Hanoch. "Études sur le cancionero judéo-espagnol (XVIe et XVIIe siècles)." *Sefarad* 20 (1960): 377-94.

————. "Manginot kadumot le-pizmonim sefaradim (ha-me'ah shesh'es-re) ('Ancient Melodies for Sephardic Hymns of the Sixteenth Century')." *Tesoro de los judios sefardíes* 3 (1960): 149-53.

—————. "Cantos españoles antiguos mencionados en la literatura hebrea." *Anuario Musical* 25 (1971): 67-79.

—————. "Ha-leḥanim ba-koves shirim mi-Yawwan mi-siduro shel Shlomoh Mevorakh, shnat st"w k"y, Yerushalayim 8º421 ('The Melodies in the Collection of Songs from Greece from the Siddur of Shlomoh Meborakh, 1555-1556, Jerusalem 8º421')." *Sefunot* 13 (1971-1975): 199-213.

—————. "The *Maòz Zur* Tune: New Contributions to Its History." *Encounters of East and West in Music*. Tel Aviv: Dept. of Musicology, Tel Aviv U, 1979. 175-85.

Bahat, Avner. "La Poésie hébraïque médiévale dans les traditions musicales des communautés juives orientales." *Cahiers de Civilisation Médiévale* 23.4 (1980): 297-322.

—————. "Les Contrafacta hébreux des romanzas judéo-espagnoles." *Revista de Musicología* 7.1 (1986): 141-68.

Catalán, Diego, et al. *Gerineldo el paje y la infanta*. Madrid: Gredos (*Romancero Tradicional*, VIII).

Emmanuel, I. S. *Histoire des Israélites de Salonique* (Paris, 1936).

Frenk Alatorre, Margit. "El antiguo cancionero sefardí," *Nueva Revista de Filología Hispánica* 14 (1960): 312-18.

Friedländer, M[ax] H[ermann]. *Hymnen [Pizmonim] des R. Israel Nagarah*. Vienna: L. C. Zawarski, C. Dillmarsch & Comp., 1858.

Idelsohn, Abraham Zvi. *Gesänge der orientalischen Sefardim*. Berlin-Jerusalem-Vienna: Benjamin Harz, 1923. (Vol. IV of the *Hebräisch-orientalischer Melodienschatz*)

Katz, Israel J. "Toward a Musical Study of the Judeo-Spanish *Romancero*." *Western Folklore* 21.2 (1962): 83-91.

—————. *Judeo-Spanish Traditional Ballads from Jerusalem: An Ethnomusicological Study*. Preface by Samuel G. Armistead and Joseph H. Silverman. 2 vols. New York: Institute of Mediaeval Music, 1972-75.

—————. "Jewish Music: Sephardic Secular." *The New Grove Dictionary of Music and Musicians*. Ed. Stanley Sadie. 20 vols. London: Macmillan, 1980. 9: 639-41.

—————. "Stylized Performances of a Judeo-Spanish Ballad: *La Mujer engañada*." *Studies in Jewish Folklore*. Ed. Frank Talmadge. Cambridge, Mass.: Association for Jewish Studies, 1980. 181-200.

—————. "A Transcription of the Judeo-Spanish ballad *La vuelta del marido*." *Musica Judaica* 6 (1983-84): 55-59.

Larrea Palacín, Arcadio de. *Romances de Tetuán*. 2 vols. Madrid: CSIC, 1952. (*Cancionero judío del Norte de Marruecos*, I-II)

Levy, Isaac. *Chants judéo-espagnoles*. 4 vols. London-Jerusalem: World Sephardi Federation and the Author, 1959-1973.

—————. *Antología de liturgia judeo-española*. 10 vols. Jerusalem: División de Cultura del Ministerio de Educación y Cultura, 1965-1980.

Querol, Miguel. "Fuentes folklóricas de los cantos sefardíes." *Revista Internacional de Sociología* 57.2 (1984): 675-89.

Sherr, Daniel. "Seis romances judeo-españoles de Barcelona." *La Corónica* 12.2 (1984): 211-18.
Shiloah, Amnon. *Ha-masoret ha-musikalit shel yehuday bavel* ('The Musical Traditions of Iraqi Jews'). Tel Aviv: Tscherikover, 1983.
―――. *Greek-Jewish Musical Traditions*. Ethnic Folkways Records FE 4205. New York: Folkways Records and Service Corp., 1978.
Spiegel, Shalom. "On Modern Hebrew Poetry." *The Jews: Their History, Culture, and Religion*. Ed. Louis Finkelstein. 3rd ed. New York: Harper & Row, 1960. 2: 855-92.

Algo más sobre la poesía de Hayim Yom-Tob Magula

ELENA ROMERO

A EN OTRAS OCASIONES me he ocupado de las coplas de intención moralizante que escribiera el poeta sefardí del siglo XVIII Hayim Yom-Tob Magula.

En un primer estudio establecía la lista bibliográfica de las ediciones en las que vieron la luz sus coplas, describiendo tres de ellas[1]. En artículos posteriores he determinado la extensión del corpus poético de Magula que, según lo que hasta ahora conocemos, consta de seis coplas —a las que hemos dado los títulos de *Las malas costumbres, Los confines de la tierra, Visiones divinas, El mundo al revés, Un mundo nuevo* y *Las edades del hombre*[2] — y he editado algunas de ellas[3].

Voy a ocuparme en esta ocasión de la tercera de las coplas mencionadas, la que hemos denominado *Visiones divinas* a partir del título hebreo *Mar'ot Elohim* que se le aplica en la mayoría de las ediciones.

La copla vio la luz en los cuatro libritos aljamiados que con el común título de *Tobá tojáḥat megulá* aparecieron en Constantinopla o

---

[1] "Poesía judeo-española admonitiva" (con L. Carracedo), en *Sefarad*, 37 (1977), 429-51: 430-39 [abrev. "Adm"].

[2] Vid. mi artículo "Hayim Yom-Tob Magula y su poesía moralizante," en *Estudios Sefardíes*, 5 (1982, = *Sefarad* XLII.3) pp. 407-20 [abrev. "Magula"].

[3] Los poemas *El mundo al revés* y *Un mundo nuevo* en el artículo citado en nota 2 y *Las edades del hombre* en mi artículo "El midráš Yeṣirat havalad y sus ecos en la literatura sefardí," entregado al Homenaje a F. Pérez Castro (en prensa).

Salónica ca. 1745 (h. 13a-b),⁴ Constantinopla 1756 (hs. 11b-12a), Salónica 1787 (hs. 14b-15b) y 1815 (h. 12a-b), así como en el más tardío *Librico de Tojáḥat megulá* de 1858, quizá de Salónica (hs. 10a-11a).⁵

El texto que edito es el de la primera edición mencionada, que como dicho queda vería la luz en Constantinopla o Salónica hacia mediados del siglo XVIII⁶ y al que siguen muy de cerca los textos de las dos ediciones posteriores de Salónica de 1787 y 1815.

Como ya he descrito en otro lugar,⁷ consta la copla de trece estrofas de cuatro versos dodecasilábicos formados por hemistiquios de tendencia hexasilábica; la rima es zejelesca AAAB, con vuelta en *Dio*. En todas las ediciones, salvo en la de Salónica 1815, va precedido de una retórica estrofa en hebreo que reza así: "Vezot šenit kasot dim'á / anojí ticanti mipené hara'á. / Arid besibí vaahim, / queratiha *Mar'ot Elohim,*" cuya traducción sería:⁸ 'Y esto segundo [hacéis]: cubrir de lágrimas [el altar de Dios] [*Mal* 2.13], / yo lo compuse a causa del mal. / Gimo en mi queja y me lamento [*Sal* 55.3], / la he llamado *Visiones divinas* [*Ez* 1.1]'.

El poeta describe los males y desgracias del momento, que no son sino el castigo de Dios por la mala conducta de sus contemporáneos a los que aconseja volver al recto obrar. En las estrofas finales (estrs. 11-13) explica la intención de su poema y hace votos por la pronta venida del Mesías.

Sigue a continuación la transcripción del texto,⁹ que se comple-

---

⁴ Aunque el ejemplar de esta edición que manejo carece de portada, suponemos que su título sería el mismo que el de las otras ediciones del corpus, máxime cuando también en el folio de ésta—como en el de las demás—se lee "Tojáḥat megulá." Supongo que vería la luz después del librito *Tobá Tojáḥat megulá* de Constantinopla 1739 (que sólo contiene la copla *Las malas costumbres*, vid. "Adm" p. 431, letra *a*), pero antes del aparecido allí mismo en 1756, ya que la grafía del librito que uso como base para mi edición es arcaica en todos sus rasgos en tanto que en la del de 1756 aparecen ya muchos casos de sustitución de *sámej* por *sin*.

⁵ Puede verse una descripción detallada de estas ediciones en "Adm" pp. 431-32, letras *c, b, d-e* y *h*, respectivamente; y más datos sobre la de Salónica 1787 en "Magula" pp. 407-08.

⁶ Utilizo fotocopia del ejemplar de la Biblioteca Nac. y Univ. de Jerusalén (RO 35V4371), a quien agradezco el haberme remitido el material.

⁷ Vid. "Adm" p. 439.

⁸ Entre corchetes indico los versículos bíblicos utilizados y completo los pasajes que me han parecido necesarios para hacer más comprensible el oscuro texto.

⁹ Para mi transcripción utilizo el sistema establecido en *Estudios Sefardíes* y

menta con las notas léxicas y de sentido que nos han parecido necesarias:

1 Escuchad, señores,   oyid lo que digo:
comé de este pan   que es de buen trigo,
sentid mis palabras   que son de amigo,
son palabras ĵustas   con temor del Dio.

2 Abrid vuestros ojos   y vuestros sentidos,
despertá, porque   estáś adormecidos;
mirá, mis hermanos,   que estamos perdidos:
por muestros pecados   mos castiga el Dio.

3 ¿Qué es esta pereźa,   este encantamiento?
No hay quen se sienta[10]   ni haga movimiento.
Ya no mos quedó   hoĵa de sarmiento;
según muestras obras   mos paga el Dio.

4 Mirá: todo el mundo   de aquí a Flandes
se han sucedido   males tanto grandes;
cierto que no es   todo esto en baldes,
que nunca tortura   no haće el Dio.

5 Todos traśyerimos   como las oveĵas[11]
con modos de males   de tapar oreĵas;
noche no dormimos   con dolores vieĵas,
una sobre otra   mo las trae el Dio.

6 Pérditas de haćiendas   que ya no hay cuenta,
dádivas y pechas   a trenta, a cuarenta,[12]
carestía y fuegos,   miedos y revuelta:
rogá que se tenga   por contente el Dio.

7 Una cośa veo   de tomar despecho:
todos mos sentimos   en hora de estrecho,
pasando la hora,   se van a su hecho.[13]
Esto no es derecho   ni le plaće al Dio.

---

terceros fascículos de *Sefarad*, con la salvedad de que la ĵ intervocálica representa palatal sonora fricativa y no africada; la puntualización, versalización y segmentación de palabras son mías.

[10] Es decir: "No se escucha a nadie hablar."
[11] Es decir: "Hemos errado como las ovejas."
[12] Es decir: "En constante incremento."
[13] Es decir: "Pasada la hora de estrechez, cada uno se va a su quehacer."

8 Si estas dolores   son las del untado,[14]
  todas las daremos   por bien enpleado;
  pero si serán   por muestro pecado,
  por uno o por otro   tornemos al Dio.

9 Levantemos todos   sin faltar ninguno
  con exclamación   al Dio que es uno
  con tešubá[15] grande,   lloro y ayuno,
  quizás los pecados   perdonará el Dio.

10 Con que alimpiemos   muestros corazones
   de malhechoría   y de traiciones
   porque se reciban   muestras oraciones,
   como está escrito   en la Ley del Dio.

11 Ya sé que alguno   tomará fatiga:
   "¿Qué soñó este viejo   de haćer cantiga
   peśga como plomo,   puncha como ortiga?
   ¿Qué es lo que mos quere?,   por amor del Dio."

12 Yo hago cantigas   que los hombres canten,
   vean mis palabras   y que se quebranten;
   no hago cantigas   que bailen y salten,
   que en nada de esto   no envelunta el Dio.

13 El Dio de los cielos   alto y enšalžado
   mos mande ya muestro   rey encoronado,
   descubra su honra   a todo el poblado
   y diremos todos: "Este es muestro Dio."

Como suele suceder en las coplas de tradición libresca, escasas y poco relevantes son también en este caso las diferencias que presenta el texto de *Visiones divinas* en sus distintas ediciones. Se observa sin embargo una mayor proximidad textual entre la versión que edito y las de Salónica 1787 y 1815, cuyas variaciones son mínimos cambios formales y gráficos[16] o simples errata.[17] En cuanto a la edición de Constantinopla 1756, alguna variante es también meramente formal,[18] mientras que otras parecen responder a manipulación del

---

[14] Es decir: "Las que anuncian la próxima venida del Mesías."
[15] Hb. 'penitencia'.
[16] Las variantes de Salónica 1787 son las siguientes: 1a *oid*, 2b *despertad*, 6a *Piérditas*, 10b *malhechorías* y 12a *honbres*; y las de Salónica 1815: 2a *güestros*, 3c *hoja* y 11b *viejo*, además de la indicada supra de la omisión de la estrofa hebrea.
[17] Así en la ed. de Salónica 1787 se lee en 4a *de a aquí*; y en la de 1815, en 1c *palbras* y en 10c *oracioles*.
[18] En 9d *pedronará*.

texto, que dan lugar a ligeros cambios de sentido.[19]

El mayor número de variantes respecto al texto que editamos corresponde a la edición más tardía, la de 1858, y tales variaciones responden a cambios gráficos, formales o léxicos,[20] a reformulaciones irrelevantes,[21] a omisiones,[22] a errores obvios[23] y a cambios textuales menores.[24]

Merecen, sin embargo, algún comentario otras dos variantes, por lo que suponen de remodelación textual. Así en 3a leemos *prisa* en lugar de la *pereźa* de las demas versiones, lo que parecería apuntar a que ya por aquellas calendas se empezaba a notar una cierta reprensible acceleración en el ritmo de vida. Pero aún más interesante es el cambio que presenta el segundo hemistiquio de 4a, en donde ahora leemos: "Mirá: todo el mundo—de aquí es falsedades." Parece evidente que a quien un siglo después de escribirse el poema remodelara el texto ya nada le sugería la determinación geográfica de "el mundo de aquí a Flandes."

Hay que señalar que no conozco versiones orales de esta copla. En el manuscrito *Širé 'am beturquit* (Or., s. XX)[25] encontramos la siguiente única estrofa: "Mira, mi hijo, lo que te digo, / que son hablas de amigo, / estimadas más que agua y trigo, / y el Dio estará contigo." A pesar de la similitud de rima y formulaciones, no se puede asegurar que se trate de un eco tardío de la primera estrofa de nuestra copla.

Para terminar, permítaseme ofrecer este articulito al profesor Joseph H. Silverman, a quien respeto y admiro tanto como por sus logros científicos por sus cualidades humanas, a quien me honro en llamar amigo y cuyos consejos para mí siempre han sido y seguirán siendo "como el pan del mejor trigo" (cfr. 1b).

Instituto Arias Montano (csic)

[19] Son las siguientes: 5b *que modos...*, que habría que entender como exclamativo "¡qué modos...!"; 6b *a trenta y...*, que amortigua la idea de la constante alza de los impuestos; 12a *como los hombres...*, que deja el segundo hemistiquio sin sentido; y 12d en donde al omitir *no* se quita rotundidad a la negación.

[20] Así leemos: 2a *ojos*, 2c *pedridos*; 3c *hoja*, 3d *asegún*; 4b *sucedidos*; 5a *ovejas*, 5c *viejas*; 6a *Pédritas*; 9a *dinguno*, 9d *pedronará*; y 11b *viejo*.

[21] Que resultan de adición de artículos y conjunciones: 3a *y este*, 9c *y lloro* y 11c *el plomo... y puncha*.

[22] Ha desaparecido el verso 10c.

[23] Como el que deja en un imposible $b^{\check{s}}/_s{}^e/_i t^e/_i$ *besihí* de la estrofa hebrea.

[24] Así en 2a *oyidos* (por *sentidos*), en 6b *a trenta y* (como en Const. 1756), en 6c *repueltas* y en 8a *Que estas...*, sustituyendo la condicional por un *que* seguramente expletivo (¿o quizá causal?).

[25] Bibl. Nac. y Univ. de Jerusalén, núm. 3206.

Correspondencia Poética

Versos cruzados entre Rubén Darío y Juan Ramón Jiménez (1900-1916)

Antonio Sánchez Romeralo

A CORRESPONDENCIA POÉTICA entre Rubén Darío y Juan Ramón Jiménez se inicia muy pronto, en 1900, el año en que se conocen, cuando, llamado por Villaespesa, llega Juan Ramón a Madrid, dispuesto "a luchar por la poesía." Era él, entonces, recordará muchos años después, sólo, "un muchacho que quería ser poeta," y Rubén Darío, "un poeta maduro en la riqueza de su obra."[1] "El me trató desde el primer momento"—recordará en otro lugar—"el mismo día de mi llegada a Madrid, con gran cariño y después de leer algunos versillos míos imitados en parte de él, en parte de otros y en parte con

---

[1] "Con Rubén Darío, hoy en Savannah," texto escrito para la ceremonia de botadura de un barco de la armada norteamericana bautizado con el nombre de Rubén Darío, en Savannah, Georgia, EE.UU., el 22 de junio de 1944. El texto mecanografiado con enmiendas a mano por el autor se conserva en la *Sala Zenobia y Juan Ramón Jiménez*, de la Universidad de Puerto Rico (Río Piedras). Publicado primero en la revista nicaragüense *Educación* (Managua), 10 (1950), 47-48; dado a conocer en España por Ricardo Gullón, en "Relaciones entre Rubén Darío y Juan Ramón Jiménez (Textos inéditos)," *Papeles de Son Armadans*, 93 (diciembre 1963), 233-48. Después, ha sido publicado varias veces: en *Poesía española* (Madrid), 178 (oct. 1967), 1-2; en *Seminario Archivo Rubén Darío* (Madrid), 11 (1967), 91-95 (coincidiendo ambos artículos con el centenario del nacimiento de Darío, el 18 de enero de 1867); y en *Política poética*, ed. de Germán Bleiberg (Madrid: Alianza Editorial, 1982), pp. 319-21.

un dejo ya personal, me dijo unas palabras que nunca he olvidado, 'Usted va por dentro.'"[2] Ese afecto del poeta madura por su joven amigo—catorce años más joven—y la paralela admiración ("una fascinación sin reparo")[3] y el respeto con que éste le correspondió, se expresaron, muy pronto, en un interesantísimo epistolario, en artículos y comentarios de las obras que ambos iban publicando, y, muerto ya Rubén, en 1916, en páginas de recuerdo y apreciación literaria que Juan Ramón siguió escribiendo hasta su muerte, en 1958. Parte importantísima de esa correspondencia se expresó en versos, algunos que se hicieron famosos, otros, hoy olvidados, alguno, en fin, desconocido e inédito. Con todo ese material en prosa y verso, tan rico en interés humano y literario, pensaba Juan Ramón Jiménez armar un volumen, y darlo a conocer. Las cartas y los versos de Darío estuvieron a punto de publicarse, en 1924, con el título *Cartas y versos de Rubén Darío* a Juan Ramón Jiménez, en un volumen, que iba a ser el 6º de la "Biblioteca Definición y Concordia" de la revista madrileña *Indice*. Pero el volumen no llegó a salir, y la serie quedó interrumpida.[4]

El proyecto, sin embargo, siguió en pie, y se fue enriqueciendo; con los años, ya después de la guerra civil española, llegó a ser una amplísima, casi exhaustiva colección de textos y recuerdos, que iba a llamarse *Mi Rubén Darío*. Para entonces, lo escrito por Juan Ramón Jiménez sobre Rubén Darío se había aumentado con abundantes escritos tan preciosos como: "Rubén Darío" (la silueta de *Españoles de tres mundos*), "Mis Rubén Darío," "Rubén Darío español," "Otro lado de Rubén Darío," "Con Rubén Darío, hoy en Savannah."... Y al revivir los propios versos para su colección poética última, *Leyenda*, había ido dejando

[2] "Alerta (Lectura 2ª)," escrito preparado para el proyecto *Alerta*, colección de textos que Juan Ramón Jiménez había comenzado a escribir sobre temas norteamericanos, españoles e hispanoamericanos, para ser leídos por la radio, según un acuerdo con una agencia del gobierno de EE.UU. Esto era en 1942, y el proyecto no llegó a realizarse por exigencias de la censura militar que Juan Ramón Jiménez se negó a aceptar. La "Lectura 2ª" ha sido publicada parcialmente por Francisco Javier Blasco Pascual, en su edición de *Alerta* (Salamanca: Universidad de Salamanca, 1983), pp. 83-85. El texto completo se conserva en la *Sala Zenobia y Juan Ramón Jiménez*, de la Universidad de Puerto Rico, Río Piedras. (Aparecerá en mi edición de *Mi Rubén Darío (1900-1956)*, proyecto del que se hablará en seguida.)

[3] En el texto antes citado: "Alerta (Lectura 2ª)."

[4] El último volumen, publicado como 7º de la colección, *Presagios*, de Pedro Salinas, incluye el de las "Cartas y versos de Rubén Darío a Juan Ramón Jiménez," como el 6º de los ya publicados. La Revista y la Biblioteca, fundadas por Juan Ramón Jiménez, tenían a Juan Guerrero Ruiz de Secretario.

testimonio de la presencia de Darío en su poesía temprana, con dedicatorias y citas de recuerdo y homenaje. En 1949, preocupado por la conservación de los autógrafos de Rubén Darío (que, además de las cartas, incluían los manuscritos de *Cantos de vida y esperanza* que Darío le había regalado en 1905, agradecido por su ayuda en la edición del libro), Juan Ramón Jiménez hizo donación de todo ese precioso material a la Biblioteca del Congreso, en Washington (no sin que, años antes, hubiera ofrecido el legado a la Biblioteca Nacional, de Madrid, sin que ésta llegara a interesarse).[5] Por entonces, y todavía en los años 50, los últimos vividos, ya en Puerto Rico, Juan Ramón fue dejando, en diversos papeles, y minuciosamente en dos de ellos, pautas para la elaboración del proyecto *Mi Rubén Darío*. Gracias, sobre todo, a esos dos documentos, uno, una especie de "Inventario" de cosas a incluir en el libro; el otro, un verdadero "Indice" de su composición, he podido reconstruir el proyecto, en cuya edición sigo trabajando al escribir estas páginas.[6] En ellas, quiero ofrecer y comentar la correspondencia poética cruzada entre ambos grandes poetas, una de las partes más interesantes del proyecto. Daré primero los versos de Darío, y después los de Juan Ramón, respetando los epígrafes usados por el autor de *Mi Rubén Darío*.

Versos sobre y dedicados de Ruben Darío a Juan Ramón Jiménez

1. *¿Tienes, joven amigo, ceñida la coraza...*

"Este soneto me lo envió Rubén Darío de París espontáneamente, a la muerte de mi padre, cuando yo imprimía *Ninfeas*, aquel librejo de mis dieciocho años del que me horrocié ya a los veinte. ¡Qué jeneroso fue conmigo!," escribe Juan Ramón Jiménez como comentario al poema. En una carta, fechada en Moguer el 2 de junio de 1900, Juan Ramón Jiménez le había pedido al Maestro una dedicatoria para el libro: "Ahora me atrevería a rogarle que me hiciera el prólogo, lo más brevemente posible; si no tiene tiempo, hágalo corto, o en verso, o como crea más fácil y pronto, evitándose molestias; pero no deje de hacerlo, que colmará usted de ese modo mi ilusión de muchos días." Al morir Don Víctor Jiménez (el 3 de julio de 1900), Rubén Darío escribe a su amigo unas sentidas líneas, que Juan Ramón recordará así: "Querido poeta, Mi más

[5] Ricardo Gullón, *Conversaciones con Juan Ramón Jiménez* (Madrid: Taurus, 1958), p. 49.
[6] Será publicada en "El Observatorio, Ediciones," que dirige, con excelente gusto y mucho entusiasmo e inteligencia, Tomás Vidales.

íntimo pésame por la muerte de su padre. Y este soneto." Este soneto, Juan Ramón se apresurará a enviarlo a Madrid, a la imprenta, que tenía detenida la tirada de *Ninfeas*, aguardando el prólogo de Rubén Darío, y el poema aparece como "Atrio" del libro. El original se conserva en la Biblioteca del Congreso y dice así (reproduciendo exactamente la ortografía y la puntuación del manuscrito):

> *De Rubén Darío, a Juan R. Jiménez*
>
> Tienes, joven amigo, ceñida la coraza
> Para empezar valiente la divina pelea?
> Has visto si resiste el metal de tu idea
> La furia del mandoble y el peso de la maza?
>
> Te sientes con la sangre de la celeste raza
> Que vida con los números pitagóricos crea?
> Y, como el fuerte Herakles al león de Nemea
> A los sangrientos tigres del mal darías caza?
>
> Te enternece el azul de una noche tranquila?
> Escuchas pensativo el sonar de la esquila
> Cuando el ángelus dice el alma de la tarde
>
> Y las voces ocultas tu razón interpreta?
> Sigue, entonces, tu rumbo de amor. Eres poeta.
> La Belleza te cubra de luz y Dios te guarde.

Fue como el espaldarazo del Maestro al "muchacho que quería ser poeta," quien, en su fuero interno, decidió contestar con un sí a todas las preguntas que el soneto le hacía. Nunca lo olvidó. "Mis amigos decían:"—recordará Juan Ramón, ya viejo, en una nota inédita conservada en la *Sala* de Puerto Rico—"Quitas las interrogaciones y ponle exclamaciones. Pero yo pensaba que era tan bello este soneto de pregunta: Si no te sientes así, no sigas. Una joya."

2. *Jiménez*

En el Inventario preparado para *Mi Rubén Darío* alude Juan Ramón a este poema: "Su poema Jiménez." Es una a manera de carta en verso, escrita a vuela pluma, sin mucho cuidado por los versos, que, de todos modos, en la segunda mitad del poema, adquieren el buen decir que siempre tuvo Darío, aun en los poemas de circunstancias. Tiene, además, un alto interés para la historia de las relaciones entre ambos poetas, y está escrito el mismo año, 1900, en que se conocieron. El autógrafo se guarda en la Biblioteca del Congreso (Acc. 9799), y en él, Juan Ramón ha escrito un encabezamiento ("A Juan Ramón Jiménez") y un pie, con la fecha (Paris, 1900) y la firma ("Rubén Darío"). En el margen derecho de la tercera y última página del texto, hay también esta nota: "Cuando Rubén Darío me escribió este poema-carta (1900) yo tenía 19 años, y atravesaba una crisis pesimista, Juan Ramón Jiménez." El poema se ha conservado inédito y es, a todos los efectos, desconocido. Lo conoció Graciela Palau de Nemes cuando preparaba su *Vida y obra de Juan Ramón Jiménez* (Madrid: Gredos, 1957), pero se abstuvo de publicarlo respetando el deseo de Juan Ramón Jiménez, quien, sin embargo, decidió incluirlo en *Mi Rubén Darío* como se infiere de la lectura del *Inventario*. La cita al poema que hace Agustín Caballero en su prólogo a su edición de *Libros de poesía* (Madrid: Aguilar, 1957) procede, sin duda, del libro de G. Palau de Nemes. El poema-carta, que no tiene título alguno en el manuscrito, es así:

> Jiménez, triste Jiménez
> no llores; el mundo es alegre.
> La vida es hirviente,
> la fiebre
> va por todas partes y hierve.
> Jiménez,
> la vida
> está encendida
> en tu pupila
> en tu emoción infinita,
> en tus versos que cantan
> canciones antiguas
> del corazón de tu España,
> que está en tu alma misma.
> (Jiménez, es preciso
> reir, o sonreir al paraíso.)

* * *

> Jiménez, las pasiones que nacen
> hacen temblar los cuerpos y las almas.
> Son tempestades, terremotos interiores
> que de pronto estallan
> en nuestro miserables corazones
> hechos para los sueños y las hadas.
> En la red de tus versos
> está presa, Jiménez,
> una gaviota blanca.
> Ella pide las inmensidades
> de esos ratos azules que buscas y no hallas.

* * *

> No te esperaré, Jiménez,
> sino en la puerta de la Esperanza,
> cuando vaya tranquilo
> y sonriente vayas.
> Estoy muy cansado,
> necesito suaves pláticas.
> Hablaremos de las ideas,
> hablaremos de las almas.
> Tendremos compasiones
> para las gentes malas.
> Leeremos bellas poesías
> y reiremos de las musas falsas.

3. *¡Torres de Dios! ¡Poetas!*

Este poema tiene su pequeña historia, cuya primera parte puede seguirse en el epistolario de ambos poetas. En 1903, debió de ser en febrero o marzo, Juan Ramón, "retraído" entonces en el Sanatorio del Rosario, de Madrid, envía a Darío, a París, un ejemplar que posee de la 2ª edición de *Prosas profanas*, la publicada en París, en 1900, pidiéndole una dedicatoria: "Un día de estos le enviaré mi ejemplar de *Prosas profanas*, para que me ponga usted su firma; es por el placer de tener dedicado un libro tan bello; luego, hará el favor de remitírmelo cuando me remita *La caravana pasa*...," le anuncia en una carta, hoy perdida, que publicó Alberto Ghiraldo,[7] y que es la número 4 de las cartas de Juan Ramón Jiménez en mi edición de *Mi Rubén Darío*. El 16 de junio de ese mismo año de 1903, anuncia Darío: "Mis *Prosas*, pronto le irán devueltas. No han ido antes, porque he querido escribirle en su primera página algo nuevo. Y ese algo nuevo ha sido tardo en venir. Nada de lo que hago me gusta. No *hallo* lo que quiero." El 4 de julio sigue sin *hallar* lo que quiere escribir para su amigo; Darío está pasando una crisis: "Mientras le escribo, sobre mi tristeza y su última carta, y le envío las *Prosas* y varios versos nuevos, le remito estas líneas, que acompañan un artículo para *Helios* de Rufino Blanco Fombona... el cual artículo es sobre un bello asunto, Miss Isadora Duncan, una musa que anda por aquí y que me gustaría que V. viese: la bailarina yankee-arcaica de los pies desnudos...." Lo que envía el poeta con la carta es el artículo de su amigo Fombona para *Helios*, no las *Prosas*.[8] Estas no irán hasta meses

[7] Alberto Ghiraldo, *El archivo de Rubén Darío* (Santiago de Chile: Bolivar, 1940); 2ª ed., Buenos Aires: Losada, 1943, pp. 16-18.

[8] Ernesto Mejía Sánchez, en las preciosas notas a su edición de la *Poesía de Rubén Darío* (Caracas: Ayacucho, 1977), pp. lxix-lxx, cree que la carta de 4 de julio anuncia el envío de las *Prosas*, pero lo que en esa carta dice Darío

después: para el 20 de octubre ya han salido de París: "Le envié las *Prosas*, con algo de mis nuevas ideas," dice una carta de esa fecha. Juan Ramón contesta en seguida, emocionado: "Queridísimo poeta: acabo de recibir el ejemplar de *Prosas*, con los admirables versos...."[9] Los admirables versos eran los de "¡Torres de Dios! ¡Poetas!," uno de los grandes poemas de Darío, y habían de causar profunda impresión en el ánimo del afortunado destinatario. Su historia no acaba aquí, pero antes debemos recordarlos, copiándolos fielmente de las páginas 1 y 2 del ejemplar de Prosas profanas que poseyó Juan Ramón hasta regalarlo a la Fundación Hispánica de la Biblioteca del Congreso, donde ahora se encuentra.

Torres de Dios! Poetas!
Pararrayos celestes,
Que resistís las duras tempestades,
Como crestas escuetas,
Como picos agrestes,
Rompeolas de las eternidades!

La májica Esperanza anuncia un día
En que sobre la roca de armonía
Expirará la pérfida sirena.
Esperad, esperemos todavía!

Esperad todavía.
El bestial elemento se solaza
En el odio a la sacra poesía
Y se arroja baldón de raza a raza.

es que mientras *llega el momento de hacerlo y de escribir más largamente hablando de sus tristezas, envía ahora* "estas líneas que acompañan un artículo para *Helios*" de R.F.B. Tampoco fue a fines de 1902 cuando Juan Ramón Jiménez envió su ejemplar, como cree Mejía Sánchez, sino al año siguiente, ya que la carta que anuncia ese envío es respuesta a la carta de Darío fechada el 10 de febrero de 1903.

[9] Esta carta, que debió de escapar a la atención de Ghiraldo, es una de las tres que hoy se conservan, en el *Seminario-Archivo Rubén Darío*, con sede en la Universidad Complutense, en Madrid. Las tres fueron publicadas por Antonio Oliver Belmás en su artículo "Ausencia y presencia de Juan Ramón Jiménez en el archivo de Rubén Darío," en *Revista de Archivos, Bibliotecas y Museos*, 64 (1958), 55-70; y reproducidas después en su libro *Este otro Rubén Darío* (Barcelona: Aedos, 1960), pp. 176-180. El artículo de la *RABM* está recogido en el libro del mismo autor, *Última vez con Rubén Darío*, Vol. I (Madrid: Centro Iberoamericano de Cooperación, 1978), pp. 141-58. El artículo incluye también las 16 cartas o fragmentos de cartas publicados por Ghiraldo.

> La insurrección de abajo
> Tiende a los Excelentes.
> El caníbal codicia su tasajo
> Con roja encía y afilados dientes.
>
> Torres, poned al pabellón sonrisa.
> Poned ante ese mal y ese recelo
> Una soberbia insinuación de brisa
> Y una tranquilidad de mar y cielo...

El poema llevaba al pie la fecha "Paris - 1903" y la firma "Rubén Darío." Cuando Juan Ramón Jiménez se encarga de la edición de *Cantos de vida y esperanza*, organizando los poemas que Darío le ha ido enviando y poniendo a su cuidado, incluirá en el libro, por supuesto, el texto del admirable poema, pero—por delicadeza—sin mencionar su historia ni poner su nombre en la dedicatoria. Darío le dedicó, de todos modos, la sección segunda del libro: "Los Cisnes," y agradecido por el magistral trabajo que Juan Ramón había hecho como preparador de la edición, le regaló después los autógrafos del libro, otra historia que merece ser contada. En las ya mencionadas notas a su edición de la *Poesía* de Darío, Ernesto Mejía Sánchez es categórico al señalar la importancia del trabajo del joven poeta, que en 1905, cuando salen los *Cantos*, aún no había cumplido los 24 años: "La primera edición, hecha en la tipografía de la *Revista de Archivos*, Olid, 8, en Madrid [hoy desaparecida], fue cuidada y hasta cierto punto organizada por Juan Ramón Jiménez. Su buen gusto se impuso hasta en el color de las tintas de la tapa, morado y oro, y en las mayúsculas Bodoni y su acentuación." "La intervención de Jiménez en la ordenación de los poemas y en la vigilancia tipográfica fue decisiva, como alguna vez tendrá que establecerse."

En un papel conservado en la *Sala* de Puerto Rico, escrito para el proyecto *Vida*, tampoco realizado, vuelve Juan Ramón a referirse al poema "Torres de Dios" y a su historia, con pormenores que interesa conocer. Al mismo tiempo, menciona otro poema, hoy por hoy, perdido, que va a ser el siguiente en nuestra relación. Dice así la nota:

> Rubén Darío escribió "Torres de Dios" para la primera pájina del ejemplar de "Prosas profanas" que yo le envié a París pidiéndole una dedicatoria.
>
> Cuando este bellísimo poema se publicó (por vez primera) en "Cantos de vida y esperanza" (Madrid, 190)[10] yo, que fui honrado

---

[10] Así, en la nota; Juan Ramón Jiménez no recordaba en ese momento la fecha: 1905.

por Rubén Darío con el encargo de cuidar la edición, no quise indicar, por una delicadeza natural, el orijen. Años después, en el librito de Rubén Darío que Pedro Henríquez Ureña compuso para la "Hispanic Society" de New York, el poema llevaba ya la indicación. Y como en mi relación amistosa y poética con Rubén Darío este regalo que me hizo fue y es de tanta alegría para mí, incorporé el poema a mi "Vida."

Además del soneto "Atrio" de mi primer libro, "Ninfeas" y de estas "Torres de Dios" Rubén Darío me escribió desde Málaga, 1904, un tercer poema largo y en verso libre. Su manuscrito ha quedado inédito hasta hoy y si no se ha perdido en el pillaje de nuestra casa de Madrid, como las cartas y otros escritos que Rubén Darío me confiara, lo daré todo en otros volúmenes de "Vida."

Nada de Rubén Darío debe perderse. Y yo no me resigno tampoco a perder la ilusión que siempre tuve de incorporar en alguna forma a mi obra todo lo que poseo ¿o poseí? de Rubén Darío.

El librito de Pedro Henríquez Ureña a que hace referencia la nota es el titulado *Eleven Poems of Rubén Darío* (Nueva York: The Hispanic Society, 1916). Uno de los once poemas antologizados era el de "Torres de Dios," y al pie se incluía este comentario: "Versos escritos en el ejemplar de *Prosas profanas* enviado al poeta Juan R. Jiménez."[11]

4. *Poema inédito, enviado desde Málaga, en 1904*

En diciembre de 1904, Rubén Darío pasó por Madrid "de prisa, camino de Málaga, a curarse una bronquitis alcohólica en el clima inocente. Desde allí"—cuenta Juan Ramón Jiménez, recordando, en *Mis Rubén Darío*—" me mandó para la revista *Helios* la soberbia 'Oda a Roosevelt'. Francisco A. de Icaza lloró de emoción cuando yo, en un tranvía, le enseñé el manuscrito de la oda."[12] También le envió ese "poema largo y en verso libre," nunca publicado, y cuyo autógrafo parece haberse perdido, posiblemente en el pillaje a que se refiere la nota, pero que muy bien pudiera reaparecer un día. (Esperémoslo.) Juan Ramón deseaba

---

[11] Lo cuenta también Ernesto Mejía Sánchez en su libro *Cuestiones rubendarianas* (Madrid: Revista de Occidente, 1970), p. 46; y en su citada edición de *Poesía* de Rubén Darío, p. lxv.

[12] *Mis Rubén Darío*: Texto publicado por Francisco Garfías en su edición de textos de Juan Ramón Jiménez con el nombre de *La corriente infinita* (Madrid: Aguilar, 1961), pp. 47-52. La "Oda a Roosevelt," que no se llama así sino simplemente "A Roosevelt," pasó a ser el poema VIII de *Cantos de vida y esperanza*. El soberbio autógrafo, escrito en papel tela y con hermosa caligrafía, se lo entregó Juan Ramón Jiménez, andando el tiempo, a Archer M. Huntington, para la *Hispanic Society* de Nueva York, y allí sigue.

incluirlo, por supuesto, en *Mi Rubén Darío*; en una de sus apuntaciones manuscritas, conservada en el archivo de Puerto Rico, anota: "Pedir a Guerrero el poema inédito."

5. *"Chapelgorri"*
   Estos versos—un divertido apunte—le llegaron a Juan Ramón Jiménez un día de enero o febrero de 1905, recién llegado Darío a Madrid, con esta carta, fechada en la calle Veneras, 4:

> *Caro Poeta:*
> *He llegado ayer. Y estoy un poco enfermo. No mucho.*
>
> *Suyísimo*
> *Darío*

Así eran los versos, comentados por Juan Ramón en dos textos, dos versiones de un mismo episodio biográfico, los dos llenos de interés y que vale la pena reproducir integramente (a continuación de los versos):

> Chapelgorri
>
> Maravilloso champiñón decorativo,
> que floreciste tantas funciones sanguinarias
> en las luchas carlistas, y que por ser tan varias
> tus formas, te conviertes en tiara del esquivo;
>
> hacia adelante, o hacia atrás, casco, aureola,
> ya redondez de hongo, o arista de peñasco,
> al ponerte en mi testa, me siento un poco vasco,
> ya Iparraguirre, o bien Unamuno, o Loyola.
> (*Madrid, 1905*)

El poema se publicó en *Baladas y canciones* (Madrid: Imprenta G. Hernández y M. Sáez), 1923 (en la sección "Rosas profanas" de ese libro), que incluye poemas de Rubén Darío escritos entre 1896 y 1910. De ese libro existe una edición, no fechada, pero supuestamente anterior, hecha en Buenos Aires, Editorial Tor (¿192?). La primera versión del comentario de Juan Ramón Jiménez dice así:

> En esta época, Rubén Darío, que vivía accidentalmente en Madrid, calle de las Veneras, 4, un entresuelo chato y oscuro y desapacible, usaba para estar en casa boina. Solía ponerse ante un armario de luna y arreglarse la boina al espejo de mil maneras.
> Recuerdo de esta casa una escena que pinta un aspecto infantil del poeta. Su habitación estaba dividida en dos por una puerta de cristales: alcoba y gabinete, y en el fondo estaba la cama y en la parte del balcón su escritorio, una mesa con el *Quijote* y libros recibidos de Madrid.

Yo solía suplicarle al poeta que no bebiera whisky, ni *cognac* *Martel*—tres estrellas—, que él bebía por una falta absoluta de voluntad completamente infantil y para evadirse de una realidad que él, más egoísta, hubiera podido componer para una vida más fácil. Y él se contenía en mi presencia por agradarme. Una tarde en que estábamos juntos, yo sentado ante su mesa, él como acostumbraba paseando por su habitación, observé que cada vez que llegaba a la alcoba se detenía en ella durante un ratito. Tenía encendida la luz y a través de los cristales se veía todo. Llegaba a la mesa de noche, tomaba una copa de cognac y luego se enjuagaba la boca y se volvía a donde yo estaba.

En esta casa escribió—dictó de palabra a un funcionario cesante y pintoresco—despacio, casi a verso por día, la «Salutación del Optimista».

Y la segunda versión, más detallada, dice a su vez:

En esta época, Rubén Darío, que vivía accidentalmente en Madrid, calle de las Veneras, 4, un entresuelo chato, oscuro y desapacible, usaba para estar en casa boina vasca negra. Solía ponerse, grande y obeso como era, ante un armario de luna que allí tenía y se arreglaba la boina de mil maneras, como dice en ese poema humorístico. Cada postura le producía una hilaridad gozosa y movimientos expresivos de cuerpo.

Recuerdo, de aquella casa, una escena que pinta bien el lado infantil del gran poeta. Su pisito estaba dividido en dos habitaciones por una puerta de cristales esmerilados cruzados trasparentemente: alcoba y gabinete. En el fondo de la alcoba estaba la cama y en la parte del balcón un escritorio, una mesa «ministro» sin más que un ejemplar del Quijote, que en aquel momento leía con gran entusiasmo, quizás por primera vez, y algunos libros recibidos de escritores madrileños y un papel de barba, tipo de oficio, en donde el secretario escribía lo que él le dictaba.

Yo solía suplicarle al gran poeta que no bebiera whisky ni *coñac* *Martel Tres Estrellas* en la forma que los bebía. El alcohol lo idiotizaba, bebido era monstruoso, una especie de hipopótamo callado. Rubén Darío, por una falta absoluta de voluntad y acaso por evadirse de una realidad que él, si hubiera sido más egoísta, hubiera podido fácilmente componer para una vida más fácil y tranquila, estaba siempre borracho. Una noche me lo encontré en la calle de las Veneras sentado en el suelo, la cabeza en la pared, abierta la levita, y el sombrero de copa y los guantes en el arroyo. Él, que, como se ve por sus cartas, me quería y tenía deseos de complacerme, se contenía en mi presencia por agradarme. Una tarde en que estábamos hablando, yo sentado ante su mesa, él paseando por su gabinete, como acostumbraba, observé que cada vez que llegaba a la alcoba se retenía en ella un ratito. Tenía encendida la luz y por los cristales rayados yo lo estaba viendo todo. Llegaba a su mesilla de noche, tomaba una copa de whisky y soda, más whisky que soda, y luego se enjuagaba la boca con soda y se volvía a donde yo estaba refregándose las manos. Dije antes que tenía una hoja de papel de barba en la mesa del despacho. Lo que estaba escribiendo, dictando, era la «Salutación del optimista», línea a línea. Unas veces escribía el secretario (un pobre funcionario cesante, muy pintoresco, que se daba gran importancia porque había leído algo de Vicente Blasco Ibáñez), otras quien estuviera en la habitación, la criada, yo, el pupilero, algún poeta joven de la bohemia madrileña. Esta «Salutación del optimista», tan magnífica, la escribió para leerla en el Ateneo de Madrid, en una memorable sesión hispanoamericana que presidió don Segismundo Moret y en la que leyeron el gran Rubén Darío y el gran majadero Vargas Vila. Vargas Vila pudo leer su necedad *victoruguesca* y *danunciana* entre mares de risas y bromas; Rubén Darío fue oído por todos con un silencio absoluto y clamoreado al terminar.

y 6. *Los Cisnes*

Llegamos, por fin, al final de la correspondencia poética de Darío. No se trata esta vez de un poema escrito *para* Juan Ramón Jiménez; en realidad no se trata de un poema sino de toda una parte de un libro, la segunda, de *Cantos de vida y esperanza*: "Los Cisnes." Era esa segunda parte del gran libro, con cuatro poemas, la que su autor dedica a Juan Ramón Jiménez, agradecido al trabajo que éste había desarrollado al encargarse de la edición de los *Cantos*. Ya dijimos algo sobre esto al comentar "¡Torres de Dios! ¡Poetas!" Pero el epistolario cruzado entre los dos poetas nos proporciona mucha más información, y creo de interés mencionar algunos extremos que tienen que ver con la historia de "Los Cisnes" y de todo el libro. "Los Cisnes" en un principio iba a ser un libro, "Los Cisnes y otros poemas" y con ese nombre se anuncia su publicación en la segunda edición de *Los Raros* (Barcelona: Maucci, 1905). La primera vez que se menciona el otro proyecto, los *Cantos*, en las cartas de Rubén Darío a Juan Ramón Jiménez es en la de 24 de julio de 1903, donde se dice: "No publique el soneto a Cervantes, solo. Mañana o pasado le enviaré otros versos, todos de mi próxima *plaquette*: 'Cantos de vida y de esperanza'" (obsérvese ese de, luego suprimido). Nuevas referencias aparecen en próximas cartas: "Le envié las *Prosas*, con algo de mis nuevas ideas. Preparo mi nuevo libro de versos y no quedo satisfecho de lo que hago" (20 octubre 1903); "No he hecho un verso. Procuraré seguir su indicación, y hacer los precisos para dar pronto esa plaquette" (10 marzo 1904); "Sus proyectos, los acepto todos. Así me apuraré para que mis versos vayan y vuelvan con el perfume de los 'Jardines'" (30 marzo 1904). El sentido de estas palabras queda claro en el hermoso comentario de Juan Ramón Jiménez a esa carta, y vale la pena reproducirlo aquí:

> Con mi ciego entusiasmo de muchacho, yo le había propuesto a Rubén Darío que sus magníficos *Cantos de vida y esperanza* y mis fugaces *Jardines lejanos* salieran juntos. A él, que comprendió, sin duda, el sentimiento que me movía y sabiendo que yo sabía poner cada cosa en su lugar, le agradó la idea.
>
> En aquella época, tan distinta de ésta, los más jóvenes, Antonio y Manuel Machado y yo, por ejemplo, sabíamos dar su lugar verdadero a los maestros (Unamuno, Rubén Darío, Valle Inclán, Azorín) tal vez por la seguridad que teníamos en el porvenir; y ellos, sabiéndolo, estaban a gusto entre nosotros.
>
> Así pues, Rubén Darío se obligó a terminar su libro grande y maduro, y este libro y mis jóvenes *Jardines* verdes y amarillos salieron al mismo tiempo. Algo bueno hubo en esto y es que quizás Rubén Darío, muy descontento ya de sí mismo en esa época como se manifiesta en las cartas que escribe se decidió a formar el libro.
>
> Querido y muerto gran poeta.

Y las referencias al proyecto que cristalizaría en los *Cantos* continúan: "Versos no le he enviado, porque no he hecho. Procuraré enviarle ahora. Estoy tan descontento de lo que hago! Yo quisiera otras cosas que sueño y no realizo" (1 junio 1904); en la siguiente, una nota de cumplimiento satisfecho: "Y ahí van esos versos que me ha traído la primavera y la espuela de sus amables pedidos" (17 junio 1904) (Una nota de Juan Ramón Jiménez al pie, en el autógrafo de esta carta, aclara que el poema enviado era el "májico romance" *Por el influjo de la primera*, de los *Cantos*; es el número 2 de "Otros poemas"); "En cuanto al [libro] de versos míos, le diré que ya tengo unos cuanto que podrían formar una bonita *plaquette*, juntándolos con los que V. tiene. (La 'Marcha triunfal' por ejemplo, que yo no tengo.) Se podría clasificar lo que hay y dar ordenación a los escasos materiales. Si V. gusta, lo haremos—o lo hará su bondad de V." (12 diciembre 1904); "Voy a mandarle pronto, muy pronto los versos. V. verá. Hay de todo. Mas por primera vez se ve lo que Rodó no encontró en 'Pr. Profanas': el hombre que siente[13] [...] Irán, pues, pronto los versos. Que los haga el Sr. Williams,[14] puesto que

---

[13] El prólogo de José Enrique Rodó a la 2ª ed. de *Prosas profanas* (París, 1900) era elogioso, con esa salvedad.

[14] Leonardo Williams, un escritor inglés, establecido en Madrid como impresor, al que se deben excelentes ediciones por esos años. De Rubén Darío, había impreso ya *Tierras solares*, en 1904.

lo quiere; y que los haga a la inglesa, elegante y seria y decorativamente" (24 diciembre 1904); "Los versos no han ido porque he estado enfermo. Estoy ya convaleciente y pronto me pondré a copiar. Entre cortos y largos poemitas, habrá como unos cuarenta o cincuenta, contando con algunos viejos. Demás decirle que no quedo muy satisfecho. Apenas me gustan algunos nuevos, porque me han brotado de lo más hondo" (17 enero 1905). El libro—después de unir poemas nuevos y viejos ya publicados (en revistas y periódicos), y unidos los destinados a los *Cantos*, los *Cisnes* y *Otros poemas*—daría un total de 59 poemas. Una tarjeta de Juan Ramón Jiménez de 1905, pero sin indicación de día o mes, anuncia el envío de las pruebas: "Ahí van las pruebas: ruego a usted que me las devuelva pronto."[15] La Tipografía de la "Revista de Archivos, Bibliotecas y Museos," entonces, en la calle Olid, núm. 8, de Madrid, pasó la factura al autor, con fecha 23 de junio de 1905, por los 500 ejemplares de la edición, especificando los conceptos y el costo total: 816 pesetas, con 25 céntimos.[16]

De las tres partes del libro, cuyo título total era *Cantos de Vida y Esperanza. Los Cisnes y otros poemas*, la segunda, "Los Cisnes" iba dedicada "A / Juan R. Jiménez." El segundo poema, de los cuatro que componen la Sección, titulado "En la muerte de Rafael Núñez," había ya aparecido, al mes siguiente de la muerte del recordado amigo, en la *Revista de América*, Buenos Aires, 1 de octubre de 1894. (Rafael Núñez había muerto el 18 de septiembre.)[17] Los otros tres poemas eran de los inéditos, y sus autógrafos se conservan en la Biblioteca del Congreso, en Washington, donados por Juan Ramón Jiménez. Trascribo esos autógrafos *ad litteram* (hay variaciones con respecto a los textos publicados en la primera edición de *Cantos*). Para el poema II ("En la muerte de Rafael Núñez"), sigo el texto de la primera edición del libro.

Los cisnes

I

Qué signo haces, oh, cisne, con tu encorvado cuello
Al paso de los tristes y errantes soñadores?
Por qué tan silencioso de ser blanco y ser bello,
Tiránico a las aguas e impasible a las flores?

[15] Es una de las conservadas en el *Seminario-Archivo Rubén Darío*, y de las tres publicadas en la *RABM* por Antonio Oliver Belmás.
[16] Se conserva esta factura en el *Seminario-Archivo Rubén Darío*. La cita Dictino Alvarez, en su libro *Cartas de Rubén Darío* (Madrid: Taurus, 1963), p. 125.
[17] Ernesto Mejía Sánchez, en su ed. de *Poesía* de Rubén Darío, p. lxvii.

Yo te saludo ahora como en versos latinos
Te saludaba antaño Publio Ovidio Nasón.
Los mismos ruiseñores cantan los mismos trinos,
Y en diferentes lenguas es la misma canción.

A vosotros mi lengua no debe ser extraña.
A Garcilaso oísteis acaso, alguna vez...
Soy un hijo de América, soy un nieto de España...
Quevedo pudo hablaros en verso en Aranjuez.

Cisnes, los abanicos de vuestras alas frescas
Den a las frentes pálidas sus caricias más puras,
Y alejen vuestras blancas figuras pintorescas
De nuestras tristes mentes las ideas obscuras.

Brumas septentrionales nos llenan de tristezas,
Se mueren nuestras rosas, se agostan nuestras palmas.
Casi no hay ilusiones para nuestras cabezas
Y somos los mendigos de nuestras pobres almas.

Nos predican la guerra con águilas feroces,
Gerifaltes de antaño revienen a los puños:
Mas no brillan las glorias de las antiguas hoces,
Ni hay Rodrigos ni Jaimes, ni hay Alfonsos ni Nuños,

Faltos de los alientos que dan las grandes cosas,
Qué haremos los poetas sino buscar tus lagos?
A falta de laureles son muy dulces las rosas,
Y a falta de victorias busquemos los halagos.

La América española como la España entera
Fija está en el Oriente de su fatal destino,
Yo interrogo a la esfinge que el porvenir espera
Con la interrogación de tu cuello divino.

Seremos entregados a los bárbaros fieros?
Tantos millones de hombres hablaremos inglés?
Ya no hay nobles hidalgos ni bravos caballeros?
Callaremos ahora para llorar después?

He lanzado mi grito, cisnes, entre vosotros,
Que habéis sido los fieles en la desilusión,
Mientras siento una fuga de americanos potros,
Y el estertor postrero de un caduco león...

...Y un Cisne negro dijo: «La noche anuncia el día».
Y uno blanco: «La Aurora es inmortal, la Aurora
Es inmortal!». Oh tierras de sol y de armonía,
Aún guarda la Esperanza la caja de Pandora!

II
En la muerte de Rafael Nuñez
Que sais-je?

El PENSADOR llegó a la barca negra;
y le vieron hundirse
en las brumas del lago del Misterio
los ojos de los Cisnes.

Su manto de poeta
reconocieron los ilustres lises
y el laurel y la espina entremezclados
sobre la frente triste.

A lo lejos alzábanse los muros
de la ciudad teológica, en que vive
la sempiterna Paz. La negra barca
llegó a la ansiada costa, y el sublime
espíritu gozó la suma gracia;
y ¡oh Montaigne! Núñez vio la cruz erguirse,
y halló al pie de la sacra Vencedora
el helado cadáver de la Esfinge.

III

Por un momento, oh, Cisne, juntaré mis anhelos
A los de tus dos alas que abrazaron a Leda,
Y a mi maduro ensueño, aún vestido de seda,
Dirás, por los Dioscuros, la gloria de los cielos.

Es el otoño. Ruedan de la flauta consuelos.
Por un instante, oh, Cisne, en la obscura alameda
Sorberé entre dos labios lo que el Pudor me veda,
Y dejaré mordidos Escrúpulos y Celos.

Cisne, tendré tus alas blancas por un instante
Y el corazón de rosa que hay en tu dulce pecho
Palpitará en el mío con su sangre constante.

Amor será dichoso, pues aún será vibrante
El júbilo que pone al gran Pan en acecho
Mientras su ritmo esconde la fuente de diamante.

y IV

Antes de todo, gloria a ti, Leda!
Tu dulce vientre cubrió de seda
El Dios. Miel y oro sobre la brisa!
Sonaban alternativamente

Flauta y cristales, Pan y la fuente.
Tierra era canto, cielo sonrisa!

Ante el celeste, supremo acto,
Dioses y bestias hicieron pacto.
Se dio a la alondra la luz del día,
Se dio a los buhos sabiduría,
Y melodía al ruiseñor.
A los leones fue la victoria,
Para las águilas toda la gloria,
Y a las palomas todo el amor.

Pero vosotros sois los divinos
Príncipes. Vagos como los naves,
Inmaculados como los linos,
Maravillosos como las aves.

En vuestros picos tenéis las prendas
Que manifiestan corales puros.
Con vuestros pechos abrís las sendas
Que arriba indican los Dïoscuros.

Las dignidades de vuestros actos,
Eternizadas en lo infinito,
Hacen que sean ritmos exactos,
Voces de ensueños, luces de mito.

De orgullo olímpico sois el resumen,
Oh blancas urnas de la armonía!
Ebúrneas joyas que anima un numen
Con su celeste melancolía.

Melancolía de haber amado
Junto a la fuente de la arboleda,
El luminoso cuello estirado
Entre los blancos muslos de Leda!

Versos de Juan Ramón Jiménez a Rubén Darío

A. Versos a Rubén Darío

1. *A Rubén Darío que habla otra vez en versos de oro*

Se publicó este poema en La República de las Letras, núm. 8, Madrid, 24 de junio de 1905; un periódico en cuyo Comité de Redacción figuraban los nombres de Benito Pérez Galdós, Vicente Blasco Ibáñez y Pedro González-Blanco. Por la fecha, es claro que los versos de oro aludidos eran los de los *Cantos de vida y esperanza*. El poema es un homenaje muy "modernista" a un poeta muy por encima ya del "modernismo" histórico pasado; también Juan Ramón Jiménez era ya más poeta, y *más moderno* poeta, de lo que sus versos circunstanciales pudieran hacer pensar. ¿Inhibiciones de discípulo ante el Maestro, tal vez?

A RUBÉN DARÍO
que habla otra vez en versos de oro

    DUQUE de melancolías,
ven a dar a mi jardín
tus primaveralerías
de lira y de violín.

    Ya las tardes huelen bien,
ya se ha abierto el mal de amores,
ya el Serafín de Samaín
vuela por entre las flores:

    ya la doliente avenida
está en rosa, de tal suerte
que une la luz de la vida
con la sombra de la muerte.

    La fuente irisa su llanto;
junto al lirial florecido,
hay un pájaro de encanto,
la brisa viene de olvido:

    yerra un aroma de tierra,
flota un malva moribundo;
la verja antigua se cierra
sobre el bullicio del mundo.

    ¡El agua aprenderá bien
tu palabra de diamante,
duque amigo de Verlaine,
caballero emocionante!

    ...Una Blanca que lo entienda,
dará la mandolinata
cuando mi alma descienda
por la blanca escalinata...

    ¡Todo, para recibirte,
hará vida su tesoro;
señor, todo sabrá abrirte
sus corazones de oro!

El agua azul pondrá azul
el aire, y no habrá flor sin
una dulzura de tul
color de agua...El jardín

hará penumbra su lumbre,
para que se sienta toda
la lírica pesadumbre
de un soneto o de una oda:

para que se sienta bien
tu tono menor galante,
¡Duque amigo de Verlaine,
caballero emocionante!

Será cuando el cielo en flor
tenga estrellas; cuando una
sonata de ruiseñor
ponga pálida a la luna:

cuando el aire huela bien,
cuando se abra el mal de amores
y el Serafín de Samaín
vuele por entre las flores...

Tú hablarás, y después que abra
tu alma su verso de oro,
resonará tu palabra
por todo el jardín sonoro,

por todo el jardín sonoro
que da a mi alma entristecida
un malva, malva y de oro
para el rojo de la vida...

¡Dios pondrá luceros en
lo que tu indolencia cante,
Duque amigo de Verlaine,
caballero emocionante!

Duque de melancolías,
   ven a dar a mi jardín
tus primaveralerías
de lira y de violín.

Un texto conservado en la *Sala* de Puerto Rico, y del que no hay noticia de que se publicara cuando se escribió, pudiera ser un comentario, éste en prosa, a la aparición de los *Cantos de vida y esperanza*:[18]

> Había oído a Dios en el bosque, había visto a Venus en el mar, a Caupolicán en la Pampa, a Hugo en su plaza, a Verlaine en su jardín y, al llegar a España, la tierra del sol y de los toros, hace el elojio de la seguidilla. Era el reinado de Núñez de Arce y no se le hizo gran caso.
>
> Hoy, cuando ha vuelto con su misma armonía de hierro de oro, con las mismas rosas en su pecho, todos cantaron su «Marcha triunfal». Al quitarle la armadura le hemos visto el corazón. Yo ya se lo había visto cuando cantó sus *Prosas profanas*, embriagado de melancolía. Pocos lo han dicho, Rubén es el hombre que siente, sus versos tienen un fondo celeste y triste, aun dentro de las más rojas sedas y de las carnes más fragantes de sol.
>
> Alguien—Unamuno—ha dicho que Rubén es un poeta esencialmente urbano. No lo creo así. Rubén vive en las ciudades porque no tiene otro remedio. Creo que su deseo sería vivir en los campos grandes, entre leones y tigres.
>
> Hoy nos ha traído un libro de versos: música de lira, de flauta, de violín, de arroyo, de boca de mujer. Le vamos a alfombrar de rosas el camino.
>
> Silencio.

2. *Rubén Darío (8 de febrero de 1916)*

La historia de cómo y en qué circunstancias se engendró este—éste, sí—grande homenaje a Rubén Darío publicado en el *Diario de un poeta recién casado* (1916), ha sido contada por el autor en varios escritos. En "Rubén Darío," su silueta de *Españoles de tres mundos*, lo recuerda así:

> 5º, 7º, 13º, 17º Rubén Darío mío. ¡Tanto Rubén Darío en mí; tan vivo siempre, tan igual y tan distinto; siempre tan nuevo! Ninguna de mis siluetas sucesivas (*Mi Rubén Darío, Contra y por Rubén Darío, Rubén Darío español*, etc.) es la siguiente. Y la silueta posible de su muerte me dolía, al querer escribirla, como cuando, yendo yo de España a New York, 1916, febrero crudísimo, me dolió el radio con la noticia lamentable, frente a Terranova ciego de ciclón blanco en la tarde; en un vano de la ruta que él, un poco vivo aún en sí, había ocupado antes. (Todavía pude tocar en New York ¡con qué emoción! su mano penúltima, aquí y allá, en una mesa de la Hispanic Society, sobre todo, donde él dejó su fotografía final con firma aún segura y redonda.

---

[18] Fue dado a conocer por Ricardo Gullón en los *Apéndices* ("Segundo apéndice: Diferentes") de su edición de *Españoles de tres mundos (Viejo mundo, Nuevo mundo, Otro mundo)* (Madrid: Aguilar, 1969), pp. 319-20.

En "Mis Rubén Darío." en "Mi último Rubén Darío" vuelve Juan Ramón Jiménez a recordar la noticia y el poema:

Viaje a New York. Radio en el mar: Rubén Darío ha muerto. Aquella noche, en el camarote, escribí unos versos:

Sí. Se le ha entrado
a América en el pecho
su propio corazón...

La versión que reproduzco corresponde a las últimas correcciones del poeta, y se conserva en la *Sala Zenobia y Juan Ramón Jiménez*, de Puerto Rico. Es la misma del Diario, apenas se ha variado algún signo de puntuación y la numeración de las estrofas, que aquí va en cifras arábigas. Es éste uno de los pocos poemas "intocados" en las sucesivas revisiones que el autor llevó a cabo en su obra. (Aclaremos que la muerte de Rubén Darío ocurrió el 6 de febrero; la fecha que encabeza el poema puede ser la del día en que Juan Ramón Jiménez conoció la noticia, o es un error.)

RUBEN DARIO
(† 8 DE FEBRERO DE 1916)

*(Peregrinó mi corazón y trajo
de la sagrada selva la armonía.
R. D.)*

No hay que decirlo más. Todos lo saben
sin decirlo más ya.
¡Silencio!
   —Es un crepúsculo
de ruinas, deshabitado, frío
(que parece inventado
por él, mientras temblaba)
con una negra puerta
de par en par.
         Sí. Se le ha entrado
a América su ruiseñor errante
en el corazón plácido. ¡Silencio!
Sí. Se le ha entrado
a América en el pecho
su propio corazón. Ahora lo tiene,
parado en firme, para siempre,
en el definitivo
cariño de la muerte.

2

Lo que él, frenético, cantara,
está, cual todo el cielo,
en todas partes. Todo lo hizo
fronda bella su lira. Por doquiera
que entraba, verdecía
la maravilla eterna
de todas las edades.

3

La muerte, con su manto
inmenso, abierto todo
para tanta armonía reentrada,
nos lo quitó.
                Está ¡rey siempre!
dentro, honrando el sepulcro,
coronado de toda la memoria.

4

¡Ahora sí, musas tristes,
que va a cantar la muerte!
¡Ahora sí que va a ser la primavera
humana en su divina flor! ¡Ahora
sí que sé dónde muere el ruiseñor!
  ¡No hay que decirlo más!
                      ¡Silencio al mirto!
(*New York, 1 marzo 1916*)

DEDICATORIAS DE POEMAS Y LIBROS DE JUAN RAMÓN JIMÉNEZ A RUBÉN DARÍO

1. *Mis demonios*

Se publicó este poema en *Ninfeas* (Madrid: Tipografía Moderna, 1900), y fue, seguramente, uno de los que horrorizaron a su autor ya al año siguiente de haberlo publicado, según un comentario que ya hemos leído. Pero Juan Ramón Jiménez pensaba incluirlo en *Mi Rubén Darío* y lo cita en el "Inventario." Tiene, sin duda, un valor histórico y sentimental, y merece ir aquí:

MIS DEMONIOS
(Para Rubén Darío)

EN los antros abrasadores
de mi espíritu atormentado por el anhelo
de anegarse en los esplendores
de un blanco cielo,
tres Demonios me desesperan con sus furores,
tres Demonios que, en la negrura
de su cárcel triste y obscura,
en raras danzas
giran raudos en los delirios de su Locura,
impulsando a mis Esperanzas
a abismarse en las melancólicas lontananzas
que, en los brazos de la Amargura,
siente y sueña mi fantasía:
a perderse en la Lejanía,
cuya blancura tienta a mi alma con la hermosura
de la paz sonriente y pura de eterno Día...

   Agrios cantares,
al compás de mi sufrimiento,
los lúgubres Demonios alzan con ardimiento...;
al compás de mi sufrimiento,
a los senos desgarradores del pecho roto,
cuyas cuerdas enrojecidas, sanguinolentas,
dan al aire canciones negras y somnolientas...

   Y al son triste de esos cantares
va mi espíritu hacia lo Ignoto,
como nave sobre las olas de hirvientes mares...
¿Quiénes son estos tres Demonios?

   El Ensueño:
el blanco Ensueño que en sus brazos esplendorosos,
envolviéndome en los destellos maravillosos
de su fúlgida vestidura,
me conduce por insondados Mundos grandiosos
donde fulgura
radiante y pura
la Luz de plata. La luz sublime del Ideal...

   El Delirio:
el Delirio que con sus ósculos fulgurantes
trae a mi mente fiebres quiméricas, palpitantes,
que en sus ardores

me descubren azules cielos encantadores
en donde flota una melancólica Realidad...

Y el sarcástico Desencanto,
que en sus brazos me desespera
y me arroja de los palacios de la Quimera:
de aquel Trono resplandeciente
que en sus vuelos casi alcanzaba mi loca mente...
¡El sarcástico Desencanto:
que, sonriendo,
mira mi llanto;
que, sonriendo,
me ve gimiendo
entre las sombras del frío abismo de la Verdad...!

(*Ninfeas*, 1900).

2. *Compañeras de un mismo dolor*

Este poema temprano (1900), lo publicó su autor, ya corregido, en el cuaderno 5º de *Sucesión* (Madrid: León Sánchez Cuesta, 1932). Su título era allí "Armonía en violeta y blanco (Fusión y confusión, con Rubén Darío)." Lo de "fusión y confusión" corresponde a una distinción que hacía Juan Ramón Jiménez en las influencias que él veía en su obra: unas que llamaba "Fuentes de mi poesía," otras, de "Fusión y Confusión." A este poema lo incluía entre las segundas. En una copia que se conserva en la *Sala* del texto de *Sucesión*, pegada en un papel, y sin el subtítulo, que ha sido suprimido, aparecen subrayadas varias palabras y frases, y junto a ellas las iniciales "R. D." (en ellas encontraba, pues, el poeta la influencia más específica de Darío): *triunfo* (estrofa 1ª);[19] *Creyérase* (estr. 2ª); *aureolando* (estr. 3ª); *de bruma, blanca espuma* (estr. 4ª). La versión que incluí en *Leyenda* (núm. 53) coincide con la de *Sucesión*, pero lleva un nuevo título, tomado de uno de los versos del poema—aquí el 8º—según comportamientos del poeta en los últimos años: "Compañeras de un mismo dolor."

La versión que aquí se ofrece es la misma de *Leyenda*, pero con tres cambios, posteriores: se ha añadido el subtítulo "Con Rubén Darío," y se han cambiado dos palabras: "tesoro" en vez de "triunfo" (en el verso 3º), y "cándido" en vez de "níveo" (en el v. 5º). Otros cambios estaban apuntados como posibilidades, no decididas. El texto estaba

---

[19] El recuerdo aquí será el del verso de la famosa *Sonatina*: "El jardín puebla el triunfo de los pavos-reales."

destinado a *Leyenda* (y, con interrogación, a la sección "Ninfeas del estanque"?). Al pie, una anotación: "En esta parte de mi obra debo obrar como un crítico. / Cuando *me encuentre* de veras, como un creador, un poeta." Y en la parte superior: "Nada de besos de oro, ni sonetos románticos, ni [...], sino títulos naturales, como este:"

COMPAÑERAS DE UN MISMO DOLOR
(*Con Rubén Darío*)

IBA mi alma embriagándose del olor de los cárdenos lirios
y de los lirios blancos, distraído su amargo dolor.
El jardín parecía un tesoro de mudos martirios,
sólo los lirios blancos, los morados estaban en flor.

Lo cárdeno y lo cándido consolaban los raros delirios
que en mi alma vertía de unos ojos el luto mayor.
Creyérase que el alma de los blancos y cárdenos lirios
sonreía a mi alma, compañeras de un mismo dolor.

Un crepúsculo lívido envolvía con lumbre violeta
el jardín y mi alma, auroleando su eterno pesar.

El lejano horizonte esfumaba su azul silueta
en un velo de bruma, blanca espuma de un célico mar.

Y entre sombra y fragancias mi inmortal corazón de poeta
enviaba a lo ignoto la cadencia de un vago cantar.
(Moguer). (1900)

3. *La flor del romero*
Este poema es una versión corregida de la "Balada de la flor del romero," poema núm. XIII de *Baladas de primavera*, 1907 (Madrid: Tipografía de la Revista de Archivos, 1910, Librería de Fernando Fe). La versión corregida (revivida) se publicó en *Canción* (Madrid: Signo, 1935), poema núm. 53. En las dos versiones aparece la misma cita del Marqués de Santillana. La cita con el recuerdo de Rubén Darío se encuentra, manuscrita, en un ejemplar de *Canción*, conservado en la *Sala Zenobia y Juan Ramón Jiménez*, corregido por el autor para *Leyenda* (aunque no pude tenerlo en cuenta al incluir el poema en mi edición de este libro [Madrid: Editorial Cupsa, 1978], poema 244). En esta balada, como en las dos que siguen, la huella de Rubén Darío resulta más visible en las versiones originales que en las corregidas de *Canción*, por lo que creo interesante publicarlas juntas:

(1)

LA FLOR DEL ROMERO
(*Mayores dulçores
será a mí la brama
que oyr ruyseñores.*
Santillana)

(*Soñeando en burro por los campos de Moguer
con el Marqués de Santillana y Rubén Darío*)
AYER tú estabas sola entre
la flor del romero.
¡Quiera la arena que hoy te encuentre
para decirte que te quiero!

Reina del campo, dame la hora
llena de paz en que se olvida.
Mujer de luna y sol, pastora
¿quieres guardarme a mí la vida?

Ayer tú estabas sola entre
la flor del romero...

¡Si tu mirada azul me diera
flor de romero para el alma!
¡Ay, pacer flor en tu ladera,
en los crepúsculos en calma!

Ayer tú estabas sola entre
la flor del romero...

La campanilla de mi vida
es una lágrima. Y en tanto
que, flor a flor, pace y olvida,
se hará de música mi llanto.

Ayer tú estabas sola entre
la flor del romero...

¡Sol de la tarde y la mañana!
¡La soledad, la planta fuerte!
¡Flor de romero y alma sana
contra la sombra de la muerte!

Ayer tú estabas sola entre
la flor del romero.
¡Quiera el camino que hoy te encuentre
para decirte que te quiero!

(*Canción*, 1935) (Ejemplar corregido para *Leyenda*.)

(2)

Balada de la flor del romero

> Mayores dulçores
> será a mí la brama
> que oyr ruyseñores.
> *El Marqués de Santillana.*

Ayer tú estabas sola, entre
las flores del romero;
quiera la Virgen que hoy te encuentre
para decirte que te quiero!

¡Carne de campo, dame la hora
llena de luz, en que se olvida!
Mujer de azul y sol, pastora,
¿quieres guardarme a mí la vida?

Ayer tú estabas sola, entre
las flores del romero...

¡Ay!, ¡pacer flores a tu vera,
en los crepúsculos en calma!,
zagala joven, ¡quién tuviera
flor de romero para el alma!

Ayer tú estabas sola, entre
las flores del romero...

La campanita de mi vida
será una lágrima, y en tanto
que, flor a flor, pace y olvida,
se hará de música mi llanto.

Ayer tú estabas sola, entre
las flores del romero...

¡Oh, sol dorado! ¡Oh, vida franca!
¡Oh, si yo fuera triste y fuerte!,
¡flor de romero y carne blanca
contra la nieve de la muerte!

Ayer tú estabas sola, entre
las flores del romero;
¡quiera la Virgen que hoy te encuentre
para decirte que te quiero!

(*Baladas de primavera*, 1907)

4. *Flor de la Jara*

"Balada de la flor de la jara," en *Baladas de primavera*, 1907 (1910), núm. IX; corregido para *Canción* (1935), poema 59, que es la versión que aquí se ofrece. El recuerdo a Rubén Darío aparece, como en la balada de "La flor del romero," en el ejemplar mencionado de *Canción* corregido para *Leyenda*.

(1)

FLOR DE LA JARA

Berthe aux sages yeux de lilas,
qui priais Dieu que je revinsse,
que fais-tu, mariée là-bas,
en province?
LAFORGUE.

(*Sufriendo un recuerdo en Moguer, con Rubén Darío y Laforgue en la cabeza*)

PONTE de blanco, vida, para
ver en el monte la flor de la jara.

Flor de la jara que hoy floreces
blanca, goteada de carmín,
entre las rosas, ¡cuántas veces
te he recordado en mi jardín!

Ponte de blanco, pena, para
ver en el monte la flor de la jara.

¡Contenta, sana mariposa!
(Te entrabas por mi oscuridad,
te ponías en cada cosa
y le sacabas la verdad.)

Ponte de blanco, sombra, para
ver en el monte la flor de la jara.

Eras el alba y la alegría,
eras la paz y la canción;
lo que llenaba de armonía
la soledad del corazón.

Ponte de blanco, ilusión, para
ver en el monte la flor de la jara.

Hoy que revives, monte, para
mostrarme el cielo que perdí

¡miénteme tú, flor de la jara,
dime que eres para mí!

Ponte de blanco, sueño, para
ver en el monte la flor de la jara.

(*Canción*, 1935) (Ejemplar corregido para *Leyenda*.)

(2)

BALADA DE LA FLOR DE LA JARA

—Berthe aux sages yeux de lilas,
Qui priais Dieu que je revinsse,
Que fais-tu, mariée là-bas, en province?
JULES LAFORGUE.

PONTE de blanco, Blanca, para
ver en el monte la flor de la jara.

Flor de la jara, que hoy floreces
blanca, estrellada de carmín,
a la mañana, ¡cuántas veces
te he recordado en mi jardín!

Ponte de blanco, Blanca, para
ver en el monte la flor de la jara.

¡Eras la gracia y la armonía,
eras la paz y la canción,
lo que llenaba de alegría
la soledad del corazón!

Ponte de blanco, Blanca, para
ver en el monte la flor de la jara.

Hoy que apareces, Blanca, para
llevarme al cielo que perdí,
¡oh, Blanca!, ¡oh, luz, flor de la jara!
¡di que eres toda para mí!

Ponte de blanco, Blanca, para
ver en el monte la flor de la jara.

(*Baladas de primavera*, 1907)

5. *El domingo*

"Balada del domingo," núm. IV de *Baladas de primavera*, 1907 (1910), en versión corregida para *Canción* (1935), poema núm. 66. Como en las dos baladas anteriores, la mención de Rubén Darío se encuentra en el mencionado ejemplar de *Canción* corregido para *Leyenda*.

(1)

El domingo

*(Por los montes de Moguer, con Rubén Darío
todavía en el oído)*

¡Te daría mi fe, te diera
mi corazón por tus favores,
ahora que está la primavera
llena de pájaros y flores!

La nube abre en lo celeste
su deslumbrante algarabía,
hay un vapor de dicha agreste,
un alzamiento de alegría.

¡Te daría mi fe, te diera
mi corazón por tus amores...

La soledad de los caminos
entre en la fiesta rico mar,
rumor idílico de pinos,
esencia blanca de azahar.

...ahora que está la primavera
llena de pájaros y flores!

Dale a mi alma dolorosa
tu vida bella como espuma,
a ver si arrastra tu ola rosa
la escoria negra de mi bruma.

¡Te daría mi fe, te diera
mi corazón por tus favores,
ahora que está la primavera
llena de pájaros y flores!

(*Canción*, 1935) (Ejemplar corregido para *Leyenda*.)

(2)

Balada del domingo

Te besaría toda, y diera
mi corazón por tus favores,
ahora que está la primavera
llena de pájaros y flores.

La nube pone en lo celeste
su luminosa algarabía;
hay un olor a dicha agreste
y una nostalgia de alegría.

Te besaría toda, y diera
mi corazón por tus favores...

La soledad de los caminos
trae a la fiesta azul de mar,
rumor idílico de pinos,
y esencia blanca de azahar

....Ahora que está la primavera,
llena de pájaros y flores.

Pon en mis carnes dolorosas
tus carnes bellas como espuma,
¡a ver si matas con tus rosas
estos rencores de mi bruma!

Te besaría toda, y diera
mi corazón por tus favores,
ahora que está la primavera
llena de pájaros y flores.

(*Baladas de primavera*, 1907)

y 6. *Melancolía*

La dedicatoria a Rubén Darío, transcrita a continuación, se encuentra al frente del libro *Melancolía, 1910-1911*, publicado en Madrid, en la Tipografía de la *Revista de Archivos, Bibliotecas y Museos*, 1912, la misma Tipografía, en la calle Olid, núm. 8, en donde se habían impreso los *Cantos de vida y esperanza* de Rubén:

A
RUBÉN DARÍO
MELANCÓLICO CAPITÁN DE LA GLORIA

*Dedicatoria
del
libro*

MELANCOLÍA

EN TREN
EL ALMA ENCENDIDA
LA VOZ VELADA
TERCETOS MELANCÓLICOS
HOY
TENEBRAE

(1910-1911)

* * *

Melancolía y *Laberinto*, escritos entre 1910 y 1911, son libros de una borrosa etapa de su autor, aislado en Moguer, etapa de depresión y de crisis. Al final de ella, Juan Ramón Jiménez vuelve a Madrid y, allí, de nuevo en contacto con los hombres de la *Institución* y las mejores cabezas de España, conoce a Zenobia Camprubí Aymar,[20] y va a renovar su vida y su poesía. Los próximos libros que publica son ya fruto de esa renovación: *Sonetos espirituales, Estío,* y, por fin, *Diario de un poeta recién casado*, un libro central en la historia de la poesía en lengua española. Es en la travesía de ese viaje que el *Diario* narra, cuando Juan Ramón Jiménez—que va a casarse, a Nueva York —oye, un día de febrero del año 1916, la trágica noticia. Se iba a cerrar una *correspondencia poética*, nacida y crecida al calor de una muy sincera estimación humana:

> *Radio en el mar: Rubén Darío ha muerto. Aquella noche,
> en el camarote, escribí unos versos:
> Sí. Se le ha entrado
> a América en el pecho
> su propio corazón...*

UNIVERSITY OF CALIFORNIA, DAVIS

---

[20] Cuyo centenario se cumple este año de 1987. (Zenobia nació en Malgrat [Barcelona] el 31 de agosto de 1887.)

Una aproximación al romance de "En las almenas de Toro"

> Y entonces verán, rodando/del muro sus cuerpos troncos,/qué doncella se pasea/por las almenas de Toro.
>
> LOPE DE VEGA,
> *Las almenas de Toro*, Act I

MARSHA SWISLOCKI

UNA LECTURA PROVISIONAL del curioso y raro romance cidiano de "En las almenas de Toro" sugiere que hay en él una tensión bipolar entre el tema amoroso-sexual en su primera parte, y el tema del poder en la segunda. La intervención del Cid a favor de Elvira tiene aspecto de ser una acción esencialmente política enraizada en la tradicional enemistad entre el Cid y Alfonso VI, conflicto manifestado sobre todo en el *Poema* y en romances como "La jura de Santa Gadea." El destierro del Cid al final de "En las almenas," eco del destierro de la "Jura..." y del destierro con que empieza el *Poema*, se ofrece como efecto y culminación de una rivalidad centrada en el poder. El tema amoroso-sexual, según esta interpretación, se convierte en mero pretexto de un conflicto nacido de, y arraigado en, el deseo del poder, y Elvira se reduce a testigo de este mismo conflicto. El análisis de la estructura verbal del romance parece apoyar esta lectura del romance, sugiriendo una tensión complementaria entre activo y pasivo: Elvira se asocia con la pasividad; los dos poderosos rivales con la actividad.

Examinemos de cerca cómo el poeta de "En las almenas" representa a Elvira. Se le ve en las almenas de la ciudad de Toro. No tiene nombre. Inferimos que es Elvira porque Toro es su herencia paternal, de la que sabemos que pronto será desprovista. Es un cuadro estático. La presencia de Elvira se evoca mediante una serie de construcciones pasivas—o por lo menos, no-activas:

> *En* las almenas de Toro
> allí *estaba* una doncella,
> *vestida* de paños negros,
> *reluciente* como estrella:

Con este cuadro estático presenta un contraste inmediato el verbo *pasara* del siguiente verso.

> pasara el rey don Alonso,
> namorado se había de ella,
> dice:—Si es hija de rey
> que se casaría con ella,
> y si es hija de duque
> serviría por manceba.
> Allí hablara el buen Cid,
> estas palabras dijera:
> —Vuestra hermana es, señor,
> vuestra hermana es aquélla.
> —Si mi hermana es, dijo el rey
> ¡fuego malo encienda en ella!
> llámenme mis ballesteros;
> tírenle sendas saetas...[1]

De ella Alfonso se *enamora; con ella* desea casarse; *a ella* ordena a los ballesteros que le *tiren* sus saetas. "*Vuestra* hermana es, señor...," le replica el Cid. Todo lo que es esta doncella se reduce a ser deseada, maldecida, tirada o poseída. El único verbo activo que se le consiente es el *servir*—curiosa perversión de los fundamentos del amor cortés, en que el amante es el servidor.

Su primera parte, entonces, sugiere una lectura del poema como elaboración artística de un conflicto tradicional esencialmente político,

---

[1] El romance continúa: "y a aquel que le errare / que le corten la cabeza. / Allí hablara el buen Cid, / de esta suerte respondiera: / / —Mas aquel que la tirare, / pase por la misma pena. / Los de mis tiendas, Cid, / no quiero que estéis en ellas. / —Pláceme, respondió el Cid, / que son viejas, y no nuevas: / irme he yo para las mias, / que son de brocado y seda, que no las gané holgando, / ni bebiendo en la taberna; / ganélas en las batallas / con mi lanza y mi bandera." mi bandera."

en que el tema amoroso-sexual funciona como pretexto, con la totalidad expresada en términos de poder y pasividad. Es una lectura atractiva, pero no del todo satisfactoria. Por pasiva y desprovista de poder que Elvira parezca, la parte del poema referente a ella y al tema amoroso-sexual ocupa veinticuatro de los treinta y cuatro octosílabos, un espacio desproporcionado para un tema secundario. Además es una interpretación que deja varios cabos sueltos: el tema del incesto, la intensidad de la reacción incendiaria de Alfonso, la motivación del Cid al intervenir a favor de Elvira. Síntoma de su naturaleza problemática, el romance ha motivado interpretaciones discrepantes por parte de los críticos y estudiosos del Romancero.

El romance de "En las almenas de Toro" es uno de cinco romances cidianos viejos caracterizados como "de libre invención" por don Ramón Menéndez Pidal.[2] Existe en dos versiones muy parecidas—tres, contando la versión incluida por Lope en su drama de *Las almenas de Toro*—una en un pliego suelto del siglo dieciséis; la otra en la *Rosa española* de Timoneda.[3] Los varios intentos de elucidar la genealogía de este romance han destacado su evidente relación con la tradición del Cerco de Zamora, tradición "hermana," en los dos sentidos, a la de Toro. Se han visto en este romance recuerdos tergiversados de varias tradiciones: Sancho apoderándose de Toro;[4] el destierro del Cid por Sancho durante el cerco de Zamora por supuestas simpatías a Urraca;[5] el destierro ordenado por Alfonso a raíz de la Jura de Santa Gadea;[6] las relaciones incestuosas entre Alfonso y Urraca, atestiguadas por historiadores zamoranos y árabes.[7] Carolina Michaëlis de Vas-

---

[2] "En las almenas de Toro," "Por el val de las estacas," "Por Guadalquivir arriba," "Donde habéis estado, el Cid," "En el tiempo que reinaba." Menéndez Pidal comentó este romance en el *Romancero Hispánico (Hispano-portugués, americano y sefardí)* (Madrid, 1953), I, 237-38.

[3] Pliego suelto de El Escorial (53-1-37); versión de Timoneda en Wolf y Hofmann, *Primavera y flor de romances viejos*, núm. 54.

[4] La usurpación de Toro por Sancho II es escasamente documentada, si es que de verdad aconteció; Menéndez Pidal supone que la versión de la *Primera Crónica General* es un arreglo del compilador (cit. en S. G. Armistead, "'The enamored Doña Urraca' in Chronicles and Balladry," *Romance Philology*, 11 [1957], 146.).

[5] *Primera Crónica General*, ed. R. Menéndez Pidal, 508-43 (citado en su *Romancero Hispánico*, I, 238).

[6] *Primavera*, núm. 52.

[7] E. Lévi-Provençal y R. Menéndez Pidal, "Alfonso VI y su hermana Urraca," *Al-Andalus*, 13 (1948), 157-66. Reproducido en R. Menéndez Pidal, *Miscelánea historico-literaria* (Buenos Aires: Austral, 1952), pp. 79-86. Véase también su *Romancero Hispánico*, I, 238.

concellos ha comentado la semejanza entre los últimos versos del romance de "En las almenas" y uno de los romances referentes a Zamora, "Por un postigo viejo," en que Arias Gonzalo se consuela a sí y a la Infanta ante la muerte de su hijo, diciendo: "no murió por las tabernas / ni menos tablas jugando, / mas murió sobre Zamora / vuestra honra resguardando."[8]

La crítica que me parece más acertada es la que aproxima el romance a la tradición zamorana, sin intentar establecer una relación genealógica directa No se trata de un proceso evolutivo. Se trata de una conflación de dos "textos" tradicionales, y de dos acontecimientos históricos, en un episodio nuevamente imaginado a base de recuerdos diversos llegados al poeta y al público a través de la poesía y referidos en la historiografía.

Hay un romance en particular entre los referentes al asunto de Zamora que es de mucho interés para el de "En las almenas de Toro." Es un romance algo marginal a la historia del Cerco de Zamora y muerte de Sancho II, pero que pertenece al ciclo por la presencia en él de Urraca, dueña de la ciudad de Zamora. Es el romance de las quejas de la Infanta contra el Cid Ruy Díaz, que empieza "Afuera, afuera, Rodrigo, / el soberbio castellano."[9] Este romance, considerado junto con una serie de datos sacados de la historiografía referente a Toro y a Zamora, ofrece una clave para una más adecuada interpretación de "En las almenas de Toro," sobre todo, tratándose de la figura de Elvira. A mi modo de ver, el romance de "En las almenas" existe en estrecha relación intertextual con el de las quejas de Urraca. No se trata de una relación de dependencia, sino de complementariedad.

Los dos romances se asemejan en su disposición espacial. En ambos hay una mujer (hermana) encima del muro de una ciudad (almenas, torre) y el Cid está abajo en figura de amante o protector. Mientras que Elvira ("En las almenas") no habla ni parece darse cuenta del peligro que corre, en "Afuera, afuera, Rodrigo," Urraca increpa al Cid por haberse casado con Ximena, estando ella, Urraca, enamorada y dispuesta a casarse con él. Rodrigo se retira de la torre angustiado, el corazón traspasado por una vira, o saeta, amorosa:

>   Afuera, afuera, los míos,
>   los de a pie y de a caballo,

---

[8] *Primavera*, núm. 50. C. Michaëlis de Vasconcellos, *Romances velhos em Portugal* (2ª ed., Coimbra, 1934), p. 49, n. 5.
[9] *Primavera*, núm. 37.

> que de aquella torre mocha
> una vira me han tirado.
> No traía el asta hierro,
> el corazón me ha pasado.
> Ya ningún remedio siento
> sino vivir más penado.

La vira que Urraca le tira a Rodrigo tiene eco, no solamente en el nombre de su hermana, sino en la saeta que Alfonso, en dirección contraria, quiere que se tire a la doncella Elvira, queriendo matar en ella la sombra de su propia pasión ilícita. No me atrevo a afirmar la prioridad de ninguno de los dos romances, pero no está fuera de consideración el que el pueblo, conocedor y hacedor del Romancero, al oír la palabra "saeta" en el contexto de un romance sobre Toro, pensara en la vira del romance de "Afuera, afuera...," introduciendo a su experiencia del romance los paradigmáticos, si bien ficticios, amores entre Rodrigo y Urraca. Sustituyendo mentalmente a Elvira por Urraca, se prestaría al conflicto entre el Cid y Alfonso un carácter de rivalidad amorosa más bien que política, dándole al poema unidad temática bajo su aparente tensión bipartita. El eje del poema entonces, sería el tema amoroso-sexual.

Quedan, sin embargo, dos problemas por resolver: 1) la figura en las almenas sigue siendo, forzosamente, Elvira, y no Urraca; y 2) el rey Alfonso no figura en el romance de "Afuera, afuera...," ni tampoco estuvo en Toro, puesto que el rey que le tomó Toro a Elvira fue Sancho, antes de morir a traición en el cerco de Zamora.

La historiografia y la tradición juntas nos sugieren algunas posibles respuestas. Enfocaré primero el problema de la rivalidad amorosa entre Alfonso y el Cid. Se sabe que el rey Alfonso, durante un año o más, fue amante e incluso marido de su hermana mayor. Así es que para el público conocedor de la tradición cidiana este Cid, amante y amado de Urraca, se convierte forzosamente en rival del rey Alfonso, motivo que yo veo expresado en el conflicto del romance de "En las almenas." Segundo: la figura en las almenas. No hay tradición referente a Elvira que la ligue, amorosa o afectivamente, ni con Alfonso ni con el Cid. La tradicion reflejada en el romance pertenece a su hermana, y suple la falta de tradición referente a ella misma. En este sentido el romance es un reflejo—o más bien una realización artística—de su imagen en la épica y en la historiografía, donde aparece nombrada sólo en compañía y a la sombra de su hermana Urraca, figura dominante y activa.

Como se sabe, Fernando I, en su lecho de muerte, divide su reino en tres partes, dándole Castilla a Sancho, León y Asturias a Alfonso, y Galicia a García. La historia se narra en crónicas, en la épica, y en varios romances. En el famoso romance de "Morir os queredes, padre," Urraca se queja de que su padre le haya dejado desheredada y amenaza con dedicarse a la mala vida, dándose a los moros por dineros y a los cristanos gratis.[10] El rey moribundo le concede un rincón en Castilla la Vieja que es Zamora. De Elvira no hay mención. Ahora bien, el *Chronicon Compostellanam* y el *Silense* refieren que Urraca y Elvira recibieron el señorío de los monasterios de los tres reinos, junto con la prohibición de contraer matrimonio.[11] El *Toledano* y la *Crónica General* de Alfonso el Sabio refieren que Urraca y Elvira reciben de su padre Zamora y Toro, versión que parece derivar de fuentes juglarescas. Otras crónicas solamente mencionan a Urraca. El hecho es que en la poesía y en la historiografía, como observa S. G. Armistead, la "siempre insignificante Elvira" ha sido totalmente eclipsada por su hermana Urraca.[12] Urraca es la única figura femenina en el *Cantar del Cerco de Zamora* (reconstruido a base de versos entresacados de las crónicas). En las crónicas Elvira sólo se nombra de forma tangencial, por ejemplo, al decir Urraca de Sancho que "a mi hermana donna Elvira, tomole Toro sin su grado."[13] Según L. F. L. Cintra, que ha estudiado y redactado la *Crónica de 1344*, el autor de la *Crónica* debió reaccionar contra lo que le parecía una falta de lógica, pareciéndole que si Fernando I tenía dos hijas, las dos debían figurar en la escena. Cuidadosamente, añadió al nombre de Urraca el de Elvira en todos los lugares en que aquél aparecía, haciendo de Elvira no sólo la sombra, sino el eco de su hermana.[14] La Elvira "histórica" aparece mencionada ahistóricamente en varios manuscritos de la *Crónica de Castilla* y en la *Crónica Particular del Cid*, como esposa de Don García Ordóñez, Conde de Cabra: enemigo del Cid desterrado por Fernando I por traición contra Rodrigo (asociación de Elvira con el motivo del destierro que tiene eco en el romance de "En las almenas...").[15] Dice Armistead: "The survival of her name in connection with her non-historic role as wife of García de Cabra may well have been the lone trace that the fading image of the Infanta left

---

[10] *Primavera*, 36.
[11] R. Menéndez Pidal, *La España del Cid*, pp. 140-41, 144, y 687, y *Al-Andalus*, 13, 164-65, citado en Armistead, "An unnoticed epic reference to Doña Elvira, Sister of Alfonso VI," *Romance Philology*, 13 (1958-1959), 145.
[12] Armistead, "An unnoticed epic reference...," p. 146.
[13] *Ibid*.
[14] L. F. L. Cintra, *A Crónica Geral de Espanha de 1344* (Lisboa, 1951), I, 295.
[15] Armistead, "An unnoticed epic reference...," p. 144.

in 14th-century epic poetry." También sugiere que el romance de "En las almenas de Toro," como único romance que menciona a Elvira, "may imply some vague memory" del proceso del olvido casi total en que iba cayendo la figura de Elvira.[16]

Esta imagen vaga, imprecisa, medio olvidada, fugaz, de un ser que es al mismo tiempo un no ser, es la que se refleja en el romance de "En las almenas de Toro": estrella enlutada aunque reluciente, que apenas se vislumbra entre las almenas. La Elvira pasiva en las almenas, sin historia propia, es la realización poética de la fugacidad, y de su papel como sombra de la Urraca corporal de "Afuera, afuera...," expuesta a la vista en una torre mocha: mujer que tira, y no es tirada; mujer que, en vez de ser objeto de pasión o pretexto de conflicto, ama, enamora, y persigue.

Cuando Lope de Vega crea su Elvira para su drama de *Las almenas de Toro*, se ve obligado a tomar elementos de la historia del Cerco de Zamora, trasladándolos a Toro. En el proceso, atenúa el conflicto secundario entre el Cid y el rey. También transforma a Elvira en otra Urraca.[17] Hace de ella una mujer fuerte y dinámica como las mujeres de Lope suelen ser: una mujer que no *está en* sino que *se pasea por* las almenas de Toro.

DARTMOUTH COLLEGE

---

[16] *Ibid.*, pp. 145-46.

[17] S. Gilman señala la "hombría" de la Elvira de Lope, en "Poetry and History: *Las almenas de Toro*," en *Essays in Hispanic Literature in Honor of Edmund L. King* (London, 1983), pp. 79-90.

El rey don Pedro en Madrid o el Infanzón de Illescas as a Tragic Poem

CORDERO: Ya voy. ¿Quién creyera
  que el entremés de un tejado
  viniera a hacerse tragedia?

STEPHEN GILMAN

IN THE CLOSING LINES of this curiously titled *comedia*, Lope, instead of requesting the indulgence of the "ilustre senado," offers it a significant clue to the anomaly of his plot, his poetry, and his purpose: "Y aquí tenga fin alegre / de Illescas, el Infanzón, / con prodigios y sin muertes."[1] As we know, one of the recurrent conflicts of the plays which recreate what I once described as Lope's "second act" of national history[2] is that of *Fuenteovejuna*. There, as well as in *Peribáñez, El mejor alcalde, Los comendadores de Córdoba, El alcalde de Zalamea,* and others, arrogant nobles "harrass sexually" virtuous (or not entirely virtuous) children of the soil[3] proud of their

---

[1] Since the Infanzón in his own way is a kind of Quixotic figure, it is curious to note that Lope here, like Cervantes, uses his name and rank as if it were the title. He is, of course, the only one of the two titular protagonists to enjoy the happiness of the ending.

[2] "Lope, dramaturgo de la historia," *Lope de Vega y los orígenes del teatro español*, ed. Manuel Criado del Val, Madrid, 1981, p. 24.

[3] In the some 15 editions of *Fuenteovejuna* which I have just looked at, none of the commentators interpret correctly Laurencia's line "más precio...hurtar a mi madre un vaso / del pegado canílón" (lines 216 and 223-

peasant honor and "Old Christian" cleanliness of blood. At the end their penalty is death either ratified reluctantly or carried out remorselessly by a "deus ex machina" king duty-bound to justice. "Muertes" are *de rigueur* for the satisfactory—or "happy"—resolution of such "casos de honra."

However, in this version, precisely because it is a prelude to the crucial tragedy in the history of the Spanish monarchy (the assassination of "el rey don Pedro" by his bastard half-brother who became thereby "el rey don Enrique") and because Lope and his audience preferred exemplary retribution to hair-raising catharsis,[4] there are no deaths at all. Shakespeare tells us that highest form of drama consists of "sad stories of the death of kings," and we can imagine how he and his English colleagues would have presented such a "caso de la fortuna." Here, in contrast, the action as it proceeds from scene to scene is at times laughably comic, at times blackly comic, but always comic. Not only are there no gruesome "muertes," but even the threatening "Sombra" (the ghost of a past victim whose appearance marks the visual climax of each of the acts) is less a terrifying than a grotesque interlocutor. Unlike those which come to haunt Richard III, this one is a Halloween spook which to the audience's delight departs from one scene riding off into the sky on what purports to be the King's murdered horse. The *dénouement* is accordingly reassuring for all concerned. The King is indignant rather than frightened and eventually placates his spectral visitor; nobody is killed; the Infanzón under mild protest will marry the peasant girl he has wronged; and Enrique's noble candor and respect for the kingship mollify his brother who, in spite of accumulated omens, ends by embracing him fraternally. From now on—supposedly—royal justice will be tempered with mercy, and Castile will live happily ever after.

How did Lope contrive to create this remarkable tour de force—when both he and his audience were acutely aware that the generous royal embrace was itself a grim premonition of the fatal wrestling

---

24). They more or less unanimously accept Covarrubias' definition of "cangilón" as "cierto género de vaso, y juntamente medida," used for wine and ignore the second definition given in the *Diccionario de Autoridades*, "una vasija de barro... que sirve para sacar agua de los pozos con el artificio de la noria." If this is what Laurencia means, her morning drink is not wine but water and her "madre" is the Earth—as it should be for a peasant.

[4] In *Los Ramírez de Arellano* Lope alludes to the royal murder by means of a very brief off-stage description.

match in the camp outside the castle of Montiel? How could he, in other words, keep the "corral" laughing without diminishing the force of the underlying historical irony. Or, conversely, how could he make it laugh when it knew what it knew both about Pedro's misdeeds and about his death? As a genuinely comic "comedia," the answer offered in the text is Lope's calculated and clever use of displacement. The *Fuenteovejuna* pattern familiar to all here resembles a kaleidoscope after half a turn. The expected melodramatic characters and motifs are all there but in an unexpected—and so amusing—rearrangement. For example, although the counterpart of Laurencia, Elvira, begins by demanding redress, she ends by taking pity on the Infanzón. Hearing that he has been sentenced to be beheaded (the audience knows by this time that whole thing is cat-and-mouse sport for royalty, but she does not), she prostrates herself before Pedro and pleas pathetically: "venimos suplicando le des vida."[5] The same petition is later made by the "pueblo" speaking with one voice: "TODOS: Sólo pedimos que sueltes / al infanzón." (518) It seems clear—at least to me—that the play is Lope's and posterior to that which rhymes with "todos a una."[6]

The point is that the Infanzón, in spite of his outrageous behavior and his grandiose "dimensión imperativa" (as the "maestro," whom Joseph Silverman and I used to share, phrased it) is far closer to the "pueblo" than to the "corte" or to the parvenue "comendadores" who had no traditional feudal relation to their newly acquired subjects. He is rooted into the countryside, and the topical cornucopia of rural abundance (which Claude Aníbal used to recite with so much pleasure, as his students will remember) pours forth from his mouth and not from that of a "villano" (for example, Esteban in *Fuenteovejuna*) as was Lope's wont:

> Yo, don Fernando, soy Tello García
> de Fuenmayor, yo el infanzón de Illescas;
> cuanta campiña veis, se nombra mía,
> que mías son sus cazas y sus pescas.
> Espíritus del sol al alba fría,
> escuadrones de aladas soldadescas,

---

[5] All citations are to page numbers in the Academy *Obras*, 9, (Madrid, 1899), ed. M. Menéndez Pelayo. This is from page 506, and those that follow will be indicated in the text above.

[6] Morley and Bruerton disagree with don Marcelino in considering the play to be of doubtful authenticity.

> jugos me dan de flores con que anegan
> repúblicas de corcho que en miel riegan.
> Esa sierra que en cumbres se dilata,
> con Guadarrama a competir se atreve,
> burlando en copas de viviente plata
> rica y feliz sus túnicas de nieve.
> Torrente es, si a los llanos se desata,
> en que abismos de lana el campo bebe,
> dando al viento penachos cristalinos:
> tantos son mis lucientes vellocinos. (485)

We cannot help being reminded of another just as rural "infanzón" who, centuries before, had been put down by a rank-conscious courtier, because, before conquering Valencia, he had minded his millwheels and had collected his levy of flour from the peasants who brought their yearly harvest for grinding. As Tello says about his fellows, "Cides los llamó el moro." (485)

Furthermore, in spite of the Infanzón's self-centered arrogance (Lope teases the lineage-mania of the time by having him boast of descent from Pelayo) and what we would now describe as his caricature of male chauvinism, he lives in the text (and presumably on the stage) as a not unlikeable and rather childish *miles gloriosus*. In his naiveté, he is easily duped by the King's perverse machinations, and, in his unproblematical courage, he is vanquished in the frenzied assault which corresponds to royal self-doubt. For the Golden Age audience the surname, García de Fuenmayor, was significant: he is not a "Gómez de Guzmán" or, like the Comendador's "Maestre," a descendant of those two titled cowards, the Conde de Ureña and the Marqués de Villena.[7] In English terms he is a country squire inexperienced enough to be unaware of his rather modest importance within the presumptuous feudalism of the 14th century. It is precisely this attractive innocence which Lope underscores in characteristic wordplay. When the King commands that his head be bumped against the wall by the courtiers (as if he were a naughty schoolboy), the

---

[7] According to Claude Aníbal (with whom I discussed the matter years ago) the genealogy is authentic, yet I cannot help but believe that Lope mentions it maliciously. Villena's reputation is well known while the Conde de Ureña was defamed after abandoning Alonso de Aguilar in a fatal confrontation with the Moors in the couplet, "Ay, conde de Ureña / ¿don Alonso dónde queda?"

"gracioso" remarks that His Majesty "empieza a ser Herodes de infanzones." (499)

However, the King himself provides the most striking example of Lope's comic rearrangement of the expected pattern. For all Pedro's pride in the epithet, "el justiciero," he does not surface at the end as an arbiter committed to righting wrongs and restoring honor to his offended subjects. Instead of presiding over a solution, he himself is an unresolved problem. Not his royalty as such but his deeply ambivalent character is what the play is all about. In one brief and accelerated comic scene after another Lope provides us with successive glimpses into the consciousness of a man not yet a monster but clearly capable of becoming one. Particularly revealing are the three almost farcical man-to-man confrontations with the Infanzón, who, because he shares Pedro's excessive temper but not the malice which arises from insecurity, has the role of foil.

A final deviation from the *Fuenteovejuna* pattern which, although unstressed, could not fail to have surprised the audience is the King's attitude towards his peasant subjects. Here Lope displays an historical percipience for which he is not usually given the credit he deserves. The monarch, in accordance with the moeurs of the 14th century, like the Comendador, who is out of phase with those of the late 15th, literally cannot conceive of peasant honor. When Elvira first demands the redress she finally receives (but *only* as a part of the royal scheme for humiliating the Infanzón), the reply reveals total incomprehension: "Pues, villanas, / ¿qué pedís? ¿De qué os quejáis? / ... ¡Miren qué perdido honor! / ¡Gentil locura, por cierto!" (488)

Having considered the comic and even farcical (the head thumping episode is sheer Punch and Judy) surface of the dialogue and action, we only need to add imaginatively (on the basis of our experience as theater-goers) the appropriate gestures, side-glances, double takes, grimaces, and changes of intonation in order to recreate the uproarious good time Lope offered his adoring audience. And, now, having done so, we must return to our initial question: how could he keep the "corral" laughing without diminishing the historical irony inherent in the subject? The obvious answer, of course, is that mentioned in the closing line: the recurrent use of "prodigios" (omens and premonitions) as a means of importing the future back into the present of the performance. Beginning with the killing of the horse (an emblem of the King's future behavior),[8] they accumulate almost

[8] Donald Larson in his *The Honor Plays of Lope de Vega* (Cambridge, Mass.,

obsessively in Act III where they grotesquely contradict the ostensibly happy ending.

"Prodigios" are a device frequently employed by Lope (not only here and in the six other "don Pedro" plays but throughout the corpus) which attains uncanny poetic resonance in such overt tragedies as *El caballero de Olmedo* and *El santo niño de la Guardia*.[9] However, in this case, the handing back and forth of the ominous dagger, the fall of the crown to the ground, and the Lorca-like chorus of ballad-singing children (who get their prediction all wrong) would seem to be untoward intrusions of historical gravity into the royal romp. Or else—even more inappropriately—they might be taken to mean that Lope, like Muñoz Seca, viewed national history as farcical. Or, like Valle Inclán, as an "esperpento."

However, those who have listened to or read the play with poetic sensibility will not have to choose between these unwelcome alternatives: "invraisemblance" or caricature. Why? Because he or she will have become at least subliminally aware of a subterranean tragic poem flowing, like an underground stream, beneath the surface of comedy. Increasing in intensity and pathos as the play proceeds, at the end—like the Guadiana—it surfaces in the "prodigious" manifestations which substitute themselves for the customary "muertes." Even as we laugh, discrete verbal echoes, half-hidden images, and sequences of allusion communicate the deadly seriousness of the historical moment.

Let me illustrate Lope's mastery of two-tiered dramatic tension and "détente" by referring again to a play with which many of his readers are more familiar: *El caballero de Olmedo*. There, the dialogue and the action are overtly those of a "trágica historia," and the wide variety of omens, prophetic dreams, premonitions and supernatural warnings explicitly prepare us for the at once noble and pathetic *dénouement*. Yet at the same time, beneath the surface each of the nouns of the "cantinela"—"noche," "caballero," "gala," and "flor"—

1977) points out that "a fall from horseback" is for both Lope and Calderón a frequent emblem of a "disastrous plunge into unrestrained sexuality," p. 45. Here one would have to substitute the "unrestrained violence" to which Pedro is historically predestined.

[9] See Sonia Jones' excellent but unpublished 1971 Harvard dissertation, *The Devices of Foreshadowing in Lope de Vega's comedia*, as well as her "Two Cases of Kledonomancy in Lope's Theater," *REH-PR*, (1982), 137-42.

generates an organic rather than a rhetorically rigorous gloss.[10] Exquisite strands of lyrical imagery alleviate tragic fatality with the sheer delight of Lope's "donaire"—which is to say his marvellous gift of poetic freedom. For example, "gala" can be heard burgeoning into a seemingly endless series of allusions to clothing (appropriate to the peacock-age of Juan II): "galas de señora" (as opposed to those of "la más hermosa labradora"), "reliquias de holanda," "bizarría," "galas celestiales" (religious garb), etc. And from these "gallant" and "gallantry" emerge naturally, as in "quiero que galán me veas." As I have remarked elsewhere, to hear this tragedy of sheer "ingenio" is like hearing Louis Armstrong playing Andy Razaf's *Black and Blue*.

In *El rey don Pedro*, as we said, the creative process is the same, but the tiers are reversed, with gaiety on the surface and murderous inevitability lurking beneath. In addition, the seed from which the tragic poem germinates is not present verbally in the collective mind of the audience. It knows as soon as Pedro appears on stage what must and will happen in the future but not the source of the lyrical accompaniment. That is to say, Lope is not proceeding from a "cantinela" (as in *El caballero*), a popular ballad (as in *Peribáñez*), a proverb (as in *El perro del hortelano*), or a suggestive place name (as in *El galán de la Membrilla*).[11] Rather it emerges from the doomed kingship tacit in the titular designation, "el rey don Pedro," and symbolized by the ring given to Elvira as a reward for her assistance after the slaughter of the horse. The sentence of presentation has a note of foreboding only audible after the fact: "Esta, [sortija] en cuyos fondos brilla / el sol, del cuidado sea el premio." (480) In using the word, "cuidado," the King, of course, refers to Elvira's "care" for his person, but there is a second connotation. The royal ring with the sun, the orb of royalty, blazing

---

[10] Lope indicates the contrast of his playlong "organic" gloss of the "cantinela" with the traditional variety by centering Acts II and III on that of "En el valle a Inés" (ostensibly lighthearted but combining transitory "flower" imagery with "vivir... muriendo") and that of "puesto ya el pie en el estribo" (overtly melancholy in which the "caballero" expresses "ansias de la muerte.") These are the choruses of tragicomedy.

[11] The poetic accompaniment here is one of sheer taste derived from the two place names, La Membrilla and Manzanares, as well as from the Valdepeñas of the region: "Amor fue membrillo," "racimos de Leonor," "dulce manjar," "el rico vino," "la sazón de la fruta te provoca," "en sus colmenas la miel," "estas son moscas... / que se andan alrededor de la miel de mi dinero," etc. etc.

within it is itself as careworn as Henry V when he exlaims: "What infinite heart's ease / Must kings neglect, that private men enjoy!"

A gem encompassing the sun!: let us consider them in turn. As far as the gem is concerned, if Lope had been playing "Animal, vegetable, or mineral?" in this play, the last would have been his secret choice. An animal (the unfortunate horse) has been killed; Elvira's initial apostrophe to vegetation (the "verdes campos de Madrid") has dissolved into tears; and there now pour forth a series of images corresponding to the King's given name in Latin and to the reputed flintiness of his tormented heart. A few examples will suffice. This anti-Saint Peter (Lope carefully avoids alluding to Christ's immortal pun) admires Alexander the Great, because he continues to live "en pórfido y marfil / despreciando eternidades." (503) And his courtiers do not fail to employ the same conceits. After he wounds one of them in an imposed fencing match, he gives him a purse containing "mil doblas," whereupon the victim expresses servile gratitude: "la sangre has hecho rubís." (503) Similarly, another, who is an accomplice in the plot to humiliate the infanzón, swears to be as silent as a stone: "voy a ser piedra a servirte." (507)

Most crucial is the fateful dagger with its "puño de oro y perlas / con amatistas a trechos" which don Enrique discovers "clavado en el suelo" by the "Sombra": "Mas, ¡válgame Dios! Puñal / ¿no es aquél? ¡Terrible encuentro!" (514) In general gold is stressed not only as the most royal of minerals but also because it entwines with the complementary strand of sun imagery. Let us listen to the Infanzón ("pimpollo de oro" according to the children) who, as the King's foil, uses both in the bombastic self-introduction previously cited. After bragging about his bees and his sheep, he goes on to his cattle:

> El Tajo y el Jarama en vacas bellas
> ejércitos me dan, del sol decoro,
> tan gentiles que abril sospecha dellas
> que son hijas del sol, mentido en toro.
> Unos pórfidos son, otras de estrellas
> manchan la piel en hemisferios de oro;
> y es tal la multitud, que cuando pacen
> golfos de jaspes las riberas hacen. (485)[12]

---

[12] In the following lines we find "oro," "jacintos," "topacio," "ébano," and "rubís"—a mineral anthology designed to exalt his wheat and his vines.

Finally there is the recurrent augury that Pedro is a "hombre que ha de ser piedra en Madrid." When it is first uttered by the "Sombra" (who, as another foil, "es de viento al esperar / y de bronce al combatir"), the King does not know what to make of it:

> Esta vanidad me trae
> atropellado en sus sombras.
> Cadáver vil, ¿qué me quieres?
> ¿Qué buscan, pálida forma?
> ¿Piedra he de ser en Madrid?
> ¿Por qué, si no es que me nombras
> piedra por la eternidad
> de mis inmortales obras,
> dejando de mi justicia
> espantos a la memoria? (506)

We too are puzzled, and when the "Sombra" finally answers the riddle, it is at once a relief and a let-down. Pedro is not about to be petrified (like Grimm's Faithful John) or converted into his own funeral effigy (like Tirso's don Gonzalo de Ulloa). Rather he will be identified in future ages with the "alabaster" convent he has been ordered to build as penitence for an earlier profanation. His enthusiastic acquiescence in the belief that in so doing all will be forgiven is, thus, the climax of the play's tragic irony.

The imagery which emanates from the sun within the gem is admittedly commonplace, but it is worth attending to insofar as it is a condition both of characterization and action. Shortly after giving Elvira the ring, the King (whose immensely strong hand is a "rayo") interprets his solar identification as a license to kill:

> ¿Quién infanzones son? ¿Quién ricos hombres?
> Caiga tanta cabeza:
> sólo un cetro ha de haber, sólo un alteza;
> en los reinos del día
> sólo gobierna un sol la monarquía;
> y ansí tema a su sol, tiemble a su dueño
> de quien el mundo es átomo pequeño. (483)

This is brought down to the barnyard level when the "gracioso" remarks that a king's threat has no boundaries: "que el rey es gallo que canta / en todo lugar." (497) Wherever the sun rises a cock will crow, so that there is no possibility of escape.

Elvira, on the contrary, interprets the identification positively.

Like Estéban in *Fuenteovejuna* (when he tells the Comendador, "debajo de vuestro honor / vivir el pueblo desea"), she holds that the "sun's" rays should bathe all his subjects with honor. As we heard earlier, Pedro denies that attribute to peasants, and she answers:

> El honor es como el sol,
> que en todo lugar es bello,
> limpio, puro y luminoso:
> y ansí, en mí no tiene menos
> calidad que en el más noble. (488)

In addition to these and any number of similar allusions, the presence or absence of light determines all that goes on. In Act I, except for the brief appearance of the King's private nemesis (appropriately a "sombra"), the poetic circumstance of the dialogue ("verdes campos de Madrid") is illuminated by the "abismos de luz" which radiate from Elvira's beauty and by the sun which shines benevolently over the Infanzón's rural abundance. However, in the course of Act II (which takes place in the "alcázar" of Madrid) darkness takes over progressively. At the beginning the King expresses his desire to "salir a rondar," but the night is too "apacible" for a man who by nature prefers "las tenebrosas." Even so, by the end he is sightless when the "Sombra" suddenly douses the light which it had provided for the illumination of their grotesque duel. From offstage we hear one courtier exclaiming, "El rey da voces," and a second commanding, "Hachas, hachas prevenid." (505)

The second night of the play (the whole of Act III) is to the King's taste: "oscura y tenebrosa, / a horror está provocando." A perfect setting for a comic sequence that is literally black! The Infanzón has been imprisoned along with his servant, Cordero, the "gracioso," and when the "alcaide" commands, "no quede luz ninguna," the latter complains: "No nos dejes a oscuras: mueran, señor, a oscuras los herejes." (508) The action which follows is all the more funny insofar as the darkness is purely verbal and the audience can see the King and the Infanzón as they grope around during the contrived escape and the authentic swordplay. Then, when a lantern is brought and the King (who has proven his valor as a man) is recognized, the Infanzón's expression of amazement brings down the house.

All of this nocturnal comedy, however, is merely the prelude to the tragic climax in an omen all the more uncanny insofar as only the audience is aware of its purport. After defeating the Infanzón, our vaunted "roi-soleil" expresses his inexplicable reluctance to face the dawn:

> Ya las estrellas confusas
> en mal terminados cercos
> de luz y de horror, al mar
> se precipitan, huyendo
> del sol que sale en los brazos
> del aurora mal despierto.
> Recogerme quiero. (513)

But if Pedro must depart when the sun rises ("Viene de prisa / el sol y espacio no tengo"), Enrique arrives at court accompanied by the same sublime escort:

> Haz que traigan los caballos,
> que el sol, pavón de los cielos,
> con lisonajas de oro y nácar
> pompas de luz sale haciendo. (514)

The subterranean poem has ended. Pedro's sovereignty, like the "estrellas confusas / en *mal terminados* cercos / de luz y *de horror*," is about to flow into the sea of his mortality at the very moment when the glorious sun of Enrique's reign is about to rise. Lope has explored with characteristically lyrical "amplificatio" the tragic irony of the commonplace, "Le roi est mort; vive le roi!", but without interrupting the comic rapport of stage and audience. The appeal of the play lies precisely in the simultaneous contrast and interaction of the two modes. Or to say it more simply, in its cunning exploitation of the hybrid nature of "tragicomedy."

HARVARD UNIVERSITY

Pan 'pudendum muliebris' y *Los españoles en Flandes*

Le langage est un instrument d'analyse.
Georges Matoré

Francisco Márquez Villanueva

APENAS SI HA COMENZADO para la crítica una inmensa tarea de recuperación estudiosa del secular abandono de la expresión erótica, escatológica y cuanto hoy se sitúa bajo el concepto de marginalidad e interdicción lingüística. No sería dificultoso reunir un coro de lamentaciones[1] relativas al tradicional abandono de tan vastas provincias por parte de diccionarios, lexicógrafos y folkloristas modernos, con frecuencia muy retrasados en este respecto al criterio de otras épocas menos gazmoñas. El siglo XIX fue en todas partes irremediablemente "victoriano" y, tras esfuerzos aislados, es preciso llegar hasta el *Diccionario secreto* de Camilo J. Cela para presenciar un bienvenido cambio de marea.

---

[1] Véase M. Criado de Val, "Antífrasis y contaminaciones de sentido erótico en *La lozana andaluza*," *Studia Philologica. Homenaje a Damaso Alonso* (Madrid: Gredos, 1960) 1: 431-57. "Varias veces he insistido (en un docto cuerpo), sobre la necesidad de tratar abiertamente esta cuestión y sin remilgos de pudibundez. No he conseguido vencer el criterio de abstención *pudoris causa*. Creo necesario que alguien haga un estudio serio y documentado, que sería tanto más fértil cuanto más ampliamente se planteara el problema" (Dámaso Alonso, "Para evitar la diversificación de nuestra lengua", en *Presente y futuro de española*. Actas de la asamblea de filología del I Congreso de instituciones hispánicas [Madrid: Ediciones Cultura Hispánica, 1964] 2: 259). "El diccionario ignora, por ejemplo, la voz *coño* y no registra ningún cultismo que designe el concepto a que se refiere la palabra proscrita, con lo que se da el despropósito de que el aparato reproductor externo de la mujer no tiene nom-

Sensible como ningún otro aspecto del lenguaje al peso de la conciencia colectiva, la interdicción ofrece una diacronía de máxima inestabilidad, cuyo efecto más visible es el continuo desgaste y relevo en el campo del eufemismo.[2] No es preciso encarecer, por lo mismo, hasta qué punto la crítica literaria ha sufrido y sufre ante la clase de carencias ya señaladas, en su riesgo de resbalar sobre textos de facies anodina o engañosa[3] que distaba de ser tal para el autor y sus contemporáneos. Pero tanto, por lo menos, como dichas incurias lexicográficas ha venido pesando también la falta de marcos de referencia conceptual para la valoración literaria del fenómeno creador dentro de dichos registros de expresión. Que, por ejemplo, el autor que inventó lo de "las hermanitas del pecar"[4] sea el mismo y no valga ciertamente menos que el de "Polvo serán, mas polvo enamorado," puede sonar todavia como proposición escandalosa para ciertos oídos. Mucho menos, al cabo de tantos anotadores, ha habido quien explique a pie de página algo tan sencillo como la importancia del lexema *polvos* en

bre oficial castellano" (Camilo José Cela, *Diccionario secreto*, [Madrid: Alfaguara, 1968] 1: 21). Francesc de B. Moll añade a su erudita discusión del fenómeno el recuerdo de la diferente actitud adoptada por mosén Antoni Ma. Alcover (clérigo e integrista) en su *Diccionari Catalá-Valenciá-Balear* publicado a partir de 1930 ("Del tabú erotic en la lexicografia i en el folklore," *Revista de Dialectología y Tradiciones Populares* 32 [1976]: 349-58). "El estudio de los símbolos eróticos en la literatura española sigue todavía en su infancia, pero está claro que autores clásicos como Lope de Vega, Góngora y Quevedo se aprovecharon a manos llenas de estas imágenes y juegos de conceptos, hasta en sus obras más logradas" (Donald McGrady, "La función de las imágenes en la *Crónica de una muerte anunciada* de García Márquez," en *Ensayos de literatura colombiana*. Quirama, 1984 [Plaza & Janés, 1985]: 99-110).

[2] Véase Ricardo Senabre, "El eufemismo como fenómeno lingüístico," *Boletín de la Real Academia Española* 51 (1971): 175-89. Para el aspecto sociolingüístico, José Luis Alonso en su introducción a *Léxico del marginalismo del Siglo de Oro* (Salamanca: Universidad de Salamanca, 1977): XI-XXIII.

[3] Valga como ejemplo destacado el radical cambio de orientación producido en la crítica de *La pícara Justina* frente a la vieja lectura, incapaz de ver en la misma otra cosa que las aburridas travesuras de una labradora. Acerca de la misma y su encuadre en una tradición reconociblemente cazurra, Claude Allaigre y René Cotrait, "'La escribana fisgada': estratos de significación en un pasaje de *La pícara Justina*," *Hommage á Noël Salomon* (Barcelona: Ed. Laia, 1979): 27-47; Francisco Márquez Villanueva, "La identidad de Perlícaro," en *Homenaje a José Manuel Blecua* (Madrid: Gredos, 1983): 423-32.

[4] "Tasa de las hermanitas del pecar hecha por el fiel de las putas" (Francisco de Quevedo, *Obras completas en prose*, ed. L. Astrana Marín [Madrid: Aguilar, 1945] 87).

medio de *El celoso extremeño*.⁵ El panorama, sin embargo, ha cambiado. El peso creciente de la nueva lexicografía, en su cruce con la ciencia semiótica, las ideas de Mikhail Bakhtin y la general apertura en torno al fenómeno de la sexualidad⁶ suscitan una actitud muy distinta en lo relativo a dichas modalidades de lenguaje. El problema, en este momento, no es otro que el ingente volumen de la tarea que la investigación tiene hoy por delante.

Tampoco es difícil, para el caso español, identificar tanto el terreno como el momento preciso en que se produce la primera gran ruptura en relación con el nuevo campo de estudio. Muy apropiadamente, ha sido el *Libro de buen amor* quien hubo de presenciar el comienzo de este gran deshielo. En 1958 publicaba Otis H. Green⁷ un memorable estudio sobre las horas canónicas del clérigo doñeador, en el que adujo pruebas irrefutables acerca de no existir allí sagrado alguno para la subversión semántica en el sentido de la más desvergonzada obscenidad. La segunda escaramuza se produjo, en el mismo sentido, a lo largo de los años setenta en relación con la maravillosa *troba cazurra* o zéjel de Cruz. Don Ramón Menéndez Pidal había notado ya la importancia de la *cazurría*⁸ al llegar a cierto momento del arte juglaresco castellano y recordaba a las *Partidas* en su cautela contra aquellas "palabras...que non son fermosas nin apuestas...porque son viles et desapuestas." No por ello dejaba de hallarse el maestro enteramente desprevenido para calar en la profundidad expresiva del fenómeno y hoy suena a pura ingenuidad su sorpresa al comprobar que, tras tanto preámbulo de su autor para excusarse con las dueñas, la trova de Cruz "no tiene ninguna nota de color subido."⁹ Pero claro que abunda en ellas, y aun del grueso calibre que han puesto fuera de toda duda razonable una serie de estudios originados en el hispanismo francés¹⁰ a lo largo de los años setenta.

---

⁵ Discusión del particular en Francisco Márquez Villanueva, "Erasmo y Cervantes, una vez más," *Cervantes* 4 (1984): 136.

⁶ Para el fenómeno de ofuscación de la sexualidad como característico de la tradición occidental, Michel Foucault, *The History of Sexuality* (New York: Vintage Books, 1980), 53-55.
troba cazurra: 'Cruz cruzada panadera,'" *Romance Notes* 2 (1969): 434-38. Un (1958): 12-34.

⁸ *Poesía juglaresca y orígenes de las literaturas románicas* (Madrid: Instituto de Estudios Políticos, 1957), c VIII, "Los juglares cazurros en particular."

⁹ *Ibid*: 231.

¹⁰ Las primeras sospechas, sugeridas a su vez por Corominas, acerca de un decidido fondo sexual fueron formuladas por A. S. Michalski, "Juan Ruiz's

La disculpa de don Ramón es que la *cazurría* del zéjel de Cruz es virtualmente incomprensible si no se capta la presencia de al menos un constante nivel de significación determinado por *pan* 'órgano sexual femenino,'[11] acepción ignorada de la lexicografía moderna pero muy conocida y viva por lo menos hasta finales del período clásico. No cabe abrigar ninguna clase de dudas acerca de lo que era aquel "pan más duz" de que dio cuenta Fernand Garçía, el mensajero infiel del Arcipreste, ni de la asombrosa superposición de cruces semánticos que despliega aquel poema. Doscientos cincuenta años más tarde Correas recoge refranes como "O déme el dinero o déme mi pan," o el cantar proverbializado "Galán, / tomá de mi pan; / tomalde en la mano, / veréis ke liviano; / bolvelde el envés / i veréis ke tal es; / si no os kontentare, / bolvérmele eis."[12]

Este *pan* es el mismo que carga de malicia un poema cancioneril de *Juan del Encina a una señora que le dio un regoxo de pan*:

> Mas porque más mi mal obre,
> por merced, assí gozeys,
> que vos, señora, me deys
> todo el pan, porque me sobre;

troba cazurra: 'Cruz cruzada panadera," *Romance Notes* 2 (1969): 434-38. Un artículo de Rodrigo A. Molina, partidario de su lectura como derivación litúrgica ("La copla cazurra del Arcipreste de Hita. Hipótesis interpretativa," *Insula* n. 288 [noviembre, 1970]: 10), dio motivo a la alternativa lectura erótica de Louis Combet, "Doña Cruz, la panadera del 'Buen amor,'" *Les langues néolatines* 66 (1972): 9-33. Continúan su línea Claude Allaigre y René Cotrait, "Foissonnement du sens et niveaux de lecture dans la 'trova cazurra' de Juan Ruíz," *Revue des langues romanes* 80 (1973): 57-94. Tiende a conciliar la legitimidad de ambas lecturas James F. Burke, "Again 'Cruz,' the Baker-girl: 'Libro de buen amor,' ss. 115-20," *Revista Canadiense de Estudios Hispánicos* 4 (1980): 253-70.

[11] "PAN 1º coño" (Alonso Hernández, *Léxico del marginalismo*).

[12] Ejemplos citados por Louis Combet, "Lexicographie et sémantique: quelques remarques à propos de la réedition du *Vocabulario de refranes* de Gonzalo Correas," *Bulletin Hispanique* 71 (1969): 247. En algún caso infrecuente se registra tambien *pan* 'pene' (Donald McGrady, "Notas sobre el enigma erótico con especial referencia a los *Cuarenta enigmas en lengua española*," *Criticón*, 27 [1984]: 71-108). Frecuente, en cambio, bajo la lexia *pan y nueces*, muy usada de Góngora y otros insignes contemporáneos (Combet, "Un cas typique de 'cazurrismo,'": 21 n.). En Lope, el gracioso Panduro de *Pobreza no es vileza*: "Aunque es ramo de honra y picardía /... puesto que recibiendo algunas veces, / Panduro deba un pan como unas nueces" (*Obras de Lope de Vega*, Crónicas y leyendas de España, ed. M. Menéndez Pelayo [Madrid: Atlas, 1969] 27:104).

dístemelo como a pobre,
en regoxo y muy poquito;
quiero ser romero hito
para que entero lo cobre.[13]

El toledano Sebastián de Horozco había glosado el "chiste viejo" de la venta del "chipirrichape" que, al abrigo de la misma base metafórica, claramente procura elidir el sustantivo *panadera* como término insultante: "Que la que tal pan amasa / de todo es mereçedora."[14] También con larga historia, la *panadera* ha tenido cotización peyorativa como sinónimo de 'ramera.' El concepto popular la presenta, a luz muy desfavorable, como explotadora, borracha y lujuriosa. Su trabajo eminentemente nocturno, asociado al calor del horno y a la continua frecuentación del lugar de venta de pan (o aun peor a su distribución callejera), hizo a Gonzalo Fernández de Oviedo llamar a su oficio "muy aparejado a las pendencias de Cupido."[15] En otro orden de cosas se documenta asimismo ampliamente la usual asociación de la mujer con las tareas panificadoras en la Edad Media española.[16]

Cabe apurar un poco más estas notas diacrónicas. El sentido obsceno de *pan* continúa hallándose vivo en el español moderno. Se registra en la lengua hispanoamericana[17] y no es preciso para documentarlo ir más lejos, en la Península, que al prodigioso dialogar de *Luces de Bohemia*:

MAX.—¡Te ganas honradamente la vida!
LA LUNARES.—Tú no sabes con cuántos trabajos. Yo miro mucho lo que haga. La Catillana me habló para llevarme a una casa. ¡Una casa de mucho postín! No quise ir... Acostarme no me acuesto... Yo guardo el pan de higos para el gachó que me sepa camelar. ¿Por qué no lo pretendes?
. . . .

---

[13] *Obras completas*, ed. Ana M. Rambaldo (Madrid: Espasa-Calpe, 1978) 3:108.

[14] *El cancionero de Sebastián de Horozco*, ed. Jack Weiner (Berna: Herbert Lang, 1975): 93.

[15] *Las Quinquagenas de la nobleza española* (Madrid: Real Academia Española, 1880) 183.

[16] Véase Heath Dillard, *Daughters of the Reconquest. Women in Castilian Town Society, 1100-1300* (Cambridge: Cambridge University Press, 1984): 159. Acompañada en idéntica mala fama por la tabernera.

[17] *Pan* 'vulva'; *el pan de la Perdomo* en Charles A. Kany *American-Spanish Euphemism* (Berkeley and Los Angeles: U. of California Press, 1960) 150, 202 y 189.

LA LUNARES—¿Cuála? ¿Dejar que te comas el pan de higos? ¡No me pareces bastante flamenco! ¡Qué manos tienes! No me palpes más la cara. Pálpame el cuerpo.[18]

Por otra parte, el casi sinónimo *bollo* 'genital femenino,' de uso siempre muy común, ha extendido su valor semántico a *mona* 'hornazo o torta de pascua,' que hoy se registra como hispanismo obsceno en Italia.[19]

Panadera 'puta' era sin duda muy corriente en el castellano preclásico y ello da todo su picante valor a la irreverente sátira de las Coplas de ¡*Ay, panadera!*, en cuyo comienzo aparece como sinónimo de *soldadera*:

> Di, Panadera.
>
> Panadera soldadera,
> que bendes pan de barato,
> qüéntanos algún rebato
> que te aconteció en la vera.[20]

Lo mismo atestigua su uso en unas olvidadas coplas del bufonesco Antón de Montoro:

> Montoro a un caballero por dinero
> que le pedían panaderas
>
> Señor, non pecho ni medro;
> acorred en todas maneras,
> que me tienen en San Pedro
> çercado çien panaderas;
> sus caras color de yedras,
> y otras de fea color,
> y otras cargadas de piedras
> diziendo: 'Paga, traidor'.[21]

El desplazamiento semántico *panadera* > 'puta' ha sido afectado con

---

[18] *Obras escogidas* (Madrid: Aguilar, 1971) 2: 1247-48.

[19] Nora Galli de' Paratesi, *Le brutte parole. Semantica dell'eufemismo* (Torino: Mondadori, 1964) 108. La autora cree erróneamente que el hispanismo original es zoónimo. Para el sentido sexual de la *mona, bollo* y *bolla* de Pascua, Julio Caro Baroja, "El toro de San Marcos," en *Ritos y mitos equívocos* (Madrid: Istmo, 1974): 80.

[20] *Coplas de la panadera*, ed. Vicente Romano García (Madrid: Aguilar, 1965) 27.

[21] *Cancionero*, ed. Francisco Cantera Burgos y Carlos Carrete Parrondo (Madrid: Editora Nacional, 1984) 190.

toda probabilidad por la comun noción sexualizadora de toda actividad que suponga un ejercicio muscular rítmico,[22] como es el de los puños al heñir la masa. El largo y hacendoso proceso de la panificación sin duda objetivaba para la Edad Media la idea del ejercicio sexual como un *hacer* antonomásico. Juan de Mal Lara andaba harto bien encaminado cuando explicaba: "Allá pone Aristóteles un problema en que pregunta: ¿Por qué las panaderas son más entendidas en amor de obras que otras? Es la causa porque el movimiento causa calor."[23] *Pan* 'pudendum muliebris' recoge por lo demás a la perfección el carácter blando y pasivo asignado por lo común al sexo femenino en Occidente.[24]

Es preciso tomar asimismo en cuenta la diversidad de latencias sexuales causadas, en otro plano, por la asimilación *comer* = *fornicar*, en cuanto una de las más primarias y eviternas para el lenguaje erótico.[25] El nexo entre reproducción vegetal y reproducción humana se ha reconocido como una de las primeras células semióticas del lenguaje de la sexualidad.[26] Pero siendo además en Occidente los cereales base de la alimentación durante milenios, no resulta extraño contemplarlos como un campo semántico erotizado a fondo desde el *grano* y la *espiga* hasta el *horno*,[27] igual que todo lo relativo al *pan*. La misma connotación se ha extendido también al léxico de la molienda y en especial a *moler*.[28]

[22] Pierre Guiraud, *Sémiologie de la sexualité. Essai de glosso-analyse* (París: Payot, 1978) 97, 100 y 109.

[23] *Filosofía vulgar*, ed. Antonio Vilanova (Barcelona: Selecciones Bibliófilas, 1958) 2:142.

[24] Guiraud, *Sémiologie de la sexualité*, 99.

[25] Como afirma Donald McGrady, "el verbo *comer* ha sido una de las metáforas eróticas más frecuentes de todos los tiempos. En realidad es posible que sea la imagen sexual más utilizada de todas" ("La función de las imágenes eróticas," Pág. 103). Para *edo* y sinónimos en latín clásico, J. N. Adams, *The Latin Sexual Vocabulary* (Baltimore: Johns Hopkins University Press, 1982): 138-41.

[26] Guiraud, *Sémiologie de la sexualité*, 72

[27] Ejemplos en Combet, "Un cas typique de 'cazurrismo'": 22. Sobre la fecundidad identificada con el trigo en civilizaciones campesinas y sentido sexual de la serie, Allaigre y Cotrait "Foissonnement du sens": 61. Véase también Pierre Alzieu, Robert Jammes e Yvan Lissorgues, *Poesía erótica del Siglo de Oro* (Barcelona: Editorial Crítica, 1983) 80 y 81. Para la "hornaza do salió Cupido," *ibid*, 47 n. v. 7. Y por supuesto el conocido *fornix* 'cubículo de la prostituta'.

[28] "MOLER y MOLER EL PAN 'Joder'. Vid PAN en sus dos acepciones" (Alonso Hernández, *Léxico del marginalismo*). Alzieu, Jammes, Lissorgues, *Poesía erótica del Siglo de Oro* 133, 19, 25.

La harina, en particular, ha adquirido una clara virtualización de fecundidad que la alinea como objeto material de lo más indispensable en el repertorio de las burlas carnavalescas.[29] El arrojar harina a las mujeres (como después el puñado de arroz en las bodas) recordaba claramente un rito de fertilidad. La panadera, tan "enharinada" por razón de su oficio como la molinera, ha compartido con ésta la misma fama de hembras proverbialmente lujuriosas.[30]

Todo lo anterior ha ejercido una profunda sugestión sobre la conciencia lírica tradicional y, como no podía ser menos, halla amplias resonancias en el teatro de Lope, gran maestro en su recurso a estas provincias de la lengua.[31] En las comedias-auto *La niñez de San Isidro* y *La juventud de San Isidro* (1622) se comprueba, por ejemplo, la presencia de la harina en juegos semieróticos de retozo entre labradores: la villana que se "defiende" arrojando a su galán puñados de harina, la flauta que al soplarla cubre de blanco el rostro de éste. La misma clase de harina erotizada se acredita asimismo básica en la comedia de *El molino* (1585-1595). La coqueta hija del molinero arregla a su propio caso y ambiente la copla original de *Peribáñez*:

> Más me agrada tu capote
> lleno de harina y salvado
> que su sayo ajironado
> de damasco y chamelote.[32]

---

[29] Epígrafe "Salvado, harina y ceniza" en Julio Caro Baroja, *El Carnaval (análisis histórico-cultural)* (Madrid: Taurus, 1965) 67-69. Igualmente Martine Grimberg, "Carnaval et société urbaine à la fin du XVe siècle," en *Les fêtes de la Renaissance* (París: CNRS, 1975) 3: 548.

[30] Augustin Redondo, "De molinos, molineros y molineras. Tradiciones folklóricas y literatura en la España del Siglo de Oro," en *Literatura y folklore: problemas de intertextualidad* (Salamanca: Universidad de Salamanca, 1983): 110. La semiótica de *panadera*, igual que *molinera* y *tabernera* se ve también afectada por la noción misógina de la mujer como máquina (en este caso de fornicar) que señala Guiraud, *Sémiologie de la sexualité*, 182.

[31] En él "un tema vastísimo" según Frida Weber de Kurlat, "La expresión de la erótica en el teatro de Lope de Vega. El caso de Fuenteovejuna," *Homenaje a José Manuel Blecua* (Madrid: Gredos, 1983) 673-87.

[32] *Obras de Lope de Vega. Obras dramáticas* (Madrid: Real Academia Española, 1930), 13:73. Sobre el mismo tema y sus habituales connotaciones eróticas, Michèle Gendreau-Massaloux, "Los molineros en las comedias de Lope: fuentes tradicionales y creación teatral," en *Lope de Vega y los orígenes del teatro español*. Actas del I Congreso internacional sobre Lope de Vega (Madrid: Edi-6, 1981) 791-97.

El protagonista, noble acogido al refugio del campo, visita clandestinamente a su amada, que siempre le acoge muy contenta, a pesar de venir él cubierto de harina. Después, la inesperada procesión de novias que emergen del humilde molino en el desenlace de la comedia ofrece un sentido inequívoco, que los espectadores de la época captaban sin duda sin necesidad de más explicación.

Por lo que hace a la panadera en Lope, se la encuentra también, dentro de un contexto de normal erotismo cínico en *El jardín de Vargas*, donde ejerce tal oficio la villana Marirramos. No deja ésta de hallarse muy al tanto de la clase de codicias que suele despertar el pan bien cocido:

> Yo, Peloro, ya he amasado,
> aunque poca harina tengo;
>   y aunque tengo tal perjeño,
> y un pan saqué que las flores
> envidiaban sus colores,
> bien a costa de mi sueño.
>   Y como es el pan de Vargas
> para Toledo el mejor,
> venderáse sin temor,
> aunque llevemos mil cargas.
>   Pero hay unos bellacones
> que hunden la panadera
> por tomar el pan. ¡Ceguera
> les embista, y sabañones
> en su lengua se regalen![33]

Su disposición ante el cortejo halagüeño de cierto Don Juan no puede ser más maliciosamente favorable:

> Me esperan,
> que está la masa en sazón
> y he de heñir dos fanegas.[34]

Nadie como esta Marirramos (la de la gata proverbial) ha manejado con mayor destreza la erotización del lenguaje del pan y de la molienda:

---

[33] *Obras de Lope de Vega. Obras dramáticas* (Madrid: Academia Española, 1928) 6:584.
[34] *Ibid*: 585.

> De la masa me olvidara
> aunque se quedara aceda
> y del molino la rueda
> que era su amor contemplara.
> Nunca tortas regaladas
> en el horno las metiera,
> que el amor me las cociera
> con sus dulces llamaradas.[35]

En la comedia de *El galán escarmentado* (1598), el inexperto amante da muestras de su ingenuidad al poner vanas ilusiones en el fácil amor de otra panadera:

> Va y viene a Madrid con pan
> esta bella panadera,
> que si otra cosa vendiera,
> hartos a la mira están.[36]

No es preciso decir que le espera un duro despertar, ridículamente apaleado por aldeanos.

La falta de atención a esta clase de lenguaje que se ha mencionado al principio no deja de causar, sin embargo, más de una lectura ciega en obras donde desempeña una función primordial. Cabría aducir como ejemplo más destacado el caso de *Los españoles en Flandes*,[37] comedia fechable entre 1597-1606. Su fundamento histórico es la difícil situación de don Juan de Austria como gobernador de los Países Bajos en 1577, cuando hubo de ser reforzado desde el Norte de Italia por Alejandro Farnesio con los tercios allí disponibles, en una brillante campaña culminada con la victoria de Gembloux (*Gibelú* en la comedia) en 1578.[38] No es de extrañar que resulte, como siempre que Lope aborda el tema de Flandes, un ejercicio polarizado por el deseo de rendir homenaje al valor, caballerosidad y espíritu de sacrificio de la milicia

---

[35] *Ibid*: 586.

[36] *Obras de Lope de Vega. Obras dramáticas* (Madrid: Academia Española, 1916) 1: 135. Y al final: "Hasta en una panadera / no hallé bocado de fe" 148.

[37] *Obras de Lope de Vega. Crónicas y leyendas de España*. Ed. M. Menéndez Pelayo (Madrid: Atlas, 1969) 26: 281-341. Fechada entre 1597-1606 por S. Griswold Morley y Courtney Bruerton, *Cronología de las comedias de Lope de Vega* (Madrid: Gredos, 1968): 322.

[38] Lope leyó acerca de estos sucesos en varias obras de reciente publicación acerca de las campañas de Flandes (principalmente *Los sucesos de Flandes y Francia* por Alonso Vázquez). Véase C. Hollingsworth, "The Source of Lope de Vega's *Los españoles en Flandes*", *Hispanic Review* 42 (1974): 279-92.

española.³⁹ Exteriormente apicarada, rinde ésta culto en lo hondo a los más puros sentimientos de caballerosidad y patriotismo. Si la soldadesca es muy capaz de cometer algunos excesos, lo hace siempre con la mejor intención y en forma chistosa. Para corregirlos y dejar la justicia en su sitio están siempre alerta unos altos mandos de excelsa calidad humana. Y así, por supuesto, se rematan feliz y gloriosamente las más difíciles empresas.

Venus no podía, como es lógico, hallarse ausente de una comedia tan centrada sobre las cosas de Marte. La pintura "a noticia" de la azarosa vida de marchas y acampadas echa mano del tema pintoresco de las mujeres de tropa, sobre todo con la típica relación entre el histórico alférez Martín de Chavarría⁴⁰ y su amante la casi dama y muy frágil Marcela. Dada la índole de la comedia, Lope ha sentido la necesidad de incluir el tema de la mujer flamenca y, tras haberse regodeado en su pintura de la tropa, también el ambiente de cuartel general cuyas estrellas son nada menos que don Juan de Austria y su sobrino Alejandro Farnesio, príncipe de Parma. Su ingenio sabe cómo anudar con destreza ambos hilos, sobre todo a través de la peripecia hilarante del discretísimo segundo acto.

Lope desea presentar allí a los españoles como aborrecidos de los flamencos traidores y arrogantes, pero amados de los naturales que saben apreciar la caballerosidad y el valor. Objetiva para ello esta última actitud en Rosela,⁴¹ dama de la rebelde Bruselas cuyo entusiasmo le hace llevar en su tocado los colores españoles, a pesar de que su hermano Adolfo milita, lleno de odio, en las filas rebeldes. El *quid pro quo* se encarga de que Marcela, aquella "flor de marcas, luz de pen-

---

³⁹ Grupo de características estudiadas por Edward Nagy, "La picardía castrense en Flandes y su utilización por Lope de Vega," en *Lope de Vega y los orígenes del teatro español*: 765-75.

⁴⁰ Lope tomó algunas de sus aventuras de un personaje real mencionado por el cronista Alonso Vázquez en *Los sucesos de Flandes y Francia* (Hollingsworth, "The Source": 281).

⁴¹ El nombre *Rosela* representa una homofonía de La Rochela, topónimo identificado en España con la causa protestante desde los tiempos de las guerras religiosas de Francia. Dado el papel de su familia en el bando rebelde, es lógico pensar que Lope desee caracterizarla al menos como técnicamente "hereje" (su papel carece de toda referencia de orden religioso). El mismo caso se repite con la noble Arcila, bárbaramente castigada por su padre por amar a un soldado español en *Don Juan de Austria en Flandes*. Rosela se llama también la noble protagonista de *Pobreza no es vileza*, a modo de nombre identificado para Lope con el tipo de la mujer flamenca.

cas" (pág. 289) haya de caer prisionera en traje varonil y sea entregada a servicio de la casa de Rosela. Ésta se apresura a sincerarse con Marcela acerca de sus sentimientos pro-españoles e incluso le hace confidencia de su amor sin esperanzas a don Juan de Austria. La había galanteado éste una vez, junto con muchas otras "madamiselas," en cierto sarao y desde entonces lo ama perdidamente:

> Alta esperanza fue sobre una palma;
> mas cuando el cuerpo nunca el fruto viese,
> basta, señor don Juan, gozarte el alma. (Pág. 306)

La atrevida Marcela le promete al saberlo hallar forma de entregarla en brazos del "león de España."[42] Para esto escaparán por vía fluvial a Namur en traje de labradores, ella como supuesto criado y Rosela como campesina que va a vender víveres ("fruta, huevos, vino o pan") al campo español.

Así lo hacen lindamente ataviadas, al brazo unas cestillas de pan. Marcela encuentra muy pronto entre los soldados a algunos viejos conocidos y Rosela topa por su parte con el "maltrapillo"[43] Salvado. Este último personaje ha sido objeto de presentación en el primer acto y juntamente con "Beatriz, su dama de éste, muy maltratada, con capotillo y sombrero con una plumilla de gallo" (pág. 298), forman una pareja cómica paralela a la algo más noble de Chavarría y Marcela. Como parte más oscura y gruesa de la harina, *Salvado* es un personaje semibufonesco, cuya persona va reforzada por su categoría de *maltrapillo* a una connotación de ridículo y suciedad, segun la función, sugerida en el texto, del 'trapo de horno':

---

[42] Una intriga similar aparece también en *El asalto de Mastrique*, urdida allí por Marcela, también mujer de tropa, con la flamenca Aynora y el famoso maestre de campo don Lope de Figueroa como beneficiario de su tercería. Lo de llamar a don Juan de Austria "león de España" viene claramente sugerido por el famoso león que le acompañó desde su victoria de Túnez y quedó incorporado después a la iconografía habitual del héroe español.

[43] "Pilluelo mal vestido; golfo" (Diccionario académico). Pero en la época el *trapillo* era el trapo de deshecho que se usaba para ínfimos menesteres. Un poco más abajo Beatriz compara a Salvado, por su poca "limpieza," con el trapo de limpiar el horno. Sin duda tenía también el *trapillo* sus usos escatológicos, como lamenta, en relación con los buenos versos, un texto sevillano de fines del XVI: "¡Oh ingrato Apolo! que en una privada / Sirvieran de trapillo, a buena cuenta!" (Francisco Rodríguez Marín, "Una sátira sevillana del licenciado Francisco Pacheco," *Revista de Archivos, Bibliotecas y Museos* 17 [1907]: 10).

SALVADO
Beatriz, descoge ese lío,
y saca sábanas limpias.

BEATRIZ
¿Hay algo en él que esté limpio?

SALVADO
Allá, con los marquesotes
se entienden flamencos ricos;
mas que me den algún horno.

BEATRIZ
Si eres trapo, harás tu oficio. (Pág. 301)

Si bajo el antropónimo *Salvado* se ha de acceder de algún modo al plano semántico de la harina erótica, es obligado que denote el nivel más bajo de ésta, conforme al papel en el que se halla destinado a perseverar para gran regocijo del corral. El valentísimo pero semipícaro Salvado—Salvado *Ortiz* según su coima—llega de Italia a Flandes con hambre atrasada y más que dispuesto a "cenarme dos flamencos en jalea" (pág. 298) y, segun se ha visto, de pillar por su cuenta algún *horno* del que ser *trapo*. Salvado se halla sumido en un mundo que define la imagen general de la comida, siempre en muy clara vecindad de lo erótico, e impreca así a su Beatriz:

> ¡Mal haya el que tantos años
> te dio su vino y maiz,
> su perejil y su carne![44]

Ésta le llama, a su vez, con los términos dulces, pero igualmente comestibles, de "mi orozuz, mi regaliz." Y él a ella, de nuevo, "más manida[45] entre mis brazos / que entre el azor la perdiz" (pág. 312).

No es de extrañar que, con tales antecedentes, los apetitos de Salvado se encadilen a la vista del pan que pregona Marcela y se dispone a vender la hermosa flamenca: "¡Ah, señores! / ¿Hay alguien que compre pan?" (Pág. 313). Sirve de disculpa que no es aquél el primer mal pensado, pues la misma Marcela hace a su vez una clara alusión en

---

[44] *Vina* 'semen' (MacGrady, "Notas sobre el enigma erótico:" 108). *Perejil* 'pendejo' (*Poesía erótica*, 79, 1 *passim*). *Maíz* en este contexto es por completo asimilable a *trigo* con sus connotaciones de fecundidad y sexualidad (Combet, "Un cas typique de cazurrismo": 22). Lo de *su carne* no precisa ilustración.

añoranza de la clase de *pan* impoluto que trae su amiga y que ella tanto dista de poseer:

> ¡Ay, quién fuera el pan sabroso,
> limpio y blanco! Si le hiciera,
> mi lealtad, poco lo fuera.[46] (Pág. 313)

A Salvado sencillamente le "altera" la simple vista de la villana y sus primeras palabras son para preguntarle "¿Vendéis el pan?." Ante la afirmativa pretende aclarar si acaso "Mejor venís / para que os compren..." (pág. 315). Pero ¿viene a vender pan o amor? El modo tan vivaz de requebrar inmediatamente suscita el enojo celoso de Beatriz. Salvado la tranquiliza con decir que es sólo una forma de aficionar a la vendedora "porque si la cojo el pan...," por lo que a la vuelta de un piropo pregunta de nuevo "¿a cómo vende el panicio?" (en cruce virtual con *fornicio*). Ya con la cabeza medio trastornada, el soldado ofrece trocar mejores prendas que no el medio real que por el pan le piden:

> Si queréis trocar el pan
> a la carne de un soldado,
> y este corazón picado,
> coméis como gavilán.

Ante la desvergüenza tan escasamente velada, la supuesta villana responde con un bofetón, pero ello sólo vuelve más atrevido a Salvado:

¡Por Dios que ha de darme el pan!

 ROSELA
¿El pan, picaño? ¡Oh, qué bien! (Pág. 315)

El soldado recuerda que cuando en España alguien riñe con un hombre ruin dice "no os quiero dar de comer, / porque si lo da lo paga." Habiendo recibido tal bofetón es ella entonces la que, al hilo de la comparación y bajo el mismo alcance obsceno, "de comer me ha de dar."[47] Debe acompañar la acción de echar mano y apoderarse del pan,

---

[45] *manir* "detener y preparar la carne de un día para otro, para que se ponga tierna" (*Autoridades*).

[46] El texto se halla mal puntuado. Sobra una coma y debería decir: "Si le hiciera / mi lealtad, poco lo fuera."

[47] "Mientras que el lenguaje contemporáneo concibe generalmente que el hombre es quien *come* (= posee) a la mujer, antes existía igualmente la imagen de la vulva como una boca que *comía* el *pan*
la vulva como una boca que *comía* el *pan* o *carne* del miembro masculino" (McGrady, "Notas sobre el enigma erótico": 85).

pues Marcela que sigue estando presente se queja: "¿El pan le queréis tomar? / Soltalde, que no es razón." Y Rosela: "Que soltéis el pan os digo" (pág. 316). Pero Salvado continúa el forcejeo y huye por fin con el pan de la flamenca.

La rápida escena no deja de contribuir favorablemente al plan de ambas mujeres, pues Rosela tiene ahora motivo para ir a quejarse del agravio del soldado ante los generales Austria y Farnesio. Lamenta aquél, en efecto, lo sucedido, pues no puede sino redundar en mayores dificultades para el avituallamiento de sus tropas. La misma Marcela se encarga entonces de traer preso al desvergonzado maltrapillo. El interrogatorio por don Juan va al grano "¿Por qué este pan le has tomado?" (pág. 318). Pero el reo sabe parar los golpes con el mayor desparpajo y hacer toda clase de chistes a base de los romances del cerco de Zamora, su ciudad natal, sin apearse nunca de su característico recurso a la dilogía erótica. Su padre fue nada menos que el caballo del Cid:

> Era de palo,
> y cogió en una armería
> a mi madre junto a él,
> y por eso nací dél. (Pág. 319)

No pierde tampoco ocasión para una donosa *adnominatio* relativa a su apodo:

> Porque salí
> muy cernido cuando fui
> de mis padres engendrado.
>
> . . . .
>
> No soy salvado, señor,
> destos rebeldes gallinas,
>   sino veneno en sacando
> la de Francisco Rüiz. (Pág. 319)

Don Juan queda muy complacido del espíritu del maltrapillo, que en realidad es un excelente soldado, y éste escapa por eso bien librado con la pena de sólo un trato de cuerda.

La divertida escena de Lope podría calificarse como una hermana a siglos de distancia del cazurro zéjel de Cruz. El error de Salvado sólo consiste en creer que tiene delante una auténtica "panadera" o Marirramos cualquiera, y no una dama disfrazada. Pero el tratamiento aquí dado a la dilogía de *pan* como 'pudendum muliebris' asume además valiosas funciones en el terreno de la estructura dramática de *Los españoles en Flandes*. El pan arrebatado a Rosela es por lo pronto un claro objeto vicario para una violación, en cuanto crimen típico de la soldadesca en nuestro teatro clásico. Es, naturalmente, lo que primero sospecha don Juan al ver ante sí a la dama quejosa:

> ¿Habrá querido forzaros?
> Rosela
> No por la carne lo han.
> Juan
> Pues ¿qué os han tomado?
> Rosela
> El pan.
> Juan
> El pan sabré hacer pagaros. (Pág. 317)

El arrebato traslaticio del pan no carnal de la mujer evita el poner ante el público una escena de aquella "antigua grosería"[48] del estupro, extremo incompatible con ninguna simpatía hacia *Los españoles en Flandes* y que hubiera puesto la obra sobre bases dramáticas de naturaleza muy distinta (baste recordar *Fuenteovejuna* y *El alcalde de Zalamea*). La bisemia del *pan* de Rosela, además de un seguro efecto cómico, es también acabado ejemplo de eufemismo escénico.

El episodio del pan entra al servicio de la intriga montada por ambas mujeres y cuya finalidad no es sino provocar a don Juan a un encuentro sexual con Rosela. Hay que comprender cómo la visita al campamento en tales condiciones no puede calificarse de menos que temeraria, con el riesgo de violación casi aceptado de antemano como parte tal vez esencial del plan celestinesco de Marcela. A Rosela le parece todo una grande "libertad" al escucharlo, pero pronto lo acepta invocando el poder sin fronteras del amor. Lope juega aquí a las claras con el tópico de la facilidad de las mujeres del Norte de Europa[49] y la

---

[48] Discreto eufemismo de cierto personaje en la comedia de *En los indicios la culpa* (*Obras de Lope de Vega. Obras dramáticas* [Madrid: Real Academia Española, 1918] 5: 268). Comedia de atribución dudosa.

[49] Baste recordar la desenvuelta conducta de *La francesilla*. Por lo demás, era idea comun y aceptada alrededor de Lope, y ningún testimonio mejor que el del *Quijote* de Avellaneda: "Trajeron abundantísimamente de cenar, pero el español, que había hecho pasto de sus ojos a la hermosura de la partera y la gracia con que estaba asentada sobre la cama, algo descubiertos los pechos (que usan más llaneza las flamencas en este particular que nuestras españolas), comió poquísimo, y eso con notable suspensión" (c. XV).

conducta de Rosela no deja de ser, a cierta luz consecuente, la de una "panadera" tradicional. Por lo pronto su queja por el despojo del pan basta para llevarlos a todos a un terreno erótico:

> ALEJANDRO
> No he visto mejor villana.
>
> JUAN
> Ni tan bella cortesana
> podré decir que vi yo.

Tío y sobrino generosamente se brindan el uno al otro la belleza de la querellante, hasta el punto de que Rosela, al escucharlos, ha de intervenir para dejar las cosas en su sitio:

> Quedo, que no estoy tan rota
> que me jueguen por pelota;
> háganme más cortesia. (Pág. 315)

Pero no es ciertamente "cortesía" lo que va a faltarle a Rosela, y aun más de la que ella quisiera. Con el engaño de revelarle en secreto una gran traición, logrará que el español la lleve a solas a su aposento. Marcela ve ya cumplida su promesa a Rosela y ésta misma se retira de la escena bajo las emociones más inequívocas: "Amor, si mi amor es justo, / pisa mi honor con tus pies" (pág. 321).

El cerrarse tras ellos las puertas, a puro estilo Hollywood, constituye un perfecto desenlace parcial para el segundo acto y aun cabría decir para la comedia si, a costa de Rosela, no se encontrara aquélla bajo el compromiso de una tercera jornada y de elevar a don Juan hasta las antesalas de la santidad. Cuando, pasadas diversas incidencias, la acción regresa al aposento de don Juan y se espera un *happy ending* o un epílogo a la aventura del *pan* de Flandes, resulta que el español se está excusando con la madamisela de que las exigencias de la campaña no le dejen resquicio para aventuras de aquella clase. Conste que la flamenca no ceja fácilmente. Don Juan le confiesa con toda sinceridad que el problema no es sino el encontrarse ella en un limbo de estado intermedio, pues "para dama sois muy grande, / y para mujer, pequeña." Pero eso lo sabe ella desde el principio, y no le importa lo más mínimo, porque allí no se trata de otra cosa que aprovechar ambos la favorable coyuntura de goce:

> Mas si os quiero por galán,
> queredme por dama a mí;

> que yo sé, si os gozo ansí,
> que muchas me envidiarán. (Pág. 325)

Después, la Providencia quiere que aquella mentira de la conspiración, resulte cierta, que corra a cuenta del mismo hermano de Rosela y que ésta salve a don Juan, a costa de su propia sangre, de ser asesinado. El gran español, que está cada vez más en el papel de paladín católico y es favorecido con altas visiones, no se ocupa ya para nada de amores de este mundo. Rosela, muy fuera de carácter y vuelta una Marfisa de guardarropía, combate espada en mano junto a los españoles y hasta tiene una pendencia por el reparto de una pila de harapos. Como no es cosa de que aquélla se vaya de la comedia con las manos del todo vacías, don Juan la casa tras la victoria de Gembloux con el noble, valiente e insigne botarate del alférez Chavarría. Ella se conforma porque, con tal de que sea español, más vale poco que nada.

Aparte de las pretensiones de ejemplaridad del tercer acto, continúa allí la consabida y ya algo gastada pintura "a noticia" de la vida soldadesca en Flandes (escenas de juego, reparto de botín etc.) Más aún, reaparece también Salvado con sus (al menos para Lope) simpáticas barbaridades, pero ahora sin ningún juego respecto a su nombre ni la menor referencia a panes ni de la una ni de la otra casta, sin lo cual no es más que un cadáver resucitado. Por el contrario, se ha eliminado toda referencia a la comida o al hambre, elemento que de por sí se diría consustancial a todo el ciclo dramático de Flandes.[50] Aunque *pan* recoja a la perfección el tono de la vida soldadesca en la comedia, es obvio que no compagina con una exaltación patriótica de altos quilates y menos aún con la de don Juan de Austria como héroe contrarreformista. *Pan* y hasta *comer* se raen entonces del mapa para que don Juan pueda aparecer casto y Rosela resignarse al trueque de una noche de amor con un héroe por el casamiento al dictado con un alférez. Es ahora cuando se advierte hasta qué punto no era *pan* un mero recurso de explotación cómica. *Pan* ha estado cerca de ser en *Los españoles en Flandes* una imagen unificadora de la acción dramática, como ocurre con la de las arenas en *El arenal de Sevilla*, el toro zodiacal en *Las almenas de Toro* o el efecto especular en *El castigo sin venganza*.[51] Desprovista de la

---

[50] Véase Nagy, "La picardía castrense": 766.

[51] Estudios respectivos de Kay E. Weston, "Change and Essence in Lope de Vega's *El arenal de Sevilla*," *MLN* 86 (1971): 211-14. Stephen Gilman, "*Las almenas de Toro*: Poetry and History," en *Essays on Hispanic Texts in Honor of Edmund L. King* (London: Tamesis, 1983): 79-90. Roberto González Echevarría, "Poetry and Painting in Lope's *El castigo sin venganza*," en *Estudios en honor de Robert Earl Kaske* (New York: Fordham University Press, 1986): 273-87.

intuición poética que le servía de base, la obra se marchita y Lope ofrece, como hecha de encargo, una inestimable lección relativa a las modernas ideas acerca del lenguaje como creador de la realidad.

Lope, a la vez, no ha querido hacer allí sino lo que a él mismo se le perfilaba como deber de un buen español de su tiempo. Naturalmente, no es que nadie le obligue a escribir *Los españoles en Flandes* ni menos aún le ponga en ningún trance de autocensurarse. Su fidelidad a la voz oficial de Iglesia y Estado eran absolutas, pero ello no extinguía su independencia de artista ni su capacidad de vibración ante el fenómeno humano. Lope mostraba, como tantas veces se ha puesto de relieve, una armonía pre-establecida con la España inquisitorial y cristiano-vieja (que no era *toda* España, ni aun en su tiempo), pero no un pacto firmado, que hiciera de él un gendarme ideológico ni un ministerio de propaganda a la moderna. Sus reacciones, mucho más guiadas por el corazón que por el cerebro, podían asumir en cualquier momento los caminos más insospechados porque no eran más que suyas. Nadie mejor que él para saber que la idea de don Juan de Austria rechazando como un padre del yermo a la linda flamenca era una necedad, lo mismo que no ignoraba tampoco lo inviable del arte cazurro[52] en un medio ambiente tridentino.

El Fénix permite con todo esto un atisbo de las complejidades a menudo frustradoras que, contra lo que se ha supuesto, era crear bajo aquel concepto mayoritario del teatro.[53] Con *Los españoles en Flandes* levanta acta fidedigna de la clase de contradicciones en que se debate todo poeta español de su época—incluso alguien tan escasamente inclinado a la disidencia como él. En este caso concreto ilustrará a las claras

---

[52] Aunque Lope difícilmente podía reconocerlo en cuanto tal, se hallaba sin duda al tanto del mismo a través de su clara pervivencia en el cancionero y refranero tradicionales. Sin reconocerla en estos términos, David M. Gitlitz se ve obligado a postular la familiaridad de Lope con lo que llama una mal conocida tradición a la que, por no hallarle equivalente castellano, designa con el término inglés "bawdy" (*El galán Castrucho*: Lope in the Tradition of Bawdy," *Bulletin of the Comediantes* 32: 1[1980]: 3-9). Sería aquí muy útil un estudio de este aspecto de Lope y el teatro español en relación con brotes afines en la farsa francesa, la comedia Italo-renacentista, el teatro isabelino y la "Restoration comedy."

[53] Véanse las similares conclusiones de Charlotte Stern "Lope de Vega, Propagandist?," *Bulletin of the Comediantes* 34:1 (1982): 1-36. Ideas complementarias en Gerald E. Wade, "Elements of a philosophic basis for the interpretation of Spain's Golden Age Comedy," en *Estudios dedicados a Hatzfeld* (Barcelona: Ediciones Hispam, 1974): 323-47.

la condena a muerte que pesa sobre la tradición cazurra y su lenguaje literario. Todavía casi sin estudiar, carece ésta de paralelo europeo (el *fabliau* es algo muy distinto), se designó bajo un arabismo[54] y, aunque para algunos pueda sonar en este momento a escándalo, cabe decir que había tenido por máximo maestro al zejelero andalusí Abén Guzmán (fallecido en 1160). La *cazurría* no jugaba a escandalizar con el tema ni léxico groseros, sino que hacía de la elusión eufemística del *Sprachtabu* la meta de un arte refinado. Era con toda probabilidad una de tantas herencias de la España de la convivencia que, como tantas otras, se hacen incompatibles con un estado dispuesto a avanzar para bien o para mal (y Lope cree que para bien) por el camino que abrieron los Reyes Católicos. Al coronar su vida poética con una obra maestra como *La Dorotea* (1632), Lope se fue al otro extremo, revistiendo una historia de marcada salacidad bajo un guardainfante de elegancias conceptistas que todavía desorientan a la crítica.

Lope, tan claudicante en su vida privada, se muestra incorruptible en el terreno poético. Sobre todo, es incapaz de hacer traición a su lengua. Nada dispuesto a mentir artísticamente, el Fénix no se ha tomado el trabajo de pergeñar ninguna compleja falsificación. Su honesta escapatoria a esta tenaza de *Los españoles en Flandes* es separar lo uno de lo otro y simplemente ofrecernos allí dos finales donde elegir. El desenlace edificante no quita para que su obra se estructure hasta donde es posible sobre la historia del *pan* de Rosela, disputado en el campamento y gozosamente consumido después en la cámara privada de don Juan de Austria.[55] Para quien lo prefiriera, allí tenía también el

---

[54] "A la palabra *caçurro*, que designa a un juglar de ínfima clase se da un origen árabe: qadzur 'sucio, indecente'" (Menéndez Pidal, *Poesía juglaresca*: 230). Las objeciones fonéticas que suscita Corominas y acepta Menéndez Pidal en favor de un hipotético origen prerromano son hipercríticas por no tomar en cuentas las eventuales peculiaridades en ese aspecto del árabe vulgar andalusí. Aun así, Corominas reconoce que "la coincidencia semántica es tan perfecta y detallada, que difícilmente podemos rehuir la conclusión de que existió influjo semántico del árabe."

[55] La reputación de don Juan, que Lope no podía ignorar, era particularmente "donjuanesca." Hasta el mismo Menéndez Pelayo ha de reconocer en este episodio amoroso de la comedia algún lejano eco de realidad. Don Juan tenía a la sazón como amante a Diana de Donmartin, esposa del marqués de Havre, bellísima dama cuya especialidad era andar "ayant costumièrement les tétins descouverts" (*Estudios sobre el teatro de Lope de Vega* [Santander: CSIC, 1949] 6: 147). Refuerza la sospecha de Menéndez Pelayo lo referido por la otra Rosela de *Pobreza no es vileza* cuando le preguntan si ama a España: "De una dama francesa se decía / que al señor don Juan de Austria tan extraña / afi-

tercer acto, y hasta con visiones y tramoyas más propias de un auto sacramental, como si se tratara de un género distinto. El podía siempre salir airoso con una obra de buena ley, pero no hacer milagros de cierta clase.

La incapacidad de Lope para embriagarse de sublimes emociones que no sentía resulta en la obra patética y para el lector moderno particularmente bienvenida. El Fénix vuelve a dar prueba de su capacidad para captar el pulso de la historia en un terreno no prescrito por ninguna estética literaria de su época y muy ajeno también a lo que el siglo XIX entendía por documentación de los hechos.[56] Su tema de Flandes ofrece así fundamentales sorpresas. El gran crimen de los flamencos en *Los españoles en Flandes* es la rebelión y el gritar "¡Muera España!" (pág. 304). En cambio apenas se menciona la herejía que la alentaba ni sus aspectos de guerra religiosa, todo lo cual contribuye de camino a explicar el gran disfavor con que Menéndez Pelayo miraba este grupo de las cuatro comedias de Flandes.[57] En ellas se jura en vano a Dios, pero no al nombre de don Juan. La escena inicial de *El asalto de Mastrique* (hacia 1600-1606) pone en boca de un soldado veterano su particular condena de toda guerra[58] (una diatriba que hubiera podido suscribir el propio Erasmo), así como, más adelante, adjudica un atormentado soneto exculpatorio al mismo príncipe de Parma. Lejos de enjuiciar sobre ningún carril ideológico, ni estudiarlas como problema político, las guerras de Flandes son para él un tema *per se* válido como una de las grandes experiencias humanas de la España de

---

ción, tan inmenso amor tenía, / de verle tan galán por la campaña, / que en lugar de la blanca se ponía / la banda roja, de que se honra España, / debajo del jubón: y yo sospecho / que la traigo en el alma y en el pecho" (*Obras de Lope de Vega. Crónicas y leyendas de España*, 27: 112). Idéntico proceder es el de la otra dama pro-española de *Los españoles en Flandes*: "Pues la banda carmesí, / porque en público no puedo / traerla, por justo miedo / de lo que hicieran de mí, / aquí la traigo escondida / y por el pecho terciada" (306).

[56] Conforme a cuanto razona el llorado Stephen Gilman en "Lope dramaturgo de la historia," en *Lope de Vega y los orígenes del teatro español*: 19-26.

[57] En especial *Los españoles en Flandes* le parece "deshilvanada,""desnuda" y endeble hasta el punto de que "no vale la pena investigar sus fuentes, suponiendo que alguna determinada tenga" (*Estudios sobre el teatro de Lope de Vega* 6: 134).

[58] Confiere mayor peso a aquellas razones el ser dichas por el histórico soldado Alonso García, uno de los mayores héroes de aquella campaña, como observa Victorinus Hendriks, "Algunos apuntes sobre la historicidad de 'El asalto de Mastrique por el príncipe de Parma,'" *Actas del sexto congreso internacional de hispanistas* (Toronto: Univ. of Toronto, 1980): 376-80.

su tiempo, con toda su hambre desaforada del estómago y del sexo. El gran problema que a Lope le plantean es el de su licitud no moral ni política, sino simplemente poética: una difícil elección del tono y enfoque. Más allá de las limitaciones del reportaje "a noticia," el Fénix sabe buscar su poesia al tema de una soldadesca compuesta de semi-infantiles estoicos sin saberlo. Filósofos del pórtico salvo por lo que hace a un furibundo compromiso con la pasión amorosa, vuelta por el contrario en razon del vivir. Su tema de las guerras de Flandes (sin excluir la bonita *Pobreza no es vileza*)[59] no es otro que la existencia del individuo al margen de las grandes causas por las que anónimamente ofrece sin espectacularidad su vida.

Horro de grandilocuencias "tridentinas," el tratamiento por Lope del tema de Flandes era en el fondo lo contrario de una arenga a la Cruzada. A la inversa del conquistador en Indias, el soldado español se ve allí en medio de una tierra ya "hecha," que no entiende y que no se parece ni se parecerá nunca a España. No hay en ella más ganancia que el gusto por la aventura, lo mismo si es feliz que desdichada y, por encima de todos, los lances y batallas de amor. La vida siempre vendida en puros asaltos, sorpresas o asedios, que contagian la misma tensión a los momentos alternativos de goce. En cuanto simplificación tipológica del soldado de Flandes, Salvado no sabe ni entiende ni busca en aquella guerra más que la amplia ocasión de cuchilladas y zalagardas. El riesgo iguala a los altos mandos con el más ínfimo soldado y suscita un especial sentido de noble camaradería, que puede en ellos hasta el punto de prevalecer sobre la ley y venganza de honor. De todo ello, lo que de veras atrae a Lope es la leyenda (¿o la realidad?) de cómo, en un ambiente de eterno conspirar y mortales peligros, surge una coloración peculiar del tema amoroso. Bajo un módulo de compartido activismo, las atrevidas flamencas preparan sus celadas con la misma falta de escrupulos con que los soldados trazan sus asaltos. Es un caso límite, porque en Flandes, el amor no puede permitirse el lujo de palabras, vacilaciones ni esperas por hallarse siempre a un paso de la muerte (al mismo don Juan de la comedia le quedan sólo unas semanas de vida). Se trata, si se quiere, de un planteamiento reductor, pero también sin duda de lo más legítimo. Frente al tributo pagado sin coacción ni entusiasmo a la axiología oficial, Lope ha mostrado ya desde el principio esta otra sobria cara del tema de Flandes con quien nadie

---

[59] En ella es un noble flamenco quien, por contraste con la abierta impetuosidad amorosa de los españoles, recurre a los medios más taimados para deshonrar a una dama española confiada a la salvaguardia de su casa.

hacía literatura a su alrededor. No es nada de orden abstracto (llámese religión, política o derecho) lo que termina por legitimar a sus ojos la contienda de Flandes, sino el sacrificio y tremendo *élan vital* de aquellos hombres, nada parecidos a santos ni a héroes clásicos. Sin asomo de protesta, alegría ni odio conversan unos bravos capitanes:

HEREDIA
¿Quién duda que por patria le tenemos,
más propia que la misma en que nacimos?
Sangre nos debe y prendas le debemos:
aquí, sin barba, cual sabéis, vinimos
los más de España, y en su guerra fiera,
las canas vemos donde el bozo vimos.
. . . .

PEREA
Aquí nos tome prendas este suelo,
porque perdiendo el dedo, el ojo, el brazo,
nos va enterrando y deteniendo el cielo,
a cuál con el violento mosquetazo,
a cuál con la veloz abierta mina,
o con la punta del feroz picazo.

FONSECA
Muchos, a quien su misma estrella inclina,
se casaron en ti, e hijos tuvieron,
si Venus mira a Marte con faz trina. (Pág. 298)

Nada menos grandilocuente o convencional que esta visión a ras del soldado, que no entiende de teología ni de política y para quien no hay otra realidad que aquella tierra extraña, pero hecha suya por amores y sufrimientos, donde casi de seguro ha de morir. Su destino allí es irse dando a pedazos a aquel suelo esquivo, cuya única pero no despreciable ofrenda son algunos momentos de amor frenéticamente vividos al alcance de la pica. Conforme a este otro módulo de heroísmo, la famosa comedia de *Los españoles en Flandes* no aparece construida sobre la figura de un don Juan canonizable en quien nadie creía, sino sobre el sabroso *pan* con que, por encima y por debajo de odios políticos ni religiosos, la mujer de la tierra hace olvidar al soldado la lejanía de la patria que no volverá a ver.

HARVARD UNIVERSITY

Segismundo, a Spanish Hero in the Mold of Don Quijote

DONALD W. BLEZNICK

YTH CRITICISM HELPS us understand that Segismundo in *La vida es sueño* has much in common with Don Quijote. Both are heroes with similar goals: these protagonists were created to teach their countrymen how to lead their lives as true Spaniards. Above all, their authors intended that they follow their traditional religious principles in order to overcome the problems that threatened their survival as authentic Spaniards. This study focuses on the parallels between the careers of Segismundo and Don Quijote to reveal that Calderón's character attains a psychological and spiritual maturity which can serve as a model for others, as is the case of Cervantes' great literary figure.

In 1984 I published two studies on Don Quijote as a mythic hero.[1] My aim was to demonstrate why Cervantes' literary creation has enjoyed universal as well as Hispanic appeal. Several statements from my study on Don Quijote as myth (in the book published by MLA) are appropriate to repeat here: "Myths reflect real, vital perceptions

---

[1] "Don Quijote as Spanish Myth," in *Studies on Don Quijote and Other Cervantine Works*, edited by Donald W. Bleznick (York, South Carolina: Spanish Literature Publications, 1984), pp. 1-19; and "An Archetypal Approach to *Don Quixote*," in *Approaches to Teaching Cervantes' Don Quixote*, edited by Richard Bjornson (New York: The Modern Language Association of America, 1984), pp. 96-103. The following textual quotations are taken from the latter study.

of the human psyche and express the manner in which people experience the world" (p. 96). I further wrote that "myths articulate fundamental truths of human beings in the universe, [and show] how they link members of a tribe or nation together in a spiritual bond that transcends time...." (pp. 96-97). Myth or archetypal criticism delves into the archetypes (i. e. motifs, images or thematic patterns) which for Carl G. Jung (1875-1961) were "primordial images" or "inherited forms of psychic behavior constituting the 'collective unconscious' of the human race" (p. 96). Furthermore, heroes generally come forth during critical times in a nation's history and they serve to reconfirm its basic values and aspirations. Archetypes may strike a responsive chord in the audience for which a literary work is intended because these archetypes are part of the "collective unconscious" that everyone shares with everyone else.

Cervantes' essential message is that orthodox Catholicism should prevail over the reform movements that severely tested and debilitated Spanish human and financial resources. It was believed in the Golden Age that a return to medieval religious practices would guarantee the success of the Counter-Reformation which was born in Spain. This is also the theme of *La vida es sueño*, a theme embellished by another seventeenth-century principle: the repeatedly expressed adherence to the concept of the divine right of kings. We recall that in so many plays of the period, the king, the divinely ordained human authority, graphically captured in Rojas Zorrilla's *Del rey abajo, ninguno*, should be the final arbiter in resolving problems.

Before discussing Segismundo's individuation, that is, his growing up to become a mature adult, and more specifically, a genuine Christian ruler, one must consider two important factors that differentiate Calderón's work from that of Cervantes. The latter created the first modern novel, a long work in which the author relied on a wide array of episodes to fashion brilliantly the character of Don Quijote. On the other hand, the playwright, limited by his genre, cannot come close to creating situations to make Segismundo the flesh-and-blood character that Don Quijote is. Let us also bear in mind that Cervantes had a penchant for explaining events after piquing our curiosity, whereas Calderón's baroque style causes us to stretch our imagination to perceive how key changes come about in his hero's personality. Thus Cervantes is like a painter who reveals the character of his subject in great detail, while Calderón sketches his protagonist with few suggestive brush strokes. Yet we should not find it surprising for Spanish literary heroes of the seventeenth century that they were born—i.e. they begin their journeys of individuation—in isolated places, their early behavior was alien to their contemporaries and only through experience in the real world do they finally come to an understanding of themselves and how they must live in their society. Segismundo and Don Quijote also arrive at the realization that life is a dream filled with ambiguities and contradictions. The writings of ascetics and mystics, as well as the *Sueños* of Quevedo and the *Criticón* of Gracián, teach that this unauthentic life of illusion is only a preparation for the true Christian life of paradise.

It is germane at this juncture to listen to some of Don Quijote's words of advice to Sancho prior to the latter's departure for Barataria (Part II, ch. 42). At the end of the novel, Don Quijote adheres to the admonitions he proffers Sancho who is on his way to assume his governorship. The first two pieces of counsel are the most significant for they are guiding principles in the hundreds of books devoted to the education of princes in the sixteenth and seventeenth centuries.[2] They require that Sancho be Godfearing and come to know himself: "Primeramente, ¡oh hijo! has de temer a Dios; porque en el temerle está la sabiduría, y siendo sabio no podrás errar en nada. Lo segundo, has de poner los ojos en quien eres, procurando conocerte a ti mismo, que es el más difícil conocimiento que puede imaginarse."[3] He continues his instructions by recommending that a fit ruler possess prudence, humility, virtue, discretion, justice, clemency, piety, and mercy, the noble traits espoused by political commentators of the time. Cervantes thus advocates that an ideal ruler be a mature Christian, a concept admirably exemplified in Quevedo's *Política de Dios*, first published in 1626.

La vida es sueño has a fairy tale quality in that it develops the story of what happened to a problem-plagued royal person in a distant place long ago. M.-L. von Franz pointed out that many myths and fairy tales that begin in a similar fashion symbolically describe the conscious coming-to-terms with one's own inner center (psychic nucleus) of Self, which is the process of individuation.[4] The action of the play takes place in far off Poland but the "Polish" characters and their

[2] See my article "Don Quijote's Advice to Governor Sancho Panza" in *Hispania*, 40(1957), 62-66.
[3] I use Martín de Riquer's edition of the *Quijote* (Barcelona: Editorial Juventud, 1966).
[4] M.-L. von Franz, "The Process of Individuation," in Carl G. Jung et al., *Man and His Symbols* (New York: Dell Publishing Co., 1968), pp. 168-70.

concepts about life are those of seventeenth-century Spaniards.[5] Calderón probably wanted his play to convey a universal message just as Cervantes did in the *Quijote*. We recall that Cervantes intended not to be specific about his hero's place of birth—"En un lugar de la Mancha, de cuyo nombre no quiero acordarme"—since he wanted to create a national and even universal hero as he informs us at the very end of the novel.

Segismundo's cave is like Don Quijote's library, for these characters received their early education in these two *milieux* isolated from real life. Don Quijote has taught himself about the narrow specialized field of knight-errantry by reading many books of chivalry, and Segismundo has had broad theoretical instruction from his tutor, Clotaldo, in the Catholic religion, the art of governing, and the knowledge of his time. Both have to learn that there is a large gulf between book learning and the practice of the principles and examples derived from it. Only by experience do they learn about life and how to reach a mature state of self awareness.

Both heroes have need of a lady fair to aid them in their journey to maturity. The feminine side of a man's nature, the *anima* in Jungian terms, serves as a mediator to the inner world and guides or inspires him to a higher, more spiritual quality of life. Jung wrote that "it [i.e. the *anima*] is the living thing in man that which lives of itself and causes life.... She makes us believe in credible things, that life may be lived...."[6] Segismundo must have Rosaura's love to alter his beastly nature, and for Don Quijote, Dulcinea is the inspiring force to enable him to continue his quest despite the many reversals he suffers.

The drugged Segismundo's dream of being a king (Act II) is an indispensable sequence of events that he must undergo on his path to attain an understanding of himself and of his eventual role as a fit king. We should bear in mind that the dream begins in the prison tower before he is transported to the palace and ends after he is returned, drugged once more, to this original place of encarceration. What happens to Segismundo is very similar to what happens to Don Quijote in the Cave of Montesinos. Don Quijote thinks that this adventure lasted three days, but according to Sancho the duration of

---

[5] I use Everett W. Hesse's edition of *La vida es sueño* (New York: Charles Scribner's Sons, 1961).

[6] In *The Archetypes and the Collective Unconscious*, 2nd ed. (Princeton, N.J.: Princeton University Press, 1969), pp. 26-27.

the dream was a little more than one hour. We know that a narcotic put Segismundo to sleep and can assume that gaseous fumes in the cave probably caused Don Quijote to fall asleep. For the latter, the dream-like episode in the cave disturbs him deeply for it reveals that the real life of a knight-errant is far from being so noble, pure and good as depicted in the novels of chivalry that he had read. In archetypal terms, this dream affords him experience to make inroads in comprehending what his profession signifies. In the case of Segismundo, his dream not only teaches him that even the best theoretical knowledge cannot help him cope with the realities of kingship if he is bereft of sufficient practical experience. Yet this failure, like the many reversals that Don Quijote had, provided him with the opportunity for introspection and marked a major stride toward reaching a mature grasp of the meaning of life. A concealed, contained place, a womblike cave of Montesinos or Segismundo's remote prison, symbolizes the unconscious process of transformation, rebirth and hence "a momentous change of personality in the positive or negative sense."[7] We witness in these two dreams the tremendous positive progress in our heroes' awareness of themselves. In Cervantes' novel, the hero undergoes other stages in the process of individuation, but in Calderón's play, Segismundo's transformation comes about just through a dream and his internalization of its significance. He affirms that he must control the bestial side of his personality in his soliloquy that ends Act II. In agreeing with Clotaldo's admonition that "aun en sueños/no se pierde el hacer bien," Segismundo's first chance to act as a ruler taught him about the vanity of life, that one must act always as a good Christian in preparation for the non-illusory life after death.

In the penultimate chapter of the *Quijote,* just before Don Quijote and Sancho make their final return to their town, the latter shouts to the village at the bottom the hill: "Abre los brazos y recibe también tu hijo Don Quijote, que si viene vencido de los brazos ajenos, viene vencedor de sí mismo, que, según él me ha dicho, es el mayor vencimiento que desearse puede (Riquer, p. 1056). He has completed the process of individuation and like other culture heroes the narration of his adventures comes to an end. Such heroes may die (as in the case of Don Quijote) or may fade from public notice once they have accomplished their mission in life.

[7] Ibid., pp. 135-36.

Calderón's hero is in the mold of Don Quijote. The dramatist brings us to the climax when Basilio says near the end of the third act:

> Hijo, que tan noble acción
> otra vez en mis entrañas
> te engendra, príncipe eres.
> A ti el laurel y la palma
> se te deben; tú venciste;
> corónente tus hazañas. (Hesse, p. 116)

Like Don Quijote, Segismundo has conquered or tamed his abnormal behavior and has become a paragon of behavior for all Spaniards and all mankind.[8] Segismundo has adhered to the commonly held Catholic belief of the seventeenth century that man must make use of his *libre albedrío* to determine his fate, that he should do good works in this terrestrial life as a preparation for the genuine life after death. He finally becomes the model of a true Christian king, depicted in the *Quijote* and the writings of many Spanish political theorists.

UNIVERSITY OF CINCINNATI

---

[8] Although Segismundo was the name of Polish kings, we may speculate whether Calderón specifically chose this name for his heroic king. The two elements of this name are *sig, sige* or *siege*, derived from the Germanic word for "victory" and *mund* which means "protection" or "one who conquers by good works." For a discussion of this name, see Eugene Vroonen, *Les noms des personnes dans le monde* (Bruxelles: Editions de la Librairie Encyclopédique, 1967), p. 284, and William Arthur, *An Etymological Dictionary of Family and Christian Names* (New York: Sheldon, Blakeman and Co., 1857), p. 288. Segismundo conquered his bestial nature on the road to maturity and he became a suitable protector of his subjects, a fit ruler who could serve as a role model for all.

La mujer cubana en el teatro revolucionario de Freddy Artiles

SEYMOUR MENTON

OR MUCHO QUE HAYA CAMBIADO la situación de la mujer cubana en los casi treinta años del gobierno revolucionario,[1] su papel en la literatura ha resultado sorprendentemente pasivo. Mientras las dos últimas décadas han presenciado el auge del movimiento feminista en la literatura de la mayoría de los países latinoamericanos con la emergencia de nuevas escritoras sobresalientes,[2] Cuba ha quedado a la zaga.

Un recorrido por la tercera edición de mi *Narrativa de la revolución cubana* (México, 1982) basta para reconocer la escasez de mujeres entre los novelistas de la Revolución. Es más; mientras se publicaron cinco novelas escritas por mujeres en el primer quinquenio de 1959-1964,[3] no se escribieron más que cuatro entre 1965 y 1985.[4] De ese total de

---

[1] Véase Oscar Lewis, Ruth M. Lewis and Susan M. Rigton, *Living the Revolution: an Oral History of Contemporary Cuba* (Urbana, Ill.: University of Illinois Press, 1977-78), 3 vols.

[2] La chilena Isabel Allende, la argentina Luisa Valenzuela, la mexicana María Luisa Puga y las puertorriqueñas Rosario Ferré y Ana Lydia Vega.

[3] Hilda Perera Soto, *Mañana es 26*; Dora Alonso, *Tierra inerme*; Daura Olema García, *Maestra voluntaria*; Araceli C. de Aguililla, *Primeros recuerdos*; Loló Soldevilla, *El farol*.

[4] Nivaria Tejera, *Sonámbulo del sol*; Araceli C. de Aguililla, *Por llanos y mon-*

nueve novelas, ninguna se considera entre las mejores de la Revolución.

En cuanto a la cuentística, la misma situación prevalece a excepción del bienio de 1965-1966 en que fueron publicados seis tomos de cuentos por María Elena Llana, Angela Martínez, Anisia Miranda, Evora Tamayo, Dora Alonso y Esther Díaz Llanillo, de las cuales tampoco se ha destacado ninguna al nivel de Calvert Casey, Antonio Benítez Rojo o Jesús Díaz Rodríguez.

Sólo en la poesía ha sobresalido una voz femenina, la de Nancy Morejón; pero aún en la poesía, según Margaret Randall, la cantidad de creadoras es mínima en comparación con la de los hombres: "amazingly few women poets today."[5]

En el teatro ni figura ninguna mujer entre el número relativamente pequeño de dramaturgos que estrenaron piezas a partir de 1959. Hay que reconocer, sin embargo, la participación de mujeres en las varias compañías de teatro colectivo que predominaron en las tablas cubanas entre 1968 y 1975.[6]

Por otra parte, en tanto personaje de novela, el papel de la mujer resulta bastante contradictorio. Ha servido tanto como protagonista heroica al igual que obstáculo para la actuación heroica del protagonista masculino; en ambos casos, dentro de la ideología revolucionaria *Maestra voluntaria.* (1962) de Daura Olema García (1937) es la primera novela de la Revolución con una protagonista heroica. Se trata de una obra documental basada en la conversión al comunismo de una joven maestra voluntaria, y fue fuertemente criticada en 1964 por Luis Agüero y otros durante el debate en Cuba sobre el realismo socialista. En cambio, *Gestos* (1963) de Severo Sarduy (1937), escrita o por lo menos publicada en el exilio, no se ha comentado en absoluto en Cuba, que yo sepa, a pesar de ser una especie de epopeya popular moderna estructurada a base del movimiento guerrillero urbano con una protagonista mulata. Tal vez la novela épica más de acuerdo con las consignas sea *En ciudad semejante.* (1970) de Lisandro Otero (1932). El hecho de que la novela tenga un héroe y una heroína de proporcio-

tañas; Carmen González Hernández, *Viento norte*; Berta Recio Tenorio, *Una vez más*.

[5] Margaret Randall, *Estos cantos habitados. These Living Songs* (Fort Collins, Colo.: Colorado State Review Press, 1978), p. xxiii.

[6] Véanse Francisco Garzón, ed. *El teatro latinoamericano de creación colectiva* (La Habana: Centro de Investigaciones Literarias, 1978), y Gerardo Luzuriaga, ed. *Popular Theater for Social Change in Latin America* (Los Angeles: UCLA Latin American Center, 1978).

nes semejantes refleja la política oficial de ese momento de promover los derechos femeninos aunque la Federación de Mujeres Cubanas se había fundado diez años antes.

Justo en la misma época de la depuración revolucionaria de las artes y del enaltecimiento de la mujer revolucionaria, se concede en años seguidos el premio de Casa de las Américas a dos novelas que ponderan las cualidades heroicas de los protagonistas que rompen con los lazos matrimoniales para poder dedicarse de lleno a la Revolución. En *Sacchario* (1970) de Miguel Cossío Woodward (1938), la conversión del protagonista ocurre cuando adquiere plena conciencia de que "...era necesario romper con todo, rebelarse contra la mediocre ficción de hogar, familia" (p. 255). A pesar de que no se revela ningún problema matrimonial, abandona a su esposa para "marcharse a cortar caña" (p. 247). La misma actitud se expresa en *La última mujer y el próximo combate* (1971) de Manuel Cofiño López (1936). El protagonista Bruno también sacrifica su matrimonio a la causa revolucionaria pero en esta obra se subraya más el puritanismo oficial frente al sexo. Bruno se enamora castamente de la directora de la Brigada de Mujeres, y ella le corresponde también de un modo estrictamente platónico. No existe la menor sensualidad en sus relaciones y sólo llegan a apretarse las manos en el momento en que agoniza Bruno. En cambio, el antagonista disfruta de una aventura amorosa con una mujer sensual y promiscua.

El deseo de evitar la problemática—cualquiera que ésta sea--de la mujer contemporánea en la novela cubana se atestigua una vez más en la mejor de las obras detectivescas, *El cuarto círculo* (1976) de Luis Rogelio Nogueras (1944-1985) y Guillermo Rodríguez Rivera (1943). El detective heroico se dedica día y noche a descubrir los resortes del crimen de tal manera que ni siquiera se menciona a su esposa hasta la página 235 de la novela—hay 266 en total.

Precisamente por su presentación realista de la vida matrimonial en la sociedad revolucionaria, el teatro de Freddy Artiles constituye un verdadero hito no sólo en el teatro sino también en la literatura cubana de las tres ultimas décadas. De las siete piezas incluidas en el tomo titulado *Teatro*, publicado en 1984,[7] tres tienen protagonistas femeninas y dos plantean de una manera polémica el papel de la mujer en la Revolución. De éstas, *De dos en dos* fue escrita en 1970; una segunda versión fue concluida en 1974 y estrenada en 1975 en el Tea-

---

[7] Freddy Artiles, *Teatro* (La Habana: Editorial Letras Cubanas, 1984).

tro Musical de la Habana por el grupo Teatro Cubano bajo la dirección de Orlando Vigil-Escalera. *Vivimos en la ciudad* fue escrita entre 1977 y 1978, recibió premios en 1978 y en 1980 y se estrenó en 1981 en el espacio *Teatro* de la Televisión Cubana bajo la dirección de Silvano Suárez.

Aunque las dos obras tienen el mismo tema y atestiguan tanto el talento dramático como la ingeniosidad del autor, básicamente son muy distintas. Mientras *De dos en dos* es esencialmente una obra didáctica con huellas brechtianas, *Vivimos en la ciudad* es una obra realista en la tradición de Ibsen y de O'Neill que presenta personajes más conflictivos.

El título *De dos en dos* se refiere al contenido lo mismo que a la estructura de la pieza. Esta consta de dos actos que versan sobre el tema del matrimonio con una especie de "desfile" de cuatro ejemplos. El espacio del primer acto varía entre el campo, donde tres hombres están cortando caña, y la ciudad, donde transcurrieron los noviazgos y los matrimonios de estos hombres y donde en el segundo acto se celebra en casa de Alfredo, portavoz del autor, el simulacro de un juicio con la participación del público.

Siendo una pieza didáctica, ¿cuál es el mensaje que se transmite al público? Alfredo, el más intelectual de los tres hombres, aboga por el respeto a la mujer dentro del socialismo; quiere que la mujer se realice y que no se dedique exclusivamente al hogar. Dirigiéndose a Laurindo, representante del machismo tradicional, Alfredo, haciendo el papel de fiscal, exclama: "¿Pero es que no ves cómo el Estado se preocupa porque la mujer se integre cada día más a la sociedad?" (p. 65). Luego acusa al matrimonio Laurindo-Rosita de "pretender obstaculizar el desarrollo de la humanidad" (p. 71); "Ahora el hombre y la mujer juntos construyen el socialismo, por lo tanto tienen que compartir, juntos, las tareas del hogar" (p. 79). Cuando a Laurindo le toca hablar, él pregunta a Alfredo por qué se divorció de Luisa y, luego, a Sonia le pregunta por qué ella y Alfredo no tienen niños. Alfredo atribuye el fracaso de su primer matrimonio a la falta de madurez de los dos; justifica el divorcio afirmando que para los niños es preferible el divorcio a que presencien los pleitos constantes de sus padres. Sonia a su vez aboga por la demora en producir niños hasta ver si resulta el matrimonio.

Los distintos puntos de vista conflictivos entre los matrimonios Alfredo-Sonia y Laurindo-Rosita deberían resolverse dramáticamente en la pareja de novios Alberto y Martica. Mientras Alberto se inclina al punto de vista machista de Laurindo, Martica quisiera realizar sus aspiraciones de ser actriz. En escena se proyecta el fracaso del matrimonio futuro de ellos y al acabarse el juego del juicio, Alfredo le pregunta muy en serio a Alberto: "¿Qué vas a hacer?" (p. 88). Mientras Alberto y Martica quedan en escena estrechamente abrazados, los otros actores se mezclan con el público provocando la discusión del tema de la obra.

A pesar de su aspecto didáctico, *De dos en dos* es una pieza altamente teatral. El lenguaje realista coloquial humaniza a los personajes e impide que se conviertan en títeres. Se establece el tono desde el primer parlamento de la pieza. Laurindo le pregunta a Alberto: "Bueno, gallo ¿cuántas arrobas tumbaste hoy?" (p. 32). Al notar que Alberto está contemplando una foto, Laurindo le pregunta: "Y eso ¿qué cosa es? ¿Una jeba encuerá?" (p. 33). Tal vez el mejor logro de la pieza es la introducción de escenas paródicas del pasado, y en un caso, del futuro, precedidas de música apropiada. Para el caso de Laurindo-Rosita, se toca... *esa musiquilla que se ha utilizado tanto como patrón de los encantadores de serpientes. En otra zona, el Comodín, que impersona a Laurindo, aparece sentado sobre un banquito acolchonado en pose de rajá fumando un enorme tabaco y con la cabeza cubierta por un turbante. Rosita entra de rodillas* (p. 36).

Para captar el estilo artificial y falso del noviazgo Alberto-Martica: ...*se escucha una música de melodrama televisado. En otra zona aparece Martica sentada en un diván con un aspecto "glamoroso"; peluca, vestido escotado y una larga boquilla en sus labios, por ejemplo* (p. 39)

Para representar la historia más larga de las relaciones entre Alfredo y Luisa desde el primer encuentro hasta el divorcio, se recurre al estilo de la novela radial con Laurindo haciendo las voces de locutor burlón como si estuviera describiendo una pelea de boxeo:

¡En esta esquinaaa...! ...¡Luisaaa!... Ansiosa de encontrar un corazón que lata junto al suyo para unirse a él mediante los "sagrados lazos del matrimonio"... ¡En esta otraa...! ¡Aaalfredo!... Joven, soltero anhelante de amor... (p. 41)

El uso del actor comodín que desempeña distintos papeles y la conversación final con el público, que se derivan del teatro colectivo, contribuyen a crear el distanciamiento brechtiano, que dirige a su vez la concentración intelectual del público en el problema de las nuevas relaciones entre hombre y mujer en una sociedad socialista.

En la obra *Vivimos en la ciudad* se plantea la misma problemática pero de un modo más realista, de manera que los personajes se conviert⟨en⟩ más en personas de carne y hueso. Igual que en *De dos en dos* se pres⟨en⟩tan dos matrimonios muy distintos. Sergio y Elena son dos profe⟨⟩

les muy dedicados a su trabajo: él biólogo y ella profesora de nivel medio. El problema es la niña que no puede adaptarse al círculo infantil. Entonces ¿quién tiene que sacrificar su vida profesional para quedarse en casa con la niña? Desde luego que es la madre, pero el conflict no se presenta de un modo simplista. Sergio dice: "Cuando ha habido que cocinar o lavar pañales lo he hecho. La loza de la comida la friego yo cada día porque tú tienes que irte apurada para tu escuela" (p. 305). Elena contesta: "Reconozco lo que haces, pero yo trabajo en la calle igual que tú. Y cuando varios se embarcan en una misma empresa la responsabilidad es pareja" (p. 306). Dentro del socialismo tanto el esposo como la esposa tienen que contribuir a la sociedad. ¿Cuál de los dos deberes profesionales debe predominar? Presionados, agobiados y enojados los dos, es, como de costumbre, el esposo quien abandona el hogar.

Frente a ese matrimonio serio y comprometido con la revolución, se encuentra el nuevo matrimonio de Carmen y Felipe. Este, igual que Laurindo en *De dos en dos*, es el típico cubano de antaño: alegre, espontáneo, fiestero y mujeriego. Se casa con Carmen, una joven provinciana, poco tiempo después de conocerla. No están preparados para el matrimonio y no tardan en pelear, principalmente por los celos de Carmen provocados por las llamadas telefónicas de las antiguas amigas de Felipe. Este se disgusta y está por salir cuando Carmen lo retiene mintiéndole que está encinta. Sin embargo, después ella se da cuenta de que sería un error tratar de mantener con un niño un matrimonio sin base sólida.

Las dos historias se entrelazan de una manera un poco artificial. Pese a su carácter frívolo, Felipe es biólogo y da la casualidad de que trabaja en el mismo equipo de investigación que Sergio. Es más: Sergio, después de abandonar a su esposa, por poco se compromete con Nora, una de las ex-amigas de Felipe y una chica frívola, sensual e inculta que no puede dejar de querer a un músico, "tipo loco de remate" (p. 334).

Al fin de la obra, Carmen abandona a Felipe; Nora rechaza la oferta matrimonial de Sergio; y éste regresa a su esposa dando a entender que tratarán de reconciliarse. El mensaje de la obra es que el matrimonio hay que tomarlo muy en serio y que en una sociedad socialista como la cubana, el matrimonio tiene que subordinarse a las necesidades del estado. Tanto es así que el único personaje feliz de toda la obra es la cederista setentona Celia, tía de Sergio, que parece ser soltera.

Para recalcar el hecho de que esta pieza va más allá de una simple exposición de ciertos dramas personales estilo telenovela, Artiles acude a una escenificación experimental. Como reflejo del mismo título de la obra, *Vivimos en la ciudad*, cada cambio de escena se efectúa mediante vistazos de La Habana, escenas callejeras con los ruidos citadinos. Por ejemplo, cuando Sergio abandona a su esposa, las acotaciones indican que: *"Ya son cerca de las siete de la mañana. En la calle hay movimiento de gente apurada para ir al trabajo. En un extremo hay una cola frente a una "P" de parada... La guagua llega y se arma un revuelo de voces y empujones en la cola "*(p. 308). Más adelante, cuando Sergio sale tarde de su trabajo: *"... Las luces de la ciudad empiezan a encenderse. Muchos de los transeúntes llevan libros y libretas. Son los trabajadores que van a sus clases nocturnas"* (p. 315). De esa manera el público se da cuenta de que los problemas de las parejas en la obra reflejan los problemas de toda la población urbana.

En el prólogo del tomo Francisco López Sacha destaca el "carácter pionero" de esta obra: "*Vivimos en la ciudad* va a centrar su argumento en un problema de naturaleza social, concerniente más bien al estudio minucioso de la vida cotidiana en el socialismo. La escasa, por no decir nula, tradición de esta temática en la dramaturgia cubana, le confiere a esta pieza un valioso carácter pionero" (p. 23). Lo que es aún más valioso es el carácter universal de la pieza: los problemas que surgen cuando los dos esposos trabajan no se limitan a los países socialistas. Asi es que la presentación de un problema contemporáneo en un país socialista representa no solamente nuevas posibilidades temáticas sino también un enlace con el mundo no socialista.

UNIVERSITY OF CALIFORNIA, IRVINE

Ortodoxia y anticapitalismo en el siglo XVII: el caso del morisco Ricote

CARROLL B. JOHNSON

OS EPISODIOS DEL MORISCO Ricote y su familia, la vuelta a España, los amores de Ana Félix y don Gregorio, son en la segunda parte del *Quijote* lo que la historia del cautivo Capitán y la hermosa Zoraida en la parte primera: dos historias de moros y cristianos, que se insertan en una tradición ya venerable en la literatura española. Saltan a la vista, sin embargo, unas distinciones fundamentales entre uno y otro episodio. La primera es de orden estructural. Se sabe que crítica coetánea a Cervantes le había reprochado el haberse valido, en la primera parte, de unas novelas intercaladas, notablemente la del "Curioso impertinente" y la del "Capitán cautivo," "no por malas ni mal razonadas," dice Sansón Carrasco, "sino por no ser de aquel lugar" (II, 3). En el capítulo 44 Cervantes responde, por boca de Cide Hamete Benengeli, a esta crítica, y declara que "así, en esta segunda parte no quiso ingerir novelas sueltas ni pegadizas, sino algunos episodios que lo pareciesen, nacidos de los mismos sucesos que la verdad ofrece" (II, 44). El episodio de Ricote y su familia obedece al nuevo plan narrativo: poner "algunos episodios ...nacidos de los mismos sucesos que la verdad ofrece."

Efectivamente, al lado de la historia de Ricote, la del Cautivo, por muy fundada que fuese en las experiencias de cautiverio del mismo Cervantes, empieza a acusar un tono de convencionalismo, de "literatura" frente a "vida." Se convierte casi en una pieza de antología. La historia de los Ricote, en cambio, se nos ofrece como un trozo vivido de una realidad dolorosa, y más por estar engastada en la experiencia personal e inmediata de muchos miles de españoles entre 1609 y 1615. Me refiero a la expulsión de los moriscos.

Lo que más acerca esta realidad histórica a la verosimilitud literaria—y así paradójicamente aumenta nuestra sensación de "vida" y no de "literatura"—es la presencia de Sancho, el hecho de ser Sancho y Ricote vecinos y amigos, dos españoles que se encuentran inesperadamente entre cinco extranjeros. Han insistido Leo Spitzer y Helena Percas de Ponseti, entre otros, en la españolidad de Sancho y Ricote, llamando la atención sobre la importancia de la lengua castellana manejada con tanta naturalidad y soltura por los dos, frente al argot internacional esgrimido por los peregrinos alemanes.[1] Américo Castro, por su parte, hace hincapié en los huesos de jamón y las botas de vino que llevan los peregrinos, como una especie de salvaconducta a través de aquella España de limpia sangre y religión de Estado. El jamón, como es sabido, defendía contra la acusación de ser judío, y el vino contra la de ser musulmán.[2] Es cierto que Ricote se camufla bajo estos signos exteriores de ser cristiano viejo, pero el papel del vino es más importante y más complejo. El beber vino desempeña la función de diferenciar a Sancho y Ricote, en tanto que españoles, de los cinco alemanes. Estos beben hasta la saciedad y se duermen en seguida. Los dos españoles beben menos, y en vez de dormir se ponen a dialogar, lo que recuerda la aventura de los cabreros en la primera parte: cena rústica acompañada de vino, y discurso de sobremesa (I, 11). Los dos españoles se caracterizan, frente a los alemanes, por su relativa sobriedad y manejo inteligente de la bebida alcohólica. "Finalmente, el acabársele el vino fue principio de un sueño que dio a todos, quedándose dormidos sobre las mismas mesas y manteles; solos Ricote y Sancho quedaron alerta, porque habían comido más y bebido menos; y apartando Ricote a Sancho, se sentaron al pie de una haya, dejando a los peregrinos sepultados en dulce sueño, y Ricote, sin tropezar nada en su lengua morisca, en la pura castellana, le dijo las siguientes razones"

---

[1] Leo Spitzer, "Perspectivismo lingüístico en el *Quijote*," en su *Lingüística e historia literaria* (Madrid: Gredos, 1961), 173, n. 30; H. Percas de Ponseti, *Cervantes y su concepto del arte* (Madrid: Gredos, 1975), 269.

[2] Américo Castro, "La palabra escrita y el *Quijote*," en su *Hacia Cervantes*, 3a ed. (Madrid: Taurus, 1967), 402. Ver también las atinadas observaciones de Monique Joly, "Afición de los extranjeros al vino y al jamón: nota sobre el sentido de una síntesis cervantina," *NRFH*, 22 (1973), 321-28.

(II, 54). La sobriedad en el beber se une al manejo del idioma castellano en la introducción al discurso de Ricote, cuyo tema es precisamente su identidad de español y su amor a la patria. Todos los comentaristas coincidimos sobre este punto fundamental. Ricote es tan español como Sancho, y su vuelta a España, a riesgo de su vida, se debe, al menos en parte, a su amor a la patria en la que ya no puede vivir.

El sentido general humano de este episodio resulta claro. A nadie deja de doler la situación humana de Ricote y su familia. Lo que no está tan claro es el sentido ideológico, tanto la identificación del tema como la actitud de Cervantes frente al mismo. El tema mayor implícito en la expulsión de los moriscos ha sido considerado siempre el religioso, que ofrece dos subtemas. Implica primero la legitimidad de expulsar a súbditos cristianos de un reino cristiano, y la necesidad consecuente por parte de las autoridades de convencer que los moriscos, aunque bautizados y por eso tan cristianos como el que más, lo eran sólo en apariencia, cuestión que conduce a una examen del valor efectivo del bautismo como sacramento.

Más importante para nuestro episodio es la cuestión de justificar la expulsión de los moriscos en funcion del concepto de una religión única y obligatoria (caso de España) frente a la libertad de conciencia imperante en Alemania. Se trata, en última instancia, de justificar el concepto de una religión de Estado. Sobre este punto la crítica está muy encontrada. Spitzer, por ejemplo, hace notar que Ricote "ha llegado a conocer la tolerancia religiosa como la vio practicada en Augsburgo, en el corazón mismo del protestantismo," y agrega que "en la España de la Contrarreforma no pudieron escribirse palabras más audaces sobre libertad religiosa."[3] Joaquín Casalduero piensa de otro modo, y afirma que los críticos "que han creído que el hacer vivir a Ricote en Alemania suponía una alabanza a la libertad de conciencia, han padecido una ofuscación."[4] Lo cierto es que Alemania representaba para los españoles de entonces la libertad de conciencia, y que según la ideología oficial, tal libertad era una abominación. Fr. Felipe Meneses, por ejemplo, hace el contraste entre Alemania, escindida por la herejía, y España, una y grande, gracias a la Inquisición. De Lutero dice que el primer efecto con que ganó a los alemanes "fue libertad y

[3] Spitzer, loc. cit.
[4] Joaquín Casalduero, *Sentido y forma del Quijote* (Madrid: Insula, 1966), 338-41. Ver también A. Ramírez Araujo, "El morisco Ricote y la libertad de conciencia," *Hispanic Review*, 24 (1956), 278-89.

exención de muchas leyes de Dios y de todas las de la Iglesia, porque este es su apellido: ¡libertad! Esta, por la bondad de Dios, no la hay en España."[5] No sólo Alemania en general, sino la nueva patria de Ricote, la ciudad de Augsburgo, se asocia de manera muy especial con la libertad de conciencia. Francisco Márquez cita oportunamente un texto del siglo XVII que recuerda "la pestilencia de Alemania, adonde considerando los inconvenientes que trae consigo la contrariedad de opiniones en el hecho de la religión, obtuvieron un decreto en la dieta que se tuvo en Augusta el año de 1555, por el cual se da licencia a cualquier Estado y Príncipe del Imperio, que pueda escoger una de las religiones ... cualquiera que le agradare."[6] Augsburgo viene a ser el sinónimo por excelencia de "libertad de conciencia."

El debate crítico se ha planteado en el terreno socio-religioso, pero si volvemos sobre el texto de Cervantes, vemos que la religión y cuestiones de tipo teológico casi brillan por su ausencia. Ricote nos advierte que su mujer y su hija son "católicas cristianas," y de sí mismo se limita a "rogar siempre a Dios que me abra los ojos del entendimiento y me dé a conocer cómo le tengo de servir" (II, 54). Tenemos que concluir que en este episodio el debate religioso acerca de la expulsión, y aún toda la cuestión de libertad de conciencia, no es lo principal. Lo que pasa a primer plano son: la dolorida situación humana de unos españoles que han tenido que abandonar la patria por una parte, y por otra, mucho dinero. Sorprende, en efecto, la cantidad de referencias al dinero, y es al aspecto económico de la expulsión, sus engarces con la ideología oficial anticapitalista, y su elaboración artística por Cervantes a lo que quiero dedicarme en el tiempo que me queda.

Los historiadores señalan que en el campo de las motivaciones, consideraciones de tipo religioso-militar prevalecieron por fin sobre los intereses económicos de los grandes señores de Aragón y Valen-

---

[5] Fr. Felipe Meneses, *Luz del alma*, citado por Castro en "Erasmo en tiempos de Cervantes," en su *Hacia Cervantes*, 245.

[6] Pedro Aznar Cardona, *Expulsión justificada de los moriscos españoles* (Huesca, 1612). Más sucinto y explícito, Márquez comenta: "El morisco manchego... se queda a vivir bajo 'libertad de conciencia' en las cercanías de Augsburgo, elección enteramente significativa por parte de Cervantes, pues era justo allí donde Carlos V había enterrado en 1555 toda esperanza de unificación religiosa para el Imperio germánico." "El morisco Ricote y la hispana razón de estado," en su *Personajes y temas del Quijote* (Madrid: Taurus, 1975), 278.

cia.⁷ Los mismos historiadores están de acuerdo en que el efecto más importante de la expulsión, cuando se produjo, fue la pérdida de una población marcadamente laboriosa y la consiguiente ruina de la economía agrícola aragonesa-valenciana.⁸ Se hace hincapié en la dimensión laboral del asunto, con un olvido casi completo del papel que pudiera haber jugado el capital.

Resulta curioso que en los textos de la época y en las disposiciones de un gobierno oficialmente en oposición violenta a la acumulación de capital, inversión y demás características de las economías capitalistas modernas, se entrevé un enorme interés por el capital. Se creía, por ejemplo, que los moriscos eran ricos, que iban apoderándose de todo el capital del país, por sus costumbres perniciosas de trabajar mucho y gastar poco. En 1587 el obispo de Segorbe, don Martin de Salvatierra, dice que los moriscos se dedican a los oficios "que tocan a la provisión de mantenimientos, como son hortelanos, aguaderos, bodegoneros... y otros semejantes, en los cuales anda la masa común y principal del dinero de la república, y ellos lo van cogiendo y privando a los cristianos viejos del sustento y reparo que han tenido," de modo que los moriscos se han enriquecido "porque lo van recogiendo todo y no lo gastan, pues ni comen ni beben ni visten ni calzan."⁹ En 1588 don Alonso Gutiérrez afirma: "Estos moriscos poseen grandes riquezas... y el real que una vez entra en su poder no saben trocarle, y en esta Sevilla y Andalucía compran y venden cosas de comer, y masan y venden la mayor parte del pan que se come, que lo uno y lo otro es el trato que más enriquece. Tienen oficios de esporteros, cordeleros y otros de mucha ganancia, y esta riqueza es en ellos sospechosa y odiosa."¹⁰ El arzobispo de Valencia, don Juan de Valera: "Que se hacían dueños del dinero porque estaban apoderados de todos los tratos y contrataciones, mayormente en los mantenimientos—que es el

---

⁷ Márquez hace notar que "la expulsion acordada por el Consejo de Estado en 1582 no se ejecutó debido a la desfavorable coyuntura económica del momento, y al haberse persuadido Felipe II en su viaje a Valencia en 1586 de la absolute necesidad de la poblacion morisca para la prosperidad del reino." *op. cit.*, 277.

⁸ Ver entre otros: Antonio Domínguez Ortiz, *Desde Carlos V a la Paz de los Pirineos* (Barcelona: Grijalbo, 1974), 180-82; J. H. Elliott, *Imperial Spain* (Londres: Penguin, 1972), 305-08: Pierre Vilar, "El tiempo del *Quijote*," en su *Crecimiento y desarrollo* (Barcelona: Ariel, 1976), 335.

⁹ P. Boronat y Barrachina, *Los moriscos espanoles y su expulsión* (Valencia, 1901), I, 626. Citado por Márquez, op. cit., 297, n. 167.

¹⁰ Boronat, I, 635, en Márquez, *loc. cit.*

crisol donde se funda la moneda—y para mejor usar dello se habían hecho tenderos (!), despenseros, panaderos, carniceros, taberneros y aguadores, pasteleros y hortelanos."[11] El apologista Fr. Marcos de Guadalajara: "Item, que siendo éstos generalmente codiciosos y avarientos, y atentísimos a guardar dinero y retenerlo sin gastarlo,... han escogido los oficios y ministerios más acomodados para adinerarse, como son tenderos (!), buhoneros, pasteleros, hortelanos y otros así, de manera que vienen a ser la esponja de toda la riqueza de España, y así es sin duda que hay grandísima cantidad de oro y plata en su poder."[12]

Los ejemplos podrían multiplicarse. Podemos resumir primero que se creía, o se decía, que las profesiones humildes, en otro tiempo las llamadas pequeño-burguesas, escogidas por los moriscos, eran la fuente de toda riqueza porque rendían más que los grandes latifundios, más que las minas de América, etc., lo que es un manifiesto absurdo. Segundo, a los moriscos se les reprochaba el ahorrar en vez de gastar su dinero. He aquí un punto, si se me perdona, capital. La validez de esta acusación depende del concepto que se tiene del valor y del sentido de los actos de ahorrar y gastar respectivamente. Para el cristiano viejo el dinero servía para gastarlo, de preferencia en dos cosas: en la ostentación, sobre todo en productos de lujo importados de Europa; y en la propagación y defensa de la fe. Ejemplo paradigmático de este último son las guerras de los Países Bajos.[13] Según este

---

[11] Fr. Jaime Bleda, O. P., *Corónica de los moriscos de España* (Valencia, 1618), 893, en Márquez, *loc. cit.*

[12] Fr. Marcos de Guadalajara, *Memorable expulsión y justísimo destierro de los moriscos de España* (Pamplona, 1613), f. 84 r. Citado por Julio Caro Baroja en *Los moriscos del reino de Granada* (Madrid: ISTMO, 1976), 216, n. 45.

[13] Fr. Agustín Salucio, O. P., en un sermón de honras fúnebres a Felipe II, relaciona de la manera más directa la cuestión de gastar dinero por la fe en vez de acumularlo para fines seculares. "¿A quién no consta," pregunta, "que se pudiera haber ahorrado algunos 60 millones de ducados si sólo quisiera dejar a los Estados Bajos vivir en libertad de conciencia, como ellos llaman a lo que es no tener conciencia ni alma de Dios en el mundo? Reprendan estos gustos, pero no los católicos que saben que no es el oro para adorarlo, sino para gastarlo en servicio de la fe." A. Huerga, ed. *Avisos para predicadores del Santo Evangelio* (Barcelona: Espirituales Españoles, 1959), 250. En Holanda la ortodoxia religiosa queda subordinada a las posibilidades del nuevo orden económico. En España es al revés, las posibilidades que podría haber ofrecido el capitalismo se sacrifican en aras de una ideología de pureza—de sangre y de fe.

esquema, el dinero que no circula tiene un sentido negativo, y la afición de los moriscos al ahorro se convierte en un acto antipatriótico. De ahí la violencia de las denuncias que acabamos de ver. Vista desde otro ángulo, sin embargo, el ahorrar dinero constituye aquella "acumulación primitiva de capital" que Marx ha definido como la primera fase, indispensable, en el desarrollo de una economía capitalista moderna. En este sentido, los humildes moriscos que trabajan y acumulan representan el sector más avanzado y positivo de la economía española, y la expulsión viene a significar no sólo la pérdida de la mano de obra que los historiadores han visto, sino también la muerte—antes que pudiera nacer—de un capitalismo nativo pequeñoburgués basado en valores y estilos de vida que triunfaron en los países del norte, que pudiera haber contribuido poderosamente a evitar la decadencia española. La expulsión de los moriscos es un desastre económico tanto o más en función del capital como por la pérdida de la mano de obra.

Mi tesis es sencillamente que Cervantes se daba cuenta de la doble faz económica de la expulsión, y que el episodio de Ricote es una meditacion sobre la misma, al mismo tiempo que sobre las cuestiones de orden teológico, todo plasmado artísticamente en su dimensión humana e inmediata a través del encuentro fortuito de dos personajes ficticios. Volvamos sobre el nombre "Ricote." Por una parte, como ya observó Clemencín, se refiere al famoso valle de Ricote en Murcia, patria de una comunidad agrícola de moriscos notable por su docilidad y su laboriosidad, que sin embargo fueron expulsados como los demás. El nombre del vecino de Sancho Panza apunta, pues, hacia la dimensión laboral de la presencia morisca en la economía española. Por otra parte, ya que encierra el adjetivo "rico," apunta igualmente hacia la dimensión "capitalista."[14]

Ricote ha vuelto a España, entre otras razones, a recobrar el capital que dejó enterrado, acción que ha sido calificada de sórdida y avara, o defendida a base de no interesarle a Ricote tanto el dinero como el

---

[14] Ver Antonio Oliver, "El morisco Ricote," *Anales Cervantinos*, 5 (1955-56), 249-55. Añade otro matiz el hecho de haber moriscos de apellido Ricote en Esquivias, patria de la mujer de Cervantes. Ver Luis Astrana Marín, *Vida ejemplar y heroica de Miguel de Cervantes* (Madrid: Reus, 1948-58), VI, 537-38, n. 1; VII, 207, n. 8.

amor a la patria.¹⁵ Si es sórdido el interés por el dinero—por su acumulación o su puesta en circulación—el más sórdido de todos era el Estado Español, que en el edicto de expulsión de los moriscos valencianos (22 septiembre 1609), por ejemplo, prohibió "enterrar o destruir haciendas bajo pena de muerte extensible a todos los del pueblo donde ello sucediera."¹⁶ No es mi propósito ni nos atañe aquí dictaminar sobre la mayor o menor sordidez de unos y otros, sino insistir que el interés por el capital, si para gastarlo aparatosamente a lo cristiano viejo o acumularlo a lo morisco, era fundamental, y estaba muy presente en todas las controversias.

Tan fundamental es a nuestro texto literario, que lo primero que oye Sancho, antes de reconocer a Ricote, es la palabra "Guelte"—dinero—en boca de los peregrinos alemanes. A renglón seguido Ricote explica la presencia de estos peregrinos en España por razones no religiosas, sino francamente capitalistas. "Tienen por costumbre," dice, "de venir a España muchos dellos, cada año, a visitar los santuarios della, que los tienen por sus Indias y por certísima granjería y conocida ganancia" (II, 54). Ricote está hablando nada menos que de la colonialización de la economía española frente a la europea. España es para los alemanes lo que América para los españoles: fuente de un capital que existe para ser extraído y llevado a la metrópoli. La visión capitalista encierra una ironía cruel, ya que son precisamente los lugares sagrados de España, los más caros a la ideología anticapitalista, los que sirven de fuente de ingresos a los alemanes.

Estamos ahora en condiciones de ver que Ricote es una figura paradigmática que representa, en el sentido teatral de representar, toda la gama de consecuencias económicas de la expulsión de los moriscos. Su nombre recuerda la mano de obra o fase de producción perdida; su oficio de tendero, que ya no ejerce, es su contribución personal a la economía local en la fase de distribución de productos y circulación de dinero; su tesoro escondido es la acumulación primitiva de capital que en otras circunstancias hubiera posibilitado un capitalismo pequeñoburgués. Finalmente, su exilio y nueva asociación con los alemanes lo convierte en un agente del conducto del capital espa-

---

¹⁵ Entre los que ven un Ricote sórdido, Vicente Lloréns, "Historia y ficción en el *Quijote*," en su *Literatura, historia, política* (Madrid: Revista de Occidente, 1967), 159; H. Percas de Ponseti, *Cervantes y su concepto...*, II, 271. Entre los que prefieren eximir al morisco del vulgar afán de lucro, Joaquín Casalduero, *op. cit.*, p. 339; Francisco Márquez, *op. cit.*, p. 237.

ñol hacia el extranjero. Ricote se une a un bando de peregrinos alemanes de muy dudoso fervor religioso cuya verdadera misión es quitar dinero a los españoles y transportarlo clandestinamente fuera del país. En él se representa en miniatura, a nivel individual y humano, la clásica trayectoria del capital español en el siglo XVI: desde América, a través de España, a parar en manos de los banqueros alemanes.[17]

La evasión de capitales practicada por Ricote representa además una realidad muy concreta surgida a raiz de la expulsión. El hecho es que muchos moriscos lograron trasladar su dinero fuera de España, por los mismos años que Ricote. Julio Caro Baroja recoge una serie de ejemplos, sacados de una apología contemporánea, de tono violentamente cristianoviejo, la *Expulsión justificada de los moriscos españoles*, del aragonés Pedro Aznar Cardona, aparecida en Huesca en 1612. "Francisco Pariente, de Brea, sacó más de 40.000 ducados en oro y plata, y los que marcharon con él, por la frontera de Navarra, 250.000 ducados en dinero. Manuel Granada, de Epila, y su nieto Compañero... sacaron 20.000. Un tal Fierro, de Lérida, 'sacó muchas veces grandes sumas y cantidades de oro y plata, y lo llevaba a Turquía entre orejones o duraznos secos, fingiendo que los iba a vender.'[18] Los Ovejes, de Almonacir de la Sierra, sacaron más de 30.000 ducados, y Lope y Bal-

[16] Boronat, II, 191-92, en Márquez, op. cit., 249.

[17] El cuadro económico en el que se inserta Ricote ha sido trazado a grandes rasgos por Pierre Vilar, "La conquista española funda una sociedad nueva, porque instituye *el mercado mundial* y porque permite, al derramar sobre Europa un dinero barato, *la acumulación primitiva de capital*. Esta sociedad, sin embargo, no puede desarrollarse más que contando con unas fuerzas productivas acrecidas y con unas relaciones sociales nuevas. Es lo que ocurrirá en el norte de Europa. En España, en cambio, o mejor: en Castilla, las clases dirigentes han realizado la conquista del Nuevo Mundo como hicieron la Reconquista hispana: *a la manera feudal*. Ocupar las tierras, reducir los hombres a servidumbre, arramblar los tesoros, todo eso no prepara a 'invertir' en el sentido capitalista de la palabra. Una naciente burguesía pudo haberlo hecho entre 1480 y 1550," pero el capitalismo que pudo practicar era de tipo inestable y las fuerzas productivas no producían bastante. "Se desarrolla el parasitismo y la empresa muere. Si el dinero llegado de las indias a título privado sólo sirve para saldar las importaciones extranjeras, el que viene para el soberano se empeña por adelantado en Augsburgo, después en Génova, en manos de los banqueros. También la gran política desvía del suelo español el flujo de dinero que sufraga en Europa la naciente producción capitalista." "El tiempo del *Quijote*," en su *Crecimiento y desarrollo* (Barcelona: Ariel, 1976), 339-40.

[18] La táctica de este tal Fierro se parece mucho a la de los peregrinos alemanes, que "al cabo de su viaje salen con más de cien escudos de sobra

tasar Alexandre, de Barbastro, 15.000."[19] Se trata de una práctica bastante extendida. Aznar Cardona reconoce también que muchos moriscos expulsados volvían por sus tesoros, y fulmina contra quienes los protegían. Posiblemente debido a la influencia del Padre Aznar, se dispuso el 26 de octubre de 1613 que el encubrimiento de un morisco repatriado se castigara con pérdida general de bienes.[20] Tal era el castigo al que se exponía Sancho, caso de ayudar a Ricote a recobrar su tesoro. Ahora, las coincidencias entre lo señalado por Aznar y lo fantaseado por Cervantes—encuentro de Sancho y Ricote en Aragón, en 1614, la misión de Ricote y actitud de Sancho ante la posibilidad del castigo—todo ello autoriza a pensar que el episodio cervantino pudo haber sido una réplica más o menos explícita al tratado furibundo del intransigente Aznar. Cervantes ofrece por medio de la ficción una visión de las consecuencias humanas de aquellas disposiciones que opusieron unos españoles a otros.

El episodio del morisco Ricote reúne todos los aspectos de la dimensión económica de la expulsión, incluso el de polémica por escrito, como acabamos de ver. Pero, así como lo cortés no quita lo valiente, lo económico no quita lo religioso. Cervantes logra combinar estas dos caras de la expulsión en un mismo episodio mediante un empleo aparentemente anacrónico del espacio literario. Ricote es un morisco español que vive en la alemana ciudad de Augsburgo, que por la dieta de 1555 viene a ser algo así como la capital de la libertad de conciencia. Pero la ciudad de Augsburgo conlleva otra asociación, automática para el lector español de 1615, que es la sede de los Fugger, los banqueros de Carlos V, el fin y paradero del capital americano que fluía por España. De modo que de todos los lugares de Europa y la cuenca mediterránea donde Cervantes podría haber ubicado a Ricote en el exilio, Augsburgo es el único que reúne tanto el tema económico (Fugger,

que, trocados en oro, o ya en el hueco de los bordones, o entre los remiendos de las esclavinas, o con la industria que pueden, los sacan del reino y los pasan a sus tierras, a pesar de las guardas de los puestos y puertos donde se registran" (II, 54).

[19] Julio Caro Baroja, "Los moriscos aragoneses, según un autor del siglo XVII," en su *Razas, pueblos y linajes* (Madrid: Revista de Occidente, 1957), 96-97. En otra parte Caro Baroja ofrece el episodio de Ricote, entre otros textos literarios, como prueba de que muchos moriscos expulsados regresaban a España a recobrar su capital escondido, y menciona de paso que la expulsión de los moriscos de Ricote se debió en parte a que éstos habían recogido a algunos de los que habían vuelto. Ver *Los moriscos del reino de Granada*, 237, n. 1.

[20] Márquez, *op. cit*, p. 250.

flujo de capital) como el religioso (Dieta, libertad de conciencia). Es por eso, creo, que Cervantes incurre en el anacronismo aparente de haber olvidado que, a partir de la bancarrota de 1557, los banqueros genoveses empezaban a reemplazar a los de Augsburgo como dueños de la economía española.[21] El "anacronismo" es un aspecto de una estrategia retórica muy bien pensada. El episodio de Ricote integra los dos grandes temas implicados en la expulsión de los moriscos, y ofrece una visión en miniatura de los catastróficos resultados de una política a todas luces y por todos conceptos inadecuada para el momento histórico y las crisis a las que intentaba hacer frente.[22]

Pero, y por encima de todo esto, lo genial de Cervantes es que ha sabido ofrecer a sus compatriotas esta visión desgarradora de una sociedad en crisis, en el proceso de hacerse añicos a fuerza de contradicciones internas, sin perder de vista la dimensión humana, individual, a nivel de experiencia vivida, de la gran crisis socio-político-religioso-económica de su tiempo. Cervantes lo vuelve ficción para hacerlo más real. Los nexos que posibilitan el milagro artístico son, como hemos visto, básicamente de orden espacial: la ciudad histórica

[21] Por otra parte, los Fugger seguían desempeñando un papel importante en la vida económica española aun en 1615. Eran dueños de cuantiosos juros, y controlaban la administracion de varias operaciones reales, entre ellos las minas de azogue de Almadén. Rodríguez Marín cuenta que precisamente en 1615 se otorgó un hábito de Calatrava a "don Jorge Fúcar, Conde de Risquenberg, del consejo y cámara de SM Cesárea y adelantado de Suevia," no sin alguna pregunta sobre lo de haber sido cambiadores sus antepasados. Francisco Rodríguez Marín, ed. *Don Quijote* (Madrid: Atlas, 1948), V, 186, n. 13. De modo que aun en 1615 los Fugger seguían extrayendo dinero de España, y el gobierno de Felipe III les recompensaba con hábitos de Calatrava.

[22] Hay además una íntima relación entre libertad de conciencia y florecimiento de la economía. El caso de los Países Bajos donde la libertad religiosa favorece el desarrollo del capitalismo, denunciado por Fr. Agustín Salucio (ver *supra* n. 13) es paradigmático para el norte de Europa. En España, en el mismo Aragón de Pedro Aznar Cardona, Francisco Márquez recoge el proyecto de don Sancho de Cardona, Almirante de Aragón. "Tan alto personaje llegó hasta permitir en sus tierras la reconstrucción de algunas mezquitas y abrigaba el propósito de denunciar ante el Papa y el Turco la conversión forzosa de los moriscos, pues 'que el dicho turco podría hacer mucho más en los cristianos que tenía en sus reinos y que no lo hacía, dejándoles vivir en su ley y pagándole sus tributos sin hacerles fuerza ni tiranía.'" Boronat, I, 454, citado en Márquez, 280. Don Sancho fue procesado por la Inquisición en 1569, dando así al traste con la idea de armonizar la libertad religiosa con el bienestar económico.

de Augsburgo con su doble vertiente económica y religiosa, aquel ficticio lugar de la Mancha de cuyo nombre Cervantes no quiere acordarse, y dos manchegos vecinos del mismo, el morisco Ricote y el cristiano viejo Sancho Panza, cuyas vidas se cruzan inesperadamente en tierras de Aragón.

University of California, Los Angeles

Who is the Narrator in *Don Quijote*?

Thomas A. Lathrop

WOULD LIKE TO QUOTE from *The Catcher in the Rye*, published by J. D. Salinger in 1951, when he was 32 years old.*

If you really want to hear about it, the first thing you'll probably want to know is where I was born, and what my lousy childhood was like, and how my parents were occupied and all before they had me, and all that David Copperfield kind of crap, but I don't feel like going into it, if you want to know the truth. In the first place, that stuff bores me, and in the second place, my parents would have about two hemorrhages apiece if I told anything pretty personal about them. They're quite touchy about anything like that, especially my father. They're *nice* and all—I'm not saying that—but they're also touchy as hell.[1]

---

* I was one of Professor Silverman's students at UCLA in the mid-sixties. I am stunned to realize, upon reviewing my transcript, that I had been enrolled in only *two* of his courses, a graduate Golden Age Drama course and its seminar. The importance of those courses to my professional training was so critical, and my enjoyment of them so great, that I had erroneously remembered being in more of his courses than just those. In the seminar, one of my tasks was to edit a Lope de Vega play which had never before been edited, *La comedia del príncipe ynocente* (1590), from a microfilm print of the transcription made by Ignacio de Gálvez in 1762. One of the characters was the company's resident lion. I cannot imagine a *Comedia* project any more exciting than that one for a graduate student.

[1] J. D. Salinger, *The Catcher in the Rye* (New York: Bantam, 1964, with many reprintings), p. 1. All other quotations are taken from this edition.

By the tone and vocabulary of this first paragraph we can tell that the narrator is just a lad. We go on to learn that he is in fact being expelled from a preparatory school, confirming our suspicion about his age. On page 5, Mrs. Spencer, the wife of his history teacher, calls him "Holden," and on page 7, his teacher calls him "Caulfield," from which we correctly deduce the young fellow is named "Holden Caulfield." On page 9, we read:

> I'm seventeen now, and sometimes I act like I'm about thirteen. It's really ironical, because I'm six foot two and a half and I have gray hair. I really do. The one side of my head—the right side—is full of millions of gray hairs. I've had them ever since I was a kid.

So, the narrator of the story is a seventeen year old, 6' 2-1/2" dropout with partially gray hair named Holden Caulfield. All through the book—which The New Columbia Encyclopedia calls "a picaresque novel"[2]—we delight in Holden's manner of speech, his turns of phrase, his juvenile, yet very moral world view. He is a perfectly represented young person who speaks clearly for himself; he tells us his opinions about lots of matters with no mincing of words. When the book is finished, we know Holden Caulfield very well.

It would be utterly ridiculous to declare that we now know J. D. Salinger very well, too; that J. D. Salinger *is* Holden Caulfield, or that Holden Caulfield is J. D. Salinger's fictional self. It would be *impossible*—Caulfield is a seventeen-year-old dropout and Salinger is a 32 year old man. Doubters may ask: "But what about J. D. Salinger as a youth? Maybe Salinger when *he* was in school was like Holden Caulfield." Our author, as his student record shows, was far from being a Holden Caulfield. He was graduated from the Valley Forge Military Academy in 1936. He was not expelled. In fact, his grades were respectable: high B's in English, French and Dramatics, and high C's in History and German. Holden Caulfield could not stand the movies, so he tells us, yet Salinger longed to work in and write for them. One of his stories, "Uncle Wiggley in Connecticut," in fact, was made into a movie in 1950, under the title of "My Foolish Heart." Salinger's father was an importer; Holden Caulfield's was a lawyer.

As far as I can tell, Salinger critics always keep Holden Caulfield, the narrator, quite separate from J. D. Salinger, the author. One reason for this—aside from the narrator's adolescence—is that they have different names.

---

[2] Fourth Edition, 1975. See their article "J. D. Salinger," p. 2405.

Another reason, and this is important, although really terribly obvious, is this: on the one hand, J. D. Salinger is a man of flesh and blood, an enigmatic person who keeps to himself in Cornish, New Hampshire. Holden Caulfield, on the other hand, is an entity of fiction. Nowhere can we visit the adult Holden Caulfield today because he *never* existed in the real world. There is no record that we can consult about Holden Caulfield in his school, the Pencey Academy of Agerstown, Pennsylvania, because that school is fictitious as is the town. It is true that Holden Caulfield *appears* real, true-to-life, confused, a likeable young man, but he never existed on this planet, or on any other. His existence is relegated to what E. M. Forster calls a "word mass,"— words on paper, nothing more.

I believe you willingly accept that Holden Caulfield and Agerstown are pure fiction, and if I can convince readers of this *next* idea, then I will have succeeded in making an important point. As said above, this fictional Agerstown is in Pennsylvania. If Agerstown is fictional, is not the Pennsylvania where both Agerstown and its Prep School are located equally fictional? When Holden Caulfield runs down Pennsylvania Route 204 into the countryside to visit his teacher, he is running in the world of fiction. There is no Pennsylvania Route 204 that *we* can run down and see the same countryside.

My point here is that any place in a work of fiction is as fictitious as the characters who live there, even though it bears the name and characteristics of a real place. Holden Caulfield goes to New York after he leaves his school. What New York does he go to? He goes to a New York in the world of fiction. Writers cleverly make fictitious places appear like the real thing, so we are lulled into thinking that *fictional* characters inhabit *real* places. This is impossible. There is no Aunt Polly's house in Hannibal, Missouri, because Mark Twain's Hannibal and his Missouri in *Tom Sawyer* are fictional, even though they share the names of the real Hannibal and the real Missouri. Don Quijote walked down the streets of a fictional Barcelona, and witnessed there a fictional second edition of the Avellaneda *Quijote* being set in type. He tilted with fictional windmills on a fictional Manchegan plain. We will look in vain for Rocinante's hoof-prints in the real world; in the world of fiction, though, they were abundant.

In the world of fiction, *everything* is fictional—people and their actions, and the places where they live. But we do get confused when in motion pictures the people that actors portray bear their own, real-life names. Recently there was a motion picture called *Back to School* in which a character called Kurt Vonnegut calls on a middle-aged freshman to write a term paper about his own works for that student. The character Kurt Vonnegut was played by a man named Kurt Vonnegut, and when he knocks on the door, he introduces himself precisely as "Kurt Vonnegut." At the end of the motion picture, the credits read: "Himself as Kurt Vonnegut." In my view, this is simply not correct. It should have read: "Kurt Vonnegut as Kurt Vonnegut." Kurt Vonnegut the author, the real person, was playing the role of a fictional character called "Kurt Vonnegut."

If we asked Kurt Vonnegut today what it was like when he went to Great Lakes University and helped Thurston Melon with his term paper on his own works, Vonnegut would doubtless reply that he never heard of such a university, and furthermore he never met anyone named Thurston Melon. "No, no, no," we go on, "see, that was a movie done at Madison, and Thurston Melon was played by Rodney Dangerfield. What was Madison like? What was Rodney Dangerfield like?" It is quite likely that the real Vonnegut did not knock on any door in Madison, but rather in a movie studio somewhere, and, since we never saw Vonnegut and Dangerfield together, it may even be that two have actually *never* met. Motion pictures, as real as they look, represent fiction, not real life.

You doubtless think I have been digressing since the outset. I have not been. All of this lays important groundwork for the point that I am about to make. J. D. Salinger wrote a novel *narrated* by a young fellow by the name of "Holden Caulfield." Since the two have different names, we are not confused about the identity of the *author* as distinct from that of the *narrator*. Kurt Vonnegut portraying "Kurt Vonnegut" is somewhat more confusing, and we are tempted to believe the fictional Kurt Vonnegut is the real one.

But perhaps the most confusing of situations in fiction is when the *author* refuses to give a name to the *narrator*, as in Don Quijote. But, just for a moment, suppose that Salinger decided to write a novel about the same young fellow, but determined never to give the *name* of the young man. It would have been easy to do. If Mrs. Spencer had merely said to the young man, "How lovely to see you," instead of "Holden, how lovely to see you," and if Mr. Spencer had said, "Is that you? Come in, boy!" instead of, "Caulfield? Come in, boy!"—along with about two dozen other references,—we would have had a nameless narrator. Would Salinger critics *then* have said that J. D. Salinger is in fact the nameless narrator? Would they have said that the narrator is J. D. Salinger's *fictional self*? I do not think so, or at least, I hope not.

Now I can return to—or rather embark upon—my topic: Who is the narrator in *Don Quijote?* Let me introduce my main thought with a few observations—it is embarrassing for me to have to make what I consider to be some obvious remarks, but I believe they are necessary in light of the scholarly confusion about the terms dealing with *author* and *narrator.* The origin of most of the story of *Don Quijote* is the Arabic language manuscript written by the historian Cide Hamete Benengeli. Is this manuscript real? Yes, of course it is, and demonstrably so, but only in the world of fiction. Is Cide Hamete real? Yes, of course, but equally only in the world of fiction. In this world of fiction, Cide Hamete is the only true author of Don Quijote's story. Let us call Cide Hamete the original author, or author, of the story. Cide Hamete's manuscript was translated into Spanish by an unnamed Moor. We assume this person produced another manuscript, this one in Spanish. Let us call this person the *translator.* The translator's manuscript was then placed into the hands of a third person, the person who came across Cide Hamete's parchments, the person who did not wish to remember the name of Don Quijote's village. This person then, edited, revised, and rewrote the translator's version of the story. *This* is the person that we shall call the narrator, the person who refers to himself as the "segundo autor" in chapter 8 of Part I. Here, the narrator is using the term "segundo autor" as people use "su servidor"—a synonym for 'yo.' Cide Hamete Benengeli is the "primer autor." Any translator—the Moorish translator—is not an author in a true sense, but only a purveyor of words, a person who makes another's words intelligible in a second language. So the "second author" in this hierarchy automatically becomes the narrator. It is this narrator—this "segundo autor"—whom I am to identify.

As an example of why I felt it necessary to define these obvious terms, I need only cite Ruth El Saffar's article "The Function of the Fictional Narrator in *Don Quijote*"[3] in which she speaks of Cide Hamete. There, she calls Cide Hamete variously: the *author* of the history of Don Quijote; the *supposed author* of the *Quijote;* a *fictitious author;* the *narrator;* and the *fictitious narrator.* It is crucial to distinguish and separate the author from the narrator, and especially in *this* work, where there is one author in the real world and another author (Cide Hamete) in the world of fiction.

Now, who is the narrator in *Don Quijote?* We have respected and learned authorities who tell us that the narrator—the person who relates the first eight chapters directly—is none other than Cervantes himself. Américo Castro says that Cervantes is the person who refused to remember Don Quijote's village and found Cide Hamete's manuscript; that is, he says Cervantes is the narrator.[4] John J. Allen calls the narrator "Cervantes' fictional self."[5] E. T. Riley also calls the narrator Miguel de Cervantes.[6] And most recently, Howard Mancing in his book, *The Chivalric World of Don Quijote*,[7] says that the editor of the book, that is, the person that we call the narrator, is, "*in fact*," Cervantes [emphasis mine].

Mancing goes on to explain that "it is the nature of the first person narrator to reveal his identity. When the narrator is not a character in the work or an identified fictional editor, he is *assumed* to be the person whose name is on the book's cover" [p. 9; emphasis again mine]. This is absolutely impossible. How can a *fictional narrator*—and Mancing used the word "fictional"—be a flesh and blood person? Real people cannot live or work in the world of fiction.

A fictional person is locked in the world of fiction and a real person is imprisoned in the real world. There is no magic "through-the-looking-glass effect" by which authors can mysteriously move from one world to the other. Authors *create* the world of fiction—they create places and things; they create personages, they create the narrators who relate the story. They themselves cannot enter the world of fiction in person. If an author boldly asserts that "the narrator is me," he is mistaken. He is as mistaken as Zola when he said that he could conduct scientific psychological experiments within a novel. He erroneously believed his *roman expérimental* was as scientific as was Claude Bernard's *médecine expérimentale*. I am in no way deprecating Zola's art. It is just that his "scientific" premise was all wrong.

Let me seemingly digress just one more time to cite a passage which fits Howard Mancing's formula—it is the opening of a story related by an unnamed first-person narrator who is not a character in the story itself.

---

[3] In *MLN*, 83 (1968), 164-77.

[4] In "Cide Hamete Benengeli: El cómo y el por qué," *Nuevo Mundo*, 8 (1967), 7. This journal was published in Paris for a time.

[5] John J. Allen, *Don Quixote: Hero or Fool?* Gainesville: University of Florida Press, 1969, p. 11.

[6] E. C. Riley, "Three versions of Don Quixote," *MLR*, 68 (1973), 807-19, at p. 808.

[7] Columbia: University of Missouri Press, 1982, p. 192, also in his article "Cide Hamete Benengeli vs. Miguel de Cervantes: The Metafictional Dialectic of *Don Quijote*," *Cervantes* 1 (1981), 63-81, at p. 64.

I suppose that it was around 60 years ago, in about 1915, when I was just a little girl of ten that I first saw Harry and Jacob Szabo. They was a little older than me, and had just moved here to Toledo from Serbia or Austria, somewhere in there. Them, and their whole family didn't speak no English when they come, and they was real poor, so we didn't have nothing to do with them. But we watched them struggle, and find ways to earn money, and set down to learn to speak English good, and even go to school. But was we ever surprised to learn some years later that both of them kids growed up to be millionaires! This here is the story of how they raised to fame and fortune.

From this beginning, we can judge that our narrator is a 70 year old lady—she was 10 in 1915 and 60 years have passed—making the telling of the story take place in 1975. She is from Toledo, Ohio, we clearly see, and her manner of speech seems to indicate that she had little or no formal education. We seem to feel that in 1915 she and her family were not very well off, but still of higher social standing than the Szabo boys.

We may now turn to the title page to learn the identity of the unnamed narrator, and we find out that the author is none other than Thomas A. Lathrop, *su servidor*, a 46 year old man, not a 70 year old lady, a fellow with a long formal education, not an uneducated person. In the world of fiction, the story is told in 1975. In the real world, I wrote it just minutes ago. I have never seen Toledo, Ohio, though my narrator probably never left Toledo. And whereas my narrator didn't know where the young boys were from, I *do*. They were clearly from Hungary, and not from Serbia or Austria; Szabo is a Hungarian name. It is the *narrator* who is confused and has a bad memory, not me. I am not the narrator I created.

You may argue that my passage was trumped up to prove a point— as indeed it was—and that Cervantes after all really *could* be the narrator. However, I would like the following points which deal with the first eight and a half chapters of Part I to be considered now. I limit myself to them because we know for sure they are the work of the narrator and not Cide Hamete Benengeli.

Cervantes—the real author of flesh and blood—was the creator of it all. He had the power to give his characters keen insight or make them stupid; he could give them the gift of knowledge, or deprive them of information. In the very first sentence of the novel, the narrator has withheld the name of Don Quijote's village because he doesn't want to remember it. Cervantes could have easily assigned a name to the village.

The narrator could never quite determine what Don Quijote's own real name was either, yet Cervantes could easily have given him a sure and unequivocal one. The narrator, through careful research, has learned that Don Quijote's first day on the road was uneventful, rather than filled with the adventure of the windmills or the fight with the Basque near Puerto Lápice. Do we believe that *Cervantes* actually did research in la Mancha about Don Quijote?

Aside from the fact that archives are hard to come by in La Mancha, a very obvious fact is before us. You cannot look up what never happened. Cervantes created a character who did research. Do we believe that *Cervantes* bought Cide Hamete's manuscript in the Alcaná de Toledo (many people do, of course) but there is no way a real person can buy a fictional commodity, the Arabic manuscript, in this case. The narrator, however, *did* buy the manuscript, in the Alcaná of fiction.

At times, our narrator cannot see things that are patently obvious to me, to you, *and* to Cervantes. In Chapter 8, as Don Quijote is ready to kill the Basque and the Basque is ready to run his adversary through, the narrator says that they attacked each other "como si fueran dos mortales enemigos."[8] "Como si *fueran*"? They were, *indeed*, mortal enemies? Why else would each be out to kill the other? Our narrator does not understand Don Quijote very well. Did Cervantes? I believe he did, and much better than Unamuno gives him credit for.

Getting back to the original question—who is the narrator in *Don Quijote?*, I truly have no idea. I have no name whatsoever to assign to the person. What I do know, what I am positive of, and what I hope I have convinced you of, is who he wasn't—he was *not* Miguel de Cervantes.

UNIVERSITY OF DELAWARE

---

[8] One reference is Francisco Rodríguez Marín's last edition (Madrid: ATLAS, 1947), I, 266.

Time and Narrative Structure in La Galatea

Luis A. Murillo

HE FULL TITLE OF Cervantes' first attempt at narrative reveals its formal or internal division: *The First Part of Galatea, Divided into Six Books*.... The work published in 1585 is perhaps a half, or more, of a whole never completed, or never published.* Six books for Part I; was its continuation, on so many occasions promised by its author, to have another six? The reader who comes to *La Galatea* from the most conventional features of the pastoral eclogue, whether in verse, like Virgil's, or in verse and prose, like Sannazaro's *Arcadia*, can distinguish the formal features of narrative and lyric that bind nature or the natural world to the lyrical expression of love. In Spanish the indispensable model would be Garcilaso's first Eclogue, consisting of two laments by the shepherds Salicio and Nemoroso which occupy the time span of a single day, from dawn to dusk. When the narrative portion is expanded into prose, as in Sannazaro's *Arcadia* or Montemayor's *Diana*, the lyrical lament, verse or poetry, continues to occupy the center. In this convention, the prose narrative, whatever its verisimilitude, is simply suspended while the shepherd or shepherdess takes up a musical instrument and (without the least awareness that he or she is composing poetry and song according to conventions of meter and rhyme, and the rest, with the gift and technical ability of a poet)

---

* Paper read at the Symposium on Cervantes, '*La Galatea* Four Hundred Years Later,' held at the University of California, Santa Barbara, on May 3, 1985.

expresses in a lyrical mode the depth of erotic feeling or suffering. In *La Galatea* Cervantes observes this convention even more scrupulously than Montemayor in his *Diana*. In the prologue to the reader he calls the work an *égloga*, and this is what it is for the place and function and for the form and variety of its verse. The six books may be thought of as a series of six panels of narrative design. I use the word panel because it conveys the notion of movement arrested—to stasis—within a fixed form repeated or unfolded from within. The conventions of pastoral romance permit a near-total freedom in the expression of erotic love and the depiction of the possible conflicts and variations of erotic attraction. What the pastoral omits are, of course, the full social and moral consequences of love in any particular setting, even the pastoral. Complete verisimilitude in the representation of states of love is a novelistic aim, and the writer of romance is content with a minimal or relative verisimilitude. In *Galatea* the lyrical expression of love in music and poetry is pressed to become the self-analysis on the part of the feeling and suffering subject, and this, a major novelistic discovery, comes about by a suspension of the verisimilitude we think of as novelistic.

The narrative structure of *Galatea* discloses a movement that is essentially novelistic in its aims but this movement is arrested, suspended or contained within each panel (or Book) and the whole (of Six Books) by the conventions of pastoral romance, as if the narrator were attempting to arrest the multiple possibilities of novelistic discourse within the lyrical space-time design of pastoral myth. The principal technique he uses is, for lack of a better term, "interpolation," but used with such variety and virtuosity as to become novelistic itself. This is a technique Cervantes borrowed from Montemayor and after the one I have just described the principal feature of *Galatea*. Across the duration and action of a prose eclogue in a natural setting and involving the love affairs of shepherds, the narrator "interpolates" a variety of non-pastoral narratives, with contrasting or parallel styles, and of course each with its own temporal duration. The whole is an elaborate artifice of narrative time, events and styles. In this respect *Galatea* is a clear anticipation of *Don Quixote*, Part I.

The duration of the narrative through the six books, by my calculation, is ten days.[1] That is, from the opening lament by Elicio in

---

[1] Such a calculation attributes an absolute value to the order of the

Book I to the final scene of Book VI when, having received Galatea's letter, Elicio prepares to intervene and frustrate her father's plan to marry her forcibly to the wealthy Portuguese foreigner, ten days have passed, according to the disclosures made by the narrator. Following the convention of the eclogue, he marks the passage of time into natural units of day and night, with particular interest and stylistic flourish for the transitional periods, dawn and nightfall, employing almost constantly a series of stylistic formulas, images and mythological tropes. Natural time, or the passage of natural time, forms the basis of narrative.

The sensory world in which his shepherds move and speak, I hesitate to say 'work' because they perform little of it, is nature in her primitive innocence and beauty, the indispensable to lyrical and uninhibited erotic expression. The location and its landscape is a region, a green belt, of hills and valleys, groves and fields, with villages interspersed, on the banks of the Tajo, in central Spain, never specifically situated on the map, of course, but one might suppose a region downstream from Toledo, with access to the border with Portugal. The time, weather and season is summer—a particular summer of contemporary Spain in the 1580's coinciding with the mythical summer of pastoral narrative.

On the chart opposite I have sketched the formal division of six books and the movement and intervals of days and nights together with an indication of the major narrative threads across the span of ten days and nine nights. As you can see at a glance, only one—Book

narrator's disclosures. At either end (that is, the first and tenth days) the unit of time is indefinite or incomplete. The narrative begins on an unspecified day and remains suspended indefinitely as of the morning of the tenth. My calculation confirms Joaquín Casalduero's as expounded in "La Galatea," in *Suma Cervantina*, ed., J. B. Avalle-Arce and E. C. Riley (London: Tamesis, 1973), pp. 27-46, at p. 44. In addition to Avalle-Arce's analysis in *La novela pastoril española*, 2nd ed. (Madrid: Ediciones Istmo, 1974) and his edition of *Galatea*, 2nd ed. (Madrid: Espasa-Calpe, 1968), I found the following helpful in the preparation of this paper: Celina Sabor de Cortazar, "Observaciones sobre la estructura de La Galatea," *Filología*, 15 (1971), 227-39; Ruth El Saffar, "*La Galatea*: the integrity of the unintegrated text," *Dispositio*, 3 (1978), 337-51, and A. Solé-Leris, *The Spanish Pastoral Novel* (Twayne, 1980). Just after the date of the Symposium there appeared the article by Aurora Egido, "Topografia y cronología en *La Galatea*," *Lecciones Cervantinas*, ed. A. Egido (Zaragoza: Caja de Ahorros de Zaragoza, Aragón y Rioja, 1985) pp. 49-93, which provides an excellent new framework, historial and critical, to the elements of time, space and landscape.

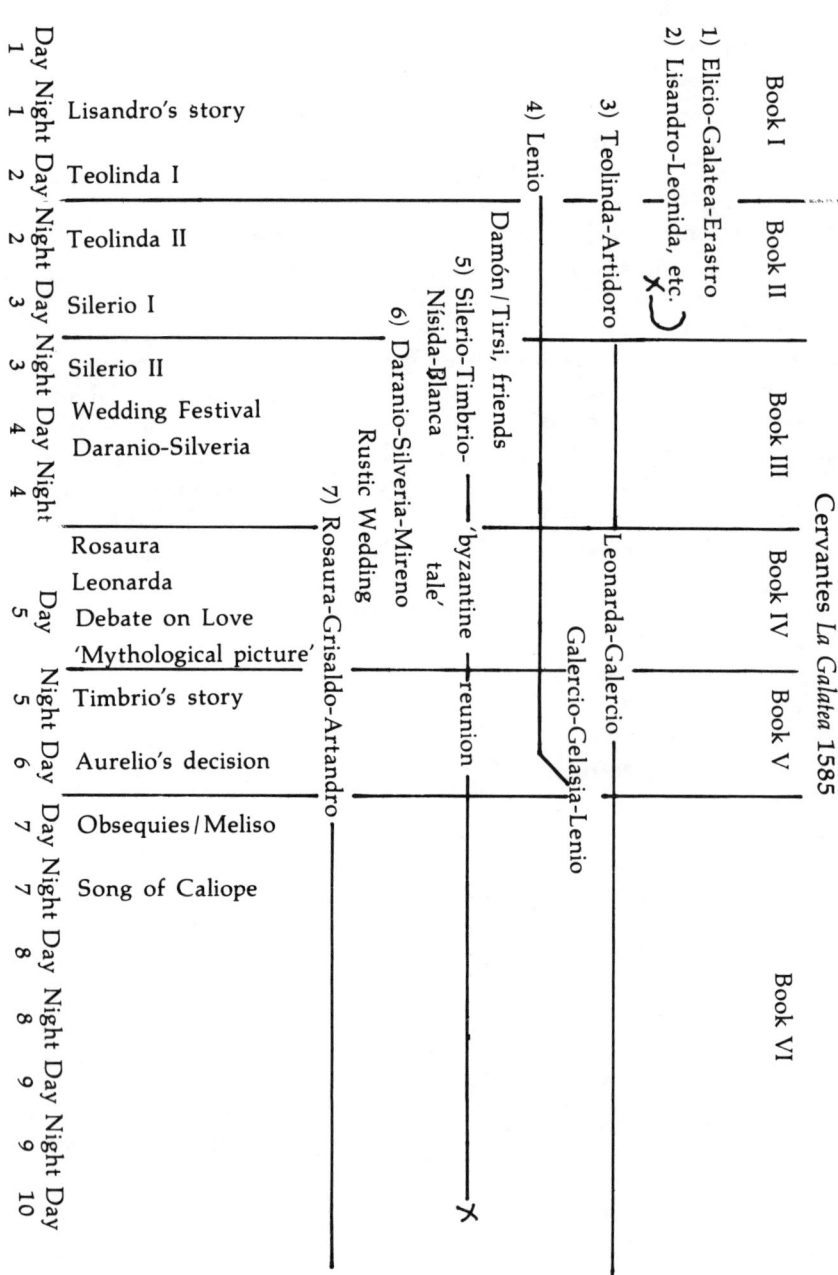

IV—has the formal or symmetrical division we might expect from the conventional eclogue: beginning at dawn and closing at sunset or twilight. The pattern of division is purposely and dramatically asymmetrical. Scenes and episodes are arranged and disclosed according to the experience or movements of different shepherds, male or female. In Books I and II the narrator alternates a grouping of shepherds with a grouping of shepherdesses. Gradually, he brings male and female groupings together for longer intervals, so that from a nearly total separation in Books I and II, in Books IV to VI his groupings become progressively larger mixed assemblies. Book III closes with the wedding festival, as if to set off the first half of the work from the other. The action then works toward the scenes of resolution in Book V and the suspension of Book VI. What we may discern, then, is that a sequential division of days and nights--the static passage of natural time—is contrasted with the dramatic arrangement of experience, of events and groupings. At the close of Book VI Elicio has only a single day to devise a scheme to prevent Galatea's marriage. If time is all-important at the close, it was unimportant to begin with.

Book I opens with Elicio's lament (in verse) which serves as prologue to the entire work, since a time of day for it is not specified. The narrative begins *in medias res*. The action proper begins with another lament by Elicio and his experience is the thread of narrative throughout the first sequence of day-night. His lament is interrupted by the appearance of Erastro, his rival, or conceivable rival, for the love of Galatea, an ideal of feminine beauty and chastity who remains immune to their entreaties. Elicio, as shepherd and lover, is sensitive, tactful, intelligent. Erastro is a goatherd, rustic in feeling and intelligence. They are two poles of masculinity opposite Galatea in the triangular situation created, we are led to believe, by the power of love in nature herself. Suddenly, before their eyes, another male appears pursued by yet another who stabs and kills him. What they witness is the violent outcome of what later unfolds (interpolated) as Lisandro's narrative. The stranger has, before their eyes, taken vengeance for a horrible treachery; he disappears. The shepherds give the corpse a decent burial, Erastro doing the heavy, physical work. The sun is setting by the time they complete their unhappy task. That night Elicio, unable to sleep, comes out of his hut into the moonlight, seeking solitude. He comes upon Lisandro in a state of near dispair, and the stranger now, in a nocturnal scene, tells his narrative (to a single male listener) of family rivalries and feuds among the landed gentry (*hidalgos*) in a town in Andalusia. The treacherous death of Leonida, his betrothed, was carried out in the darkness of a tempestuous night six months ago. His story is one of love fallen victim to a feud between families. At the center of the first panel the narrator has interpolated this narrative of treachery and violence in a nocturnal scene that is Elicio's exclusive experience.

On the following dawn Elicio and Erastro, tending their flocks, meet Galatea who avoids their company because she must keep her word to her intimate friend Florisa to spend the day with her. The second day will be a predominantly female unit of narrative. The two lovely shepherdesses are gathering flowers to make braids for their hair when they see a strange shepherdess downstream in a distraught state and showing all the signs of a complete and deep alienation. She is Teolinda, a villager (*aldeana*) from a working family (*labradores*) from the banks of the Henares. That morning Teolinda tells her narrative to Galatea and Florisa. Or, rather, she tells (again, interpolates) the first installment of her story, because it will run alongside the threads of others to the end of Book Six. It is Cervantes' most conscientious effort to explore the erotic in the female soul according to the conventions of pastoral romance and yet it is complicated from within the interstices of that soul by novelistic devices. At the right moment of her natural development (in our terms), Teolinda awoke to the purest impulses of love when she first saw Artidoro, a handsome shepherd and stranger in her village at a festival, and nature would have taken its course, for he reciprocated her interest in him, had it not been for.... Her narrative is interrupted by the sudden appearance of a hare fleeing from a group of shepherds out hunting. The hare, pursued by dogs, finds safety in Galatea's arms. The incident is strategic foreshadowing, for among the hunters is Galatea's father, the venerable Aurelio, who now takes over the center of the group, and Book I moves to its close. The first panel closes with an assembly of both sexes who share a noon meal. On separating they hear the voice of Lenio the non-lover—*pastor desamorado*—singing his customary song. The design of the first panel has traced the experience of Elicio-Erastro as a possible rivalry but held in abeyance by their friendship and Galatea's coldness toward both of them. Their friendship is counterpointed by the bond between Galatea and her friend Florisa.

Book Two opens as Teolinda resumes her narrative in a nocturnal scene, again to Galatea and Florisa, in the privacy of a little garden behind Galatea's house. Through the hours of the night she brings her narrative forward to the time she appeared that morning. Some four weeks ago (by my calculation of her disclosures) the stranger Artidoro arrived in her village by the Henares; a week or so later they had expressed their love for one another. Then trouble appeared, in the form of her sister, who returned to their village about two weeks ago. The love of a couple about to be betrothed was suddenly jeopardized by the appearance of this sister, fated as if by nature herself, to be the rival, for her sister resembles her so closely she could be her twin or her other self). On the day after her sister's return, because of her father's wishes, Teolinda was unable to join Artidoro in the fields. Instead her sister Leonarda took Teolinda's flock out to pasture and met Artidoro who, mistaking her for Teolinda, addressed her passionately as his future bride. Leonarda, shocked beyond words as she later told her sister, rebuked him but deceived him as well for she did not tell him who she was. Artidoro, believing he had been rejected by an inconstant and ungrateful Teolinda, in despair left the village and returned to his native region here beside the Tajo. Unable to find him, to express her love for him and to clarify the mixup, in desperation Teolinda has left her village and her family behind and for nine days, she says, she has been searching for him, in the hope of repairing the damage caused by her unfeeling sister. This unburdening of a female soul through the hours of the night to a pair of female listeners aligns the theme of female friendship with the theme of female rivalry in love. The dawn of day three ushers in a masculine unit of narrative that will align the themes of male friendship and conflicts of love, in the pairs of males, Elicio and Erastro, Tirsi and Damón, famous as entertainers, and then in Silerio's narrative. The male version is subtly introduced through the eyes of the three females, who then withdraw. Damón and Tirsi illustrate the bond of friendship that unites two men who have no cause to be rivals in love because they are attracted to different females. Elicio and Erastro illustrate the male pair who love the same woman, but are united by the bond that her aloofness from both provokes. The group of four shepherds makes its way back to the village in anticipation of the wedding festival to begin that evening. They come upon an old hermitage and hear the strains of song and harp. It is Silerio's voice they hear. This young man, says Erastro, arrived some twelve or fourteen days ago, apparently intent on spending the rest of his life here as hermit and penitent. Silerio appears, a "hermit" at age twenty-two, consumed by an affliction that is wasting his soul. The first part of his narrative (a major interpolation) takes up the afternoon hours of the third day. It is a triangular story and a conflict between the fatal attraction he feels for Nísida and loyalty to his friend Timbrio for whom he consented to woo her. This part of his narrative moves to a climax when first Timbrio, having discovered Silerio's love for Nísida, is overheard by Silerio to declare that he will withdraw out of loyalty to his friend, and then Silerio, equally loyal, declares a feigned love for Blanca, her sister, sacrificing his love for Nísida for the sake of his friend. His story is cut off by the appearance of a stately group of shepherds conducting the bridegroom Daranio to the festival. At its close the second panel leaves three major threads, each a triangular situation, in suspension. Nísida's preference is not yet known. Book II closes with a song by Lenio the non-lover before an audience of males and then the arrival of Galatea with her two companions and a song by Erastro, accompanied harmoniously by Elicio on his flute (*zampoña*) on the static theme of constancy: Erastro finds fulfilment in his love for Galatea, though his love were to go unrequited forever.

The opening of Book III is the male parallel to Book II. Silerio tells the second part of his narrative to a group of four male listeners through the hours of the night in a room in Elicio's house. When he revealed to Nísida his fabrication and its purpose, he found to his sorrow that she accepted Timbrio as her suitor. Thus Nísida's preference would have resolved the triangle if.... The combat between Timbrio and Pransiles is about to take place when the voice of a shepherd outside in the dark interrupts his story. This shepherd is Mireno who loves and was loved in return by Silveria until her father decided to marry her to the wealthy Daranio and she, contrary to expectations, has acquiesced and accepted Daranio as her lover and husband. Mireno in the dark laments his fate and reproaches her for her inconstancy and ingratitude. The marriage on the following day, then, is the resolution of yet another triangular situation, or the pastoral version of the same, and hence perhaps the natural version, resolved by the decision of the female. Thus Silerio as he concludes his story is in a situation similar to Mireno's. His failure to display the white sash brought about Nísida's apparent death and his separation from his friend. It is nearly dawn when the group of shepherds retires; at dawn, amid the universal joy and preparation for the wedding, they are awaken by Mireno lamenting his loss. Elicio attempts to console him, another strategic detail; the marriage of Silveria by her father foreshadows the decision to be made by Galatea's father. The nuptial festival preempts the narrative of day four. The ceremony, half pagan, half Christian, is held in a "temple."

After the sumptuous meal, four local shepherds put on an eclogue in verse, as part of the festivities. This dramatic piece is both art and life, or life consummated in artifice, because the four shepherds illustrate four cases of unhappy love of which each is the suffering or corresponding example. They are four stylized cases of pastoral romance: death of the beloved, pangs of jealousy, separation from the beloved and unrequited love. The rustic wedding thus forms the thematic center of the entire work.

Against the triangular situations suspended and novelistically potential, the rustic wedding and its eclogue celebrate lovers paired or separated in poetic myth. The design of the third panel attempts to arrest the course of novelistic complication with a ceremonial interlude and fertility rite that recognizes marriage as the consummation of poetic myth as well as of love. The marriage festival has been the communal experience of all (except Silerio) and the night that follows is devoid of narrative content except for the presentiments of Elicio and Teolinda.

On the next morning the course of narrative regains its momentum with the introduction of yet another novelistic thread only to reach an even more static level of representation as night descends. The morning of Book IV is a feminine unit of narrative in the sense that it becomes the experience of Galatea, Florisa and Teolinda, who witness from a concealed place the scene in which Rosaura extorts from her lover Grisaldo the promise to marry her by threatening to stab and kill herself. These protagonists belong to the landed nobility of the region and their story became a triangular situation when Rosaura, out of whim or insecurity, wished to arouse jealousy in Grisaldo by pretending to favor Artandro, an Aragonese nobleman recently arrived. Grisaldo's reaction, to marry another lady, has driven her to the desperate act witnessed by the three shepherdesses. When the girl who accompanies Rosaura takes off her veil, Teolinda recognizes her sister, Leonarda. Rosaura and Leonarda join Galatea's group when Grisaldo returns to his home to arrange the marriage. In this advanced stage of his narrative, the narrator is interlacing up to four different major threads and the most expedient means at his disposal is to effect the fortuitous appearance of the character on whom the solution of the "interpolated" story will depend. The first of these is Leonarda, the next two will be Nísida and Blanca.

From Leonarda now we hear that Artidoro, Teolinda's lover, has a brother Galercio, who resembles him so closely it is impossible to tell them apart and that she has fallen in love with him. The quaternity made up of two sets of identical twins, a traditional motif, is about to emerge but will disintegrate of itself under the pressure of a novelistic treatment.

At noon the thread of experience passes to a masculine grouping. A group of shepherds led by Elicio and Erastro (but from which Silerio has excluded himself) comes upon a group of four travellers resting at a fountain. They turn out to be Timbrio, Nísida and Blanca, accompanied by Darinto, who have arrived in Spain and are looking for Silerio. Through the hours of the afternoon, before a mixed assembly, Lenio and Tirsi hold a debate on the power, merits and demerits of love. Lenio the non-lover, intellectually superior to the claims of love, is as brilliant in his attack as is Tirsi in his defense and praise of love, his arguments infused with Neoplatonic theory. In the audience are Galatea and her dignified father. At this point the narrator stages the climatic scene of this panel. The entire company is about to set out for Silerio's hut (consider what expectations the narrator wishes to arouse), when an adolescent shepherdess, Maurisa (the sister of the identical twins), instead takes the entire company to a scene taking place beside a willow: a blonde shepherdess in the dress of a nymph-huntress looks down with haughty disdain at the shepherd who kneels at her feet, restraining her impulse to flee with one hand; sobbing and (driven to desperation by her heartless rejection), with a rope aroud his neck and a knife in the other hand, he pleads with her to concede either love or death. The scene is like a drawing illustrating an archetypal situation out of pastoral myth. She is Gelasia, and her name needs no further comment. He is Galercio, the brother of Artidoro. The narrator, in an attempt to arrest the inner movement of his design, has taken recourse to a timeless image illustrating the all-powerful effect of female preference and the killing effect of love unrequited. The effect is overwhelming for Teolinda and Leonarda, who see in Galercio's features the face of their beloved, and irreversible for Lenio, now aroused to fascination by a woman so inured to love. At nightfall the entire company disperses in various directions and groupings. Elicio and Erastro accompany Galatea and Florisa back to the village, alternating in discreet lyrical outbursts their love and praise of Galatea.

Book V. The narrator's control over the multiple threads of narrative now becomes decisive. He must arrange the appearance, groupings and successive movements of shepherds, shepherdesses, gentlemen (*caballeros*) and ladies, and align one resolution after another. The narrator of an eclogue must now press his techniques into those of a novelist. In this attempt to compress the resolution of some ten different threads of narrative into the space-time unit of the eclogue (twelve or twenty four hours) we can discern Cervantes engaged in what is probably the earliest attempt to achieve an architectural synthesis of history and poetry, of narrative styles and techniques, that is novelistic in our modern sense. No one character or combination of characters dominates the action.

The experience of one character no longer determines the unfolding of plot or narrative. As Book V opens the entire cast is assembled once again at the hermit's hut where by brilliant moonlight outside Timbrio and Nísida reveal their identity to Silerio, and then Timbrio tells the final installment of their story. He and Nísida were reunited and likewise it became apparent that the sister Blanca had concealed a deep love for Silerio, so that now Timbrio seeks the support of all to convince Silerio to take Blanca as his wife. he does and by the next morning the hermit is transformed into a radiant bridegroom.

No sooner does the narrator effect this resolution than he introduces from an unexpected quarter the interference that will suspend the central triangle. On that very morning, Aurelio, Galatea's father, arrives at the hermit's hut with gifts but notably without Elicio nor Erastro. They are found later in the day overcome with grief. Only then does the narrator reveal, in the manner of the omniscient novelist, that Aurelio had told them that morning on the way to the hut of the irrevocable decision to give Galatea in marriage to the Portuguese shepherd. With this devasting news, the outward serenity of its three figures crushed, the plot of the eclogue takes a most unexpected turn. Galatea's situation is reversed. Up to now she has not felt the compulsion to love and now she will be compelled to marry against her wishes.

In the form of *redondillas* (octosyllabic quatrains) she laments her new predicament. She will be forced not only to marry but to leave her native land. She even laments having to put up with a vexing mother-in-law. Through the sixth day the narrator stages the happy solution to the Silerio-Blanca and Timbrio-Nísida story as a contrast to his main triangle, undermined by Aurelio's decision, and orchestrates the outcome of three more threads. The suspension of novelistic movement is forcibly displaced into Book VI. Lenio, contrary to all expectations, has succumbed to love's power: his mind and heart are now subject to the inflexible Gelasia, who is still pursued by Galercio. Rosaura is violently abducted by Artandro, the Aragonese suitor she flirted with. The aggressive Leonarda, failing to arouse any feeling in Galercio, turned on his brother and tricked him into a promise of marriage by pretending to be Teolinda.

All of these cases come to be known to Galatea and heighten her predicament. Will she resist her father's authority? Will she become a victim to (and the paradigm) of parental authority negating the female's right and preference, her freedom to choose to love or not to love, or to choose her lover and mate? Her predicament is held in suspension for several days while the artifice of an eclogue is played out in ceremonial ritual.

The mournful sound of a horn convokes a great assembly of shepherds to the Valley of Cypresses where the venerable and priest-like Telio presides over the obsequies to the deceased poet and shepherd Meliso, a ritual performed every year on the anniversary of his death and commemorating the illustrious dead buried here. The seventh day of the action is, literally, consecrated to this ceremony. A symmetrical counterpart to the marriage rite in Book III, the memorial ritual, decidedly pagan, commemorates pastoral life as one with the forces of nature and as such with natural time. The unity of man bound to nature, in love and death, is the transparency of natural time encased in myth. Or, rather, the artifice of nature, sustained in the passage of natural time to which all living forms are subject, is one with the mythical conception of life that music and poetry emulate.

The obsequies to the deceased poet is the medium by which pastoral life is renewed as a mythical conception. As night falls over the assembly in the Valley of Cypresses, a supernatural light and fire rise from Meliso's grave and from it emerges the figure of the muse Caliope, who celebrates in song the roster of Spain's famous living poets. Just as her song is a celebration of history and poetry, so this interval with its recourse to pagan religion and magic, is a total suspension of narrative verisimilitude onto the stasis of poetry and pastoral myth.

The next day is given over to song, games and riddles, the plot of the eclogue held in suspension. What situation will the narrator develop two days hence on the arrival of the Portuguese shepherd? Will Elicio succeed? What will become of Galatea? Or, rather, who is Galatea for her author? Galatea, for her beauty, honor and discretion, incarnates the mythical power of love encased in nature. Yet the predicament imposed on her by her author would indicate a parting of the way for both. Is she to remain an archetypal figure, a goddessdaughter of myth, to be offered up as victim to her strong-willed father? A counterpart to Montemayor's Diana—*malmaridada* destined to be unhappy in marriage? Or is she, on the other hand, to display in the forthcoming sequel, the personal autonomy of a novelistic character and take her fate and freedom into her own hands, the figure of pastoral romance at the threshold of a novelistic transformation?

The sixth book closes as a group of shepherds makes its way to Aurelio's house, determined to thwart his intention by persuasion or deception or force. As of the tenth day of its story, *La Galatea* is one of those works of art forever 'unfinished,' despite its author's intention or promises to continue and complete it. After four centuries its very incompleteness remains a tribute to his powers as time's greatest novelist.

UNIVERSITY OF CALIFORNIA, BERKELEY

Cervantes and the Picaresque: Redivivo

JOSEPH V. RICAPITO

I

CRITICAL BACKGROUND

NTIL APPROXIMATELY 1957, the date of a publication by C. Blanco Aguinaga which re-examined Cervantes and the picaresque genre,[1] it was almost axiomatic in some critical circles for Cervantes to be considered, if not a picaresque novelist, certainly someone who dipped generously into the picaresque world and shared its use of certain typologies and situations. The effects of this generalized point of view on the teaching of Spanish literature can be imagined, and so this view of Cervantes as a picaresque writer, or something close to this was widely propagated.

Blanco's article, which enunciated the differences between Cervantes and the picaresque, culminated the point of view which goes as far back as Menéndez y Pelayo,[2] and includes such scholars as Américo Castro, among others.[3]

---

[1] C. Blanco Aguinaga. "Cervantes y la picaresca: Notas sobre dos tipos de realismo," *NRFH*, 11 (1957): 314-42.

[2] M. Menéndez y Pelayo. "Cultura literaria de Miguel de Cervantes y elaboración del Quijote," in *Estudios de crítica literaria*, IV. (Madrid: Revista de Archivos, 1907) see pp. 3-65.

[3] For a useful list of critics who study Cervantes in relation with the picaresque see my *Bibliografía razonada y anotada de las obras maestras de la picaresca española*. (Madrid: Castalia, 1980); see pp. 193-200.

In my study, I shall be using principally a quote of Ginés de Pasamonte in *Don Quijote*, I, chap. XXII, and the *Novelas ejemplares* "Rinconete y Cortadillo," "La ilustre fregona," "El celoso extremeño", and the "Coloquio de los perros" as a basis for my observations. Other allusions to picaresque characters, practices, happenings, etc., will appear in other Cervantine works, but in the four above-mentioned *novelas* the question of Cervantes' link with the picaresque is the most substantial and therefore the most useful for the present discussion.

Menéndez y Pelayo makes a sharp distinction between the picaresque novel and Cervantes. For him, the picaresque as a genre is independent of Cervantes and developed before him. Its basic orientation, he notes, offers a different perspective from that of Cervantes'. Focusing on specific *novelas*, he observes that "Rinconete y Cortadillo" is a sketch taken directly from life and is not an idealization of astuteness caused by hunger, e.g., Lazarillo de Tormes, nor is it a deep psychological study of anti-social life as in *Guzmán de Alfarache*. Basically, in "Rinconete y Cortadillo" there is a sense of joy that purifies everything that is ugly and base. Scenes of the *hampa* are converted into a happy and gleeful spectacle. The satirical, moral and stylistic aspects of "Rinconete y Cortadillo" are very different from the sobriety of *Lazarillo* or the negative perspective of *Guzmán*. Menéndez y Pelayo also notes that the *Guzmán* offers such a contrast to Cervantes that Menéndez y Pelayo believes that Alemán does not seem to be Cervantes' contemporary. We shall return to this last statement of Menéndez y Pelayo.

Américo Castro in 1925 further sought to differentiate the picaresque literary view from Cervantes' literary production by cutting *Lazarillo* away from the generally considered picaresque genre and then referring to *Guzmán* as the prototypic true picaresque work.[4] In the confrontation between *Guzmán* and Cervantes, Castro focused on the all-pervasive *amargura* of the *Guzmán* as its key tonic device which, Castro felt, stood opposite to Cervantes' work which is characterized by harmony and optimism.

Blanco Aguinaga, following in the footsteps of Castro, pursues further the distinction between *Guzmán* and Cervantes, using the former as a principal device in his delineation of two differing literary

---

[4] A. Castro. *El pensamiento de Cervantes* [Anejo VI, RFE]. (Madrid: Hernando, 1925); see pp. 230-39.

realities. Blanco will pursue his arguments, focusing on the form and themes of Cervantes' works commonly referred to as "picaresque." Essentially, in the case of *Guzmán* we have a "realismo dogmático y de desengaño" while in Cervantes we have a "realismo objetivo." In the *Guzmán*, the structure and development of the novel is governed by a pre-history which rules over the character's actions. The reality presented in the "Coloquio de los perros" is one over which the reader can meditate and even vacilate, unlike the *Guzmán*. By giving dogs the power of speech, Blanco suggests that there is a parody of the picaresque "en cuanto forma dogmática segura de sí misma..." (pp. 333-334). Unlike *Guzmán* where any possible escape hatches are closed off, Cervantes in the "Coloquio" is rather opening them up.

In "Rinconete y Cortadillo" one sees a novel of *costumbres* rather than a novel per se. Like the novel of manners or customs there is no beginning or ending; it is free of any manipulating *pre-historia*. The action happens before our eyes moving in life and experiencing things *al azar*, as it were. The lack of specific direction leads Blanco Aguinaga to think that moral commentary is lost. At the end of the story the reader is left with the expectation of more life.

With the "Ilustre fregona" there is some pre-history and the lack of an autobiographical form. Picaresque life is chosen freely by Diego, being guided by *inclinación*. Blanco does not find it fortuitous that the character who denies some of the basic aspects of the picaresque should be able to teach Guzmán de Alfarache something of the action and the moral quality of life. Alemán will leave no "open doors," so to speak, through which his character can slip. The trajectory of his life will be strongly governed by a series of ideas and principles, and there will be no deviation from these. All of the actions will culminate in the character's uncovering of the essential evil of life. He concludes: "El *Guzmán* es, temática y formalmente una novela cerrada, didáctica; una novela ejemplar en su realismo dogmático de desengaño" (328).

Focusing on specific works of Cervantes, Blanco Aguinaga believes that where the picaresque boasts particular characteristics (autobiographical form, servant of many masters, tendency toward moralizing, etc.) Cervantes gives us a "realidad-ficción" filled with imaginative possibilities, with such possibilities being left open. A fundamental difference between the picaresque and Cervantes is that in the "Coloquio," Berganza is accompanied by Cipión, with one balancing off the view of the other. At times they agree and at times they do not. Reality is accepted by Cervantes in all its absolute complexity, not just one view of it. Concluding, Blanco Aguinaga avers that Cervantes' so-called picaresque novels are different from the true picaresque novel (*Guzmán*). Cervantes' realism, unlike Mateo Alemán's is "apertura total, presentación prismática" (342).

Casalduero generally follows the lines opened by Castro by highlighting the role of the true picaresque as presenting the one-sided view of life in its negative and evil contours, a position Casalduero does not see in Cervantes' works.[5] Casalduero also views the religious and moral features of the picaresque as a result of the unilateral view of life as evil; no such view, we infer, is derived from a reading of Cervantes' picaresque works.

Oldric Bělič's essay hopes to reject some of the views espoused by Blanco Aguinaga.[6] Using a Marxist literary critical method he believes that due in some ways to important social and economic changes Cervantes was not in consonance with his society and judged it critically. Unlike the picaresque, which is grounded in a pessimism, Cervantes displays an optimism. While the bulk of picaresque literary production is bourgeois, Cervantes identified with the indomitable spirit of the masses which rejects the despairing view of life, embracing positive and optimistic attitudes of life. Cervantes is creating a democratic literature much wider than the democratic spirit embodied in the picaresque. Cervantes, according to Bělič, offers a clean and unmistakeable attitude toward reality and represents the ideas of an intellectual of the Renaissance who is linked with the masses. We have in Cervantes, according to Bělič, an "optimismo histórico."

With respect to the question of reality, Bělič believes that Cervantes holds up an ideal to reality and judges reality with this ideal in mind. Cervantes' ideal view of the masses does not allow his work to fall into some of the weaknesses of the picaresque. In sum, Bělič notes that Cervantes' works lack pessimism; and there is no tragic isolation of the character. While picaresque literature is a bourgeois manifestation Cervantes was not a bourgeois writer.

After a careful study of bibliographical materials of picaresque novels, as well as their contextual elements, Claudio Guillén, in 1971, viewed the rise and presence of *Don Quijote* in terms of the

---

[5] J. Casalduero. *Sentido y forma de las Novelas ejemplares.* (Madrid: Gredos, 1962); see pp. 103-05.

[6] O. Bělič. "Cervantes y la novela picaresca," *Philologica Praguensia* (Prague), 6 (1963): 113-23.

confrontation and acknowledgement of a genre (as described in Ginés de Pasamonte's statement in DQ about the writing of his own *Vida* [*DQ*, part 1, chap. XXII]) as the conscious creation of a countergenre, by means of "'negative impacts or *influences à rebours*'" (p. 146) as he says.[7]

Peter Dunn re-evaluates some of the statements critics have made with respect to Cervantes and the picaresque.[8] He basically denies that Cervantes regarded the picaresque as a coherent genre in his own time. Dunn also questions Ginés de Pasamonte's remarks concerning autobiography, Ginés' own *vida* and other narratives at the time, as a rejection of the picaresque. However, Dunn affirms that certain works of Cervantes would be inconceivable without the picaresque. He affirms that Cervantes mixes various picaresque things in a manner of a *bricolage*, as he says. Dunn notes that basic questions posed by the Cervantes/picaresque question tend to underestimate Cervantes' art and thinking when we put him in bitter ideological animosity against Alemán. Some of the arguments alleged in the polemic represent, according to Dunn, a falsification of Cervantes' "creative responses at different moments." (p. 131) Essentially, in the name of truly understanding Cervantes' work it is contact with picaresque motifs, characters, etc., that the reader and critic should be searching for the new perspectives at which Cervantes aimed. In his concluding remarks Dunn states: "All his [Cervantes'] best fiction is intergeneric, and we as readers have to

---

[7] "Genre and Countergenre" in *Literature as System* (Princeton: Princeton University Press, 1971), see pp. 135-58. Guillén's perceptive analysis seeks to account for the creation of Cervantes' masterpiece, *Don Quijote*, through the confrontation between the picaresque genre and some of Cervantes' ideas on literary creation. Guillén does touch, *en passant*, on the problems which involve the picaresque genre, *El coloquio de los perros* and *La ilustre fregona* (see below endnote 25). My approach coincides with many of Guillén's useful and insightful comments (as it does with those of Américo Castro and Carlos Blanco Aguinaga), but in this essay I have chosen to focus more precisely on the question of literary confrontation in other stylistic and ideological elements in the *Novelas ejemplares* that deal, directly or indirectly, with the picaresque genre, although I acknowledge the role that the picaresque genre has had in the appearance of *Don Quijote*. The reasoning on the question is not exclusive to either the *Novelas ejemplares* or the *Quijote*; they are rather both parts of the same polemic question.

[8] P.N. Dunn. "Cervantes/DeReconstructs the Picaresque," *Cervantes*, 2 (1982): 109-31.

begin by deconstructing that nineteenth-century invention, the picaresque, and the criticism that has kept it in place."⁹

The purpose of my essay is to re-examine the question of Cervantes' link with the picaresque genre (especially focusing on Cervantes' *Novelas ejemplares*) to continue the analytical thread of Américo Castro, Marcel Bataillon, C. Blanco Aguinaga, Claudio Guillén and to act on P. N. Dunn's suggestion that new perspectives be sought on the question.

II

"LA ILUSTRE FREGONA"

In this tale Cervantes avails himself of the substance of picaresque tales. The picaresque motifs, those that are there, exist as a matrix in a very loose, impressionistic manner. Within the matrix there will be the other plot features that are not usually to be found in a picaresque account.

In describing Carriazo, the narrator reveals that he could teach the picaresque craft "al famoso de Alfarache,"¹⁰ which reinforces the initial postulation of two young boys which, given certain literary antecedents, may automatically create an impression or expectation

---

⁹ Ibid., p. 131. In studying "Rinconete y Cortadillo," Avalle-Arce affirms that Cervantes does not follow the canonical view of picaresque typology. Moreover, he states, "Cervantes nunca tuvo la menor intención ni gana de escribir una novela picaresca, según los cánones explotados al máximo por Mateo Alemán" (*Novelas ejemplares*, I. [Madrid: Castalia, 1982,] 25). Díaz Plaja some time ago saw the influence of *Guzmán de Alfarache* in the *Novelas ejemplares* in the "búsqueda de lo íntimo," "monólogo interior" and the "conciencia de soledad" (J. Díaz Plaja. "La técnica narrativa de Cervantes (Algunas observaciones), *RFE*, 32 (1948): 237-68; see especially p. 241). For a critically updated view of the *Novelas ejemplares* see R. González Echevarría's "The Life and Adventures of Cipión: Cervantes and the Picaresque," *Diacritics*, (Sept. 1980): 15-26.

¹⁰ This phrase, along with Ginés de Pasamonte's statement about the writing of his life, is often quoted by critics. Bataillon has noted that in spite of Alemán's importance, he is not mentioned by Cervantes (p. 218). This is especially odd since Cervantes mentioned the names of Pícara Justina and Quevedo in the *Viaje del Parnaso* (p. 219). Bataillon even suggests that it should rather read "mal año para Guzmán de Alfarache" than "mal año para Lazarillo de Tormes" (p.227). Bataillon even suggests that the hasty publication of *Don Quijote*, Part I, is due to the publication of *Guzmán de Alfarache*, Part 2 (pp. 219-20) M. Bataillon, "Relaciones literarias," in J. B. Avalle-Arce and E. C. Riley, eds. *Suma cervantina*, (London: Tamesis, 1978) 215-32.

of a picaresque account, in the manner of Petronius Arbiter's *Satyricon*.

The boys are identified with being card sharpers; this too is an accepted and stereotypic trait of pícaros. It is one of the endeavors in which *Guzmán* indulges in his life as a young rogue.

The author also makes use of literary space when he places the action in the "almadrabas de Zahara" (III, 47). The picaresque genre, which was literary, recoils back on life, and readers entranced with the experiences of literary characters immersed in a realistic setting turn back to life and seek out and identify in life what they have read in art: Salamanca, Toledo, Sevilla, Genoa, Segovia, Ronda. All these places will be immortalized in literature. In the public mind a mythical view of space also exists with regard to places: Haight-Ashbury; Greenwich Village; Taos, New Mexico; Naples; Marseilles; Seville; Amsterdam; Buenos Aires; the myth eventually overpowers reality. By merely mentioning the "almadrabas" the reader imagines a literary space, which is perceived as "criminal," and therefore picaresque.[11]

When Cervantes repeats the phrase "¡Oh pícaros de cocina, sucios, gordos y lucios, pobres fingidos, tullidos falsos, cicateruelos de Zocodover y de la plaza de Madrid, vistosos oracioneros, esportilleros de Sevilla, mandilejos de la Hampa, con toda la caterva in[n]umerable que se encierra debajo de este nombre *pícaro*!" (III, 47-48) he resorts to an ideal aspect of picaresque conduct. There are numerous praises of the picaresque life, but these idealizations of the picaresque life do not address the true substance of picaresque life as we know it in literature. It deals with an idealistic life far removed from the physical torments of Lazarillo, Guzmán, and Pablos. It is a creation which identifies one aspect of picaresque life—the loose, independent spirit—, and the rest is pure creation. But in the mind of the public the theme of independence and free movement is attached to the pícaro's tendency to go from one place to another.

When Carriazo pretends to go to Salamanca to study but instead goes to the *almadrabas* he is acting out the most basic of picaresque expedients—deception. From the beginning of pre-picaresque accounts and to the masterpieces of the genre this is the basic stock-

---

[11] Bataillon notes a similar view of space. He says "Es patente el papel desempeñado por el mito poético de las almadrabas en la dinámica de la nada picaresca novela de *La ilustre fregona*" *op. cit.* p. 230.

in-trade of the literary rogue. Even when the two characters steal in order to go away, they are exemplifying another basic characteristic. The presence and allusion to a "ropero" who transforms clothing is also another reminiscence from picaresque literature, notably the *Buscón*, which Cervantes may have known in manuscript form.[12] The person who takes clothing and turns it inside-out and metamorphizes it, especially for anti-social reasons, is as commonplace a motif as can be found, and Cervantes has made ample use of it, among others.

When the Sevillano states "Predicador te has vuelto," can the reader of the time who has already in this tale been made to recognize the presence of "el famoso de Alfarache" forget Guzmán as the "pícaro-predicador"? The "pícaro por antonomasia," Guzmán de Alfarache, looms as the giant of picaresque-type literature of the time, and his combination of narration and moralizations establishes a prototype which was never fully equaled in its time. To speak about a "predicador" in a picaresque (or pseudo-picaresque) environment to which Guzmán de Alfarache has already been alluded, is merely to re-inforce the Guzmanian connection in the mind of the reading public.

The celebrated episode of the donkey and the four parts falls clearly within the purview of picaresque action. It is a huge practical joke that Cervantes exploits for purposes of humor. The joke as a picaresque element is based upon the benevolent deception of someone who will be duped into thinking that the tail is to be considered a separate element. As astuteness and *ciencia* the episode ranks well within picaresque happenings.

In sum, Cervantes builds a story around some well-known and commonly accepted *topoi* of picaresque literature, exploiting the myth of the picaresque and the pícaro as an external frame.

On the other hand, there are other aspects to the story which must be considered and how these deviate from the other more accepted and acceptable features of a picaresque account known in Cervantes' time.

We begin with two characters who are "caballeros principales" as the basic generators of action. Cervantes eschews the picaresque common-place of poverty and lowlife with respect to his characters. No "padres ladrones" or "madres brujas" and "busconas" here. The actions of the characters will be pre-determined if anything by the

---

[12] Ibid., I endorse P.N. Dunn's assumption on this point; see above, note 8, p. 117.

expectations of people on a "middle class" or noble level of life. Similarly, Carriazo is driven by the "inclinación picaresca." Genuine picaresque novels do not offer examples of such programmatic existence. Where it occurs, as it does here, we are dealing with someone who is rather reflecting off the consacrated literary form already in existence. Basically, no one or nothing has forced Carriazo to leave home, as it happens to our better known heroes and heroines of picaresque literature. Carriazo is acting out a role of a picaresque character and life in the same way that someone might adopt "hippie" life in a commune in New Mexico, apache life in Paris, Bohemian life in Greenwich Village, or gaucho life in Argentina. Carriazo is like Don Quijote who adopts the role and pose of a knight-errant as Luis, the *mozo de mulas*, adopts his pose and many other characters that appear in Cervantes' works do. Cervantes is more interested in what happens to someone when he/she is play-acting, what realities emerge and what consequences result from this role-playing. Carriazo and Tomás are conscious of their choice. We note that the character "*quiso vestirse*" (III, 49) in this role, therefore accentuating the "dress-up" aspect of his choice, especially when one is informed that Carriazo has been coming to this environment for three summers. His picaresque existence is something like that of a schoolboy who goes to camp in the summers, and not the hardened rogue who with every brunt is made to eschew normal social contact and relationships.

One must also note, with Blanco Aguinaga, that the felicitous relationship between Carriazo and Tomás is basically a union of friendship, and there is nothing more alien to the pícaro's life than true friendship. As the captain of the first part of *Guzmán de Alfarache* acutely observes, having a "friend" like Guzmanillo may not be the best thing that could happen to you, and conversely Guzmanillo does not deserve or want the kind of friendship that a union between Carriazo and Tomás signifies. Rather than destroy or avoid the theme of friendship, the generator of love, kindness, and generosity, Cervantes, emulating perhaps Cicero, exalts it, like the true Renaissance person he was.

The treatment given to Costanza begins on a note of extolling her superlative beauty. Rather than systematically destroy this picture by revealing pettiness, meanness of spirit, or other possible negative qualities, Cervantes builds vertically from the beautiful to the even more beautiful by giving to the nobility of her physical self, the sanguinary nobility inherited from her father. Her spirituality is further accentuated by her devotion to *Nuestra Señora*. The figure of Costanza is forged on an axis of complete beauty linked with Platonism. Authors who are avowedly picaresque have no such pretensions. The Cervantine world which utilizes other forms of art within the story accentuates sonnets. In *Guzmán de Alfarache*, when Alemán uses a sonnet, it is to reinforce the cruel vindication by Dorido of the death of Clorinia; even art is diminished and foreshortened by Alemán. No such program with Cervantes for whom, to use the felicitious phrase of Américo Castro, "el poder de la palabra escrita" is foremost and moreover is positive in its use rather than an item which will support the destructive, often corrosive, view that Alemán sustains.[13]

For readers accustomed to the almost-knee jerk reaction toward evil and malice of some of our more hardened rogues, what must be said of Lope Asturiano who returns the money he earned in a card game? Such generosity is simply out of place in picaresque narratives.

The *dénouement* of the story itself utilizes other constructive positions. The unmasking of Costanza and the role of Tomás's father is done not to punish but to reward. The secret makes the father of Tomás now a morally regenerated individual. There will be no cases of "honra" to be resolved with blood gushing left and right. At the end all parties are balanced off with appropriate spouses. The social and economic status quo is reaffirmed conveniently by the fact that Costanza is really a member of the same class as Tomás. No one at the end is left hanging or unattended, all needs are met, and life moves on, with no regrets expressed by anyone.

III

"EL CELOSO EXTREMEÑO"

While "El celoso extremeño" possesses its own autonomy as a short story, at the same time it recalls some features in a similar tale by Alemán. This similarity also demands some explanation in terms of the problem being studied here.

The plot of the "Celoso extremeño" deals with the return of an adventurer to Spain who had made good in the New World. As part of his plan of retirement, he takes a very young wife. The

[13] Earlier essays by Anérico Castro assimilate this concept and aspect of Cervantes' work. For a later version of these ideas see his "Incarnation in 'Don Quijote,'" in *Cervantes Across the Centuries*, A. Flores and M. J. Benardete, eds. (N. Y.: Dryden, 1947, 136-78, see esp. 151-65).

complicating factor of the story is that Carrizales, the returned *perulero*, is pathologically jealous. His home will resemble a harem in which he will place a black eunuch and several servant girls. All the restrictions merely call attention to the home and invite the interest and curiosity of others, especially the young Loaysa who will embark on the task of entering the house and hopefully enjoying the favors of Leonora. Through a series of deceptions (read *picardías*) he manages to win to his side the eunuch and especially a *dueña* who will be a go-between. After a series of tricks, Loaysa manages to obtain entrance to the inner-sanctum and is later found by Carrizales to be in bed with his child-bride. Furious at first, Carrizales thinks of avenging his lost honor by reaching for a dagger. However, he falls in a faint from which he does not fully recover and after making sure that the young wife will be well-provided for Carrizales dies; Leonora decides to become a nun, while Loaysa leaves for the Indies.

In the story of Bonifacio and Dorotea (*Guzmán de Alfarache*, Part 2, 2nd book, chapter IX)[14] Alemán presents a situation of love and calm. The protagonists, Dorotea and Bonifacio are happily married, but Claudio who has conceived a profound passion for Dorotea, through a ruse, manages to get her to his house whereupon he forces himself upon her. The careless servants cause a fire to ignite, and Claudio and Dorotea, while leaving the burning house, are dragged off to jail by a jealous lieutenant who himself also had designs on Dorotea's virtue. Through a counter-ruse Dorotea changes places in jail with the *dueña* and returns home to her husband who thinks that all the while Dorotea had been away at a religious retreat. They live in bliss happily ever afterwards, and Bonifacio never knows about the episode in Claudio's house. Several of the witnesses to the episode die, including Claudio's sister whose charred body is found in bed with Claudio's steward. Claudio repents for his misdeeds and in penance goes away to a monastery and spends the rest of his life as a friar.

Cervantes' "Celoso extremeño" is built on a number of similar motifs, some of which are very strongly reminiscent of Alemán's tale. Both stories are built around a series of ruses, so fundamental to a picaresque account. Alemán's story accentuates the lugubrious events

---

[14] See B. Brancaforte's excellent edition of *Guzmán de Alfarache*, (Madrid: Cátedra, 1979).

at Claudio's house but leaves the reader with an ambiguous situation for Bonifacio. The reader is in fact left with a number of questions that are unresolved. How virtuous is Dorotea after the situation? Is she the same in the eyes of Bonifacio? Were Bonifacio to know of the situation, what would his reaction be? These and several other unanswered questions are raised. Alemán, however, has chosen to leave the reader with a reality which is multiform in its possibilities. There are several consequences that could occur but Alemán leaves this situation in its ambivalent and even ambiguous state, a very explosive state.

Cervantes had made a number of changes in the text but in the last text that we know of and with which we work we are left with an incredible *dénouement* (which merely whets our appetite for a greater clarification)[15]. Unlike other stories by Cervantes there is no happy ending here. In fact, given the outcome of the other *Novelas ejemplares* it is a significant departure from the expected "alegría" of the novels.[16] Cervantes has written a picaresque tale according to the style and thought of a similar one by Alemán. But imitation by Cervantes of other styles and literary modes is nothing new for the student of Cervantes. The *Quijote* is filled with all known literary styles and modes: the chivalric narrative, the pastoral narrative, the Greek or Byzantine narrative, the Lucianesque narrative.[17] The picaresque is merely one other model to imitate, change, mold and with which to experiment. In this we acknowledge Dunn's observation about Cervantes' fiction as being intergeneric.

It should be noted that since 1599 *Guzmán de Alfarache* was in every sense a best-seller of the time. Alemán is, very much like Lope de

---

[15] On this point, see A. Castro, "'El celoso extremeño,' de Cervantes," in *Semblanzas y estudios españoles*. Princeton: 1956, 271-95.

[16] In spite of the excellent insights that Blanco offers in his now landmark study (see above note 1) the notion of "alegría" as applied to the *Novelas ejemplares* may be slightly exaggerated. Unhappy or sad elements appear throughout these stories, e.g., "La española inglesa." The "Celoso extremeño" is another example which departs from the "alegría" model and motif. Once again, Cervantes had a mastery of the complete range of human experiences and emotions; but the view of Cervantes as a writer associated with happy outcomes is widely held, perhaps without complete justification.

[17] I utilize Daniel Eisenberg's nomenclature of "narrative" rather than novel for obvious reasons (see D. Eisenberg. *Romances of Chivalry in the Spanish Golden Age*. [Newark, Del.: Juan de la Cuesta—Hispanic Monographs] 1982).

Vega, a living competitor who had captured the imagination of the public.[18] Cervantes, try as he did, never eclipsed Lope as a dramatist. Was Alemán to be another competitor by whom Cervantes would be bested? Based on the example of the "Celoso extremeño" there is no question in my mind that Cervantes could have written a picaresque narrative in the manner of *Guzmán de Alfarache* or *Lazarillo de Tormes* (the episode of Andrés and Haldudo [*DQ*, I, 4] has all the earmarks of the relationship between Lazarillo and the Blindman with respect to the ingredient of cruelty in both episodes).[19] But to have written another picaresque narrative while *Guzmán de Alfarache.* was such a success would have been running the risk of being just another imitator of a picaresque mode. Happily for Cervantes and the history of World Literature he decided to create a work whose originality surpasses the sum of the materials he used in the creation of the first modern novel with *Don Quijote*.[20]

The "Celoso extremeño" is the signal to a literary culture that Cervantes could, if he wanted, have written another picaresque

---

[18] See Geoffrey Stamm: "One need not look far to discover a reason for urgency in Cervantes' publishing his *Don Quijote*, first part. Mateo Alemán was to bring out the second part of *Guzmán de Alfarache*. The first part of that picaresque novel had been an outstanding publishing success. Why not the second? Were *Don Quijote* after the second part of *Guzmán* it would in all probability receive scant attention from readers engrossed in the continuation of the best-seller. *Don Quijote* must, at all costs, appear before Alemán's sequel. Cervantes'*'*aspiración a ser persona importante y de primera línea' would not be denied." "Revision in 'Don Quijote,' Part I," in *Hispanic Studies in Honour of I. González Llubera.* ed. Frank Pierce. (Oxford: Dolphin, 1959) 347-66; see esp. pp. 365-66. See also C. Guillén: "*Guzmán de Alfarache* was one of the first authentic best-sellers in the history of printing. Its huge success immediately transformed a narrative form—in Lowe's terms—into a convention." *op. cit.*, p. 143.

[19] C. E. Bourque and R. J. Quirk perceptively explore the relation between this incident and the *Lazarillo* as well as some other episodes from the chivalric novels: "Andrés in Don Quijote," *Cervantes*, 5.1 (1985): 19-25.

[20] Guillén observes: "The success of Miguel de Cervantes' entry into the publishing race was so irresistible that *Guzmán de Alfarache* the best seller, would not reappear until 1615, in Milan. If what most of these bibliographical data seem to indicate is the rise of a new genre then an important consequence of this rise was the emergence of a diametrically opposed masterpiece, which itself was able to serve as seed for a 'countergenre.' Surely the facts of the case are unequivocal. On the editorial and literary levels, Cervantes' seminal novel was an inspired response to the challenge of the newborn picaresque genre." (*op. cit.*, p. 146).

narrative. The structure and substance of the *Quijote* reveals that Cervantes had intentions, greater themes with which to deal and treat. In fact, the greatest of all the themes he treats will be love, love in all its forms, a theme, moreover, absent in the picaresque literary world (except where the pícaro hopes to better his life through advantage).

When Cervantes finished "El Celoso extremeño" Alemán and his contemporaries could not have failed to see in Cervantes a worthy competitor and in either the third person narrative or in the autobiographical narrative (see below the discussion of "El coloquio de los perros").

Cervantes has in fact demostrated that he could wear a picaresque cape as well as anyone in his time.

IV

"Rinconete y Cortadillo"

Just as "La ilustre fregona" developed certain aspects of the myth of picaresque life as picaresque inclination, "Rinconete y Cortadillo" will also delve into picaresque motifs, especially the myth of the *hampa* and the *hampones*. This material will serve as a basic substance which Cervantes will utilize.

Like many a picaresque character Rinconete leaves home with a note of hope for the future. *Azar* will rule his life which will be played on an open road. *Ventura* and *azar* will be the dominant notes for the character in the making of his life. He is involved in a theft in Madrid and deals in card sharping, which certify his credentials in a picaresque world. This picaresque world, moreover, just like the picaresque narratives we know, takes place in a recognizable and identifiable social geographical milieu: Madrid and Seville.

The most salient example of the myth of the *hampones* is to be found in the patio of Monipodio where we see the parade of thieves, crooks, sharpers, prostitutes and bully boys. All of them correspond to literary inventions and typologies of real life, e.g. Chiquiznaque and Maniferro. An atmosphere of criminal life is created by the patio but with certain considerations (see below).

Finally, Cervantes has invented a microcosm of criminal life with the creation of typologies, the treatment of criminal themes, including the use of thieves' jargon to re-enforce the picture.

But at the same time that Cervantes re-created the features of a world known both in life and literature he adds nuances to these that belie a strict interpretation of the scene as a *cuadro de costumbres* in a narrow picaresque or anthropological context.

The parents of one of the boys are persons of quality, unlike our picaresque anti-heroes. Both boys will be bound by friendship, a most un-picaresque happening (see above "Ilustre" for other examples of this trait). The quality of the parents has also determined features of the behavior of their children. A *ventera* cannot help but observe the "buena crianza" of both boys.[21]

Cervantes' irony and sense of humor pops up in odd places, sometimes linguistically as he is wont to do. A bravo is asked "¿Es Vuestra Merced por ventura ladrón?" His answer is cast in the same fashion. "Sí—respondió él,—para servir a Dios y a las buenas gentes, aunque no de los muy cursados; que todavía estoy en el año del noviciado" (I, 235). Naturally, in view of picaresque tendencies in characters no one can be a *ladrón por ventura*. Criminals, as much in Cervantes' day as in ours, are formed by society, environment, and other factors. To add to the humor, and even possible satire, Cervantes compares the young thief to a seminarian who also undergoes a novitiate. Further humor is sought by Cervantes in having the *alguacil* come for the Sacristan's purse which had been stolen. Cortado is dubbed "Cortadillo el Bueno" (I, 27) thereby evoking the name and figure of Guzmán el Bueno, the thirteenth-century Castilian hero.[22]

Cervantes even uses the verbal mistakes of the *hampones* to create further benign satire by having one of the thieves refer to "Juda

---

[21] On this point see C. Chachaudis. "Los caballeros pícaros: contexto e intertexto en 'La ilustre fregona'," in *Lenguaje, ideología y organización textual en las Novelas ejemplares* (Actas del Coloquio celebrado en la Facultad de Filosofía de la Universidad Complutense en mayo de 1982). J. J. de Bustos Tovar, coordinador. (Madrid: Universidad Complutense de Madrid, Université de Toulouse-Le Mirail, 1982). See pp. 191-198 where Chachaudis notes the relatively comfortable status of the parents.

[22] Bataillon notes the use of picaresque narrative material in "Rinconete y Cortadillo" (op. cit., p. 229) especially in the patio of Monipodio. Febres also recognizes "lo picaresco" as a component of the structure (E. J. Febres. "Rinconete y Cortadillo: Estructura y otros valores estéticos," *Anales cervantinos*, 11 [1972]: 97-111). With reference to the artistic depiction of the "desengañadora vida del delincuente," Bataillon states: "... es un trifunfo del hampa lo que nos ofrece Cervantes con ironía, desde luego, no menos patente que la del autor del Lazarillo, pero triunfo al fin, de poesía gozosa y exaltada, que (en esto por lo menos) compite con las fiestas de labradores de la comedia lopesca" (op. cit., p. 230).

Macarelo." The world of the *hampones* is an enclosed world moving about in a contained space, serious to itself, but the view of the reader has been contrived by the narrator to produce smiles and laughter. This technique is so remindful of a dramaturgical device whereby the actors, especially the character actors, go through series of motions maintaining the character's and his/her seriousness, but the audience is able to glimpse both the author's and actors' intention.

Similar to this is the "cuchillada" episode, whereby one bravo could not fit the knife slash on the face of his victim, so he gives the rest to his victim's lackey. The "Libro de Memorias" itself is a telling bit of humor at the expense of perhaps the serious novelists who would use such a device. In literature as in life, it leaves itself open for comic treatment for a Cervantes or a Quevedo.

Unlike true picaresque narratives where destroyed relationships stay destroyed, here in the patio several characters are reunited after physical abuse (Repolido and La Cariharta).[23]

The atmosphere which Cervantes created in the patio, fanciful, light, jocose (even about things serious) comes abruptly to an end with the narrator referring to these characters as "gente tan perniciosa y tan contraria a la misma naturaleza" (I, 240). It causes Rinconete to suggest that "no durasen mucho en aquella vida tan perdida y tan mala, tan inquieta, y tan libre y disoluta" (I, 317). The reader has not seen, at least not in this account, anything which could remotely be called dissolute in any real sense. The reader cannot help but notice the contrast between the world of thieves with their den and the serious finale. By providing a typical picaresque touch by alluding to other adventures to be told, Cervantes is paying lip-service to the picaresque literary world, which is the first note of the story, i.e., the world of the *hampa* and the *hampones*. As in other stories that have their similarity with other literary modes Cervantes has utilized features, characters, themes, episodes, but not always in a strict manner.

In this tale, which is perhaps one of the stories most often quoted as a "picaresque" story by Cervantes, Cervantes has taken the *materia*

---

[23] Avalle Arce focuses on the autobiographical element in "Rinconete y Cortadillo": "En consecuencia la picaresca cervantina nunca estará narrada en primera persona, sino en contrapunto amistoso entre dos amigos, por lo menos, como ocurre aquí ocurrirá asimismo en el 'Coloquio de los perros,' una inverosímil creación picaresca de Cervantes...." (*op. cit.*, p. 34).

prima and submitted it to a process, not of critical evaluation (that will occur later as the reader examines it critically) but of manipulation, and the manipulation has been humoristic, ironic, playful, lacking all the meanness and hardness of either the real world or a literary treatment of the real world. In this, Cervantes is closer to Quevedo than to Alemán.

The theatrical aspect of the *cuadro* of the picaresque guild lends itself to further analysis. Cervantes' treatment of this subject is similar to satires in modern day film or television of criminal themes. Even Jimmy Breslin's *The Gang That Couldn't Shoot Straight* proposed to satirize other literary creations that purport to present matters of a criminal nature seriously. The myth of the criminal, whether dealing with gang films of the twenties and thirties or more modern attempts such as the adaptation to film of Mario Puzo's novel *The Godfather* all take seriously the task of bringing to the public a depiction of the criminal world. Cervantes is Jimmy Breslin to Mateo Alemán's Puzo. Surely we cannot believe that Cervantes is unaware of the seriousness of some of the transgressions perpertrated by the *hampones*, nor is there an indication that he approves of their lives. Cervantes' axe will grind not criminality or criminal life, but those attempts which create consciously or unconsciously, the myth of the literary criminal. While Cervantes' treatment of the subject does not particularly succeed at debasing these characters, he does manage to make them appealing in a pleasant way. There is a charm in the way they mispronounce words or the way they refer to grave happenings in a light way: knife-slashings, bully boys abusing their prostitutes, thievery, etc. Modern day stories that involve criminals like those of Damon Runyon or modern films that deal with the crime-world could easily look to Cervantes' treatment of the criminal world as perhaps one of its first benign satirists. But what Cervantes does with this world will neither create new criminals nor deter old ones—it will provide a moment of lightness and grace for the reader.

V

"El coloquio de los perros"

Like "Rinconete y Cortadillo," the "Coloquio de los perros" has been pointed to as being another of Cervantes' attempts at dealing with the picaresque form, most probably because he has the dogs relate the story of their lives. Again we have here another attempt at treating the myth of the pícaro and the picaresque, but in a different guise. Having already dealt with aspects of it in "Ilustre fregona," and after having focused on the pícaro as criminal and on criminal life in "Rinconete y Cortadillo" he now focuses on the pícaro as servant but transposed into two dogs, and his model for this cannot be more obvious. Cervantes himself alludes to his model in the course of the story—Lucius Apuleius, and some of the same results will emerge from the process.[24]

In this story, we find the indirect allusive presence of Guzmán more than in any other story. Here it exists on the verbal level where Cervantes has chosen to imitate in some passages the style and diction of *Guzmán de Alfarache*. However, the basic thrust of the story will be the pícaro-dog who goes from *amo en amo*. This technique, as critics from F. W. Chandler to the present have reminded us, was used to impart a certain amount of social criticism. The pícaro contemplated society through his own eyes, and the resulting vision was the picaresque view of human conduct that Ortega y Gasset had observed trenchantly years ago. Cervantes chooses, however, instead of a boy or a young man, a dog, thorough whose eyes society will be viewed.[25] Whether dog or boy the point of view remains the same. In literary terms, the talking dog is no different from a perceiving and observing ass, since Lucius Apuleius did the same things before. The choice of a dog over a boy or young man or woman is particularly interesting in terms of the picaresque literature of the time. Were Cervantes to have written a story that dealt with social criticism and had a boy or girl as a protogonist it would have been just one more pícaro or pícara. Could his pícaro have superseded Guzmán and become another of the great pícaros like Lázaro and Pablos? The

---

[24] On the question of Lucius Apuleius, see Bataillon: "Bien lejos estamos del ambiente de deshonor sin remedio en que' nacen los pícaros. Ni podía temerse de Cervantes que buscase por el camino de brujerías y transformaciones un desenlace a su libérrima 'mentira'." (op. cit., p. 232). See also Rey Hazas for an interesting insight into the question: "En fin, creo que Cervantes cuando escribió el Coloquio, no tuvo sólo presente la novela picaresca sino también un género sentido como afán de aquélla: los relatos lucianescos, ya fueron novelas autobiográficas de transformaciones como *El asno de oro*, ya diálogos de la más rancia estirpe lucianesca como el *Crotolón*...." (A. Rey Hazas. "Género y estructura de 'El coloquio de los perros' o como se hace una novela" in *Lenguaje, ideología y organización*, pp. 119-43.

[25] J. Ortega y Gasset. "La picardía original de la novela picaresca" in *Obras completas*, II. 6th edition. (Madrid: Revista de Occidente, 1957-1962) 121-25. See also F. Rico, *La novela picaresca y el punto de vista* (Barcelona: Seix Barral, 1969), although Rico ignores Ortega's seminal view of this point.

question, of course, can never be answered except in speculation. My answer is that the character of Guzmán was the apex of picaresque creation in a genre that had a series of accompanying values identified with it and a few other characters. Cervantes' attachment to the theme of love was an intense one and also an intrusive one that appeared and reappeared throughout his works in a manner that reveals his attachment to the theme in a profound way. It would have been a monumental task to write a picaresque novel to put *Guzmán de Alfarache* in the shade using the same techniques that Alemán (or Quevedo) used. There had to be a difference and in this case the difference and innovation is the change from boy to dog. To supersede Alemán as a novelist, Cervantes had to use a different character (and also a character that was bigger than life, as Guzmán certainly was, but in a different way and in a different medium), which was of course Don Quijote and the world of the *Quijote* which goes far beyond what Alemán with his limited view of human action could do.

Of the elements of the "Coloquio" only one is not truly within the picaresque perspective—the use of the enchantress (*hechicera*) motif which returns to earlier Apuleian motifs. (While Buscón's mother has some witch-like traits in common with Cervantes' character, there are still significant differences between them.) The rest of the story deals with picaresque *topoi* and elements. If we forget for a moment the fact that a dog is talking we note that Berganza was born in Seville, near the Matadero, a perfect picaresque ingredient. What better city in terms of picaresque geography than Seville, and if we recall another aspect of moral geography in the case of Celestina who lived near the tanneries, Berganza's life is already earmarked in social identification with an attendant moral qualifier. Berganza's first observations could not be more to the point in terms of social behavior. He observes, speaking of the people from the *matadero* "... es gente ancha de conciencia, desalmada, sin temer al Rey ni a su justicia, los más, amancebados; son aves de rapiña carniceras; mantiénense ellos y sus amigas de lo que hurtan (III, 245-46)."[26] His

---

[26] Guillén notes: "As far as *Don Quijote* and *La ilustre fregona* are concerned, this is a problem that demands detailed study. I will limit myself here to a critical conjecture and a biographical fact: it seems that many of the literary-structural ironies and censures formulated in *El coloquio de los perros* (regarding the abuse of sermons and moral discourse, the tendency to digress, the lack of

view of some of the people as "todos se pican de valientes" is a typical Alemanian view of human conduct. When Berganza leaves "durmió al cielo abierto" (III, 249) This we have seen is part of the picaresque myth of freedom (see above Carriazo's wish). Here it merely repeats one of the features of this myth. His change of *amos* from butcher to shepherd is calculated to have the reader see what cannot otherwise be seen: the corruption of the shepherds who kill sheep and say it was a wolf that did the killing. Naturally, when the blame falls on Berganza or Cipión it is time to depart, but the purpose of his observation of society is done; time to move on to other things. Berganza and Cipión will become part of another world which also conventionally formed a part of the picaresque scenario—this time, student life.[27] He later sees that the law and the thieves cannot always be distinguished; Berganza views once again the patio of Monipodio, and a great theft is discussed.

Another of his adventures will deal with being "the learned dog." In this guise he will offer the reader observations on the more trivial aspects of human behavior—old men who dye their beards, people who claim degrees they do not possess; comments on gypsies, *moriscos*, poets and *arbitristas* will also be proferred. Berganza and Cipión's adventures come to rest at a hospital where Berganza is narrating the story. All of this concern is on an immediate social level, and this has also been identified as one of the principal features of picaresque narration.

There is yet another feature contained in this tale that bears further investigation and analysis: Cipión says, "Y no hay vida de ningún murmurante que, si la consideras y escudriñas no la halles llena de vicios y de insolencias. Y debajo de saber esto, filosofea ahora cuanto quisieres...." (III, 267).[28] The passage is far too close to the

---

form, the wordiness, the fact that the dogs in the story turn out to be *pícaros*, the *pícaros* themselves, *mutatis mutandis*, should be regarded as dogs, or rather, as mere 'cynics') have Guzmán de Alfarache as their object...." (*op. cit.*, "Genre and Countergenre," p. 154, n. 26). Rey Hazas senses the real object of Cervantine criticism in this story: "A partir ya de esta cita, podemos intuir cuál es el objeto de los maliciosos dardos críticos que apuntan hacia Berganza: la novela picaresca en general, y el Guzmán de Alfarache y la Pícara Justina, en particular; sin olvidar, por supuesto, a la tradición lucianesca" (*op. cit.*, p. 131).

[27] Cfr. A. Espinosa's "El estudiante en el cuento tradicional" in *Estudios dedicados a Menéndez Pidal*, III. (Madrid: CSIC, 1952), 247-64.

[28] Rey Hazas perceptibly notes certain linguistic and rhetorical correspondences between Cervantes and *Guzmán de Alfarache*: "Es decir, que a

sermonizing style of *Guzmán de Alfarache* to ignore, and I believe that the public could hardly have ignored this similarity.

Berganza is reminded by Cipión: "... Sigue tu historia y no te desvíes del camino carretero con impertinentes digresiones; y así, por larga que sea, la acabarás presto" (III, 272). Undoubtedly this is influenced by the form of the one literary work in which narrative is interrupted by doctrine, tales, fables, short stories, etc., the *Guzmán de Alfarache*. Even Berganza cannot quite help turning to another digressive feature of *Guzmán de Alfarache* when he says "Este latín viene de molde; que has de saber que los atenienses usaban, entre otras, de una moneda sellada con la figura de un buey y cuando algún juez dejaba de decir o hacer lo que era razón y justicia, por estar cohechando, decían: Este tiene el buey en la lengua" (III, 272). This is a complete imitation of the style and content of *Guzmán de Alfarache*, as is Cipión's statement "Quiéreslo ver más claro?,... profesías no son sino palabras de consejas o cuentos de viejas" (III, 304). It is, therefore, in this story that a consideration of the *Guzmán* appears in a most forceful way. We have seen earlier how Cervantes tips his hat to Guzmán by having the narrator refer to the character as being able to teach the craft to Alfarache; no mean feat. One is tempted also to read in this learning the craft of the writing of *Guzmán de Alfarache*.

We must consider again Ginés de Pasamonte's statement about his writing of an autobiography. Claudio Guillén's understanding of the term "de aquel género" indicates a knowledge of something called the "picaresque genre" as well as some kind of criticism of this genre.[29]

través de estos conceptos críticos, apunta a Berganza, pero de hecho, hiere a *Guzmán de Alfarache*, como desea, y a su parodia, *La Pícara Justina*, ya que si hay una novela autobiográfica y picaresca que constantemente interrumpe la relación de su vida para interpolar en ella una ingente cantidad de digresiones discursivas, reflexiones, moralizaciones, anécdotas, ejemplos, fábulas, cuentos, etc. ésta es la obra de Mateo Alemán" (*op. cit.*, p. 131). See also his other insightful observation on this point: "Por ello su ridiculización no va sólo contra la novela picaresca en general, sino especialmente, contra la teoría y práctica de la novela que implican Guzmán y Justina, desmedidamente digresiva y plagada de interpolaciones del relato. De ahí que la misma forma dialogal sea una probable respuesta paródica a las invitaciones del *Guzmán* al tú del lector" (*op. cit.*, p. 132).

[29] C. Guillén. "Luis Sánchez, Ginés de Pasamonte y los inventores del género picaresco" in *Homenaje a Antonio Rodríguez Moñino*, I (Madrid: Castalia, 1966) 221-31; also in his "Genre and Countergenre," p. 135 and following.

A cursory review of the works with a picaresque pretension or content up to 1604 would include the following: *La lozana andaluza* (1528); Jaume Roig, *Spill o Llibre de les dones* (1531); *Vida de Lazarillo de Tormes* (1554); *Vida del pícaro Guzmán de Alfarache* (1599, 1603), the apocryphal *Guzmán* by Mateo Luján which appeared between the authentic two parts. *La Pícara Justina* is published in 1605, and Cervantes may have known of this work in manuscript form, as he may have known of the *Buscón* in a similar state; *El Guitón Honofre*, 1604.[30]

These works use the autobiographical form; the central character is a boy or a girl who wanders into the world, has a number of adventures which often are based on the principle of deception or are victims of others' deception. There is some inclination toward social satire, humor is viewed as an ingredient in some except in *Guzmán de Alfarache* where it is used sparingly. Given the popularity of *Lazarillo de Tormes* even after the 1559 expurgated edition, abroad and at home, the great popularity of *Guzmán de Alfarache* (and the possible popularity of the *Buscón* in manuscript form) it would seem perfectly reasonable to assume that when Cervantes placed the expression "de aquel género" in the mouth of Ginés he was indeed reflecting a commonly held understanding, informal as that may have been, of a body of literature built around a rogue figure.[31] In 1604, this kind of

---

[30] Guillén offers a good summary of bibliographical material on the subject. See *op. cit., Literature as System*, 135-46.

[31] A perusal of Corominas' *Breve diccionario etimológico de la lengua castellana* (Madrid: Gredos, 2nd. edition, 1967, p. 296a), lists "género" as "... Tom. del lat. GENUS,-ERIS, 'linaje', 'especie' 'genero' (deriv. de GINGERE 'engendrar')." Moreover, all the meanings listed in the *Diccionario de la lengua española* (Real Academia Española, 19th ed.), Madrid: 1979, p. 661b,c, correspond to the notion of *"conjunto"* and *"clase."* It is obvious that the notion of "genre" in a literary sense has some very modern meanings and ideas but no less in a categorical view in the 17th century. I contend that the use in Ginés' mouth of the phrase "de aquel género" was in fact an acknowledgement by Cervantes of the existence of a body of literature that was recognized by a series of characteristics. Loaysa is in every way a pícaro and embraces numerous of those characteristics, the most important of which is his use of *astucia* and *ingenio*, a characteristic applied to literary types from the Cid (e.g., the episode of the gulling of Raquel and Vidas in the epic poem) and Ribaldo of the *Caballero Cifar* to more modern characters. Far from being a shortcoming of 19th-century historicist criticism, critics such as F.W. Chandler, R. Foulché Delbosc, and A. Morel Fatio merely repeated what they saw as an acknowledgement by the writers themselves.

statement merely paid lip-service to a literary phenomenon that most cultured individuals recognized. Cervantes was no exception to that phenomenon; as we have seen, he does more than whisper a passing recognition of these types of characters and literary forms. He indulges in them freely, treating as he does the myth of the picaresque and the pícaro in several works. Is there any substance to the claim of some that Cervantes had a critical attitude? I prefer to look upon Cervantes as a committed writer with practical views toward his craft and his public. Just as Lope modified his craft to his historical and cultural surroundings, Cervantes too "hispanized" the short story away from its Italianate and Oriental origins, and also retained the right of tailoring some of his characters and actions to his present demands.[32]

As we review some of the other *Novelas ejemplares* with the picaresque in mind we see that Cervantes appreciates the appeal for characters that are young, that are questing; like many picaresque characters themselves Cervantes indulges in a certain amount of social criticism, and views deception as a useful literary mode in his characters. But one important feature of the picaresque that Cervantes rejects is the question of dubious or immoral family antecedents. There is in the *Novelas ejempares,* a marked tendency toward affirming noble antecedents. In "Ilustre fregona" and "Gitanilla," to use two examples, part of the structure of surprise is to show that both characters in reality are noble indeed and not mere housecleaners or gypsies. In this, Cervantes has rejected the demands of a body of picaresque literature perhaps in favor of his own beliefs. Here Cervantes has reaffirmed the social principle of nobility above the lower classes.

He equally denies or does not use the aspect of literary

---

[32] Most recently F. Márquez Villanueva, in reviewing A.K. Forcione's excellent work *Cervantes and the Humanist Vision: A Study of Four Exemplary Novelas* (*Cervantes*, 4 (1984): 123-37, see especially, p. 124, "Erasmo y Cervantes, una vez más") points to differences between Boccaccio and Cervantes' own work, but Cervantes was one of many who took the *Decameron* as a model from which to develop his own work. I approach this comparison in depth in a work currently under study. See Bataillon who says "Mejor tal vez que las reticencias ante la creación lopesca y la crítica del mundo fabuloso de las caballerías la actitud explícita de Cervantes ante la picaresca determina el eje de su relación con la literatura de su tiempo, y la conciencia que tuvo del propio valer." (*op. cit.*, p. 232).

deformation of reality, either as Alemán does it in an infra-real sense or Quevedo for the systematic breakdown of reality. It is fair to assume that the primacy of love, while admitting some pessimism and disappointment if it is not victorious, cannot be nourished by such means. In "La fuerza de la sangre" and "La española inglesa" the *chiaroscuro* beginnings of the story give way to the bright, happy resolutions at the end. For a writer who seeks to balance out characters' actions when, through love and devotion, the travails of characters, usually lovers, end happily, the Guzmanian picaresque dictum of "todos roban, todos mienten, todos trampean; ninguno cumple con lo que debe, y es lo peor que se precian dello..." (*Op. cit.*, I, 285) would hardly apply, and if Pablos el Buscón would ruefully conclude that his persistence in evil has done precious little for him, the persistence in love by Cervantes' characters usually finds its rewards at the end. Cervantes is not a picaresque writer in that he does not in a given work or works adhere fully to a literary format which he and his contemporaries understood as "picaresque," nor does he espouse the damning world view of perhaps the most finished and possible the greatest of fully picaresque narratives—*Guzmán de Alfarache*, nor will he have his characters become submerged in the kinds of pranks which form a part of the complex, black-humor substance of the *Buscón*.[33] However, the persistence and popularity of picaresque works as such is, evidently, to judge from the various examples in the works I study, a temptation far too great for Cervantes to ignore.

Cervantes uses, with some modification, some of the basic features of the picaresque narrative, at the same time that he rejects others. The limited world view, as interesting as it was in the *Guzmán*

---

[33] A further observation to be made is that Cervantes couched most of his narratives in the third person. "El coloquio" was one of the few ventures in autobiographical narration, and even this was done indirectly with the "I" couched within the third-person narrative. Keeping in mind Guzmán's adventures as the French ambassador's go-between as well as Pablos' adventures at Alcalá, how far we are from such experiences in Cervantes' picaresque characters. Even the episode of Cipión and Berganza in the school is far from similar experiences of Guzmán and Pablos; all of which will show the extent to which Cervantes will go to appropriate a theme, character, *topos*, or literary vogue, and then re-shape it according to his own vision and purpose. On this point see also Bataillon: "¿Cómo iban a ser capaces de tal sublimación espectacular de la vida picaresca unos Guzmanes o Justinas que la pintan desde dentro, ya seria, ya sarcásticamente?" (*op. cit.*, p. 230).

and the *Buscón*, would not have made for a work of universal dimensions and appeal, something that time and literary history have verified. Cervantes' wish to create a meaningful work, similar yet different from other existing narrative forms, could never have been fulfilled by his writing another picaresque work. This he saved for *Don Quijote*, and is the novel which has persisted to this day.

LOUISIANA STATE UNIVERSITY, BATON ROUGE

The Demise of Exemplarity in Cervantes' Novelas Ejemplares

ALBERT A. SICROFF

TUDENTS OF SPANISH literature may have been impressed at one time or another by the fact that so many of its universally recognized masterpieces are not accepted as such for universally recognized reasons.* Scholars who have given special attention to *El libro de buen amor, La Celestina, Lazarillo de Tormes, Guzmán de Alfarache* and *Don Quijote* still argue about the fundamental thrust of any one of them. Cervantes' *Novelas ejemplares*—although not ranked among the aforementioned masterpieces, perhaps unjustly so—stands on no more firm critical ground than they do. Here, a principal obstacle to understanding them derives from the very title with which their author sent them out into the reading world. If they are supposed to be exemplary in a moral sense—as is suggested, although not perfectly clearly stated, in the Prologue—not all of the *novelas* bear that out. Some are, at best, ambiguously exemplary and others appear to contradict the very notion of exemplarity.

Fully aware that distinguished hispanists who have attempted to deal with the problem of the exemplarity of the *Novelas ejemplares* have generally been met with about as much criticism as acceptance of their explanations, let me muster all the courage I can to suggest an approach to the question that, as far as I know, has not yet been

---

* This was originally a paper read at the 32nd annual Fordham Cervantes Lecture, November 29, 1984.

essayed. I would propose investigating what happens to the idea of exemplarity in the *novelas* when read seriatim, in the order that Cervantes had them published, which we know does not correspond to the chronology of their composition. Such a reading immediately makes us recognize that the first story, *La gitanilla*, certainly is a *novela ejemplar*—most completely so, as I shall attempt to establish. The last one—actually the last pair of stories, *El casamiento engañoso* which leads into *El coloquio de los perros*—are the radical misfits of the collection, to the point of actually being "anti-exemplary." The question then arises whether Cervantes capriciously included them under his "novelas ejemplares" rubric. One critic—Agustín G. de Amezúa y Mayo—long ago proposed something to that effect with regard to *Las dos doncellas* and *La señora Cornelia* which, according to him, were included simply to add bulk to Cervantes' publication. Another possibility, which has not been considered, is that the order in which he published the *Novelas ejemplares* traces a line of development that takes us from the summit of the exemplary gypsy story to the annihilation of exemplarity in the final pair of *novelas* dealing with the treacheries of a deceitful marriage and an account of a dog's life.

We may find some justification in seriously considering the latter possibility in Cervantes' declaration in the Prologue that there is something to be gained from each story individually and all of them taken together, all of which he could explain but will not for the sake of brevity. Of course, we cannot know exactly what Cervantes had in mind or why his explanation would have been so long. Nevertheless, when we do take the time to do what Cervantes did not do for us—examine each story individually and consider the impression with which they leave us in their totality—perhaps we can make some contribution to the understanding of exemplarity in the *Novelas ejemplares*.

I have already suggested that *La gitanilla* is the most exemplary of the *novelas* gathered under that rubric. It is that, I think, because it takes place in a well-ordered world in which virtuous characters can function and ultimately be rewarded for their exemplary behavior. Paradoxically, Cervantes unfolds this exemplary story in the gypsy world—a world of outcasts against whom severe penalties were constantly being legislated. Cervantes makes no more of the disrepute of the gypsies than to mention that they are all considered thieves and somehow to mitigate their thievery by treating it (no doubt with a smile of insinuation) as an occupation that in no way affects the exemplary community in which they live. Their life, as described by the old gypsy when he is initiating Juan de Cárcamo who is joining them in order to win the hand of Preciosa, is one of rigorous order sustained by justice, honesty and sincere friendship among them. There are even echoes of Don Quijote's discourse on the Golden Age (Part I) as the gypsy tells Cárcamo (soon to take the name of Andrés Caballero) that there is no want among them since they all live from nature's abundance. Nor is there "mine" and "thine," for everything is owned communally without jealousy, desire for honor or the ambition to increase it. Only one's conjugal partner is exclusively one's own and that relationship is entered into by mutual agreement of both partners, to judge by the conditions Preciosa imposes on Cárcamo before she will marry him. In this idealized community, vicious behavior may occur, but it is dealt with swiftly by the gypsies themselves, without appeal to the courts, which the reader knows did not enjoy the best reputation for effective justice and honesty.

From this almost idyllic community emerges the figure of Preciosa, who, if she does indeed turn out not to be a gypsy by birth, certainly has not suffered in her upbringing among gypsies. Approximately one third of the *novela* is taken up with a portrait of her many virtues and admirable characteristics—discretion, wit, intelligence and above all her sense of herself as a free and independent being. Indeed the problem that furnishes the narrative thread of the story derives from her very virtue rather than from some evil deed that must be overcome, as happens in the later stories. Preciosa that she is, she will be won by Juan de Cárcamo only after he has served a novitiate as a gypsy to prove that his is a true love and not mere passion.

As the gypsy Andrés Caballero, Cárcamo not only meets the demands Preciosa has imposed upon him but also acts as the honorable *caballero* he is by birth. Thus, if he must play the gypsy in order to win Preciosa, he cannot bring himself to engage in stealing, their normal occupation. Instead, he buys what he must claim to have stolen as his contribution to the communal holdings of the gypsies. In the end, evil does enter into the story—be it noted, from outside the gypsy community—in the persons of Juana Carducha, who tries to ensnare Cárcamo, and the Alcalde and his nephew. But it only serves to bring the story to a crisis whose resolution leads to the exemplary *dénouement*. All ends well. Cárcamo's noble identity is re-established and Preciosa turns out to be his equal in lineage so that they can marry and live happily ever after. Virtue, love, and justice have been fully served in this exemplary novel that ends without a single note that would threaten its pure harmony.

El amante liberal takes us into a much more turbulent world, fraught with perils that were entirely absent in the previous *novela*. Ricardo will have to overcome difficulties and dangers that Cárcamo never knew, in order to win Leonisa. She has none of the qualities of Preciosa; rather, as her name indicates and Ricardo says, she is a lioness for him, rejecting him for the foppish Cornelio of the soft hands who lacks the courage to defend her when she is carried off by the Turks. To rescue her, Ricardo must go forth into a world that bears no resemblance to the benign, orderly one Cárcamo knew among the gypsies. He will have to survive tempests at sea and their counterparts on land in the confounding treacheries he encounters among the Turks who hold Leonisa captive. At one point, she aptly describes the labyrinth in which misfortune has caught them without hope of escape unless they resort to lies and deceptions, even though such behavior is unbecoming to them. To free Leonisa, Ricardo will indeed stoop to tricks that were never forced on Cárcamo: remember that, as a gypsy, he would feign rather than actually steal. Nevertheless, having survived all sorts of disasters, Ricardo returns in triumph to Sicily with Leonisa whom he will win for himself with a final grand gesture as an "amante liberal." He restores her to Cornelio and also offers to contribute to their happiness his share of the booty—more than 30,000 escudos—with which they have returned. But on second thought comes realization that he can hardly be liberal with that which is not his. It is not for him to hand Leonisa over to Cornelio: he can only restore her to freedom—which she promptly exercises to choose him in marriage. Thus, she says, she will show that not all women are "ingrates." The reader has once more been left with an edifying tale, this time of an exemplary "amante liberal" who has been rewarded by a grateful woman, whose rare example of discretion, honesty, composure and beauty continues, according to the narrator, to resound beyond the confines of Sicily. But it has all occurred in a world beset with turmoil and disorder, and only through the intervention of sheer good luck, or a compassionate heaven.

After the tempestuous story of Ricardo and Leonisa, Cervantes leads us from the "mundanal ruido" to Monipodio's patio where exemplarity will be problematized in another way. In the company of Rinconete and Cortadillo, we are spectators to the goings on in the underworld. Surprisingly, we are once more in an orderly community held together by friendship, love, religious devotion and quickly dispatched justice. But this time, in contrast to the way he treated the gypsies, Cervantes does not spare the opportunity to make fun of these evil-doers ("maleantes") who are thieves, as one of them says, "to serve God and good people" ("para servir a Dios y a las buenas gentes"). The author also raises the question of the worth of good deeds by those who, as Rinconete observes at the end, are confident they will get to heaven as long as they do not fail in their religious devotion, even though they fill their lives with robberies, homicides and other offenses against God. Nevertheless, the reader may be left rather perplexed when Rinconete ends by condemning the neglectfulness of such a famous city as Seville for permitting the almost open existence of such pernicious people so contrary to Nature itself ("gente tan perniciosa y tan contraria a la misma naturaleza"). For we have seen the exemplary behavior that is the rule among that pernicious gang and we have also learned that one of their principal occupations is doing the dirty work they are commissioned to perform for the respectable citizens of the city.

In *La española inglesa*, the fourth and last of the *novelas* that may still be considered exemplary, Cervantes returns to the world of intrigue and treachery which he conjugates with the lesson of uncertainty we learned in *Rinconete y Cortadillo* about from whom we may expect exemplary behavior and those who may be the agents of evil. This time Cervantes does not include an observer like Rinconete who will point out the confusion he sees. Thus there is no one to call our attention to the "primordial sin" from which the story originates: the kidnapping of a seven year old Spanish girl by Clotaldo, an English Catholic, during the raid on Cádiz, in flagrant disobedience to the orders of the English Protestant, Count Leste, who has led the expedition. Nor do we find anyone to comment on the absurdity of the Catholic Englishman's triumphant return to his country with the Spanish child hidden in the hold of the ship, a child he intends to present to his wife as a most precious prize ("un riquísimo despojo") of the raid on Cádiz. In passing, Cervantes has touched on what must have been a poignant note for some Spaniards: the Spanish child has had the good fortune to fall into the hands of clandestine Catholics who outwardly appear to follow the opinion of the queen, as Cervantes puts it ("seguir la opinión de su reina"). Such perseverance of clandestine Catholics in an officially Protestant kingdom had to remind the Spanish reader of his country's own two-century old preoccupation with *conversos* suspected of clandestine judaizing.

From such uncertain beginnings, it soon becomes evident that Cervantes does not intend to focus on the English Catholics as the exemplary figures of the story. Instead he pursues a line of development that will once more make the point that virtue and exemplary behavior may be found where least expected—in this respect, the Protestant Queen Elizabeth joins the gypsies and thieves of previous stories. Moreover, he now suggests defiantly that the Catholic may be a less admirable figure than the Protestant. Queen Elizabeth—the one whom Lope de Vega, that vox-populi of the theater, called a "Gorgon Medusa"—is, in this sense, the morally most attractive figure in the *novela*. Thus, when she orders the Spanish girl, now grown up as a beautiful woman, to appear at court, Clotaldo and his wife are trembling because they are certain of the Queen's ire when she learns that Isabela has been brought up as a Catholic. The Queen does remonstrate gently with the Catholic couple for having kept such a treasure of beauty and graceful comportment hidden from her. Most surprising is her reaction upon discovering that Isabela was brought up secretly as a Catholic for, in spite of the opinion the Catholic Spanish reader may have had of her, Queen Elizabeth declares that she esteems the young woman all the more for having remained faithful to the religion her parents taught her ("la estimaba en más, pues tan bien sabía guardar la ley que sus padres le habían enseñado").

Later on, when the forces of evil have been unleashed by the Queen's lady-in-waiting in revenge for seeing her son, Arnesto, being denied Isabela's hand in marriage (Clotaldo's son Ricaredo is to marry the Spanish girl), the Protestant queen's superiority, in wisdom and virtue, is again demonstrated. Elizabeth's "camarera" has poisoned Isabela, leaving her monstrously ugly. Clotaldo and his wife, rather than see their son married to such a hideous creature, renew negotiations they once had undertaken to marry Ricaredo to a Catholic Scotswoman. Only Queen Elizabeth is sympathetic to Ricaredo's continued love for Isabela and encourages him in his determination to marry her. She agrees with Ricaredo that "if Isabela lost her beauty, she could not have lost her infinite virtues" and gives him permission to carry off one who, in the Queen's words, is "a most precious jewel enclosed in a rough-hewn wooden box."

Without entering into further details, suffice it to observe that once more virtue will triumph, although in the face of apparently overwhelming obstacles: Ricaredo's parents' insistence that he forget Isabela and marry the Scottish Clisterna; the adventures he must undertake at sea to show he is worthy of Isabela; his pilgrimage to Rome in order to assure his conscience for having broken the commitment to marry Clisterna, from which he returns to Seville to reclaim Isabela at the very moment she is entering a convent and would thus be lost to him forever.

The *novela* of *El licenciado vidriera* now appears at a point where we have seen virtue prevail in four stories—exemplary in this sense—but not without an ever-increasing gathering of the dark clouds of human perversity that threatens but never quite manages to eclipse exemplarity. It is the Licenciado—suddenly fallen into a peculiar "vitreous madness"—for whom the unexemplary nature of those he encounters becomes all too apparent. Giving voice to all the ills that are transparent to him, he is at the same time a quixotic figure of madness who amuses others with his fearful awareness of his own fragility. No one must touch this man of glass lest he be shattered. He begs those who would ask questions of him to do so at a distance. And to his fragile clairvoyance no rosy hues filter through from life about him. On his long unclean laundry list of life, no aspect of existence seems to be missing: mischievous boys in the street, the *converso*, the house of prostitution, poets, painters, booksellers, muleteers, pharmacists, doctors, judges, tailors, shoemakers, pastrymakers, puppeteers, actors, "dueñas," notaries, sheriffs are but a sample of those denounced for their less than exemplary contributions to life. The last ones to appear on the list—gossipers ("murmuradores")—may be the most significant ones taken to task, as I shall soon attempt to show.

In general, the Licenciado's gloomy views will continue to make themselves felt in the stories that follow. Cervantes will still present them as *Novelas ejemplares* which *appear* to leave the reader with an edifying example of his literary characters' behavior. But closer examination will always reveal—as we shall soon see—a disconcerting flaw that mars what appears to be an exemplary resolution of the story.

Before taking up this point in some detail, we should observe that the most crucial moments of the action of all of the post-*Licenciado* stories—*La fuerza de la sangre, El celoso extremeño, La ilustre fregona, Las dos doncellas* and *La señora Cornelia*—take place for the most part in the darkness of the night. Even more significant is the fact that all of these *novelas* have embedded in them the problem of honor. From our point of view this is important for two principal reasons. First, it links them to one of the last problems we heard the Licenciado Vidriera denouncing in the previous story: that of the "murmuradores," gossipers. For honor, especially as played in the theater where it was a primary problem, always depended on the opinion one enjoyed among others which in turn was always endangered by wagging tongues. Perhaps of even greater importance, was the fact that honor problems never did achieve a fully cathartic solution, regardless of the efforts that might be made to give the impression that all had turned out right. The irreperable harm suffered by honor once lost— or even when only apparently placed in jeopardy—was expressed in numerous ways in the *comedia*, perhaps the best known was by way of the idea that honor was like a fragile glass that once broken could not be repaired without showing the seams of the break. The post-*Licenciado* stories I have mentioned are all left with such a mark, sometimes apparently ignored by the author of the *novelas* that would be *ejemplares* and sometimes with a trace of mocking humor that gives us to understand that the author is in effect saying to his reader "al buen entendedor, pocas palabras," i.e. few words are needed for the one who catches on easily to what goes on.

In *La fuerza de la sangre*, the first of the more troublesome stories that follows that of the *Licenciado*, Cervantes evidently did so good a job in giving it the appearance of an exemplary story that a modern critic declares it to be "Cervantes' most extreme affirmation of faith in the harmony which beauty and virtue can produce" (Ruth El Saffar, pp. 128-29). I must confess I find no such affirmation in this *novela* whose very beginning would render anything resembling such optimism unlikely if not impossible. No pre-*Licenciado* story has begun with the violence we now find. Rodolfo rapes Leocadia, not even feigning a promise of marriage to gain his end, one summer night when she is returning from an outing with her family by the banks of the river in Toledo. Despoiling Leocadia of her "most precious jewel" and leaving the family dishonored, he flees—ultimately to Italy. Leocadia does manage to take away from the chamber where the assault took place a small silver crucifix. Are we to see this as an indication that Cervantes has in mind an exemplary ending in which, perhaps, Rodolfo will return, repent for his crime and sin, marry Leocadia and claim as his own the son she has borne in his absence? At best that will be the apparent *dénouement*, but not what really happens.

Rodolfo will return to Toledo in response to a letter from his father who informs him that he has arranged for him a marriage with a lady of extraordinary beauty. The one intended for him is none other than Leocadia. The father, don Luis, accidentally discovered the misdeed of his son, is sheltering Leocadia and her son and hopes to right the wrong through marriage. Rodolfo departs for home, hardly a candidate for redemption. He can hardly wait to partake of the tasty dish his father has described to him ("con la golosina de gozar tan hermosa mujer como su padre le significaba"). Upon his return to Toledo he is shown a less than attractive portrait of the one who *supposedly* has been chosen to be his future spouse. He is quite disconcerted, for knowing that the portrait painters usually enhance their subject's beauty, the lady he sees portrayed must be ugliness incarnate! Rodolfo pleads with his parents to remember that he is a young man who craves beauty above all other qualities—i.e. nobility, discretion and wealth—usually sought in a marital partner. The sacrament of matrimony, he contends, does not forbid pleasure in marriage. And how can there be pleasure when one is constantly faced with ugliness—in the living room, at the dining table and in bed?

Leocadia enters the room and is indeed a "human angel." Rodolfo, still unaware that she is the one he had raped, can hardly contain himself. The word "esposa" removes all inhibitions, and he hurls herself on Leocadia with a soulful kiss. Finally, Leocadia does produce the silver crucifix in order to establish that she was actually Rodolfo's victim in that dark room. The story then ends with jubilation at the marriage—rather grotesque, considering the circumstances, particularly that of Rodolfo's continued libidinous condition with nary a thought for repentance for the wrong he committed. If there is any doubt about his condition, one has but to recall how he chafes during the banquet because, although the evening's hours were flying by, says the narrator, for Rodolfo they were moving on crutches. This, because he cannot wait to get Leocadia into bed again, where they evidently were to spend a good and pleasureful share of their married life, to judge by the many children they had and the illustrious line of descendants they bequeathed to Toledo.

The *Fuerza de la sangre* story has set the course that will be followed in the following four *novelas* which, in turn, will lead to those of *El casamiento engañoso* and *El coloquio de los perros*. In those intervening stories, the honor problem is present in one way or another. And with its presence—as we have noted, fragile and irretrievable once lost—Cervantes seems to have given up on the possibility of constructing a convincingly exemplary tale. At best, he can lead us to the disastrous lesson to be learned from the mad obsession of the

Celoso extremeño to safeguard his honor. Comic notes—which become more blatant in subsequent stories—creep in as we read of Felipo de Carrizales' cloistering of his wife in an isolated house, with windows that look out only on the sky and from which all trace of masculinity has been banished; only females serve his wife, cats and dogs are female and the tapestries and paintings portray women, flowers and woodland scenes—but no males. Carrizales himself spent sleepless nights making the rounds, guarding his wife with the hundred eyes of an Argus. And for all his zeal, the *extremeño* only succeeded in attracting those who would despoil him of what he was guarding so closely. Loaysa is overcome by curiosity and in turn overcomes all of Carrizales' precautions—to end up in bed with Leonora. The narrator underscores the futility of it all: while Carrizales slept and Loaysa and Leonora struggled in bed—for she did try to resist him—the point is made of the uselessness of all of Carrizales' extraordinary measures when there are enemies against whom neither precaution nor the sword can prevail.

When the story has been brought to a close with Carrizales recognizing that he brought his disaster on himself, with Leonora again cloistered—this time in a convent—and Loaysa gone off to the New World, the narrator tells us how anxious he was to get to the end of the tale which was an example of how little faith may be placed in keys and high walls when the will remains free. In an "exemplary" sense it really is an "anti-example example," one about which nothing can be done. Regarding the question of honor—that lifeblood of Cervantes' society—the reader has been left with little edification: honor is at risk if unguarded and no less so when zealously protected. No wonder that the narrator was so desirous of getting to the end of a story that bore such a disturbing message.

One of the most curious of all the *Novelas ejemplares* is *La ilustre fregona*. It begins as if it were going to narrate the picaresque adventures of Diego de Carriazo and then, when accompanied by his friend Tomás de Avendaño, takes up the story of their stay in Toledo at the "posada del Sevillano." Avendaño's courtship of Costanza, the *ilustre fregona*, seems to be the central thread of the story, although she is such an unsociable, nay-saying, harsh character that there does not seem to be much that her wooer can do to win her. The reader's attention has to be directed to the shenanigans of Carriazo in Toledo while waiting for the outcome of Avendaño's interest in Costanza. We have no time to go into too many details of what happens. Suffice it to note the bizarre ending, which is being passed off in a would-be exemplary tale. The pretender to the hand of Costanza is getting nowhere and yet everything will suddenly be resolved happily when his father and Carriazo suddenly show up at the inn. The latter is seeking to verify whether Costanza is his daughter, born of his brutal rape of a lady of very high estate he had encountered quite by accident. Carriazo, the elder, confesses he had his way with her against her will and by sheer force. Since she never spoke a word to him he did not learn who she was at the time and only recently—twenty days ago— learned that the daughter of his violence was probably the *ilustre fregona* of the *posada del Sevillano*.

The facts are soon established. Costanza is his daughter. The elder Avendaño learns that his son is at the inn courting her. We are now about to witness a multiple happy ending, three marriages which in different ways make a mockery of the way honor plays frequently ended. In a not very convincing scene, Costanza is betrothed by her father to Tomás de Avendaño and she accepts with tears of joy at having been found by her father. The Corregidor's son who also sought to marry the *fregona* will content himself with marriage to a daughter of Juan de Avendaño and, to leave no loose ends, the younger Carriazo will marry the daughter of the Corregidor. All of this neat tying up of couples has been made possible by the "exemplary" reclaiming by the elder Carriazo of a daughter born of a woman he raped.

Hardly more edifying are the remaining two pre-*Casamiento engañoso* stories. In *Las dos doncellas* both ladies were deceived by the same man, Teodosia to the point of sexual surrender to Marco Antonio and Leocadia only as one to whom he had not fulfilled his written promise of marriage. Again the reader is left to "celebrate" disconcerting endings. The aggrieved *doncellas* catch up with Marco Antonio, Teodosia accompanied by her brother Rafael who is committed to help her avenge the harm she suffered. Marco acknowledges the wrong he has done both women and agrees to marry Leocadia since, with her, promises had been consummated in deeds. Teodosia comes away not entirely empty-handed; she will marry Rafael—for whatever sense that makes, and as the story ends we are told that "poets of that time found occasion to employ their pens exaggerating the beauty and the happenings to that pair of damsels, as bold as they were *honestas* (sic!), which is the principal subject of this strange occurrence" (II, 237).

Finally, Cornelia became *La señora Cornelia* when, despite the vigilance of her brother, she bore a child to the Duke of Ferrera. The narration begins as two Spanish noblemen, Don Antonio de Isunza and Don Juan de Gamboa in Bologna as students, become involved in the matter in mysterious nocturnal goings-on too complex and too long to describe. Cornelia appeals to Don Antonio to help her because of the courteous behavior that characterizes those of his nation. (She evidently has not read the preceding three *Novelas ejemplares!*) Antonio agrees to shelter her in his house while helping her to work out her problem. It is that, having borne the Duke's child out of wedlock, his promise to marry her cannot be carried out while Cornelia's brother is out to kill him in revenge and the Duke's mother is opposed to the marriage and he must wait for her to pass away before he is free to act (II, 179-80).

As the story moves toward its resolution, Cervantes seems to find more than one occasion to expose the absurdity of the honor intrigue as well as the exemplary reputation the two Spaniards enjoy. Antonio travels to Ferrara to try to convince the Duke to do the honorable thing by Cornelia only to find he already has every intention to do so. He is only waiting for his mother, now near death, to pass on to a better life so that he can carry out his intention. But, although so close to solution, Cervantes still has a few tricks with which to amuse us.

Throughout the story there has been constant re-iteration of those Spanish virtues: their courtesy, their trustworthiness, their valor (to have a Spaniard at one's side is like having the armies of Xerxes as allies), their generous heart is only motivated by honor, etc. But as the *novela* is reaching its resolution, Cervantes, always irrepressible, cannot resist placing all that fine reputation in, at least, momentary jeopardy. Thus when they bring the Duke to the house where they left Cornelia and the child, they are gone. The housekeeper has convinced her she is not safe there and has carried her off for safer-keeping to the house of a priest in a nearby village. When the Duke arrives not only is Cornelia gone, but the pages, who do not know she had been smuggled into the house, deny she was ever there. With which the "generous," "virtuous," "valiant" Spaniards see themselves in danger of being reduced to liars and impostors, if not worse, in the eyes of the Duke. To make matters worse, the latter is informed that Cornelia is in the house, in an upstairs room with one of the pages. That bit of embarrassment is cleared up when it is discovered that the one with the page is another Cornelia. But there is more. The Duke accidentally comes upon his Cornelia in the house of the priest, who is an old friend of his. A joyful reunion takes place but when Lorenzo, his new brother-in-law who is out for revenge, shows up, the Duke decides not to let on that he has found his wife. He claims that not having been able to locate her, he cannot give Lorenzo satisfaction to restore the latter's honor. For how can he marry one whom he cannot find. Instead, he announces he will now make good his promise to marry a certain peasant girl he knew before he met Cornelia. While the Duke leaves the room to fetch his *labradora* so that Lorenzo and the Spaniards who have joined him may see for themselves the sacrifice he had made in turning from the peasant girl out of love for Cornelia, the brother and his Spanish cohorts plot revenge. The Duke simply cannot be permitted to abandon his search for her so lightly. True Spaniard that he is, Don Juan de Gamboa swears "By Santiago of Galicia... and by his faith as a Christian *caballero* he will as soon let the Duke carry out his intention as turn Moorish." In short, if the Duke does not fulfill his promise to Cornelia he will leave his life in Don Juan's hands here and now. (II, 275-76)

After all that bragadoccio, the Duke returns, not with a peasant woman but with Cornelia and their child. Threats are dispersed, joy returns and the Spaniards confess that the Duke has played a most clever and delectable trick on them. One more bit of a Cervantine wrinkle before it all ends. In gratitude, the Duke offers his Spanish friends two cousins of his in marriage. But they cannot accept because they are Basques whose custom it is to marry among themselves. Cervantes thus concludes his story touching on a sensitive point no contemporary reader could possibly have missed: Basque pride in considering themselves the most noble and pure Old Christians—without "taint" of Jewish or Moorish ancestry—in all of the Iberian peninsula. It is precisely this point that has been shown by modern students of the period to be the original source of Spain's excessive preoccupation with honor—in life as well as literature.

As we turn to the final stories, we may reflect on what has happened to exemplarity in the post-*Licenciado Novelas ejemplares*. It certainly does not function the way it did in *La gitanilla* and its more immediate successors, overcoming obstacles of varying difficulty so that the exemplary figure could carry the day without a shadow of a suggestion that all had not turned out well. Now we no longer find figures of the purity of a Preciosa, a Juan de Cárcamo, a Ricaredo (the *amante liberal* or even of a Queen Elizabeth of England or a Monipodio who made their contributions to the maintenance of an orderly world. After the Licenciado Vidriera's outburst against what is wrong in the world, the subsequent stories appear to be marked with a sort of "original sin" without possibility of a redemption that is more than illusory. For the creation of literature to reflect such a notion, the honor theme has served Cervantes well, albeit not without a touch of humor typical of him, as I have attempted to indicate.

Now, with El casamiento engañoso we enter a world which is a jungle of human existence with no room for that which would even appear to be exemplary. The Casamiento and the Coloquio to which it is linked can only offer an unmitigated and unrelieved gloomy view of life. In the first of this pair of novelas, treacherous deception is all-pervasive so that the agent becomes the victim who in turn becomes the agent of betrayal which promises to continue even beyond the confines of the story. As Campuzano confesses to Peralta, he entered into a relationship with Doña Estefanía "with such a twisted and treacherous intention" that he would prefer to be silent about it. But it so happens that Estefanía's thoughts were no less maliciously self-serving than his. Skipping the details of their mutual deception, suffice it to recall that she carries off all of Campuzano's possessions—as he intended to do with hers. In the end it is difficult to measure who, if anyone, gained or lost more from the casamiento engañoso. If she has stripped the old soldier of all he owns, she has yet to discover that the valuables he flashed before her were all glitter and no gold. Should she attempt to sell them she will find they will bring no more than ten or twelve escudos. Campuzano, on the other hand, having lost everything, nevertheless was left with a "gift" from Estefanía, a disease that has stripped him of his hair. Peralta has run into him as he emerged from a cure in the hospital, hardly recognizable without hair, without eyebrows or eyelashes, beardless and bald. It was while in the hospital that he overheard the conversation that will constitute the last of the Novelas ejemplares. This close narrative linking of the stories will have its counterpart in the linking of their content. Campuzano has narrated a single case of evil that in the Coloquio proliferates into a whole world of evils.

From the outset it is evident that Berganza, the dog who will be telling the story of his life, has nothing good to say about what he knows about human existence. For, ever since he was old enough to gnaw a bone, he has been accumulating things he would have wanted to say and now that he has suddenly gotten the gift of speech he will get it all off his chest. Despite Cipión's repeated admonitions that he refrain from backbiting, life as he has known it allows him to do little else. The only good word he has is for the Jesuit school in Seville where the Jesuit teachers dedicate themselves with care and skill to set young people on the path of virtue. He also speaks well of the Sevillian merchants who send their children to the school, thus seeking to display their wealth and authority in the education of their children rather than on their own person; a most generous amibition, says Berganza, which is indulged in without bringing harm to third parties (II, 314). (CURIOUS NOTE: On Sept. 1, 1572, Francisco de Borja, General of the Society of Jesus, was informed that the Jesuit *colegio* at Córdoba was in disrepute because so many of its students were of Jewish origin, a stain we know was considered indelible in Cervantes' time. Was the author then taking a roundabout swing at the Spanish obsession with "Jewish blood" and the negative opinion the Jesuits suffered because they were not squeamish about ex-Jews in their midst? The fact that he has Berganza praise the *merchant* class for sending its children to be educated by the Jesuits would suggest that the thrust is at Spain's anti-Judeo-Christian stance.)

As for everyone and everything else: the denunciation is total and devastating. Some things about which the Licenciado made negative comments with epigrammatic lightness, Berganza now deals with in somber detail. All value seems to have disappeared as even those dealt with glowingly in the pre-*Licenciado* stories are now treated harshly. The gypsy world of *La gitanilla* now gives way to gypsies who are totally malicious; the house of Monipodio reappears but now it is filled with ruffians, thieves, tricksters who are at each other constantly. Even the pastoral world comes in for its share of "de-exemplarification." It bears no resemblance to the descriptions of it in pastoral novels. Real live shepherds are not named Elicio, Fílida, Sireno, etc. but rather Antón, Domingo, Pablo or Llorente. The latter make harsh sounds on crude instruments rather than the beautiful harmonies one reads about in books about shepherds. Furthermore, those who really live the pastoral life spend most of their day repairing their sandals or delousing themselves rather than in the pleasant diversions described in fanciful pastoral novels.

We need not retrace all the negative portrayals—of poets, mathematicians, witches, alchemists, *moriscos*, actors and others--in order to make the point that in this last *novela* Cervantes has eliminated exemplarity as definitively as he terminated the chivalresque career of Don Quijote at the end of Part II of his novel. Indeed, we could, if we wanted to end with a risky conjecture, suggest that the *Novelas ejemplares* might have served Cervantes as a rehearsal exercise for composing the Second Part of his *Quijote* as a sequence of events that would problematize radically his protagonist's role until he finally abandoned his belief in chivalry and knight errantry. Was not an analogous development worked out with regard to exemplarity as a protagonist that starts out brilliantly and slowly is in effect being entombed until done away with completely in the last of the *Novelas ejemplares* where it now lies stretched out full length (as was Don Quijote in the end) so that no one can resurrect it?

QUEENS COLLEGE
CUNY

One each in English and Spanish

Dwight Bolinger

OMETIMES IT IS HARD to steer a middle course between polygamy and polyandry: (1) Tom and Jerry seduced each other's wives. (2) *Tom and Jerry seduced each other's wife. I have starred (2) because the situation is so bizarre—with its suggestion that the two men share a wife but each views her as belonging to the other for purposes of seduction—that we would reject it out of hand; and yet the sentence is the same structurally as

(3) Tom and Jerry guaranteed each other's signature, in which the absurdity of sharing a signature steers us straight to the only reasonable interpretation, one signature each. And the high unlikelihood of either person being a forger makes (4) a good substitute for (3):

(4) Tom and Jerry guaranteed each other's signatures.

The substitute is the rub. Do we universally have a choice between singular-for-one-each and plural-for-one-each when the situation is truly one-each and not more-than-one-each? (More-than-one-each would be a good interpretation of [1] if Talha and al-Zubayr replaced Tom and Jerry.)

English and Spanish share both the problem of ambiguity and the problem of what to do about it. Bosque (80) describes the ambiguity of *hay silla para todos*—which of course applies to English *There's a chair for everyone* as well: "puede describir una situación en la que a cada persona le corresponde una silla distinta...o aludir a una única silla que han de compartir varios." The *one each* meaning is the one that concerns us in what follows.

Salvador Fernández states the situation for Spanish (147-48): "Cuando el enunciado es descriptivo y la descripción se descompone en diversos momentos, suele aislarse, por lo menos, un *singular distributivo*.... Cuando se atenúa la descripción o se reducen los momentos de la descripción, suele producirse la asimilación al plural dominante." Some of his examples:

(5) venía una escolta de *soldados* con *la* bayoneta calada en los negros fusiles (Valle-Inclán)

(6) aparecían *enfermos* con *el* gorro de dormir en *la* cabeza (Baroja)

(7) media docena de *jóvenes*, con *los* abrigos desabrochados (I. Agustí)

(8) se metían en los portales cerrando *sus* paraguas (Baroja)

Quirk et al. state it for English (768): "The distributive plural is used in a plural noun phrase to refer to a set of entities matched individually with individual entities in another set.... While the distributive plural is the norm, the distributive singular may also be used to focus on individual instances. We therefore often have a number choice...." Among the examples are

(9) We all have good appetites (a good appetite).

(10) Pronouns agree with their antecedent(s).

There is clearly a wide range of choice, with—as both Quirk and Fernández point out—a difference in focus, or what Talmy (25-26) calls "level of exemplarity": with the singular, "a single *exemplar* out of the multiplexity is placed in the foreground of attention."

Though this conceptual distinction underlies the choices, both languages seem to have undergone shifts of fashion at various times, and many factors, pragmatic, grammatical, idiomatic, and stylistic, influence which form will be used. On the stylistic side, for example, Middle English poetry used "the singular and plural almost indiscriminately, to meet the exigencies of rhyme and metre" (Mustanoja 56).

Broadly speaking, it appears that the plural has been favored throughout the history of both languages. Chaucer used it more than the singular and in his translation of Boethius often replaced Latin singulars with English plurals (e. g. *youwre dignytes* for *dignitatem vestram*. Mustanoja 56-57). The plural is overwhelmingly favored in the *Cantar de Mío Cid*. In (11a) we see seven plurals, three of which the modern translation (Bolaño e Isla 46) converts to singular:

(11a) Enbraçan *los escudos* delant *los coraçones*,
abaxan *las lanças* abueltas de *los pendones*,
enclinaron *las caras* de suso de *los arzones*,
ívanlos ferir de fuertes *coraçones*.

(11b) Embrazan todos *su escudo* delante *del pecho,*
enristran *las lanzas* unidas a *sus pendones,*
inclinan todos *sus caras* sobre *los arzones,*
y atacan, para herir moros, con valiente *corazón.*

An instance of the comparatively rare singular (Bolaño 146):
(12) que todos prisiessen *so derecho* contado.
for all to get their due—significantly, an abstraction. If this meager sample tells us anything, it is that a popular style probably favors the relative looseness of the plural. Similarly in English, if Chaucer is an indication. A hint also comes from a court of the use of *heart* by Bunyan in this construction: plurals are seven times as frequent as singulars (Mustanoja 57). A cultivated literary style is more apt to favor the singular. In sixteenth-century Spanish the plural is still in front (Keniston, *Syntax* 38), but now it only "predominates slightly," e.g.

(13) Los moços cortesanos aun no tienen en el cuerpo dolores, ni cargan sobre sus coraçones cuydados.

In the modern period the balance has continued to shift, if Keniston's conclusions from his idiom count can be trusted: "Spanish usually uses the singular, especially if the notion involved is a part of the body. With notions more remotely associated with a person, such as articles of clothing or other personal attributes, the plural is sometimes used" (*Idiom* 42). As our older sources are all in written form, there is a bias here, but it is not hard to imagine a literary influence on speech stemming from the cultivation of a literary style detached from the popular culture that formed the basis of the earliest vernacular writing. As careful an observer as Luis Flórez would not have put down as "vulgarismos" the following expressions if some kind of norm were not in effect, at least for parts of the body (Flórez 215):

(14) cierren las bocas
no muevan las cabezas
saquen los pechos (gym teacher to students)

The strength of the norm can perhaps be gauged by (15), provided by Col. Gordon T. Fish:

(15) ¿Caretas? No tengo. Se *la* han quitado a todo el mundo.

Here, in spite of the antecedent *caretas,* the pronoun is singular in referring to *one each.*

I am unable to say whether the "vulgarismo" is gaining ground in Spanish, but my observations of spoken English—mostly from emcees, callers, and guests on radio talk shows—definitely suggest a shift toward the plural. I believe that this is part of a broader tendency to pick the plural noun in any doubtful case. For many speakers, "contact agreement" has all but supplanted agreement between verb and subject, especially in plural:

(16) One of two *men were* involved in the robbery (KCBS 9 Feb. 1979, 7:13 A.M.).[1]

(17) The status of *women are* always lower (KGO 8 May 1978, 11:13 P.M.).

(18) Report on what the medfly fight *people* say *are* going on (KGO 17 Aug. 1981, 5:46 P.M.).

Similarly something that has long been common in Spanish, making the verb agree with a plural predicate noun:

(19) Mi infancia *son recuerdos* de un patio de Sevilla (Antonio Machado).

(20) El eje de la vida política *han sido los "caudillos"* (Américo Castro).

(21) It turned out that one of the things it was being applied to *were* Soviet *tests* of a particle beam.[2]

(22) What she owns *are leopards*.[3]

Nevertheless, the *one-each* phenomenon defines some of its own conditions, and to discover how the change is progressing it will help to look at the forces influencing the choice. In some situations the language itself may compel the choice or at least constrain it. The clearest instance of restriction, as Quirk points out (768), is idioms and metaphors. No one is apt to pluralize

(23) They vented their spleen on him.

Similarly

(24) He keeps everyone at each other's throat and then casts himself as the soother.[4]

Yet this barrier has been widely breached:

(25) They sit back and mutter under their breaths (Jim Eason, KGO 9 Sep. 1976).

(26)...women should...stop getting out of men's ways in public....[5]

---

[1] Station signatures are for the San Francisco area.
[2] *Columbia Journalism Review* May/June 1979: 40.
[3] *Los Angeles Times* 1 Jan. 1979: I, 3.
[4] *In These Times* 5-11 Nov. 1986: 9.
[5] *UCLA Monthly* Jan./Feb. 1981: 3.

(27)...the opportunity the [Civil] War gave for women to enter public lives (personal letter).
(28) We thank you from the bottoms of our hearts.[6]
(29) Some of the contenders for the White House had great senses of humor (KNBR 11 Nov. 1984, 8:58 A.M.)

Similar to idioms are semantic bifurcations between singular and plural. The plural of *honor* normally refers to tokens of honor, so that the plural is unlikely in

(30) They pledged their honor. Nevertheless we find the following —in spite of the fact that *facilities* tends to refer to some form of public convenience, *conditions* to ambient phenomena (such as weather) or stipulations, and *attentions* to amorous approaches:

(31) ...there were 30 Puerto Rican teaches studying to improve their facilities as teachers.[7]
(32) The conditions of those injured were not immediately known.[8]
(33) Today many copier companies focus their attentions on... (KCBS 17 Sep. 1986, 12:35 P.M.)
(*Attentions* and *conditions* are frequent in my data.)

There are also grammatical restrictions. *Together*, as in
(34) They put their heads together.
requires the plural. In both English and Spanish there is a contrast between the definite article and the possessive (although the range of the article is narrower in English):

(35) They suffered irritation to their noses and throats (KCBS 30 Sep. 1986, 6:56 A.M.). (Cf. to the nose and throat.)
(36) Multitud de frailes misioneros perdieron sus vidas (Américo Castro). (Cf. perdieron la vida.)

The reason is not purely grammatical: the possessive individualizes and hence favors the plural. The situation is similar to that of *house-hunting* (no individualization) versus *hunting for a house (houses)*. But the restriction on pre-adjunct possessors seems to be purely grammatical:

(37) Those boys' minds (*mind).
(38) The mind(s) of those boys.

The area most affected by the plural drift is that of abstractions

---

[6] Speech by President Fred D. Fagg, Jr., University of Southern California, 11 May 1953.
[7] Indiana University report, 5 Jan. 1959.
[8] *San Francisco Examiner* 3 July 1977: A, 2.

that are not subject to the restraining influence of idiom, metaphor, bifurcation, or grammar. The speaker seems to be thinking, "Let the hearer figure it out"—the plural is the unmarked line of least resistance:

(39) With government... and private agencies exerting increasing influences on... (KCBS 18 Sep. 1983, 7:22 A.M.).

(40) Scotland Yard is looking for clues to their identities (KCBA 21 Jan. 1984, 7:12 A.M.)

(41) I really and truly value their friendships (KGO 3 Oct. 1983, 10:58 P.M.).

(42) Both [accident victims] are in comas (KGO 29 Sep. 1986, 12:14 P.M.).

(43) Officials released accused spies in the custodies of their respective embassies (KPFA 11 Sep. 1986, 6:02 P.M.).

(44) ... hire people with bad reputations (KGO 26 May 1976, 11:15 P.M.).

(45) ... he may have been involved in the murders of his parents (KBCS 19 Sep. 1983, 7:12 A.M.).

(46) People won't have to pay their rents (KPFA 5 July 1983, 6:15 P.M.).

(47) ... forced the evacuations of hundreds of people (KGO 18 Apr. 1983, 8:05 P.M.).

(48) ... including the killings of several prominent leaders (WCBS 25 Feb. 1980, 7:09 A.M.).

(49) These include the resignations of the warden and one assistant warden (Boston WEEI 1 Jan. 1973, 7:35 A.M.).

(50) Comparative studies have established a breathtaking degree of independence in the evolutions of individual Munda and Mon-Khmer languages.[9]

(51) The three policemen had five days to appeal their findings (KCBS 25 Apr. 1976, 2:07 P.M.).

(52) All speakers consulted have university educations.[10]

Educations is frequent in my data.

Instances of the singular of course continue to show up (and are probably underrepresented in my data because they are less surprising to me and I do not notice them):

(53) Too many athletes are overpampered individuals who have been told all their life that they are special.[11]

[9] Chicago Linguistic Society 1983.
[10] *Language* 61 (1985): 219.
[11] *The Nation* 27 Sep. 1986: 279.

(54) Hotel guests use it [the elevator] after they have left their car in the garage.[12]

(55) A huge jet crashed into Jamaica Bay, carrying 95 people to their death.[13]

(56) [The ideas that] made them a millionaire (KCBS 12 May 1983, 5:22 P.M.).

It may be significant that (53)-(55) are from written sources.

In other cases one can see a deeper reason for the choice:

(57) Deaths of Eugene J. Thomas and Juergen Schaefer.

This headline (1985) if in the singular would have suggested that the circumstances of death were shared.

(58) The names of the suspects...were withheld because of their ages.[14]

Because of their age might suggest "because they were too old," whereas the opposite meaning applies here.

(59) I tell her I want her hand to drop so that there is no life in it at all. It is extraordinary how many people cannot drop their hand; they let their hand slowly fall, and then....[15]

The pairing of hands creates an ambiguity that calls for singular.

(60) Each of us has to put our principles and consciences on the line.[16]

The preceding plural motivates a parallel plural. The same is true of Keniston's example (*Idiom* 43)

(61) Creo notar una agitación de cosas blancas, como si me saludaran con los pañuelos.

"Having a reason for the choice" of course leads back to the idioms, metaphors, and bifurcations outlined earlier:

(63) Al pasar D. Julián, todos se quitaron el sombrero.

(64) Hacía tanto calor que todos se quitaron los sombreros.[17]

Here we have the symbolic act of "doffing the hat" contrasting with a more practical motive. Flórez's *cierren la boca* "shut up" also belongs here, contrasting with *cierren las bocas (por si las moscas)*. A cleansing ritual might encourage singular in

(65) Wash your face all of you and get in here fast—supper's ready

but the material side would probably take over in

---

[12] Johannes Mario Simmel, translation.
[13] *Saturday Evening Post* 19 Jan. 1963: 68.
[14] *Palo Alto Times* 25 May 1976: 2.
[15] *Reader's Digest* May 1947: 93.
[16] Nancy Reagan, 14 Sep. 1986.
[17] Preferences as indicated by Professor Laudelino Moreno.

(66) And after they had washed their faces....

To sum up: What we have in both languages is a distinction that "doesn't matter" a great part of the time, and this leaves room for chance and, accordingly, changing fashion, with the plural tending to be the unmarked construction. In English this has been coupled with what seems to be a much greater readiness to pluralize abstractions, a tendency that has been rather more true of Spanish all along. My Spanish data are too slight for me to say whether the plural there too is, colloquially, the unmarked form, but it seems likely.

All the same, wherever there is a potential semantic distinction we have to allow for speakers being swayed by something other than chance and fashion. Peter Erades (§110) offers a prime example from Erskine's *Private Life of Helen of Troy*:

(67) "If we all lived on your plan," said Hermione, "I don't see what would become of people. We haven't the right to live our own lives."—We don't live our own life," said Helen, "we are in danger of trying to lead someone else's."

As one of Erades's correspondents points out, the first *we* is people collectively, hence the plural *lives*, whereas the second *we* is "you and I," each separately, hence the singular.

And yet—the same correspondent declares a sentence like (68) to be impossible:

(68) Three pupils in this class write with their left hands.

I am sure that the pluralizing trend would sweep this in along with all the rest.

Works Cited

Bolaño e Isla, Amancio. *Poema de mío Cid*. (México: Porrúa, 1968.)

Bosque, Ignacio. "Clases de nombres comunes." *Serta philologica F. Lázaro Carreter*. (Madrid: Ediciones Cétedra, 1983, 75-88.)

Erades, P. A. "Points of Modern English Syntax." *English Studies*, 39 (1958): §110.

Fernández Ramírez, Salvador. *Gramática española*, 3.1, El nombre. Ed. José Polo. (Madrid: Arco/Libros S. A., 1986.)

Flórez, Luis. *Temas de castellano: notas de divulgación, segunda edición*. B(ogotá: Instituto Caro y Cuervo, 1967.)

Keniston, Hayward. *The Syntax of Castilian Prose: The Sixteenth Century*. (Chicago: U of Chicago P, 1937.)

——. *Spanish Idiom List*. (New York: Macmillan, 1931.)

Mustanoja, Tauno F. *A Middle English Syntax: Part I, Parts of Speech*. (Helsinki: Société Néophilologique, 1960.)

Quirk, Randolph, Sidney Greenbaum, Geoffrey Leech, and Jan Svartvik. *A Comprehensive Grammar of the English Language*. (London: Longman, 1985.)

Talmy, Leonard. "The Relation of Grammar to Cognition." *Topics in Cognitive Linguistics*. Ed. Brygida Rudzka-Ostyn. (Amsterdam: Benjamins, 1987, 1-36.)

Américo Castro and Michel Foucault's "filosofia del sospetto"

BENITO BRANCAFORTE

EADERS OF AMÉRICO CASTRO would certainly agree with Roland Barthes' dictum that there is no such thing as a neutral reading of a text. As shown by the passionate reactions elicited by Castro's publications since 1948, the year of *España en su historia*, neutrality before Castro's texts has proved to be impossible.[1] Indeed, it would be difficult to think of another work of its kind published in Spanish in recent years that has produced so much controversy, probably because Castro's work touched upon disquieting truths, as it made its way into the Spanish "labyrinth." It is not an oversimplification to state that behind the questions of methodology raised by Castro's critics, those of validity of interpretation, or even accuracy of facts, lurked the old shadow of the "two Spains" again in contention: one facing up to the historical and conflictive reality presented by Castro's theories, and the other clinging agonistically to the traditional view of eternal Spain. More than one book and scores of articles have been written on those polemics, and it is not my intention to repeat the arguments pro and

---

[1] See especially Guillermo Araya, *El pensamiento de Américo Castro: Estructura intercastiza de la historia de España* (Madrid: Alianza Editorial, 1983); José Luis Gómez-Martínez, *Américo Castro y el origen de los españoles: Historia de una polémica* (Madrid: Gredos, 1975); Aniano Peña, *Américo Castro y su visión de España y de Cervantes* (Madrid: Gredos, 1975).

371

con Castro's theories, although, in the course of this presentation, allusions will be made to specific points of the polemic.

In keeping with Roland Barthes' assertion that the capital sin in criticism is not ideology, but the silence by which it is masked, I have revealed from the start my fundamental agreement with Castro's theories. I can now proceed to point out some of the links that exist between Castro and the philosophical current which in Italian is referred to as "filosofia del sospetto," to include prominent thinkers, such as Marx, Nietzsche, Freud, and more recently Foucault, Derrida, Lacan, and others.[2] In my opinion, the Italian phrase is preferable to other terms, "deconstruction," for instance. Whereas the latter word may appear to focus primarily on the description of a strategy, the phrase "filosofia del sospetto" focusses on the more general philosophical attitude behind that strategy, particularly on "the systematic mistrust of metaphysics as a whole."[3] It is not my aim to treat in detail the links between Castro's ideas and those of the "filosofia del sospetto" in general, but to relate some of Foucault's more pertinent theories with those of Castro's.

We could begin by accepting Derrida's premise that "perhaps all texts are at least double," and that "each train of thought is almost invariably accompanied by its contradictory counterpart."[4] We could focus therefore on the strong traces of idealism in Castro's theories and language; or on Castro's rejection of materialistic, scientific explanations of the history of Spain that led him to polemicize or ridicule several prominent historians, such as Fernand Braudel or Pierre Vilar.[5] We may especially feel uncomfortable with Castro's intrusion into the texts he presents, or with his hypersubjectivity. More than once he appears to exemplify the same vices he criticizes, namely the Spanish tendency toward the personality cult. Finally, we may take exception to Castro's excessive reliance on the referential value of literature. Of course, we could follow that route and stress the contradictions, gaps, and defects in Castro's texts. Since this has

---

[2] See Enrico Corradi, *Filosofia della 'morte dell'uomo': Saggio sul pensiero di Michel Foucault* (Milan: Vita e Pensiero, 1977).

[3] Thus states Gayatri C. Spivak in the introduction to her translation of Jacques Derrida, *Of Grammatology*, (Baltimore and London: The Johns Hopkins University Press, 1976), p. xxi.

[4] J. Derrida, *Of Grammatology*, pp. liii and xlii respectively.

[5] See especially the first chapter of A. Castro's *The Spaniards: An Introduction to Their History*, trans. by Willard F. King and Selma Margaretten (Berkeley, Los Angeles, London: University of California Press, 1971).

been attempted by more than one critic of Castro's, I choose instead to concentrate—as already mentioned—on some of the links between Castro and Michel Foucault.

Their main link probably lies in the dissatisfaction and rejection of the premises that have guided the study of Western history and culture. Of course Foucault's assault and in general that of the "filosofia del sospetto" is much broader and more radical than Castro's, for they question all the rationalistic constructs of Western thought, undermining the faith in the power of logos that has sustained the mental endeavors of Western culture. Zarathustra's exclamation rings loud: "With all things only one thing is impossible—rationality!"[6]

Of course behind the radical discourse of the "filosofia del sospetto," we can detect the strong disillusionment in the promises of reason that have resulted without fail in the most irrational acts. Pleberio's lament at the end of *La Celestina* where he assails the lack of order and rationality in the universe is as poignant as it is relevant today: "You promise much; but nothing you fulfill." We need not elaborate on this recurring theme, nor do we need recite the long litany of oppression and violence that have been and are committed by governments and peoples under the aegis of reason, as encapsulated ironically in the phrase "raison d'état." Under this immense metaphor, anything is justified: from the establishment of the Inquisition to the institution of concentration camps, from organized state torture to the dropping of the atomic bomb.

At the bottom of the radical skepticism of the "filosofia del sospetto," we can notice more than a trace of desperation stemming from the awareness that all the great edifices of Western thought have been little more than a "flatus vocis," And this includes Greek philosophy, Old Testament and Christian ethics, and even Marxism and Existentialism. Since our mental structures are built on mystifying premises and promises, the implicit or explicit motto of the "filosofia del sospetto" is a desire to start everything anew somehow, somewhere. This can begin by following a direction opposite to that leading to the celestial spheres, or the "celestial sands," as Zarathustra would say sardonically: "My ego taught me a new pride, and I shall teach it to other men: no longer to bury one's head in the celestial

---

[6] F. Nietzsche, *Thus Spoke Zarathustra: A Book for All and No One*, trans. by Marianne Cowan (Chicago: Gateway), p. 170.

sands but to carry it freely, a terrestrial head, which creates an aim for the earth!" (p. 28).

A terrestrial head would represent a radical alternative to the metaphysical direction, and it would lead to a deeper awareness that the dreams of reason create monsters. As it may be illustrated by Don Quixote's narrative experience in the cave of Montesinos, the knight's descent into the depths of the earth culminates a long process, whereby Don Quixote becomes aware of his limits, as he is plunged into the entrails of the earth.

In the abyss of the cave, in that mysterious state between consciousness and unconsciousness, in that dark afternoon, Don Quixote has to face up to his idealistic constructs, realizing that he is neither the all-powerful knight he wished to be nor the most potent of lovers. In fact, it is in the cave of Montesinos that Don Quixote is unable to satisfy Dulcinea's demands, a symbol of Don Quixote's recognition of his sexual impotence and of his impotence as a knight. This vital realization is of great importance in Cervantes' narrative.

Américo Castro's analysis of Spanish culture and history proceeds also from a vital awareness: that of the abyss of the Spanish Civil War, where the forces of "our chronic Cain complex" are unleashed, as Castro writes at the beginnings of *The Spaniards* (p. 4). The abyss is neither so metaphorical nor so abstract. Fundamental questions such as how so much hate and intolerance are possible, or what are their roots or genealogy, might have been powerful motivations that impelled Castro to a new examination of Spanish history and life.

As stated by Paulino Garagorri: "El punto de partida—la 'conversión' de Castro—tuvo su origen precisamente en una común y dolorida pasión. La atroz experiencia de la guerra civil española llevó a Castro a preguntarse de modo lacerante y continuo por una cuestión que, sin ser atrevido, me atrevo a expresar así: ¿Pero cómo es posible que los españoles seamos tan bestias? Y a esta atroz interrogación Castro ha creído hallar una respuesta, y aun remedio, mediante una nueva comprensión de nuestra historia, en la que, por cierto, no sólo esclarecía los rasgos negativos, sino, igualmente los valores positivos resultaban mejor iluminados, se hacían más inteligibles y, aunque dramáticamente, geniales."[7]

Eugenio Asensio and others would be quick to point out the similarity between Castro's questions and those of the Generation of

---

[7] Paulino Garagorri, *Introducción a Américo Castro: El estilo vital hispánico* (Madrid: Alianza Editorial, 1984), pp. 29-30.

'98.[8] Also they would use that similarity as evidence of the existential tinge of Castro's theories. In their view, that preoccupation should be considered as something negative or scarcely original, betraying in the process the belief that history and existential preoccupations have nothing to do with each other, that the two categories are mutually exclusive. Instead, what would seem axiomatic is Castro's statement made in one of his essays, "The Historical 'We'," which is included in *An Idea of History*: "The 'historian'... is also living 'historically,' that is, within the subjective unfolding of his own existence."[9]

What Castro shares with prominent contemporary thinkers—and not contemporary only—is the direction traced by Kant, and which may justify, even in our darkest moments, our intellectual pursuit: to discover those elements, those laws which prevent the human mind from being free, to identify those mental constraints. As Lévi-Strauss, in an interview published by Paolo Caruso, elaborates, after admitting his agreement with this Kantian principle: "In che consiste in fondo la rivoluzione filosofica kantiana? Nel tentativo di prendere come punto di partenza della conoscenza i limiti stessi della conoscenza, ovvero di far poggiare tutta la filosofia sull'inventario delle *costrizioni* mentali. Ora, è proprio quel che intendo fare anch'io. Io cerco appunto d'individuare un certo numero di 'costrizioni' che s'applicano alla mente umana nel suo complesso, ma, anziché muovere—come faceva Kant—da una riflessione intima, o magari da uno studio dello sviluppo del pensiero scientifico nella società e nella civiltà in cui sono nato, cerco invece di situarmi *al limite*, il piú possibile, nelle società piú diverse, e di cercare di enucleare una sorta di comune denominatore d'ogni pensiero e d'ogni riflessione."[10]

Even if less openly stated, Castro's practice follows a similar direction: how to free the mind of Spaniards—and Hispanists—who have been taught by generations of historians with a definite "tendency to convert what is in fact polysemous and equivocal into something dogmatic and univocal" (*The Spaniards*, p. 4). It is against the background of that prevailing tendency described by Castro that we have to judge his attempt to deconstruct Spanish history, viewing it

[8] Eugenio Asensio, *La España imaginada de Américo Castro* (Barcelona: El Albir, 1976), p. 125 *et passim*.
[9] A. Castro, *An Idea of History: Selected Essays of Américo Castro*, trans. Stephen Gilman and Edmund L. King, intr. by Roy Harvey Pearce (Columbus: Ohio State University Press, 1977), pp. 313-14.
[10] Paolo Caruso, *Conversazioni con Claude Lévi-Strauss, Michel Foucault, Jacques Lacan* (Milan: Mursia, 1969), pp. 28-29.

not as a harmonious whole, but as a conflictive and heterogeneous entity, where the will to power of one caste—the Christian—prevailed over the other two castes—the Muslim and the Jewish—in an effort to reduce them to a non-being, to be recognized only in order to be denied.

The three castes lived in a dialectical relationship of master and slave (in the Hegelian connotation). A momentous consequence of that situation—as it has been pointed out by more than one critic—was that the marginal culture influenced the dominant culture to the extent that the dominant culture became also marginal with respect to the rest of Europe. And Christian Spain carried within herself more than her share of unhappy consciousness, to paraphrase Hegel. And for Castro, as for Nietzsche, history's task becomes that of "a curative science." "The first duty of the historian--writes Castro—is to make the Spaniards turn away from their hallucinations about themselves;" for their history has not progressed beyond a tissue of foolish, incoherent fables" (*The Spaniards*, p. 94). Also like Nietzsche, Castro views Spanish history as a process of descent, as a process of destruction of its own body. The metaphor "vivir desviviéndose" is emblematic of this process. As stated by Michel Foucault in his essay, "Nietzsche, Genealogy, History," "the search for descent... disturbs what was previously considered immobile; it fragments what was thought unified; it shows the heterogeneity of what was imagined consistent with itself."[11]

The search for "the heterogeneity of what was imagined consistent with itself" led Castro into the exploration of Spain's cultural heterogeneity, uncovering what was hidden under the obsession with religious, political unity, as well as the obsession with purity of blood. In examining the archeology of Spanish history, Castro is particularly interested in the passage from a distinctive heterogenous culture—which distinguished Spanish culture in the Middle Ages—to the attempted reduction of that heterogeneity to the Same in the name of religion, or rather by using religion as the signifier at the service of the ultimate signified, power. Religious, political, and racial differences had to be reduced to the Same, because the Different, the Other--then as well as today—represented the ultimate threat.

That those are not just problems of a distant past, can be

---

[11] Michel Foucault, *Language, Counter-Memory, Practice*, ed. Donald F. Bouchard (Ithaca, N.Y.: Cornell University Press, 1977), p. 147.

demonstrated by the recent criticism of the bilingual education program by our Secretary of Education, William Bennett. Paraphrasing but not distorting Mr. Bennett's words, he asserts that the bilingual education program has been a failure and that it should be discontinued, because the assimilation of the minorities concerned has not taken place. Behind Mr. Bennett's statements, we can detect the dominant culture's old fear of the Different, as well as the not too carefully disguised desire to reduce everything to the Same. Again we see at work the power of exclusion under the guise of serving the common good or of a love for truth.

Of course, in a more drastic form, the same attitude prevailed in Spain after the fall of Granada and the subsequent establishment of one religion, one monarch, and one sword. From then on, insists Castro, Spanish history is marked by this metaphorical adventure to reduce everything to the Same, as it will be embodied in Don Quixote's quest. In Michel Foucault's analysis, Don Quixote's "whole journey is a quest for similitudes: the slightest analogies are pressed into service as dormant signs that must be reawakened and made to speak once more. Flocks, serving girls, and inns become once more the language of books to the imperceptible degree to which they resemble castles, ladies, and armies...."[12] Of course Castro's aim runs opposite that of Don Quixote. In fact, it is in the effort to rescue the different, the marginal man from oblivion that we can identify Castro's lasting contributions. And it is particularly in their common preoccupation with the Different, the Excluded, where many similarities between Castro and Foucault are to be found.

In Castro's case, his overriding preoccupation—even before the publication in 1948 of *España en su historia*—was the study of marginal characters in literature, such as Don Quixote, the picaro, the mystic, or monstrous and marginal works such as *La Celestina*. In general we can say that Castro has been more concerned with literary characters who exemplify the ethical concept of "how to be a man rather than how to know man"—as quoted by Stephen Gilman in his essay, "The Problem of the Spanish Renaissance."[13]

Foucault, on the other hand, is more preoccupied with the broader

---

[12] Michel Foucault, *The Order of Things: An Archaeology of the Human Sciences* (New York: Vintage Books, 1973) p. 47.
[13] Stephen Gilman, "The Problem of the Spanish Renaissance," *Folio*, 10 (1977), 39-40.

epistemological search (or the impossibility of such a search) for "the value of our values" and with questioning "Western man's infatuation with his language, [or] the possibilities of constructing a language capable of fully representing the world," as stressed by Donald F. Bouchard.[14] Nevertheless, both Castro and Foucault follow a similar path in that both write a "transgressive history." *Madness and Civilization, The Birth of the Clinic,* and *The Order of Things* form the trilogy that evidences Foucault's transgressive diagnosis of Western culture.

The preoccupation with transgressive history takes several forms in Castro's methodology, starting with the blurring of the neat distinction between history and literature, between literary and non-literary texts. In Castro's practice they become almost interchangeable, and the main function of each is to uncover the hidden text, the forgotten historical motivation, or to bring to the foreground the role of the socially Excluded.

Many concrete examples could be adduced to illustrate this point, as attested by the ample bibliography on Castro's works. For the time being, I will touch briefly on Castro's method of defamiliarizing Spanish history primarily by his irreverent attitude toward said history, which coincides with Nietzsche's attitude, namely to laugh at "the solemnities of the origin."[15] This includes the rejection of the mythical origin of Spain as having its roots in the lofty Roman past, or Castro's insistence on the Provenzal etymology of the word "español," or the interpretation of the figure of Santiago as a Christian counterpart of Mohammed—to name just a few instances.

Whether applied to literary analysis or to other disciplines, defamiliarization implies subversion with respect to tradition or the authority principle. In this context, is it not strange that Asensio rejects Castro's theories, especially in those instances when they contradict authoritative figures, such as Menéndez Pelayo, Menéndez Pidal, Ortega y Gasset, together with unnamed Inquisitors and Jesuits? The partiality and shortcomings of Eugenio Asensio's arguments have been exposed by A. A. Sicroff in a well-known polemic,[16] to which it is not necessary to return in the present context. But let me comment briefly on Asensio's observation stating that one of

---

[14] Michel Foucault, *Language, Counter-Memory...*, pp. 16-17.
[15] Michel Foucault, *Language, Counter-Memory...*, p. 143.
[16] A. A. Sicroff, "Américo Castro and His Critics: Eugenio Asensio," *Hispanic Review*, 40 (1972), 1-30.

Castro's unquestionable merits is to have forced historians to rethink the whole of Spanish history (p. 123). However, Asensio's animosity toward Castro prevented him from realizing the significance of his own observation. Did Asensio really believe that it is a small feat for any author to force historians to rethink the whole history of Spain? Is it not the greatest compliment to any author to say that his work stimulates a rethinking of long-cherished ideas? A more thoughtful author, Michel Foucault, in an important essay, "What is an Author?" writes the following: "When I speak of Marx or Freud as founders of discursivity, I mean that they made possible not only a certain number of analogies, but also (and equally important) a certain number of differences. They have created a possibility for something other than their discourse, yet something belonging to what they founded."[17] Ultimately, this is the value of writerly texts, as Barthes would define them, that is, texts which have the power to stimulate thinking, a desire to complete or correct a text, as contrasted with texts which can only produce passive identification, escapism or somnolence. Castro's texts can be definitely included among the "writerly" texts, as many scholars can attest.

And to conclude, I should like to recall a reflection by Nietzsche contained in his preface to *Ecce Homo*, for it aptly describes Castro's fundamental attitude: "Error is not blindness; error is cowardice.... Every conquest, every step forward in knowledge is the outcome of courage, of harshness towards one's self, of cleanliness towards one's self." We may criticize or reject specific points of his theories, but it would be difficult not to recognize Castro's effort to cleanse himself and Spanish history of spurious rhetoric and mystifying ideologies.

THE UNIVERSITY OF WISCONSIN-MADISON

---

[17] Michel Foucault, "What is an Author?", in *Textual Strategies: Perspectives in Post-Structuralist Criticism*, ed. Josué V. Harari (Ithaca: Cornell University Press, 1979), pp. 154-55.

Tabula Gratulatoria

John J. Allen
Manuel Alvar
Charles Amiel
J. Richard Andrews
Joan Arias
Ronald Arias
Samuel G. Armistead
Shirley L. Arora
J. B. Avalle-Arce
E. T. Aylward
Inés Azar
Ignacio Aznar
Bernardo Baruch
Paul Bénichou
Rina Benmayor
Harry Berger, Jr.
Emilie Bergman
Arlette Berns
Gabriel Berns
Beverly Books
Donald W. Bleznick
Rozlyn Bleznick
Dwight Bolinger
Rachel Amado Bortnick
Benito Brancaforte
Anita Dolores Brown
William C. Bryant
Julianne Burton
Dwayne E. Carpenter
María Soledad Carrasco
Antonio Carreño
Thomas E. Case
James A. Castañeda
Diego Catalán
Rebecca Catz
Vernon A. Chamberlin
William Clamurro
Carol A. Copenhagen
Ivy A. Corfis

Celia Correas de Zapata
Eladio Cortés
Jerry R. Craddock
Carey Shepard Crantford
Bryant L. Creel
Roberto Crespi
James O. Crosby
Bruno M. Damiani
Dartmouth College—Baker Library
Alan Deyermond
Manuel Durán
Nancy Joe Dyer
Juan Espadas
Charles B. Faulhaber
Jaime Fernández
Patricia S. Finch
Robert L. Fiore
Barbara H. Firoozye
Madeleine Gogorza Fletcher
Augusta E. Foley
Manuel da Costa Fontes
Charles F. Fraker
Marianne Breidenthal Franco
Edward Friedman
Rinaldo Froldi
Philip O. Gericke
Abe Gershowitz
David Gitlitz
William H. González
Cristina González
Luis T. González-del-Valle
Hope K. Goodale
George D. Greenia
Ricardo Gullón
Robert Jay Haber
Roslyn A. Haber
Reginetta Haboucha
Andrea Warren Hamos
Iacob M. Hassán

J. Heli Hernandez
Everett W. Hesse
Illinois State University—
Milner Library
Alix Ingber
Pier Cesare Ioly Zorattini
Rev. Luis Iscla, S. J.
Robert M. Johnston
Israel J. Katz
John E. Keller
Hugh Kennedy
Edmund L. King
Willard F. King
Carol Bingham Kirby
Steven D. Kirby
Kathleen Kish
Edgar C. Knowlton, Jr.
A. David Kossoff
Ruth H. Kossoff
Connie Lathrop
Thomas A. Lathrop
Isaías Lerner
Lía Schwartz Lerner
Isaac J. Levy
Louis N. Levy
Rena Levy
Rosemary Levy Zumwalt
Denah Lida
Barry Luby
Raymond MacCurdy
Adrienne Schizzano Mandel
Francisco Márquez-Villanueva
Teresa Márquez
Marquette University—
Memorial Library
Antonia McElrath
Dennis McElrath
Michael McGaha
Seymour Menton
John S. Miletich
Louise Mirrer
Alicia Monguió
Luis Monguió
James T. Monroe
James T. Monroe
Juliane Wilson Monroe
Luis A. Murillo

Museo Sefardí
Eric W. Naylor
Carlos G. Noreña
Nélida Galovic Norris
Frank P. Norris
Northern Illinois University—
Founders Memorial Library
Marie O'Tuathaigh
C. P. Otero
Jack H. Parker
James A. Parr
C. George Peale
T. A. Perry
Suzanne H. Petersen
Walter Poesse
Siegfried B. Puknat
Julian F. Randolph
Kurt Reichenberger
Roswitha Reichenberger
Agapito Rey
Joseph V. Ricapito
Elias L. Rivers
Georgina Sabat-Rivers
Elena Romero
Constance H. Rose
Irving P. Rothberg
Eva M. Kahiluoto Rudat
James K. M. Saddler
Susan Tuttle Saddler
Antonio Sánchez Romeralo
Scholarly Book Center
Karl-Ludwig Selig
Dennis P. Seniff
Haïim Vidal Sephiha
Rabbi M. Mitchell Serels
Ruth H. Serels
Sheilah R. Serfaty
Dorothy Sherman Severin
Dorothy Clotelle Clarke Shadi
Harvey L. Sharrer
Helen Shepard
Sanford Shepard
George A. Shipley
Albert A. Sicroff
Brewster Smith
Deborah Smith
Paul C. Smith

Joseph Thomas Snow
Josep Solà-Solé
Matthew D. Stroud
Madeline Sutherland
Catherine Swietlicki
Marsha Swislocki
Lorenzo Tapia
Robert ter Horst
Daniel P. Testa
Billy Bussell Thompson
Francis L. Trice
Alan Trueblood
Richard W. Tyler
Pierre L. Ullman
Eduardo Urbina
Alberto J. Varona
Louise O. Vasvari
Mary-Anne Vetterling

David J. Viera
University of Virginia—
Department of Spanish, Italian
 and Portuguese
Thomas A. Vogler
John K. Walsh
Bruce W. Wardropper
Nancy Palmer Wardropper
Edwin J. Webber
Ruth House Webber
Shirley B. Whitaker
Judith A. Whitenack
Ann E. Wiltrout
Frederick R. Worth
Diane M. Wright
Frances K. Zeitlin
Marion A. Zeitlin
George K. Zucker

ADDENDUM

María Rosa Lida de Malkiel (*in memoriam*)
Michael J. Ruggiero
Charlotte Stern

JOE SILVERMAN died on March 23, 1989, about the time that the original hardback edition of this book was going out of print. Requests continued to come for this book, so it seemed urgent to reprint it.

Those readers of this book who have never known Joe Silverman will have to take what the Prologue says at face value: "Each essay embodies [its author's] unstated praise and admiration of his person and of his work, and all of it a tribute to this brilliant scholar, sensitive critic, outstanding teacher, and friend." To say that he is now and will continue to be missed is an understatement.

T. Lathrop
Publisher

ISBN: 0-936388-46-3